Louise-Marie Frenette

DER WEG DES LICHTES

Aus dem Französischen übersetzt

Originaltitel:

»Omraam Mikhaël Aïvanhov et le chemin de la lumière«
»La vie d'un Maître en Occident«

Originalausgabe:

Französische Ausgaben:

»Omraam Mikhaël Aïvanhov et le chemin de la lumière«
ISBN 2-84243-007-7

»La vie d'un Maître en Occident – Omraam Mikhaël Aïvanhov«
ISBN 2-923036-00-X

Deutsche Ausgabe:

Grabenstr. 14, 78661 Dietingen

ISBN 978-3-89515-096-8

Druck 2019: Interpress, Ungarn

Louise-Marie Frenette

DER WEG DES LICHTES

OMRAAM MIKHAËL AÏVANHOV

Leben und Lehre eines geistigen Meisters im Westen

PROSVETA
VERLAG

INHALT

WER IST OMRAAM MIKHAËL AÏVANHOV?

»Er war mein bester Freund«, sagte mir ein alter Mann namens Kyril, »und er war auch mein geistiger Meister.«

Dann zog er aus seiner Jackentasche ein Foto von Mikhaël, der sein Lehrer, sein Vorbild und sein Freund war. Wir saßen auf einer Bank in einem kleinen Garten in Sofia, direkt vor dem Grab Peter Deunovs, dem Gründer der Bruderschaft, die Mikhaëls geistige Familie war. Die Sonne, die Rosen und die Weinstöcke voller Trauben, alles erzählte uns von dem früheren Anwesen der Bruderschaft, das sich heute auf diesen winzigen Park in der bulgarischen Hauptstadt beschränkt.

Es war das Jahr 1992. Ich hatte damit begonnen, die Biografie von Omraam Mikhaël Aïvanhov zu schreiben, jenes großen spirituellen Meisters aus Bulgarien, der einen neuen Weg bahnte. Einen Weg, den er als den »Weg des Lichtes« bezeichnete. Im Verlauf von sieben langen Nachforschungsjahren fand ich heraus, dass er noch viel außergewöhnlicher war, als ich ihn jemals wahrgenommen hatte, ein Prophet der Schönheit, der Liebe und der Brüderlichkeit für die Menschheitsfamilie, der Vorbote eines neuen Zeitalters auf Erden.

»Sie sind vier Jahrhunderte zu früh gekommen«, hatte man ihm gesagt. Wenn wir ihm in Frankreich, in der Schweiz oder in Kanada zuhörten, dann kam uns manchmal dieser Gedanke auch. Was er für die Menschheit wünschte, schien uns manchmal noch so weit entfernt und so schwierig zu erreichen. Und dennoch war er so ganz und gar in der jetzigen Welt inkarniert, seine Lehre so gut an unsere Bedürfnisse angepasst, dass es Grund zur Hoffnung gab.

Und es gibt noch immer Grund dazu. Unsere Hoffnung wird immer stärker. In diesen letzten Jahrzehnten eines Zeitalters und am Beginn eines neuen – des Wassermannzeitalters – hat Omraam Mikhaël Aïvanhov stets von Brüderlichkeit und Liebe, von Licht und Reinheit gesprochen, von all dem, was den Kindern dieser Erde die Möglichkeit verleiht, ihr Bewusstsein als Söhne und Töchter Gottes wiederzufinden.

Die Kraft seiner Lehre liegt in folgender Vision: Die Umwandlung jedes Einzelnen bleibt oberstes Ziel, doch ebenso wichtig ist die Umwandlung der Erde in ein Paradies. In der heutigen Phase der Menschheitsgeschichte werden sich die Männer, die Frauen und sogar die Kinder bewusster denn je, wie notwendig es ist, sich gegenseitig zu helfen, um endlich zu einer wahren Familie zu werden, in der Liebe und Frieden herrschen.

Ein Goldenes Zeitalter für die Menschheit: Das wollte er. Eine universelle Bruderschaft, die sich über den ganzen Planeten erstreckt, ein Reich Gottes, das vom Himmel herabgestiegen ist. Deswegen klang in seiner Stimme so viel Begeisterung, wenn er von Ram sprach, jenem großen, legendären Wesen, das der Welt in ferner Vergangenheit das Goldene Zeitalter gebracht hatte. Dann war er von einer Emotion erfasst, die auch uns erfasste. Denn er sah, wie es sein könnte.

Louise-Marie Frenette
Sherbrooke, Kanada, im Juni 2002

ERSTER TEIL

KINDHEIT UND JUGEND

»Wenn wir von großen Menschen sprechen,
widmen wir unsere Aufmerksamkeit vor allem ihrer
Herkunft und dem Weg, dem sie gefolgt sind.
Wir interessieren uns dafür, inwieweit wir selbst ihrem Weg
folgen und von ihren Erfahrungen profitieren können.
In diesem Zusammenhang ist es wichtig zu wissen,
was ihnen den ersten Impuls gab, an sich selbst zu arbeiten,
was es war – und dann dadurch groß zu werden.«

Peter Deunov

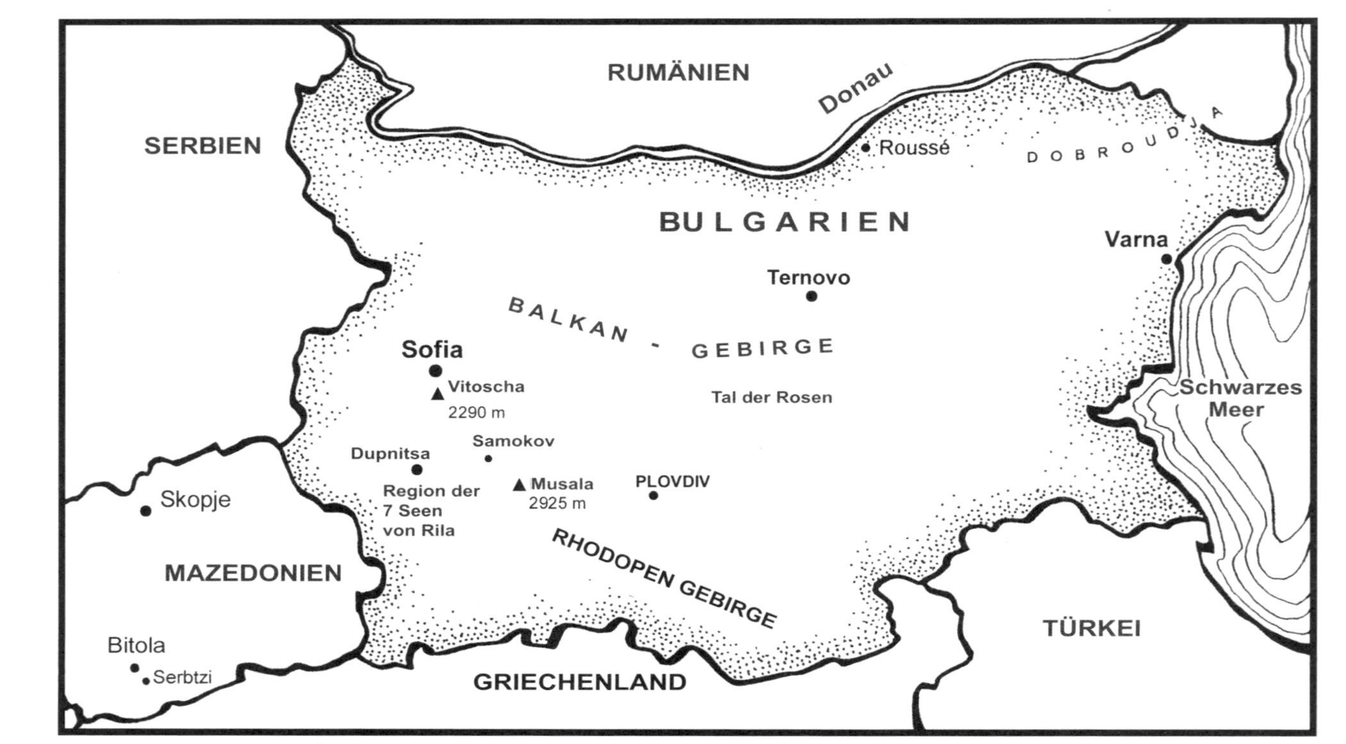
RUMÄNIEN
Donau
SERBIEN
Roussé
DOBROUDJA
BULGARIEN
Varna
Ternovo
BALKAN - GEBIRGE
Sofia
Vitoscha
2290 m
Tal der Rosen
Schwarzes
Meer
Samokov
Dupnitsa
Skopje
Region der
7 Seen
von Rila
Musala
2925 m
PLOVDIV
MAZEDONIEN
RHODOPEN GEBIRGE
TÜRKEI
Bitola
Serbtzi
GRIECHENLAND

DIE KINDHEIT SAGT ALLES VORAUS

Omraam Mikhaël Aïvanhov kam zu Beginn des zwanzigsten Jahrhunderts in einem kleinen mazedonischen Dorf namens Serbtzi zur Welt. Man schrieb den 31. Januar 1900, Mitternacht war vorbei und der erste Hahnenschrei verkündete bereits das Licht eines neuen Tages. Das Bergmassiv der »Großmutter« mit seinem abgerundeten Gipfel wachte mächtig über das schlafende Dorf. Klirrende Kälte ließ die Bäume in den Gärten knarren, doch das Haus von Mikhaëls Eltern wurde von einem kräftigen Kaminfeuer erhellt. Zur Überraschung der Anwesenden schrie und weinte der Neugeborene nicht. Er begann ganz natürlich zu atmen und lächelte alle an, die sich über ihn beugten.

Mikhaël kam vorzeitig, im achten Monat, zur Welt. In Sorge um sein Leben veranlasste die Mutter noch am selben Tag den Popen des Dorfes für die Taufe zu rufen. Dazu muss gesagt werden, dass die Lebensbedingungen in den mazedonischen Dörfern sehr hart waren, früh geborene Kinder hatten keine großen Überlebenschancen. Obwohl sich die Erwachsenen ängstigten, schien dieses Kind fest entschlossen, hier auf dieser Erde zu bleiben, auf die es herabgestiegen war.

Mikhaëls Mutter lebte im Hause ihrer Schwiegereltern. Im Alter von 14 Jahren war sie durch die Heirat mit Ivan Dimitrov[1] zum Familienmitglied der Familie ihres Mannes geworden. Es war eine große Bauernfamilie, in der alle Mitglieder, Männer wie Frauen, bei der Feldarbeit und im Haus Hand anlegten. In diesem Land, vor allem in den abgelegenen Dörfern, war Zusammenarbeit und Arbeitsteilung lebenswichtig. Zur Aussaat und zur Erntezeit halfen sich alle Bauern gegenseitig auf den Feldern. Es herrschte ein Geist der Solidarität und der Hilfsbereitschaft.

Wie alle Kinder in ihrem Dorf hatte Dolia schon im Alter von vier Jahren gelernt, bei den Arbeiten im Haus und im Garten mitzuhelfen. Wenn sie an der Reihe war, arbeitete sie bis zum Einbruch der Dunkelheit auf den Feldern, trug die schweren Wassereimer für die Arbeiter oder kümmerte sich um die vielen Kinder. Dolia war keine gewöhnliche Frau. Obwohl sie klein und zierlich war, hatte sie eine erstaunliche seelische Kraft und Vitalität. Sie ging spontan auf andere zu, war fröhlich und großzügig, voller Humor und besaß eine herzliche Zuneigung für ihre Familie und ihre Nachbarn. Sehr schnell war sie für alle zur Vertrauensperson geworden und in schwierigen Momenten wendete man sich ganz spontan an sie.

Als Mikhaël zur Welt kam, war sie 24 Jahre alt. Man sah sie als Frau, die die Schwierigkeiten und Wunden eines rauen Lebens erträgt, in einer Umgebung, die kein Erbarmen kennt. Da ihr erster Sohn nur wenige Wochen überlebte, blieb ihr nur eine kleine, etwa sechsjährige Tochter. In zehn Ehejahren hatte sie auch die Einsamkeit kennengelernt, die das Los der Frauen ihrer Zeit war: Die Dörfer waren so arm, dass viele Männer ihr Glück in den Städten versuchten oder bei den Holzkohle-Herstellern, von denen es in Mazedonien und Bulgarien viele gab. In der Hoffnung, fern der Heimat eine Arbeit zu finden, dank der sie reicher werden würden, verließen sie für lange Zeit Frauen und Kinder. Hatten sie einmal Arbeit gefunden, kamen sie nur alle zwei oder drei Jahre nach Hause und kehrten erst dann endgültig zurück, wenn sie für eine weitere Beschäftigung zu alt geworden waren.

So wie viele andere Frauen auch, musste Dolia also die Abwesenheit ihres Mannes über viele lange Monate ertragen: Einige Zeit nach ihrer Hochzeit hatte Ivan sich in Varna, an der bulgarischen Schwarzmeerküste, in der Forstwirtschaft selbständig gemacht. Wegen der großen Entfernung konnte er nur von Zeit zu Zeit nach Serbtzi kommen. Mikhaëls Kindheit war daher von der Abwesenheit seines Vaters, aber auch von politischen und sozialen Umbrüchen, von Aufruhr und Terror geprägt. Zu Beginn des zwanzigsten Jahrhunderts stand Mazedonien noch unter ottomanischer Herrschaft. In diesem kleinen Land, in dem zwei Millionen Bulgaren lebten, herrschte wirtschaftliches und soziales Elend. Mehrere Nachbarstaaten stellten Gebietsansprüche und es war Schauplatz ständiger Kämpfe zwischen Türken, Serben, Griechen und Bulgaren. Volksaufstände, militärische Invasionen und grausame Unterdrückung waren über Jahrzehnte hinweg für die Bewohner alltäglich. Wenn sich Soldaten näherten, flüchteten die Frauen mit ihren Kindern in die Wälder, um sich dort zu verstecken. »Ich erinnere mich«, erzählt Mikhaël später, »dass wir fliehen mussten und dass mich meine Mutter auf dem Arm trug. Wir haben uns in einem Baum versteckt, doch wir konnten nicht dort bleiben, weil so viele Ameisen im Baum waren.«

Einige Zeit nach Mikhaëls Geburt musste Dolia einen weiteren Schicksalsschlag ertragen: Ihre kleine Tochter starb im Alter von sieben Jahren. Da es nicht ihre Art war, sich selbst zu bemitleiden, stellte sie sich weiterhin den harten Pflichten in der Familie ihres Mannes. Ihre wichtigste Aufgabe war jedoch die Erziehung ihres Sohnes.

* * *

Viele Geschichten aus Mikhaëls Jugend hat er im Laufe seiner Vorträge in Frankreich selbst berichtet, einige stammen aber auch von seiner Mutter, seiner Familie oder seinen Freunden. Im fortgeschrittenen Alter erzählte Dolia, wie alle Großmütter, ihren Enkelkindern gerne die markantesten Geschehnisse aus ihrem Leben.

Eine ungewöhnliche Begebenheit, die sich nur wenige Monate nach seiner Geburt zutrug, schien für ihn wichtig gewesen zu sein, denn er selbst wie auch Dolia hatten sie erzählt: An einem Abend, als die ganze Familie zusammen mit den Nachbarn in der Stube versammelt war, richtete er sich plötzlich auf und begann ohne fremde Hilfe zu gehen! Unter den erstaunten Äußerungen meinte eine alte Frau: »Dieses Kind ist außergewöhnlich! Ich sage euch voraus, dass es eine große Zukunft haben wird!« Dolia blieb still. Sie war besorgt. Dass ein Kleinkind in einem Alter, in dem sein Organismus noch nicht dafür vorbereitet ist, plötzlich zu gehen anfängt, war schon mysteriös genug. Sie spürte jedoch, dass dieses Vorkommnis sehr wichtig für das Leben ihres Sohnes war und hatte instinktiv Angst vor den Folgen. Mit Beunruhigung beobachtete sie zwei Frauen, die an jenem Abend bei der Familie zu Gast waren. Im Dorf fürchtete man sie, denn sie betrieben schwarze Magie. Niemand nahm ihre Praktiken auf die leichte Schulter, denn man hatte ihre erschreckenden Folgen bereits feststellen können. Keiner wagte es, ihnen den Zutritt zu seinem Haus zu verweigern.

In derselben Nacht erkrankte das Kind und sein Zustand verschlimmerte sich rasch. Dolia eilte zu ihrer Mutter, die Heilerin war. Doch auch diese musste all ihr Wissen einsetzen, um ihren Enkel vor dem Tod zu retten. Mikhaël wurde schließlich wieder gesund, doch als er alt genug war, um laufen zu lernen, machte er seine ersten Schritte nur sehr langsam. Er selbst sagte darüber eines Tages:

»Später habe ich dieses Ereignis interpretiert und verstanden, dass ich noch eine bedeutende und sehr schwierige Prüfung durchzumachen hatte, nach welcher ich erst fähig sein würde, zu »gehen«. Genau so ist es gekommen. Ich habe verstanden, dass sich während der Kindheit bereits alles ankündigt. Man schenkt dem jedoch meist keine Beachtung. Das ist eine außergewöhnliche Wissenschaft.«[2]

Astra, seine Großmutter mütterlicherseits, war eines der zahllosen Opfer dieser bewegten Zeit. Gegen 1875 wurde ihr Mann bei einem Angriff getötet und ihr Haus zerstört. Ihr Leben änderte sich schlagartig. Obwohl sie mit Dolia schwanger war, musste sie arbeiten, um für den Lebensunterhalt ihrer Familie aufzukommen. Als Hebamme und als eine der größten Heilerinnen ihrer Region, war sie eine außergewöhnliche und anerkannte Frau. In jener Zeit, in der es noch keine medizinischen Einrichtungen gab oder diese von den entlegenen Dörfern aus unerreichbar waren, rief man meist Heilerinnen zu Hilfe. Diese Frauen besaßen eine besondere Intuition und eine oft von der Mutter an die Tochter überlieferte Naturkenntnis, dank derer sie in der Lage waren, Krankheiten zu lindern und auch zu heilen.

Der Wissensschatz von Astra umfasste zahlreiche Geheimnisse

und Rezepte aus der antiken Medizin, die Kenntnis der Heilkräuter, des heilsamen Magnetismus bestimmter Orte, der Wirkung des Sonnenlichtes und sogar der Einflüsse der Sterne auf den Menschen. Unermüdlich opferte sie oft auch ihre Nachtruhe, wenn sie zu Notfällen gerufen wurde. Sogar im Winter, wenn der Schnee den Weg beschwerlich machte, nahm sie es auf sich, weit entfernte Dörfer zu besuchen. Es war Brauch, dass sie für ihre Dienste nicht mehr als ein Stück Seife und ein Handtuch bekam, und da ihre Arbeit als Heilerin ihr nur wenig mehr einbrachte als die Tätigkeit als Hebamme, war es eine sehr schwere Aufgabe, ihre kleine Familie zu ernähren. Man liebte sie, verehrte sie sogar, aber das Geld war knapp und das Leben für alle hart.

* * *

Mit etwa vier oder fünf Jahren begann Mikhaël, an einem besonders schönen Brauch seines Landes teilzunehmen. Am Morgen des Neujahrstages werden die kleinen Buben dabei zu Glücksboten, denen man die Kraft zuschreibt, den Segen des Himmels auf die Familien herabzurufen. Eingemummt wegen der Kälte und einen mit bunten Bändern geschmückten Zweig in der Hand haltend, gehen sie von Haus zu Haus, um alle Bewohner mit ihrem Zweig zu berühren. Dabei sprechen sie Wünsche für Gesundheit und eine erfolgreiche Ernte aus. Die Erwachsenen belohnen sie mit Äpfeln, Bonbons oder Backwaren, die alle in einen großen Sack gesteckt werden, den die Kinder bei sich tragen.

Manche Bewohner von Serbtzi bestanden darauf, das neue Jahr mit dem Segen von Mikhaël zu beginnen und baten Dolia, ihn schon früh, noch vor den anderen Kindern, vorbeizuschicken. Also weckte sie ihn im Morgengrauen und ließ ihn seine Sprüche üben. Für den noch halb verschlafenen Jungen war es gewiss hart, bei Dunkelheit in die Kälte, den Wind und den Schnee hinauszugehen, aber seine Mutter hatte ihm den Sinn seiner Aufgabe erklärt, und er erfüllte sie so gut er konnte. Der tiefe Sinn dieses Brauches blieb ihm jedenfalls zeitlebens im Gedächtnis.

Übrigens begann er bereits sehr früh, die Symbolik verschiedener Dinge, die Teil seines täglichen Lebens waren, vorauszuahnen. Aus diesem Blickwinkel erhalten die folgenden vier Lieblingsbeschäftigungen seiner Kindheit eine besondere Bedeutung: Fäden und Verbindungen aller Art, Wasser aus Quellen, Feuer und große Bäume. Diese »vier Leidenschaften seiner Kindheit«, wie er sie später selbst nannte, waren von großer Bedeutung für seine Entwicklung und führten ihn sehr früh in jene Richtung, die diese Dinge für ihn repräsentierten: Die Fäden waren ihm Symbol für die komplexen Bande, welche die Menschen knüpfen und welche sich miteinander verweben, aber auch für die Verbindungen mit den Gegenständen und Elementen der Schöpfung. Das Wasser, das durchsichtig und klar aus der Erde sprudelt, erzählte ihm von der Reinheit. Das Feuer, das erhellt, wärmt und das Leben bewahrt, führte ihn nach und nach zu einer Sonnenphilosophie. Die großen Bäume schließlich weckten in ihm die Liebe zu den alles überragenden Gipfeln der Berge.

Mit vier Jahren sammelte er hingebungsvoll herumliegende Reste von Fäden, Stoff und Wolle. Er bewahrte sie auf wie Schätze. Ein Zimmer im Haus der Familie, in dem ein Webstuhl stand, zog ihn unwiderstehlich an, mit all den bunten Bändern, die dort aufgespannt waren. Von der Türe aus beobachtete er seine Kusine beim Weben. Fasziniert von den flinken Händen, die über die aufgespannten Fäden tanzten und nach und nach einen bunten Stoff entstehen ließen, ahnte er schon unbewusst die Bedeutung der Verbindungen, welche nicht nur dazu da sind, zu binden und zu lösen, sondern auch zu weben, damit nützliche Dinge entstehen, die schön und dauerhaft sind.

Eines Tages, als die Weberin nicht da war, ging er in das Zimmer und näherte sich dem Webstuhl. Die straff auf ihrem hölzernen Rahmen gespannten bunten Wollfäden, beeindruckten ihn tief. Was folgte, war das erste Ereignis in seinem Leben, das seine Umgebung sagen ließ, »Mikhaël sei nicht einfach.« Ohne nachzudenken, griff er in einem plötzlichen, unwiderstehlichen Impuls nach der Schere und schnitt alle Fäden durch. Er stand noch da, mit seiner farbenprächtigen Ernte in den Armen, als die Weberin zurückkam. Beim Anblick des leeren Webstuhls, schrie sie laut auf. Mehrere Leute stürzten ins Zimmer. Ein Sturm brach los. Mikhaël wusste ganz genau, dass das, was er getan hatte, nicht in Ordnung war, doch er begriff die Aufregung und die Wut der Erwachsenen nicht ganz. Während er die Fäden, die er so sehr liebte, an sein Herz drückte, hörte er seiner leisen inneren Stimme zu, die ihm von deren Bedeutung erzählte... Er war ganz davon erfüllt und später sagte er: »Ich sah sie an, ohne zu verstehen, warum sie sich so aufregten.«

Natürlich bestrafte ihn seine Mutter und er musste einen Teil der Nacht damit verbringen, den Webstuhl neu zu bespannen. Erst viel später erkannte er klar die Symbolik, die in dieser ungewöhnlichen Leidenschaft seiner Jugend verborgen war und erzählte, dass er in seinen früheren Inkarnationen[3] den Wert der Verbindungen begriffen hatte und dass er gelernt hatte, wie man sie knüpft und wie man sie löst:

»In diesem Alter war das natürlich unbewusst, doch es gab eine geheimnisvolle Intelligenz, die mich antrieb. Es passierte ganz einfach, um mir zu zeigen, dass nichts zufällig geschieht, denn sobald ich begann, all die scheinbar so eigenartigen Vorlieben meiner Kindheit rückblickend zu betrachten, entdeckte ich eine unglaubliche Welt. Das Leben selbst ist nichts anderes als Verbindungen, Fäden, Bande...«[4]

Die Verbindungen zwischen der physischen und der spirituellen Welt werden ihn immer faszinieren. Von seiner Jugend an war er ständig darum bemüht, Bande zwischen diesen beiden Welten zu knüpfen.

Seine zweite große Liebe, die Leidenschaft für das Wasser, erwachte, als er noch nicht einmal fünf Jahre alt war. Bei seinen Entdeckungsreisen rund um das Haus seiner Familie stieß er auf eine kleine Quelle, die aus der Erde sprudelte und zwischen den Blättern vor sich hin plätscherte. Sehr beeindruckt legte er sich auf den Bauch und betrachtete sie lange. Von jenem Tag an übte diese Quelle eine magnetische Anziehung auf ihn aus. Entzückt von ihrer

Klarheit verbrachte er Stunden damit, sie zu betrachten, voller Staunen über ihr ständiges und unerschöpfliches Sprudeln. »Mikhaël?«, sagten die Erwachsenen, »der ist bestimmt bei der Quelle.« Er war immer dort zu finden.

Das Bild der Quelle prägte sich tief in seinen Geist ein. Geboren im Zeichen des Wassermanns fühlte er sich immer zum Wasser hingezogen und empfand eine tiefe Bewunderung für das Meer, die Flüsse und die Wasserfälle.

Und doch kann man mit Gewissheit sagen, dass unter den vier Leidenschaften seiner Jugend die Leidenschaft für das Feuer die wichtigste war. Alle Formen des Feuers bezauberten ihn: das Feuer, wenn die Bauern Gestrüpp verbrannten, die Flamme der Öllampe, die man für das Abendessen entzündete, das Öllicht, das vor der Familien-Ikone brannte und das Kaminfeuer. Schon mit fünf Jahren begann er, mit Zweigen kleine Feuer zu entfachen. Eine Weile hatte er noch das Glück, nicht von den Erwachsenen erwischt zu werden, doch langfristig hätten seine Experimente fast zur Katastrophe geführt. Eines Tages, als er den Scheunendachboden des Bauernhofes erforschte, entdeckte er vermodertes Stroh und fand es so hässlich, dass er sich entschloss, es zu verbrennen.

»Es ist alt, es muss verbrennen!« sagt er sich. Ohne zu zögern, schichtete er das Stroh zu einem großen Haufen, der durch das brennende Streichholz sofort Feuer fing. Nie zuvor hatte er etwas Schöneres gesehen! Doch das Feuer nahm rasch solche Ausmaße an, dass er begann, sich zu beunruhigen. Er stand vor den Flammen, die außer Kontrolle gerieten, und wusste nicht, was er tun sollte. Plötzlich stürzten mehrere vom Rauch alarmierte Leute herbei. Sie hatten Eimer voll Wasser dabei, das sie in die Flammen gossen. Obwohl ihn der Anblick noch immer entzückte, war sich der kleine Junge doch bewusst, dass er eine große Dummheit gemacht hatte. Er wusste, man würde mit ihm schimpfen und er würde kein Abendessen bekommen, also lief er davon, um bei seiner Großmutter Astra Zuflucht zu finden.

Astra war seine Beschützerin, die gute Fee, die ihn pflegte, wenn er krank war. In seinen Augen war sie eine ganz besondere Frau. Mit ihren geschickten Händen half sie den kleinen Kindern auf die Welt zu kommen. Dank ihres großen Wissens konnte sie den Kranken die Gesundheit wiedergeben. Viel später in Paris sprach Mikhaël mehrmals von ihr, und wir haben in seinen Vorträgen einige Hinweise auf ihre bemerkenswerten Kenntnisse gefunden, auf ihre Weisheit und die Güte, die sie allen gegenüber an den Tag legte. Mikhaël sagte über sie, sie habe die Gabe des Heilens bekommen, weil ihr Herz vor Liebe überquoll.

Während seiner Kindheit war ihre Beziehung zu ihm von Zärtlichkeit, Verständnis und liebevoller Geduld geprägt. Jedes Mal, wenn er eine Dummheit gemacht hatte, lief er zu ihr, um sich zu verstecken, denn bei ihr fühlte er sich in Sicherheit. Er war überzeugt, dass man ihn dort nicht finden würde; und jedes Mal erstaunt, wenn man doch kam, um ihn zu holen. Was ihn vor allem überraschte, war die Hellsichtigkeit seiner Großmutter:

»Sie sah immer, was in mir vorging und ich verstand nicht warum. Es war, weil ich so verstört aussah. Sofort sagte sie: Ah, du hast wieder etwas angestellt!«[5]

Am Tag, an dem die Scheune brannte, rief sie, als sie ihn mit seinen erschreckten Augen kommen sah:

»Aha, du hast eine Dummheit gemacht!« – »Woher weißt du das?«, fragte das Kind besorgt. »Das sieht man! Macht nichts, komm, versteck dich hier«, sagte sie voller Güte, um ihm Zeit zu geben, sich auf die Strafe vorzubereiten, die er von seiner Mutter, die ihn mit fester Hand erzog, bekommen würde.

Obwohl ihm der Brand am Dachboden leid tat, änderte sich nichts an seiner Liebe zum Feuer:

»Seit meiner Geburt habe ich eine Vorliebe für das Feuer, doch während ich in meiner Jugend Scheunen in Brand gesteckt habe, verstand ich später, dass ich mich nicht mehr um das äußerliche Feuer kümmern sollte. Ich verstand, dass ich zuerst mein eigenes Herz und dann das der anderen entflammen sollte.«[6]

In der Natur faszinierten ihn nicht nur Feuer und Wasser, sondern auch die Bäume. Die großen Pappeln im Dorf, die beim leisesten Windhauch rauschten, erfüllten ihn mit besonderer Liebe und ließen ihn von erhabenen Gipfeln träumen. Sobald er die Kraft hatte, von Ast zu Ast bis in die Wipfel zu klettern, verbrachte er dort viele Stunden, um die Landschaft zu betrachten. Dort oben war er entzückt von der Schönheit der Natur, die er in all ihrer Herrlichkeit entdeckte und er fühlte sich wie ein Vogel, bereit davonzufliegen. Dolia wusste genau, dass ihr Sohn, wenn er nicht bei der Quelle war, in der Krone irgendeiner Pappel gesucht werden musste. Wenn Mikhaël sie rufen hörte, rutschte er hinunter, wobei er den Stamm mit seinen Armen umschlang.

Die Leidenschaft für die Höhen verriet eine seiner markanten Charaktereigenschaften. Dieser Wunsch, alles von sehr hoch oben zu betrachten, war ein Teil seiner Natur und entwickelte sich immer mehr. Später als er sich an die Erfahrungen seiner Kindheit erinnerte, erzählte er die symbolische Geschichte von einem Kind, das in der Krone eines Baumes sitzt und Dinge sehen kann, die sein Vater, trotz all seiner Diplome noch nicht sieht. Er sprach darüber, wie wichtig es ist, sich immer auf den höchsten Punkt zu begeben, um einen sehr weiten Blickwinkel zu haben und den Sinn des Lebens verstehen zu können.

* * *

Mikhaël verbrachte seine Kindheit in sehr kargen Verhältnissen. Jener Teil von Mazedonien in der Nähe des Berges Pelister, wo das Dorf Serbtzi liegt, ist ein Land mit schroffem Gebirge. Zu Beginn des zwanzigsten Jahrhunderts waren die Dörfer noch sehr einfach, die Häuser ohne Komfort, die Betten aus Stroh, das mit Teppichen bedeckt wurde. Der harte Winter brachte eisige Winde und der Schnee verlangsamte alle Aktivitäten. Während der gesamten kalten Jahreszeit waren die Dörfer noch abgeschiedener als im Sommer.

Die Schulen waren meist nur Baracken aus Holz und Lehm. Das einzige Klassenzimmer wurde durch einen kleinen Ofen geheizt. Wenn durch ein Missgeschick ein Fenster zu Bruch ging, musste man es mit Papier zukleben, um sich vor der Kälte zu schützen, denn für ein neues Fenster fehlte das Geld. Morgens sollte jeder der dreißig bis vierzig Schüler im Wald ein großes Stück Brennholz suchen und es in die Schule mitbringen. Wenn mehrere von ihnen dies vergaßen, wurden die letzten Unterrichtsstunden des Tages sehr unangenehm. Das Gebäude kühlte aus und die Kinder bekamen Schwierigkeiten, sich zu konzentrieren.

In Laufe seines ersten Schuljahres hörte Mikhaël den Lehrer die biblische Schöpfungsgeschichte erzählen. Er war fasziniert und es ist für ihn wie eine Offenbarung. Nun mochte er die damit verbundene innere Schau in ihrer ganzen Schönheit mit seinen Nächsten teilen, und lernte deshalb die wunderbare Geschichte auswendig, um sie ihnen vorzutragen. Er malte sein Bild von den Ursprüngen der Welt mit solcher Genauigkeit, mit so viel Begeisterung und so unterhaltsam, dass ihm die Erwachsenen mit offenem Mund zuhörten und von seinen unerwarteten Kenntnissen und seinem erzählerischen Talent überrascht waren. Er wird sich seine Vorliebe für das Buch der Schöpfungsgeschichte immer bewahren. Und das Bild von Gott, dessen Wort wunderbare Werke erschafft, wird ihn lange begleiten.

An seinem sechsten Geburtstag bekam er eine Broschüre über das Leben der heiligen Anastasia geschenkt, der Namenspatronin seines Geburtstags. Auch davon war er gefesselt, bewegt und begeistert. Was ihn so tief berührte, war die Idee von einem reinen, uneigennützigen Leben voller Liebe. Er entschloss sich, so »tadellos« zu werden wie seine Heldin.

Diese Lektüre war ein bedeutender Meilenstein in seinem Leben. Wie alle großen Mystiker verfügte auch Mikhaël über eine besonders entwickelte Empfindsamkeit, die ihn dazu antrieb, die Schönheit im Äußeren zu suchen, aber auch in sich zu gehen, um dort den Ursprung von allem zu finden. Zwei Jahre zuvor hatte er einen großen Entschluss gefasst: »Im Alter von vier Jahren hatte ich mich entschieden, nicht zu heiraten.« Natürlich wusste er in diesem Alter nicht, weshalb er aufs Heiraten verzichten wollte, aber er war der festen Überzeugung, dass er es tun musste.

Er war in der Lage, sich stundenlang zu konzentrieren, um die Phänomene der Natur zu beobachten. Für die Worte seiner Mutter und seiner Großmutter war er sehr empfänglich. Oft zog er sich zurück, um nachzudenken und Schlussfolgerungen zu ziehen, die sich dann unauslöschlich in seinem Gedächtnis einprägten. So wurden die Erlebnisse seiner Jugend zu einer ständigen Quelle von Erkenntnissen, die er später in seinen Vorträgen verwendete.

Dennoch sagte er von sich, er sei ein Schelm gewesen, und die Wirkungen der ersten Erkenntnisse, die in seinem Bewusstsein aufkeimten, seien wegen der Ereignisse in der Schulzeit und wegen seines feurigen Temperaments nach und nach wieder verblasst.

Tatsächlich verwirrte dieser kleine, ungestüme Bursche die Dorfbewohner und beunruhigte häufig seine Mutter. Zweifellos waren seine Energie und Dynamik für sein zukünftiges Wirken unverzichtbar, doch sein Verlangen, alles zu wissen, verleitete ihn manchmal zu Versuchen, die ihm den einen oder anderen strengen Verweis einbrachten. In seiner Familie sah man sehr wohl, dass er gute Absichten hatte, doch wenn er ein Unglück auslöste, ärgerte man sich und bestrafte ihn. Die Nachbarn hatten keine Freude an seinen Feuer- und Knallkörperexperimenten und gingen zu seiner Mutter, um sich zu beschweren. Doch Dolia verteidigte ihn immer und bat sie, Geduld zu haben:

»Ihr kennt ihn nicht. Im Augenblick stört er euch, aber wartet nur, was aus ihm werden wird!«

Sie erinnerte sich oft an das, was am Tag von Mikhaëls Geburt geschehen war. Als der Pope des Dorfes, ein heiliger Mann, den alle Dorfbewohner schätzten, den Neugeborenen getauft hatte, überraschte er alle, weil er die Einladung annahm, auf seine Gesundheit zu trinken. Alle wussten, dass er niemals Alkohol trank, aber an diesem Tag erhob er sein Glas mit dem traditionellen: »Na zdrave!« – »zum Wohl!« und wandte sich dann mit folgenden Worten an Dolia: »Wirklich, so etwas ist mir noch nie passiert! Dieses Kind ist anders als alle anderen. Er ist für Großes bestimmt, aber er wird wählen müssen, ob er die Richtung des Guten oder des Bösen einschlägt.«

Dolia erzählte Mikhaël später, dass sie ihn von seiner Zeugung an Gott geweiht habe. Damals wusste sie nicht, dass er ein großer

Meister werden würde, ein Führer für Tausende von Menschen, doch sie hatte immer von einem Kind geträumt, das ein Diener Gottes sein würde und sein Leben einer geistigen Arbeit widmete. Während sie ihn im Schoße trug, hatte sie ihm das Schönste und Vollkommenste gewünscht, was sie sich vorstellen konnte. Und während seiner ganzen Kindheit versuchte sie immer, das Edelste wachzurufen, das in ihm steckte.

Mikhaël erzählte über seine Mutter, dass sie sein erstes Vorbild gewesen sei und unauslöschliche Spuren in ihm hinterlassen habe. Sie hatte eine sehr treffsichere Intuition und sprach in einfachen Worten mit ihm. Sie verwendete Bilder, die seinen Verstand und sein Herz berührten, sie half ihm, sich bewusst zu werden, dass seine stürmischen Energien in den Dienst einer guten Sache gestellt werden mussten. Wenn er einen Streich ausgeheckt hatte, bewahrte sie Ruhe, schlug ihn niemals und versuchte nicht einmal, ihn zu zwingen, sein Verhalten zu ändern. Sie erklärte ihm vielmehr mit eindrücklichen, bildhaften Worten, was aus ihm werden könnte, je nach dem, ob er entweder schlecht handelte oder ob er lernen würde, seine Energien zu beherrschen.

»Jetzt weißt du, was dich erwartet, also wähle!« sagte sie zu ihm, und oft wiederholte sie das bulgarische Sprichwort:

Krivdina do pladnina, pravdina do veknina.
Was krumm ist, dauert bis morgen, was gerade ist, hält ewig.

Diese Methoden hatten eine starke Wirkung auf Mikhaël. Er liebte seine Mutter sehr. Jedes Mal, wenn sie so mit ihm sprach, wollte er ihr am liebsten in die Arme fallen und sie um Verzeihung bitten. »Aber ich habe es nicht getan, weil mein Stolz mich daran hinderte! Stundenlang habe ich geweint, weil sie etwas in mir angerührt hatte!« Dolia berührte das Beste in ihm, sein edles Ideal, und er konnte ihre Worte nicht vergessen; er wusste, alles, was gerecht und edel ist, ist für alle Ewigkeit von Dauer. Die Geduld, die Zuwendung und die Liebe Dolias waren ihm ein Beispiel: »Von ihr habe ich gelernt, alle Frauen zu respektieren.«

Seine Großmutter Astra hatte ebenfalls einen tief greifenden Einfluss auf ihn. Wenn er zu ihr lief und sich zu ihren Füßen setzte, erzählte sie ihm fantastische Märchen, mystische Legenden und Feengeschichten. In farbenprächtigen Bildern beschrieb sie ihm die legendären Schlachten zwischen weißen und schwarzen Magiern und erklärte ihm, wie das Gute über das Böse siegt. Vom Anfang bis zum Ende dieser Geschichten hielt der kleine Bub immer zu den weißen Magiern. Er wusste im Voraus, dass sie siegen würden, doch wie alle Kinder, erlebte er die verschiedensten Emotionen bei der Schilderung der Gefahren, die seine Helden durchmachen mussten.

Weil sein Vater nicht da war, übernahmen seine Mutter und seine Großmutter die große Aufgabe, ihn zu führen und zu erziehen. Diese beiden außergewöhnlichen Frauen unterstützten ihn mit ihrer Liebe und ihrer Weisheit, sie halfen ihm, in seinem Inneren die Möglichkeiten zu erkennen, die ihm gegeben waren, um all seine Kräfte auf das Licht auszurichten. Sie wussten nicht, was dieses Kind in der Zukunft erwarten würde, die extreme Armut, der Spott, die Verleumdungen und der Verrat, die der Erfüllung seiner Mission vorausgehen würden, aber sie bereiteten ihn, so gut sie konnten, auf seine zukünftige Aufgabe vor.

Darüber hinaus ist auch der Einfluss, den manche alte Menschen aus seiner Familie auf ihn ausübten, nicht zu unterschätzen. Die meisten von ihnen waren niemals zur Schule gegangen, aber ihre Einstellung war von so viel Güte und Würde geprägt, dass Mikhaël sie als Vorbilder betrachtete. Eine besondere Bewunderung empfand er für einen Mann in sehr hohem Alter, der ebenfalls Mikhaël hieß. Mit seinen maßvollen Gesten und seinen prägnanten Worten war dieser alte Mann in seinen Augen die verkörperte Weisheit. Er war ein unvergleichlich guter Geschichtenerzähler. Jedes Mal wenn er kam, um mit der Familie den Abend zu verbringen, durfte der kleine Bub eine seiner Geschichten hören, in denen der Sieg der Liebe über den Hass und des Lichtes über die Dunkelheit gefeiert wurde. Diese Volksmärchen mit ihrer esoterischen Symbolik nährten seinen Geist und schürten sein Ideal, ein wahrer Ritter des Lichts zu werden.

HÖRE, MEIN SOHN

Einige Monate nach Mikhaëls siebtem Geburtstag veränderte ein tragisches Ereignis den Lauf seines Lebens. Er war alleine außerhalb des Dorfes herumspaziert, als er in der Ferne auf der Straße bewaffnete Soldaten sah, die rasch vorwärts marschierten. Entsetzt rannte er so schnell er konnte Richtung Dorf und schrie unterwegs laut, um eine Gruppe von Bauern die auf dem Feld arbeiteten, zu warnen. Er gab ihnen zu verstehen, dass sie fliehen mussten. Geistesgegenwärtig schlug er allen vor, sich im Fluss zu verstecken. Sie tauchten bis zum Hals ins Wasser und versuchten, sich im Schilf unsichtbar zu machen. Gemeinsam mit seiner Mutter, seiner Familie und allen, die man in der Eile hatte alarmieren können, verbrachte er den Rest des Tages und einen Teil der Nacht in diesem Versteck im kalten Wasser, während die Soldaten das Dorf plünderten, Häuser in Brand steckten und die Bewohner, die nicht fliehen konnten, erschossen.

In dieser Nacht entschied sich Dolia, zusammen mit Mikhaël nach Varna, in den Nordosten Bulgariens zu gehen, wo sich ihr Mann aufhielt. Astra wollte bei jenen bleiben, die ihre Häuser wieder aufbauen mussten. Es war für Mikhaël sicher ein tiefer Schmerz, seine Großmutter, mit der er so eng verbunden war, zu verlassen. Dolia und Mikhaël machten sich eilig mit einigen anderen Dorfbewohnern auf den Weg. Den ersten Teil legten sie zu Fuß oder auf Leiterwagen zurück und mieden alle Siedlungen aus Angst, auf weitere bewaffnete Truppen zu treffen. Später nahmen sie den Zug, um an die Schwarzmeerküste zu gelangen.

Varna, das von den Griechen im sechsten Jahrhundert gegründete Odessos, war 1907 eine Hafenstadt mit 40.000 Einwohnern.

Nach ihrer Ankunft fanden Dolia und ihr Sohn für kurze Zeit Unterschlupf bei einer mazedonischen Freundin. In der Zwischenzeit versuchte Ivan, dessen Holzkohlenhandel sich im türkischen Viertel befand, für seine Familie eine Unterkunft in der Nähe seines Geschäftes zu finden. Schließlich mietete er ein großes Zimmer im Hause eines Freundes.

Es lag in der Plevenstraße – heute Kapitän Petko Voivoda-Straße – und war die ehemalige Residenz des Bey, des türkischen Statthalters der Region. Zu dieser Zeit gehörte es einem Mazedonier, der mehrere seiner geflüchteten Landsleute bei sich aufgenommen und ihnen verschiedene Zimmer des Hauses vermietet hatte. In einem dieser Zimmer richteten sich die Eltern von Mikhaël ein.

Für den kleinen Jungen hatte sich die Umgebung radikal verändert. Das nahe dem Meer im Südosten der Stadt gelegene türkische Viertel war ein wahres Labyrinth an staubigen Gassen. Die Häuser waren meist Bruchbuden, viele hatten geheime Türen, durch die man im Falle einer Durchsuchung zu den Nachbarn entwischen konnte. In jenen Zeiten war die ottomanische Polizei sehr aktiv und solche Vorsichtsmaßnahmen erwiesen sich oft als hilfreich.

Die türkischen, mazedonischen und bulgarischen Familien verbrüderten sich, die Kinder sprachen genauso gut bulgarisch wie türkisch, doch für Mikhaël war alles fremd, angefangen beim türkischen Priester – dem Hodja – der dem Eigentümer des großen Hauses und seinen zahlreichen Mietern gelegentlich Besuch abstattete. Es gab keinen Weizen mehr, kein Gemüse, keine frische Milch, all das musste man bei den Händlern besorgen. In diesem Abschnitt seines Lebens waren seine Eltern verhältnismäßig wohlhabend, doch im Interesse seiner Geschäfte hatte Ivan sich entschieden, im ärmsten Teil der Stadt zu wohnen. Er lebte nun schon seit etwa zehn Jahren in Varna und bewirtschaftete mit zirka zwanzig Mitarbeitern große Wälder ganz in der Nähe. Er konnte es sich leisten, Pläne für die Ausbildung seines Sohnes zu schmieden und doch lebte er mit seiner Familie sehr einfach, genauso wie die anderen Bewohner dieses Viertels.

Nach einigen Monaten der Umstellung begann Mikhaël sich in

der Stadt etwas wohler zu fühlen, doch der erste Frühling, den er in einer Stadt erlebte, hatte nichts mit dem Frühling in seinem mazedonischen Dorf gemeinsam, wo die ganze Natur vor Freude über den Anbruch der schönen Zeit zu jubeln schien. Immerhin gab es in allen Innenhöfen, wo auch nur das kleinste Fleckchen Erde frei war, Mandel-, Pfirsich- und Nussbäume. Sogar das türkische Viertel präsentierte sich im Festtagskleid, wenn seine wenigen Bäume sich mit Blüten schmückten.

Die Ankunft der neuen Jahreszeit feierte man auf ganz besondere Weise: Am ersten Tag des Monats März trugen alle Leute weiße und rote Bänder oder Wollbällchen, und die Mädchen flochten Bänder in ihre Haare. Dieser Brauch kam aus alter Vorzeit und war noch immer sehr lebendig, obwohl man die Bedeutung vergessen hatte. Mikhaël kannte seinen Sinn damals noch nicht, aber später erklärte er, dass die weißen und roten Wollbällchen mit ihren Farben das männliche und das weibliche Prinzip symbolisieren, die beide in der Natur wirken.

Man trug diese Wollbällchen bis zu jenem Tag, an dem man den ersten Storch sah, dann durfte man sich etwas wünschen. Wie alle Mütter in Bulgarien bastelte auch Dolia Bällchen aus roter und weißer Wolle und bald konnte Mikhaël dem Storch, dem Glücksbringer, einen seiner innigsten Wünsche anvertrauen. Diese Wünsche blieben das Geheimnis der Kinder. Am Ende des Frühlingsfestes waren dann alle Büsche, Zaunpfähle und Laternen mit zurückgelassenen Bändern und Wollbällchen geschmückt.

Der Frühling war auch von den Feierlichkeiten rund um das Osterfest geprägt. Wie die Mehrheit der Bulgaren waren auch Mikhaëls Eltern griechisch-orthodox. Sein Vater entzündete jeden Abend eine Öllampe vor der Ikone, die auf einem erhabenen Platz in einer kleinen Nische stand, und die Familie bat Gott um Schutz für die Nacht.

Unter der Herrschaft von Boris I. im Jahre 865 hatte Bulgarien die christliche Religion angenommen. Während der fünf Jahrhunderte der ottomanischen Besetzung hatten die meisten Bulgaren ihre Religion bewahrt, doch die Diözesen des Landes waren dem griechisch-orthodoxen Patriarchat von Konstantinopel unterstellt. Die griechische Sprache hatte sich nach und nach sowohl in der Kirche als auch in den Schulen durchgesetzt. In Mikhaëls Jugendjahren gewann die bulgarische Sprache dennoch langsam wieder die Oberhand. Dies verdankte man einem Popen namens Konstantin Deunovski, der sie gegen Ende des neunzehnten Jahrhunderts in der Liturgie wieder eingeführt hatte. Dieser Pope feierte seine Messen in der kleinen Kirche jenes Viertels, in dem Ivan und Dolia wohnten. Der Sohn dieses Popen, Peter Deunov, wurde später Mikhaëls spiritueller Führer.

Während der heiligen Karwoche fanden in den meisten Familien wichtige Vorbereitungen statt. Am Gründonnerstag wurden große Mengen süßen Gebäcks hergestellt und man verzierte gekochte Eier. Das erste Ei wurde rot – in der Farbe des Lebens – eingefärbt und vor die Familienikone gelegt; die anderen Eier bemalte man in allen Farben des Regenbogens. Am Samstagabend begab man sich gegen acht oder neun Uhr in die Kirche, die Zeremonie dauerte bis in die frühen Morgenstunden.

Für Mikhaël war diese Liturgie ein wahrer Lichterzauber. Die glänzenden Gewänder der Priester, die mit Edelsteinen besetzte Krone, die heiligen Gesänge, die die Kirche mit Wellen großer Harmonie erfüllten, die Finsternis, die nach und nach verschwand, wenn die Anwesenden ihre Kerzen entzündeten, all das beeindruckte ihn zutiefst. Er bewunderte die unzähligen Flammen, die die Gesichter erhellten, die Dunkelheit verbannten und das Gold der Ikonen erstrahlen ließen, während er daran dachte, dass das Feuer auf dem Vormarsch sei.[7] Doch die Zeremonie dauerte mehrere Stunden und der müde kleine Junge war dann auch erleichtert, endlich wieder an die frische Luft zu dürfen, um sich unter die anderen Kinder zu mischen. Im Kirchhof holten sie ihre bunten Ostereier aus der Tasche, um sie mit den Spitzen aneinander zu schlagen und anschließend zu verspeisen. Jenes Ei, das allen Schlägen standgehalten hatte, wurde einer Ikone zu Füßen gelegt und verblieb dort das ganze Jahr, als Symbol des Lebens.

* * *

Im Alter von acht Jahren beobachtete Mikhaël mit größter Aufmerksamkeit, was um ihn herum geschah. Seine zahlreichen kindlichen Experimente waren notwendig, für das Verständnis der innersten Arbeitsweise der Materie. Er wollte sehen, wie die Dinge aufgebaut sind. Instinktiv versuchte er, aus den beobachteten Phänomenen Schlussfolgerungen für das Leben zu ziehen. Dennoch war er paradoxerweise oft »abwesend«, als schwebe seine Seele in höheren Sphären oder als hätte sein Geist von seinem Körper noch nicht ganz Besitz ergriffen.

Später erklärte er, dass die ersten Lebensjahre einen besonderen Abschnitt darstellen, der mehr oder weniger lange dauert. Während dieser Zeit lebt das Kind oft außerhalb seines Körpers und bereitet sich unbewusst darauf vor, den Geist zu empfangen. Er selbst habe bis zum achten Lebensjahr »in den Wolken« gelebt und sei nicht viel mit den Kindern seines Alters zusammen gewesen.

»Ich wurde ohne sichtbaren Grund von Strömungen und Wogen der Traurigkeit erfasst. Meine Mutter erlitt große Sorgen, als ich im achten Monat geboren wurde und diese Traurigkeit hatte sich in mir eingenistet. Ich musste immer gegen diese Tendenz ankämpfen. Als ich klein war, sah ich den anderen von Weitem zu, ohne mitzuspielen. Ich spielte nicht, ich schloss mich ihren Gruppen nicht an, ich sang nicht, ich dachte nach!«[8]

Nach seinem achten Lebensjahr näherte er sich mehr und mehr den Kindern seines Viertels. Seine Kameraden konnte er sich ohnehin nicht aussuchen. Die bulgarische Gesellschaft war zutiefst zerrüttet durch endlose Jahre des Bürgerkrieges und der Grausamkeiten. Viele Kinder, die sich selbst überlassen waren, wurden zu Ganoven. Sie organisierten sich in Banden, um alle möglichen Delikte zu begehen. Manche von ihnen versuchten Mikhaël zu kaufen und in ihre Diebstähle oder andere Missetaten hineinzuziehen, doch sie stießen auf eine Entschlossenheit, die sie überraschte: Ihr neuer

Freund hatte zwar ein dynamisches und abenteuerlustiges Temperament, interessierte sich für alles und wollte alles wissen, doch er weigerte sich hartnäckig, etwas zu tun, das jemand anderem Unrecht zufügen konnte.

»Ich hatte etwas anderes im Kopf. Was wäre aus mir geworden, wenn ich mitgemacht hätte? ...Und warum habe ich nicht mitgemacht? Ich habe darüber viel nachgedacht. Dabei war ich doch gar nicht so besonders »brav«! Ich verursachte kleine Schäden, zündete Dinge an oder sprengte sie. Doch mit diesen Ganoven habe ich nicht mitgemacht. Ich war ein Schlingel, das ist klar, aber ganz alleine! Ich bin nicht mit den anderen mitgezogen, sondern blieb unabhängig und frei! Und die unsichtbare Welt behütete mich.«[9]

Da er von den Tricks, die sich seine Spielkameraden einfallen ließen, um sich gegen die Wut der Erwachsenen zu schützen, keine Ahnung hatte, wurde er, ohne es zu wissen zu ihrem Sündenbock, wenn er mit ihnen zusammen war. Die ersten Male, wenn die anderen Knaben flüchteten, nachdem sie irgendeinen Schaden angerichtet hatten, blieb er am Ort des Geschehens zurück. Da er nichts zu seiner Verteidigung zu sagen wusste und da er niemals versuchte, die anderen zu beschuldigen, bekam er harte Strafen. Mehrmals wurde er auch von seiner Mutter dafür bestraft, weil er sich mit Kindern herumgetrieben hatte, die eine Missetat begangen hatten. Eines Tages, nachdem er wieder einmal zu Unrecht beschuldigt worden war, hatte er solchen Kummer über das fehlende Verständnis seiner Familie, dass er das Haus verließ, ohne so recht zu wissen, wohin er gehen sollte. Er ging die Dunavskastraße hinunter bis zum Bahnhof, wo er lange sitzen blieb, nachdachte und das Kommen und Gehen der Reisenden beobachtete. Plötzlich verlor dieses lebendige Treiben jeden Reiz. Mit einem Angstgefühl in der Magengrube bemerkte er, dass er zum ersten Mal im Leben ganz allein war und vor einem Problem stand, das er nicht lösen konnte. Die Nacht brach herein, es wurde schnell kälter und trotz seines Kummers war er sehr hungrig. Obendrein wusste er nicht, wo er schlafen sollte. Da er nicht aufgeben und nach Hause zurückkehren wollte, beschloss er, sich zunächst um das vordringlichste Problem der Unterkunft zu kümmern.

Er verließ den Bahnhof und ging zum Meer. Nachdem er eine Weile am Strand herumgeirrt war, entdeckte er ein Bündel Stroh und sagte sich: »Das ist ein wunderbarer Platz!« Erleichtert und mit einem immensen Gefühl von Freiheit kroch er unter das Stroh und schlief trotz seines leeren Magens sofort ein.

In der Zwischenzeit lief seine Mutter durch die Gassen der Stadt und suchte ihn. Je mehr Zeit verging, umso beunruhigter wurde sie. Sie konnte nicht umhin, sich die schlimmsten Unglücksfälle vorzustellen. Mikhaël hingegen wurde am frühen Morgen von einem Bahnhofsarbeiter geweckt, der ihn fragte, was er da mache.

»Ich habe meine Eltern verlassen...«

»Wie bitte, du hast deine Eltern verlassen? Geh sofort nach Hause, sonst übergebe ich dich der Polizei!«

Mikhaël nahm seinen ganzen Mut zusammen und ging nach Hause, wo ihn seine Eltern mit Freudenrufen empfingen. Seine Mutter, die ihn so gut verstand, nahm ihn in ihre Arme, ohne ihm Vorwürfe zu machen. Ermutigt und getröstet von diesem Empfang verstand er, dass er nirgendwo glücklicher sein konnte, als in seiner Familie. Er gab ehrlich zu, dass er das Haus nur verlassen hatte, weil er seine Eltern ihren Mangel an Verständnis spüren lassen wollte. Wenn er später darüber sprach, erwähnte er, dass »seine inneren Berater« damals lange mit ihm gesprochen und ihn zum Nachdenken gebracht hatten. Er fügte hinzu, dass die meisten Menschen gegenüber ihren himmlischen Eltern ebenso handeln und dass sie sich in ihrem Wunsch nach Freiheit von ihnen entfernen, um ihr Glück woanders zu suchen: »Wir wollen Gott dafür bestrafen, dass Er uns getadelt hat. Aber Er tadelt uns, damit wir uns bessern.«

* * *

Das Glück, das Mikhaël in seiner Familie schätzen gelernt hatte, dauerte nicht viel mehr als eineinhalb Jahre. Im Herbst wurde sein

Vater innerhalb weniger Tage todkrank. In großer Sorge um das Los seiner Frau, die alleine mit Mikhaël und dem drei Monate alten Alexander zurückbleiben würde, gab er ihr den Rat, nach seinem Tod seinen engsten Freund zu heiraten. Er starb am 3. Oktober 1908. Dolia verstand nichts von den Geschäften ihres Mannes und wusste nicht, was zu tun war, um sein Unternehmen zu retten. Mehrere Leute nützten ihr Unwissen aus und betrogen sie. Letztendlich stand sie, 33 Jahre alt und mit zwei Kindern, mittellos da. Ihre Verzweiflung war so groß, dass sie ernsthaft krank wurde.

In dieser Zeit der Not tat Mikhaël sein Bestes, um seine Mutter zu pflegen. Er kochte, er kümmerte sich um seinen kleinen Bruder und hielt die Wohnung ordentlich und sauber. Er hatte schon öfter im Haus geholfen, das war nicht das, was am schwersten auf ihm lastete. Sondern es war die extreme Verzweiflung seiner Mutter, die ihm Sorgen bereitete. Er war noch nicht einmal neun Jahre alt und fühlte sich entsetzlich jung und ohnmächtig. Schließlich kam Hilfe: Die mazedonische Freundin, die sie bei ihrer Ankunft in Varna aufgenommen hatte, stand eines Tages mit einem großen Sack voll mit Lebensmitteln vor der Tür. Wie eine gute Fee war sie gekommen, um sich um die Kranke und das Baby zu kümmern.

Sobald Dolia wieder gesund war, machte sie sich daran, ihre kleine Familie vor dem völligen Ruin zu retten. Bei einer Versammlung der Aktionäre des Unternehmens ihres Mannes gelang es ihr schließlich, als Entschädigung für alles, was sie verloren hatte, das Nutzungsrecht eines Hauses in der Dunavskastraße, nicht weit von dort, wo sie mit Ivan während so kurzer Zeit gelebt hatte, für sich und ihre Kinder zu erhalten.

Es war ein kleines Haus, gebaut im Stil einer Berghütte aus Holzpfosten zwischen denen nach türkischer Bauweise eine Mischung aus Lehm und Stroh aufgeschichtet war. Es war in winzige Zimmer unterteilt. In einem rechtwinkeligen Anbau gab es eine separate Küche, wo die Familie die Mahlzeiten einnehmen konnte. Ein Teil des Erdgeschosses war vom Rest des Hauses abgetrennt und diente als Stall. Zu Mikhaëls größter Freude wuchs dort ein Obstbaum, der im Boden aus gestampftem Lehm Wurzeln gefasst hatte. Der

Stamm ragte zum Fenster hinaus und wuchs draußen wieder senkrecht nach oben, um seine Äste und Blätter zu entfalten.

Trotz der relativen Sicherheit, die ihr diese neue Unterkunft bot, blieb Dolias Lage prekär. Sie hatte keinerlei Einkommen mehr. Zu dieser Zeit war es für eine Frau beinahe unmöglich, den Lebensunterhalt für sich und zwei Kinder alleine aufzubringen. Nach Ende der Trauerzeit sah sie daher keine andere Möglichkeit, als Ivans Freund zu heiraten, der ebenfalls Witwer und Vater eines kleinen Buben war. Im Laufe ihres gemeinsamen Lebens hatten sie zusammen zwei Töchter und einen Sohn.

Die junge Frau war nun nicht mehr allein, doch während der kommenden Jahre war ihr zweiter Ehemann nicht immer in der Lage, seine Familie zu ernähren. Sie lebten in extremer Armut, die im Laufe der Zeit nur schlimmer wurde. Obwohl sie wahre Wunder an Sparsamkeit vollbrachte, konnte Dolia ihren Kindern oft nichts zu essen geben. Wie die meisten anderen Mütter in ihrem Land verbrachte sie Stunden mit Spinnen, Nähen und Weben, aber sie hatte kein Geld, um ihnen Schuhe zu besorgen. Jahrelang mussten sie barfuß herumlaufen.

Mikhaël erzählt später, dass es ihm dank der Schwierigkeiten dieses Lebens in Armut gelungen war, die wesentlichsten guten Eigenschaften zu entwickeln, seinen Charakter und seinen Willen zu stärken und in sich die mystische Seite zu wecken, indem er sich über die Entbehrungen stellte. Wie viele andere Kinder dieser Zeit war er jetzt väterlicherseits ein Waise, doch seine Mutter führte ihn, bescheiden und unermüdlich immer weiter. Sie war seine wichtigste Ratgeberin, sie war wie ein Licht, das ihm den Weg erhellte.

Im nächsten Frühling warf folgende, anscheinend banale Begebenheit ein erstes Licht auf einen Aspekt seiner Zukunft. Einige Freunde kamen gelaufen und berichteten aufgeregt, dass Zigeuner in die Stadt gekommen seien. Diese Nomaden, die von sich sagen, sie kämen ursprünglich aus Indien, weil ihre Sprache Worte indischer Sprachen enthält, waren ein gewohnter Anblick in der bulgarischen Landschaft. Jedes Frühjahr zogen sie weiter, stellten ihre Zelte in der Nähe der Dörfer auf, um in der Feldarbeit Beschäftigung zu finden, oder sie ließen sich in den Städten nieder, wo sie Karten legten, sich als Kesselflicker bestätigten oder Theatervorstellungen gaben.

In der Gruppe, die gerade in Varna angekommen war, gab es eine berühmte Hellseherin. Mikhaël beschloss, sie aufzusuchen und machte sich mit seinen Freunden auf den Weg. Er wusste seit Langem von Hellsichtigen und Heilern, denn seine Mutter hatte ihm oft wunderbare Geschichten über die berühmte Cortez erzählt. Was würde die hellsichtige Zigeunerin über seine Zukunft sagen? Als er sich ihr näherte, sagte sie sofort, ohne wie normalerweise bei ihren Klienten, die Hand anzusehen:

»Du hast viele Feinde.« – »Wie kommt es, dass ich viele Feinde habe?« fragte der kleine Bub erstaunt, »viele Feinde, mit neun Jahren?« Die Zigeunerin fuhr zögernd fort: »Mach dir nichts draus, du hast auch viele Freunde.« Sie war ganz offensichtlich beunruhigt. Mikhaël protestierte: »Warum ändern Sie ständig ihre Vorhersagen?« Die alte Frau antwortete mit gereiztem Ton: »Mehr kann ich dir nicht sagen! Mir kommt alles im Kopf durcheinander.«

Ohne ihn anzusehen streckte sie die Hand aus, als würde sie um etwas Geld betteln. Dann überlegte sie es sich anders und verschwand mit raschen Schritten in ihrem Wohnwagen. Mikhaël ging nach Hause, enttäuscht vom Verhalten dieser Frau, das nicht ihrem großen Ruf entsprochen hatte. Erst viel später, als die zerstörerischen Kräfte auf ihn zukamen und versuchten, sein Werk zu vernichten, erinnerte er sich an die Worte der Zigeunerin.

* * *

Während der Schulferien machte Mikhaël seine ersten Arbeitserfahrungen. Er wurde Lehrling in einer Schmiede seines Viertels. Seit Monaten hatte er bei jeder Gelegenheit dem Schmied bei der Arbeit zugesehen. Jedes Mal, wenn er ein Stück Metall vom stumpfen Grau in glühendes Rot übergehen sah, erfasste ihn ein heftiges Staunen, das ihn immer wieder in die Schmiede führte. Am meisten beeindruckte ihn das Metall, wenn es mit der Flamme in Kontakt kam und dem Feuer ähnlich zu werden begann, indem es glühend und formbar wurde und sogar anfing, zu leuchten.

Eines Tages traf er eine Entscheidung. Er verließ seinen Beobachterposten, ging entschlossen in die Schmiede und bat den Handwerker, ihn als Lehrling zu beschäftigen. Er wurde auf der Stelle angenommen und lernte zunächst, den Blasebalg zu betätigen, um das Feuer anzufachen. Nach einiger Zeit wurde sein Traum wahr: Sein Lehrherr war zufrieden mit seinem Durchhaltevermögen und damit einverstanden, ihm zu zeigen, wie man ein Stück glühendes Eisen bearbeitet.

Mikhaël beobachtete aufmerksam die Handgriffe des Schmiedes und versuchte, denselben Rhythmus zu erreichen wie dieser. Jedes Mal, wenn der kräftige Mann im Lederschurz mit seinem Hammer zuschlug, schlug auch er zu. Ihre Schläge brachten die Funken zum Sprühen, er war begeistert. Die Funken brannten auf seinen nackten Füßen, doch nichts konnte ihn aufhalten. Abends kam er todmüde nach Hause. Auf seinen Füßen waren Brandblasen, aber er konnte voller Stolz seiner Mutter die 20 Stotinki (15 Cents) überreichen, die er täglich verdiente.

Seine Arbeit als Schmiedelehrling dauerte mehrere Wochen. Er beobachtete, dachte über das Phänomen des Feuers nach und auch über die Auswirkungen, die diese Arbeit auf ihn selbst hatte. Diese erste Arbeit hatte eine große Bedeutung für ihn. Später sprach er gern von der Flamme, die dem Eisen ihre Wärme und ihr Licht überträgt, und er verglich den Menschen mit dem Metall, das durch Berührung mit dem göttlichen Feuer strahlend, leuchtend und warm werden kann.

Seine Liebe zum Feuer führte ihn zu weiteren Entdeckungen. Er bemerkte, dass dieses in der Natur so wichtige Element sich äußerst günstig auf die Gesundheit auswirkt. Intuitiv verstand er, dass im Holzfeuer heilende Elemente enthalten sind.

»Ich erinnere mich an meine Jugend in Bulgarien. Wenn ich mich erkältet oder fiebrig fühlte, zündete ich ein Feuer im Ofen an, setzte mich ganz nahe davor und schlief mit einem Gefühl der Dankbarkeit

und der Liebe für diese Wärme ein. Wenn ich aufwachte, war ich gesund. So habe ich die Heilkraft des Feuers begriffen. Denn nicht nur die Wärme hat heilende Eigenschaften, im Feuer sind auch noch andere heilkräftige Elemente enthalten.«[10]

In dieser Zeit entdeckte er auch die Musik, dank eines seltsamen Mannes, der seinen Weg kreuzte. Es war ein obdachloser Musiker, den die Bewohner von Varna »den Verrückten« nannten und der den Uhrturm am Domplatz als Wohnstätte erwählt hatte. Einst war er ein bekannter Dirigent gewesen, doch ein schwerer Schicksalsschlag hatte ihn um den Verstand gebracht. Er verbrachte seine Zeit damit, glückselig lächelnd herumzuspazieren. Wenn die Kinder ihn belästigten oder mit ihren Streichen verfolgten, lächelte er nur und streichelte sie. Zur größten Freude der Schaulustigen begann er manchmal mit wunderschöner Stimme zu singen. Dieser ungewöhnliche Mann war der erste, der Mikhaël in die Musik einweihte. Er mochte den Knaben, der ihm respektvoll zuhörte und ihn niemals ärgern wollte. Wenn Mikhaël zur Turmspitze hinaufstieg, um ihn zu sehen, empfing ihn der alte Mann mit Freude und sang für ihn. Nach und nach lernte der Knabe dazu. Bald konnte er stolz zu dem Musiker sagen:

»Bitte, singen Sie mir eine Melodie aus dem Troubadour! Singen Sie eine Melodie aus Aida!« Der alte Mann schloss die Augen und suchte nach Inspiration. Sein Gesicht begann zu strahlen. Dann schwang er sich auf das Gewicht der Turmuhr und schaukelte sanft darauf, während er all die Lieder sang, um die sein kleiner Freund ihn gebeten hatte. In diesen Arien war etwas, das die romantische Seite Mikhaëls zum Schwingen brachte. In seiner Fantasie entstanden poetische Bilder und sein ganzes Wesen war von mystischen Empfindungen erfüllt.

Er hörte seinem eigentümlichen Lehrer stundenlang zu. Mikhaël stimmte mit ein und so lernte er, eine große Zahl an klassischen Melodien zu singen. Diese neuen Möglichkeiten veränderten sein Leben. Seit dieser Zeit war er ein leidenschaftlicher Musikliebhaber.

Wenn ein Kind die Musik entdeckt, öffnen sich ihm neue Türen, denn alle Künste sind miteinander auf subtile Weise verbunden, sie nähren und fördern sich gegenseitig. So wurde Mikhaël auch vom Theater und vom Kino fasziniert, doch da er niemals Taschengeld hatte, war es ihm ziemlich unmöglich, Vorstellungen zu besuchen. Eines Tages beschloss er, sich unter die Leute zu mischen und sich so ins Kino hineinzuschmuggeln. Zu seiner großen Freude sah und hinderte ihn niemand. Ermutigt von seinem Erfolg kam er immer wieder und erlaubte sich den Luxus, denselben Film oder dasselbe Theaterstück mehrmals hintereinander anzusehen. Es wurde einfacher für ihn, als mit der Zeit manche Schauspieler mit ihm Freundschaft schlossen und ihm Freikarten gaben.

Während der folgenden Jahre beobachtete Mikhaël die Feinheiten im schauspielerischen Ausdruck der Darsteller mit immer größerer Begeisterung und Aufmerksamkeit. Manche strahlten gar nichts aus. Der Knabe hörte ihnen mit Erstaunen zu: Ob sie nun lachten, weinten oder zornig waren, es klang immer unecht. Hinter ihrer Stimme war nichts als Leere. Andere hingegen konnten ihr Publikum aufheitern, es zu Tränen rühren oder ihm eine Traumwelt erschließen. Der Größte von allen war der Armenier Chaxtun; sobald er die Bühne betrat, erbebte das Publikum. Selbst wenn er ihnen den Rücken zuwandte, vibrierte sein ganzes Wesen durch seine Emotionen, die so stark waren, dass die Zuschauer den Atem anhielten.

Trotz seiner Jugend war Mikhaël tief berührt von der weitreichenden Bedeutung dieser Tatsache. Er sah ganz klar, dass die spirituelle Essenz eines Menschen in der Lage ist, die Massen zu bewegen und sogar die Trägsten mitzureißen. Außerdem begriff er, dass das Theater ein Spiegelbild des Lebens ist: Er sah auf der Terrasse eines Cafés zwei Schauspieler bei einem Gläschen zusammensitzen, die sich eben zuvor im Theaterstück noch heftig gestritten hatten. Es geschah mit diesen Darstellern das Gleiche wie mit zwei Feinden, die nach ihrem Tod in der jenseitigen Welt ankommen und sich bewusst werden, wie dumm es war, sich wegen bedeutungsloser Dinge zu bekämpfen. In dem Augenblick, in dem sie verstehen, dass die Hindernisse, die Kritik und die Feindseligkeiten die Aufgabe hatten, ihnen Lektionen zu erteilen und ihr Wachstum zu fördern, umarmen sie sich und verzeihen einander.

* * *

Im Alter von neun Jahren begann für Mikhaël ein neuer Lebensabschnitt. Dieses Jahr bedeutete für ihn das Ende seiner Kindheit. Der Tod seines Vaters, die Krankheit seiner Mutter, die neue Verantwortung, die er für seinen kleinen Bruder übernahm, die Disziplin, die für seine Arbeit als Lehrling in der Schmiede notwendig war, all diese Ereignisse ließen ihn reifen. Jetzt war er bereit, einen starken spirituellen Umbruch zu ertragen.

Und wieder, wie auch im Alter von sechs Jahren, ist ein Buch der Anlass. Er lieh sich in der Bibliothek seiner Schule das Buch von Salomons Sprüchen, ohne so recht zu wissen, worum es sich dabei handelte. Obwohl er noch ein bisschen jung war für diese Art von Lektüre, überwältigten ihn einige Passagen, in denen es um die Weisheit geht. Er hatte das Gefühl, eine davon sei ganz speziell an ihn gerichtet:

»Höre, mein Sohn, die Mahnung des Vaters
und die Lehre deiner Mutter verwirf nicht!
Denn sie sind ein schöner Kranz auf deinem Haupt
Und eine Kette für deinen Hals.
Mein Sohn, wenn Sünder dich locken, dann folge ihnen nicht.«

Die Wirkung dieser Sprüche auf Mikhaël war erstaunlich: Er war nicht in der Lage, alles zu verstehen, was da geschrieben stand, und dennoch nahm er das Buch mit nach Hause, um die Texte, die ihm am besten gefallen hatten, mehrmals zu lesen. Es waren jene, die die Glut in ihm entfachen und sein Ideal nährten, ein großer Weiser zu werden. Er war in der Tiefe seines Wesens berührt und machte eine wahre innere Revolution durch:

»Da ist etwas geschehen in mir, ein Umbruch: Ich weinte, schluchzte, ich wollte ein Heiliger werden, ein Prophet. Es war eine regelrechte Verwandlung! Ich habe drei Tage und drei Nächte lang geweint. Ich bat den Herrn um Verzeihung für all meine »Verbrechen«. Da gab es zwar keine Verbrechen, doch für meine Begriffe waren es welche!«[11]

Dieser neue Impuls in seinem Herzen und in seinem Verstand war Ausgangspunkt für einen spirituellen Aufstieg, der trotz der normalen Schwierigkeiten des Heranwachsens nicht mehr aufhörte. Von diesem Zeitpunkt an begann er, sich die Weisheit zu wünschen. Sein Leben bekam eine viel genauere Ausrichtung. Nachdem er bis zum Alter von neun Jahren »abwesend« gewesen war, nahm er nun drei Räume seines »Hauses« in Besitz: den Intellekt, das Herz und den Willen. Alles änderte sich. Er versuchte zu leben, wie das »Buch der Sprüche« es riet. Voll guter Vorsätze und leichten Herzens vermied er es, sich in Abenteuer zu stürzen, die den Frieden seines Geistes oder den seiner Mitmenschen gefährden konnten.

Trotz seiner spirituellen Glut konnte der Umbruch, den diese Lektüre in ihm ausgelöst hatte, natürlich in seinem Alter keine vollkommene Verwandlung bewirken. Wie er selbst gestand, ließ die Intensität des Feuers, das da in ihm entfacht war, im Laufe der folgenden Monate wieder nach, und sein dynamisches Temperament brachte ihn auf ganz natürliche Weise dazu, wieder seinen Lieblingsbeschäftigungen nachzugehen.

»Sogar als ich ein wenig älter war – etwa bis zehn oder elf -, zündete ich mit Vorliebe Böller, Knallkörper und Schwarzpulver; dann sah man aus allen Häusern die Nachbarn kommen und ich brachte mich in Sicherheit. Das war feige, nicht wahr. Aber wäre ich dort geblieben, hätten sie kein Stäubchen von mir übrig gelassen! Das habe ich gespürt, versteht ihr. Von dieser Zeit an hatte ich mein »Radar«, meine Antennen... Doch das brachte die Dinge nicht in Ordnung, denn wenn ich nach Hause kam, hatten die Nachbarn schon meiner Mutter Bescheid gesagt!«[12]

Auch die strategischen Kämpfe, die die Kinder seines Viertels anzettelten, zogen ihn an, denn dort konnte er seine überschüssigen Energien loswerden. Er brauchte noch zwei weitere Mahnungen, bevor er die Gewohnheiten seiner Kindheit endgültig hinter sich ließ. Die erste bekam er ungefähr mit zehn Jahren, die zweite im Alter von zwölf.

Eines Tages, als er mit einem Freund spazieren ging, blieb er vor dem Stand eines Straßenhändlers stehen und blätterte in der Biografie eines Heiligen, dem es gelungen war, seine Begierden zu meistern und ein großer Weiser zu werden. Er legte die Broschüre auf den Tisch zurück, nahm sie wieder in die Hand, legte sie wieder hin. »Ach! Wenn ich sie nur kaufen könnte!«, seufzte er. »Die kostet einen Lew!«, sagte der Straßenhändler. Das war viel Geld. Traurig ging Mikhaël weiter. »Wenn der Himmel mich das Geld auftreiben lässt, um diese Broschüre zu kaufen« sagte er zu seinem Freund, »dann werde ich sie kaufen, und den Rest gebe ich einem Bettler.« Plötzlich blieb er stehen. Zu seinen Füßen lag ein Lew auf der Straße. Die Broschüre gehörte ihm! Zu Hause vertiefte er sich in die Lektüre und wieder verspürte er eine überströmende Begeisterung für die Schönheit, die Reinheit und die Weisheit. Zugleich machte er sich bittere Vorwürfe, weil er nicht ständig in Harmonie mit seinem Ideal der Vollkommenheit lebte. Immer wieder sagte er sich mit größter Konzentration: »Ich möchte ein Heiliger, ein Prophet werden!«

* * *

Im Sommer, als er zwölf Jahre alt war, diente ihm ein weiteres Buch als letzte Mahnung. Während der Schulferien ließ er die Stadt hinter sich, um mit seinem Stiefvater und den Köhlern im Wald zu leben, wo man mit der Herstellung von Holzkohle beschäftigt war. Während er sich ein wenig nützlich machte, beobachtete er mit großem Interesse die verschiedenen Abschnitte des langen Herstellungsvorgangs. Die Männer schnitten Rundhölzer von 60 cm Länge zu, die sie senkrecht so zusammenstellten, dass daraus große Pyramiden entstanden. Über diesen Konstrukten schichteten sie Erde

Mikhaël im Alter von 11 Jahren mit seiner Mutter und seinem Bruder Alexander.

auf, wobei sie darauf achteten, Schächte für die Luftzirkulation frei zu lassen. Die Vorbereitung dauerte etwa zwei Wochen, danach brannte das Holz zwei weitere Wochen bei gedrosseltem Feuer, bis es vollständig verkohlt war. Schließlich wurde die Kohle in Säcke gefüllt und auf Eselkarren zur Stadt befördert.

Die Köhler mochten Mikhaël sehr und behandelten ihn wie ihren Sohn. Sie hatten ihm ein kleines Baumhaus gebaut mit einer Leiter, damit er hinaufklettern konnte. Um ihn zu beschäftigen, zog einer von ihnen eines Tages ein kleines Buch aus seiner Tasche und reichte es ihm. Als Mikhaël sah, dass es die Evangelien waren, setzte er sich in sein Baumhaus, um in Ruhe zu lesen.

Natürlich kannte er die Evangelien, die jeden Sonntag in der Kirche vorgelesen wurden. Doch das, was sich an jenem Tag in der Stille des Waldes zutrug, war eine Erfahrung ganz anderer Art. Er war zutiefst berührt von der Güte und dem Mitleid Jesu und las mit immer größerer Faszination. Als er zu jener Episode kam, in der Jesus einen Besessenen von Dämonen befreite, ging etwas Eigenartiges in ihm vor: Er hatte ganz deutlich den Eindruck, sich körperlich bei Jesus in Palästina zu befinden. Er beobachtete den armen Mann, den niemand bändigen konnte, er sah Jesus die Dämonen austreiben und sie in eine Schweineherde zwingen, die sich ins Meer stürzte und ertränkte. Er konnte seinen Blick nicht lösen von dem Besessenen, der jetzt besänftigt und beruhigt Jesus zu Füßen saß. Er bewunderte sein intelligentes und empfindsames Gesicht und die vor Hoffnung leuchtenden Augen. Und die Menge stand herum, verblüfft von der Verwandlung. Mikhaël konnte an nichts anderes mehr denken als an diesen Verrückten, der jetzt geläutert war. Diese Läuterung entsprang für ihn der wahren Weisheit und inspirierte ihn zutiefst. Er war wieder eingetaucht in die Atmosphäre des »Buches der Sprüche«, das er nicht vergessen hatte.

»Ich habe wieder geweint und wieder habe ich mir in den Kopf gesetzt, ein Heiliger, ein Prophet zu werden, denn ich hielt mich in der Tat für einen Taugenichts, der allen im Weg war! Meine Mutter sagte mir immer, wie man weise und vernünftig wird, doch meine guten

Vorsätze hielten nicht sehr lange. An jenem Tag hingegen ist durch diese Geschichte etwas geschehen, was mich wirklich verändert hat. Speziell waren es die Worte »dass der Mann geläutert war.«[13]

Dank der langen Ferienzeit mitten in der Natur konnte er diese neue spirituelle Erfahrung fernab vom Stadtlärm und seinen umtriebigen Kameraden in sich aufnehmen. Jesus war zu seinem Vorbild geworden. Er war aus tiefstem Herzen glücklich, im Wald zu leben und fühlte sich dort zu Hause wie sonst nirgendwo. Die Bäume erfüllten ihn mit einer tiefen Zufriedenheit, welche aus einer geheimnisvollen Erinnerung emporzusteigen schien, die in allen Zellen seines Körpers festgeschrieben war.

Vielleicht war ihm die Idee, sich durch Fasten zu läutern, nach diesem jüngsten Erlebnis gekommen. Seine Mutter erzählte, er habe mit zwölf Jahren beschlossen, gemeinsam mit Freunden so lange wie möglich diese Erfahrung zu machen:

»Sie haben sich in einer Hütte nahe bei einem See versteckt. Seine Freunde verzichteten dann sehr schnell auf das Fasten, aber sie hielten das Versteck von Mikhaël geheim. Ich suchte ihn mehrere Tage, bis einer der Jungen sich entschloss, es mir zu verraten. Als ich ihn endlich fand, habe ich mit ihm geschimpft wie nie zuvor und dann fing ich an zu weinen. Ich nahm ihn mit nach Hause und gab ihm eine leichte Suppe.«

Obwohl sie es nicht geschafft hatten, die Fastenübung bis zum Ende durchzuhalten, ahmten seine Freunde Mikhaël bei vielen Gelegenheiten weiterhin nach. Schon damals hatte er eine große Wirkung auf sie. Ohne es zu wissen, riss er sie mit und beeinflusste sie.

* * *

Das soziale Milieu, in dem diese Kinder aufwuchsen, war stark von Gewalt geprägt. Die politische Lage Bulgariens, das immer wieder von Kriegen und Aufständen heimgesucht wurde, war genauso instabil wie jene in Mazedonien. 1908 vom ottomanischen Joch befreit, hatte das Land dennoch keinen Frieden gefunden: Im Oktober 1912 läuteten die Glocken in Varna sowie im ganzen Land, um die Einberufung aller tauglichen Männer anzukündigen. Es war der erste Balkankrieg. Zwei Monate später, am 3. Dezember, wurde ein Waffenstillstand unterzeichnet. Die ganze Stadt war im Freudentaumel über die Nachricht, dass die Türkei besiegt war und beinahe all ihre Ländereien in Europa verloren hatte.

Wie allen Jugendlichen dieser Zeit hatte man auch Mikhaël viele Gräueltaten erzählt, die die ehemalige Besatzungsmacht begangen hatte. An jenem Tag war auch er mitgerissen von der allgemeinen Begeisterung. Gemeinsam mit ein paar Kameraden lief er zur türkischen Gesandtschaft, um die ottomanische Fahne, das Symbol für Tyrannei und Ungerechtigkeit, abzunehmen. Natürlich war er es, der aufs Dach stieg. Gerade als es ihm gelang, die Fahne vom Mast zu lösen, traf die Polizei ein. Die anderen Jungen waren im Nu verschwunden, doch Mikhaël blieb keine Zeit davonzulaufen. Mit der Fahne in der Hand musste er sich den Konsequenzen seiner Tat stellen.

Eskortiert von berittenen Polizeibeamten durchquerte er das ganze Viertel bis zur Polizeistation. Er wartete in einer Ecke des Raumes und beobachtete die Gesichter der Polizisten, die ihm sehr streng vorkamen. Bestimmt würden sie ihm eine Strafe auferlegen... Würden sie ihn ins Gefängnis stecken? Aber bald merkte er, dass die Männer untereinander zu flüstern begannen und sich das Lächeln nicht verkneifen konnten. Letztendlich wurde er mit einer halbherzigen Verwarnung nach Hause geschickt. Sie amüsierten sich über den Mut des Burschen, der das getan hatte, was sie selbst sich nicht erlauben konnten und brachten es nicht übers Herz, ihn zu bestrafen. Sie wussten genau, dass diese Fahne für ihn und seine Freunde das Symbol der Unterdrückung und Tyrannei war. Alle Kinder träumen davon, Helden zu sein, und auch Mikhaël war hier keine Ausnahme.

Während der folgenden Schulferien fand er in mehreren Fabriken für einige Zeit Arbeit. Diese Erfahrungen stillten sein Verlangen, das Leben und die Menschen in seiner Umgebung sowie die Komplexität der zwischenmenschlichen Beziehungen besser verstehen zu lernen. Darüber hinaus war er sehr glücklich darüber, seiner Mutter das verdiente Geld geben zu können.

Die verschiedenen Arbeitsumstände lieferten ihm viel Stoff zum Nachdenken. Als Erstes begab er sich in die Dienste eines Schneiders, doch den ganzen Tag sitzen zu müssen, war eine wahre Tortur. Er langweilte sich zu Tode und schlief über seiner Arbeit ein. Schon nach dem ersten Tag verließ er diese Arbeitsstelle und suchte sich eine andere. In der kleinen Bonbonfabrik des Viertels wurde Personal aufgenommen und Mikhaël stellte sich vor. Man gab ihm Anweisung, was er zu tun hatte, doch er machte sich nicht sofort an die Arbeit. Erst musste er sehen, wie die anderen Arbeiter an die Sache herangingen. Nachdem er die in den verschiedenen Phasen der Bonbonherstellung nötigen Handgriffe genau beobachtet hatte, machte er sich so gut er nur konnte an die Arbeit. Er war sehr erstaunt, dass der Besitzer seine Mitarbeiter so viele Bonbons essen ließ, wie sie mochten, und so griff er zu. Doch jedes Mal, wenn er eines auswählte, bemerkte er, dass seine Kollegen sich amüsierte Blicke zuwarfen. Nach einigen Tagen hatte er verstanden warum, denn seine Lust auf Bonbons war völlig verschwunden. Niemals würde er diese Lektion vergessen: Der Überfluss tötet letztendlich den Genuss.

Ein anderes Mal wurde er in einer Fabrik aufgenommen, die Ölpastell-Kreide herstellte. Da er schon einige Praxis vorzuweisen hatte, begann er sich in der Arbeitswelt wohlzufühlen. Sobald er spürte, dass er die anzuwendenden Arbeitstechniken beherrschte, wagte er sich daran, die Initiative zu ergreifen, um die Handgriffe weniger aufwendig zu gestalten: Er entwickelte eine Vorgehensweise, die ihm Zeit ersparte und trotzdem ein genauso befriedigendes Ergebnis hervorbrachte wie bisher. Der Leiter war sehr interessiert an den Methoden seines jungen Mitarbeiters und gewährte ihm eine Prämie.

Durch diese Ferienarbeit erlernte Mikhaël die Grundlagen mehrerer Berufe, so auch die des Tischlers und Maurers. Alles was er um sich herum sah, gab ihm Stoff zum Nachdenken: die Arbeitsweise und ihre Wirkung auf die Arbeiter, die Beziehung zwischen den Inhabern und ihren Mitarbeitern, die Diskussionen oder Streitigkeiten seiner Kollegen. Er gewann Einsicht in ihre Probleme, ihren Kummer und ihre Freuden.

DIE ENTDECKUNGEN SEINER JUGENDZEIT

Ein Kind, dass das Lesen liebte, hatte zu Mikhaëls Jugendzeit keine Schwierigkeiten, Bücher zu finden, weil die meisten Städte und Dörfer Bulgariens Büchereien hatten, die man – nach Kirche und Schule – als die dritte Säule der Gesellschaft betrachtete. Mikhaël war ein fleißiger Benutzer der Bücherei seines Gymnasiums. Berührt von seinem Wissensdurst und der extremen Armut seiner Familie, liehen ihm auch einige Lehrer ihre Bücher. Zu Hause konnte er allerdings leider nicht die nötige Ruhe finden, um zu studieren und nachzudenken. Sein Bruder Alexander und der Sohn seines Stiefvaters waren viel jünger als er, und seine beiden kleinen Schwestern waren noch Babys. Dolia sah, wie sehr ihr Ältester darunter litt, keinen Raum für sich zu haben und machte ein kleines Zimmer für ihn frei, von dessen Fenster man auf das Dach der Küche blickte. Dieses Zimmer wurde rasch zu seinem persönlichen Heiligtum und er verbrachte dort viel Zeit mit Lesen und mit Meditationsübungen.

Dank seiner Lektüre begann er, die Hauptthemen der antiken Einweihungswissenschaft Ägyptens, Indiens, Griechenlands und Tibets zu studieren. Etwa im Alter von 13 Jahren entdeckte er Buddha, der nach Jesus zu seinem zweiten Vorbild wurde. Unter dem Einfluss dessen, was er über die hinduistischen Meister gelesen hatte, begann er mit Yogapraktiken, um seinen Willen zu stärken und »geheime Fähigkeiten zu entwickeln«, wie er später erzählte. Ein Buch des amerikanischen Autors Ramacharaka hatte großen Einfluss auf ihn. Dieser hinduistische Autor hatte mehrere Bücher über den Hatha-Yoga geschrieben, der hauptsächlich auf rhythmischen Atemtechniken aufbaut. Sobald Mikhaël verstanden hatte, dass das Ziel des Hatha-Yoga ist, seine Schüler zur Beherrschung des Atems und schließlich zur Herrschaft über die Gedanken zu führen, übte er sich täglich mit festem Willen in diesen Atemtechniken. Im Alter zwischen zwölf und fünfzehn Jahren schien er eine rapide spirituelle und psychische Entwicklung erfahren zu haben.

Aber er las nicht nur Bücher über Spiritualität, Abenteuerromane interessierten ihn genauso. Zum Beispiel ließen ihn die Werke von Jules Verne faszinierende Zukunftsperspektiven erahnen. Er meinte, Schriftsteller, die in der Lage sind, sich noch unbekannte physische Phänomene vorzustellen, müssten ganz offensichtlich über eine außergewöhnlich entwickelte Intuition verfügen, die es ihnen erlaubt, mit den unsichtbaren Naturkräften in Kontakt zu treten. In diesem Zusammenhang faszinierte ihn auch die Chemie über längere Zeit. Seine Mutter erlaubte ihm, den Stall, in dem ihr einziges Pferd stand, in ein Laboratorium umzuwandeln. Mit ihrer Sparsamkeit vollbrachte sie wahre Wunder, um ihm ein Reagenzglas kaufen zu können. Seine Vorliebe für Feuer und Explosionen war bekannt und so war niemand wirklich überrascht, als sein erster Versuch der Herstellung von Schwarzpulver galt.

Alles faszinierte ihn, alles interessierte ihn. Sein Temperament drängte ihn, allen Dingen auf den Grund zu gehen, sie bis auf den letzten Tropfen des Lebenssaftes zu erforschen. Je älter er wurde, desto mehr wurde ihm der Zusammenhang zwischen den physischen und den spirituellen Phänomenen bewusst. Der Quecksilbertropfen, den er wie einen glänzenden Edelstein über eine ebene Fläche rollen ließ, zeigte ihm klar, dass Unreinheiten alles trüben und trennen, während die Reinheit die Unversehrtheit der Menschen und Dinge bewahrt und schützt. Wenn man Quecksilber in mehrere Tropfen unterteilt, können sie sich nicht mehr vereinen, wenn die einzelnen Tropfen mit Staub beschmutzt sind.

Doch schon bald machten ihn seine Experimente mit der Materie nicht mehr zufrieden. Was er suchte, befand sich in anderen Sphären. Er wendete sich dem Studium der psychischen Phänomene zu. Es musste zu diesem Zeitpunkt gewesen sein, dass er die Macht der Gedanken entdeckte: Die Werke von Louis Jacolliot eröffneten ihm ungeahnte Horizonte. Es gibt mysteriöse Kräfte, die aus einem unsichtbaren Universum stammen und derer sich die Menschen bedienen können, um in der sichtbaren Welt zu wirken. Mikhaël war von den Darstellungen des französischen Autors fasziniert. Dieser hatte in Indien Fakire beobachtet, die vor einer großen Menschenmenge ihre Fähigkeiten unter Beweis stellten: Sie pflanzten ein Samenkorn und dank der Kraft ihrer Gedanken ließen sie es keimen und alle Phasen des normalen Wachstums durchlaufen, bis es Früchte hervorbrachte. Und all das innerhalb weniger Stunden!

Mikhaël dachte nach: Hinter den meisten berühmten Darbietungen der Fakire verbirgt sich eine riesige Kraft, die edleren Zwecken dienen kann, als die gaffende Menge zu unterhalten. Er selbst war entschlossen, viel höhere Ebenen zu erreichen als jene, zu denen die Fakire Zugang haben, doch zuerst musste er wissen, ob er in der Lage war, durch die Konzentration der Gedanken Ergebnisse zu erzielen. Für seine erste Übung ging er zum Park am Meer. Der Park heißt Morskata Gradina und ist ein großer Stadtpark in Varna, der sich oberhalb des Strandes von Norden nach Süden erstreckt. Alle Bänke waren besetzt. Eine gute Gelegenheit zu üben. Er konzentrierte sich auf einen Mann, der dort saß. »Los, los, stehen Sie auf!«, sagte er ihm ein paar Mal in Gedanken. Einen Augenblick später stand der Mann auf und ging. Mikhaël nahm seinen Platz ein, als ob nichts gewesen wäre. Er war noch zu jung, um sich besonders darüber zu freuen, sich auf eine Bank setzen zu können. Aber er hatte den Platz erobert. Um sicher zu gehen, dass es sich nicht um einen Zufall handelte, wiederholte er seine Versuche. Dann begann er, seine Freunde mental zu beeinflussen, sie sollten verschiedene harmlose Dinge tun: Einen brachte er dazu, seine Mütze abzunehmen, dem anderen gab er den Auftrag, einen Gegenstand vom Boden aufzuheben. Einmal, als er einen seiner Kameraden auf sich zukommen sah, konzentrierte er sich auf dessen rechtes Bein, um ihn zu zwingen, stehen zu bleiben. Als er sah, dass er stehen blieb und sich mit ängstlicher Miene an einen Baum stützte, bekam er Gewissensbisse und war beunruhigt. Er ging hin und ermutigte den Freund, so gut er konnte. Glücklicherweise kam alles wieder in Ordnung.

Mit vierzehn Jahren lernte er die mysteriösen Kräfte seines Unterbewusstseins kennen. Er ahnte, dass man damit Großartiges verwirklichen könnte. Nach den Experimenten zu schließen, die er in diesem Alter machte, war er bereits mit Begriffen vertraut, die in zahlreichen Weltanschauungen anerkannt waren, zum Beispiel mit den Energiekörpern des Menschen (Astral-, Mental-, Kausal-, Buddhi- und Atmankörper) und mit dem Chakrasystem, den spirituellen Zentren entlang der Wirbelsäule.

Man weiß nicht genau, wann er entdeckte, dass der Mensch die Möglichkeit besitzt, bewusst oder unbewusst aus seinem physischen Körper auszutreten, um in den unsichtbaren Welten zu reisen. Vielleicht wusste er auch noch nichts von dem Phänomen, dass Menschen spontan ihren Körper verlassen, wie das oft bei einem Unfall oder bei einem chirurgischen Eingriff auftritt. Einige Jahre später kann er jedoch einem ehemaligen Soldaten, der noch immer unter einem Erlebnis leidet, welches ihm während des Krieges widerfahren ist, durch seine Erklärungen helfen: Nach einer schweren Verletzung war dieser ins Koma gefallen, fand sich außerhalb seines Körpers wieder und wurde zum Zeugen der Arbeit der Chirurgen.

In seinen Jugendjahren hat Mikhaël mit Sicherheit schon von den außerkörperlichen Erfahrungen der großen christlichen, buddhistischen und muslimischen Mystiker gewusst. Darüber hinaus hatte er dieses Phänomen bereits selbst entdeckt, denn er versuchte, seinen Freunden zu erklären, welche Möglichkeiten sie selbst in dieser Hinsicht hätten.

Dank seiner umfassenden Lektüre hatte er erfahren, dass Menschen, die man in einen »höheren Zustand« versetzt, die Fähigkeit erlangen, übernatürliche Erfahrungen zu machen. Es war sein großer Wunsch, seinen Freunden die Gelegenheit zu geben, neue Horizonte zu entdecken – im konkreten Fall die Herrlichkeit der unsichtbaren Welt, die er selbst gerade zu entdecken begann. Er bot ihnen an, mit Hilfe von Hypnose Versuche zu machen. Als Vorsichtsmaßnahme lud er auch ihre Eltern dazu ein. Schon beim ersten Mal gelang es ihm rasch, seine freiwilligen Kandidaten dazu zu bringen, ihren Körper zu verlassen. Die Anwesenden konnten feststellen, dass die Testpersonen nichts mehr spürten, wenn ihr Ätherleib von ihrem physischen Körper losgelöst war. Doch eines Tages hatte er am Ende eines solchen Experiments Schwierigkeiten, seinen Freund wieder zu wecken. Dieses Erlebnis konfrontierte ihn so hautnah mit den Gefahren jener Wissenschaft, die ein großes Potenzial zur Beherrschung anderer Menschen beinhaltet, dass er sich entschloss, endgültig darauf zu verzichten.

Diese Experimente waren nur eine Vorbereitung auf viel wichtigere Dinge. Er versuchte sich während einiger Jahre in unzähligen Disziplinen und ließ sie wieder sein, sobald er erkannte, dass dabei die Gefahr bestand, andere auszunützen. Später riet er immer davon ab, sich ohne triftige Gründe auf solche Praktiken einzulassen.

* * *

Die Kraft der Gedanken ist eine der bedeutenden Entdeckungen in Mikhaëls Jugend. Eine weitere ist der Yoga der Ernährung. Mit vierzehn Jahren brachte ihn ein auf den ersten Blick ganz alltägliches Erlebnis dazu, über die in der Nahrung verborgenen Kräfte nachzudenken. Eines Morgens machte er sich bereit aufzubrechen und sollte den ganzen Tag unterwegs sein, doch seine Mutter hatte nichts, was sie ihm zum Frühstück anbieten konnte. Es blieb ihr nur noch ein bisschen Mehl, also machte sie ihm ein Brötchen. Brot war für Dolia ein Hauptnahrungsmittel, das man immer noch zubereiten konnte, wenn man kein Geld hatte, um etwas anderes zu kaufen. Während sie es knetete, dachte sie an ihren ältesten Sohn, der sich fast immer mit zu wenig Essen begnügen musste. Sie legte ihre ganze Kraft, ihre ganze Energie in den Teig.

Als er am Abend zurück kam, fragte Mikhaël: »Mama, was hast du in dieses Brot getan?« Er war beeindruckt und verwundert, denn er hatte den ganzen Tag keinen Hunger verspürt. »Als ich es zubereitet habe«, antwortete Dolia, »habe ich darum gebetet, dass es dich sättigen und stärken soll.«

Mikhaël sagte nichts weiter und lächelte. »Sie ist weiser als die meisten Lehrer«, dachte er. Wie viele nützliche Ratschläge hatte sie ihm gegeben! Diese Begebenheit veranlasste ihn, dem Phänomen der in der Nahrung enthaltenen Energie weiter nachzugehen. Eines Morgens hatte er nur ein Stück Brot und ein bisschen Käse zu essen. So kaute er sehr langsam und versuchte, der Nahrung alle darin verborgenen Kräfte abzugewinnen. Das Ergebnis dieses Versuches war überraschend. Er fühlte sich überflutet von einem Gefühl des Wohlbefindens, der Freude und des Friedens und wurde sich einer Vielzahl subtiler Energien bewusst, die in der Nahrung gespeichert sind und die sich nun in seinem ganzen Wesen ausbreiteten.

Seine Intuition hatte sich bestätigt: Die Nahrung musste also ein geheimnisvolles Leben enthalten, das wesentlich wichtiger war als ihre rein physischen Eigenschaften. Nach und nach entdeckte er, dass der Mund ganz speziell dafür gebaut ist, die subtilen Energien der Nahrung aufzunehmen, während der Magen eher die physischen Elemente verdaut. Er verstand auch, dass die Bedingungen, unter denen er aß, genauso wie die Gefühle, die er beim Essen hatte, seine Verdauung beeinflussten. Er bemerkte, dass seine Muskeln beim Essen manchmal angespannt waren und dass der Körper dabei seine Energien verlor. So begann er damit, Entspannungsübungen zu machen, bevor er den ersten Bissen zu sich nahm.

Schon mit vierzehn war die Ernährung für ihn ein Yoga, eine wohltuende Übung, ein Stück Lebensweisheit. Er aß nur, wenn er Hunger hatte. So fühlte er sich viel wohler. Vor allem wollte er »das gewöhnliche Leben dem spirituellen Leben unterordnen«. Von da an suchte er bei der Nahrung, für Körper und Geist, immer nach dem Reinsten: Quellwasser, natürliche Lebensmittel und erhebende, inspirierende Bücher.

Trotz dieser Wahl, die dazu beitragen sollte, sehr ausgeglichen zu leben, war seine Gesundheit damals nicht gut, denn die Armut seiner Familie und die ständigen Entbehrungen machten ihn anfällig für Infektionen. Die meiste Zeit des Jahres ging er barfuß. Sein einziges Paar Sandalen trug er nur im Winter bei Schnee, und so erkältete er sich oft. Wenn er morgens gar nichts mehr zu essen fand, ging er mit leerem Magen fort und dämmerte während des Unterrichts vor sich hin. Und doch gelang es seiner Mutter, ihn immer wieder zu heilen, wenn er krank war. Mikhaël war ihr zeitlebens unendlich dankbar für ihre Geduld und ihre Hingabe.

Der Schule ihrer Mutter folgend, war Dolia eine Heilerin geworden. Sie orientierte sich an dem Wissen, das Astra ihr weitergegeben hatte. Dank ihrer eigenen Intuition machte sie dabei auch selbst Entdeckungen. Insbesondere hatte sie entdeckt, dass sie die Krankheit erkennen konnte, wenn sie mit ihrer Hand über den Solarplexus ihres Patienten strich und dass diese Berührung sogar zu einer Besserung führte. Mikhaël sah oft, wie sie mit dieser Methode heilte und fragte:

»Mama, wie machst du das, wenn du heilst? Was tust du mit dem Kranken?« Dolia dachte nach, bevor sie antwortete: »Diese Kraft kommt nicht von mir. Doch wenn ich bei einem Kranken bin, vergesse ich alles. Ich gebe meine ganze Seele hinein, damit er gesund wird. Zuerst rufe ich Gott an. Seine Macht. Seine Güte. Ich denke an nichts anderes. Ich habe eine unermessliche Liebe für den Kranken und meine Seele wird zur Übermittlerin der universellen Liebe. Ich lasse diese Liebe in den Menschen fließen, den ich behandle, und er wird geheilt.«

Für Mikhaël, der schon immer auf die Wichtigkeit der Verbindungen geachtet hatte, waren diese Worte seiner Mutter eine wahre Quelle der Inspiration. »Sie sagt, sie sei schwach«, dachte er, »doch die Liebe ist mächtig.«

Sie war überströmend voller Glauben und wirkte als bescheidene Vermittlerin. Ihre Hände waren der Kanal für einen mächtigen, aus der göttlichen Welt kommenden Strom, den sie dem Kranken übermittelte und der ihm die Gesundheit wiederschenkte.

Genau diesen belebenden Strom suchte Mikhaël ständig in seinem eigenen Leben; er suchte jene Verbindung mit den spirituellen Welten, die unzerstörbar wird, wenn man sie durch Gebet und Meditation pflegt. In diesem Abschnitt seines Lebens arbeitete er mit solchem Eifer in dieser Richtung, dass es schwer fiel, seine Aufmerksamkeit auf sein Leben als Schüler zu richten, denn die Schule kam ihm unsagbar langweilig vor.

* * *

Mikhaël besuchte das Kniass Boris Gymnasium bis zum Alter von fünfzehn Jahren und galt als eher mittelmäßiger Schüler. »Ich war der Schlingel in der Klasse... Ihr glaubt mir nicht, doch das ist absolut wahr«, erzählte er oft lachend. Seine Kameraden dachten an Ruhm und Ehre, an ihren zukünftigen Beruf oder an die Gründung einer Familie, er interessierte sich für ganz andere Dinge. Ihm war es wichtig, sein spirituelles Leben zu entwickeln. Die Lehrer wussten nicht wirklich, wie sie diesen Burschen beurteilen sollten, der sich nicht an die etablierten Normen hielt und dessen Geist so frei von jeglichen Konventionen war; daher gaben sie ihm nur durchschnittliche Noten. In der Tat interessierte sich Mikhaël für alles, was ihm auf seinem spirituellen Weg weiterhelfen konnte und maß dem Rest nur wenig Bedeutung bei.

»Wegen dieses intensiven Wunsches, vollkommen und voller Liebe zu werden, habe ich Bücher verschlungen, meditiert und Versuche gemacht. Darunter hat mein Lernerfolg gelitten. Ich war einfach nicht an der Schule interessiert, weder an den Lehrern noch an den Schulbüchern.«[14]

Um seinen Intellekt zu entwickeln, hielt er mehr von Bibliotheken und Lesestuben als von der Schule. Den Stoff in der Schule nahm er so gut wie möglich auf, dabei half ihm sein außergewöhnliches Gedächtnis.

Da seine Eltern nicht die Mittel hatten, ihm auch nur die nötigsten Bücher zu kaufen, musste er sie von seinen Klassenkameraden ausleihen und die Lektionen rasch während der Pause durchlesen. Er saß immer in der letzten Reihe und versuchte unbemerkt zu bleiben. Nur selten wurde er von den Lehrern gefragt. Er konzentrierte sich auf das Wesentliche und folgte lieber seiner eigenen Gedankenarbeit. Instinktiv hatte er es sich zur Methode gemacht, alles zu speichern, was er hörte, und anschließend eine strikte Auswahl zu treffen. So konnten seine Gedanken sich frei entwickeln und dem Käfig der akademischen Normen entkommen. Obwohl er von Natur aus sehr dynamisch war und großen Einfluss auf seine Kameraden hatte, mischte er sich nur selten in ihre Diskussionen ein.

In der Schule lernte er vor allem, die anderen zu verstehen. Manche Lehrer waren mürrisch und eintönig, andere hatten Ausstrahlung und wirkten sehr präsent, wie die Schauspieler, die er so oft im Theater beobachtet hatte. Mit dem gleichen Scharfsinn beobachtete er seine Klassenkollegen. Er wollte nicht so werden wie jene, die alles auswendig lernten, ohne den Sinn dessen, was sie da aufsagten, richtig zu verstehen. Er wollte auch nicht Klassenbester sein, all das hatte für ihn keinen Sinn. Jedenfalls war sein Einfluss auf seine Klassenkameraden wesentlich subtiler als der eines anerkannt guten Schülers. Eine seiner Lehrerinnen sagte später über ihn:

»Er war ein äußerst intelligenter Bursche mit einer außergewöhnlichen inneren Kraft. Er war stets von einer kleinen Gruppe von Klassenkameraden umgeben, die ihm sehr verbunden waren.«

Wenn er einmal etwas gefragt wurde, ging ein freudiges Murmeln durch die Klasse. Dann warteten alle schweigend auf seine Antwort. Mikhaël dachte an die vielen Dinge, die er gelesen hatte und forschte in seinem Gedächtnis, um seinen Kollegen etwas Interessantes mitzuteilen. Sogar wenn er die Lektion des Tages nicht hatte lernen können, gelang es ihm meistens, sich an Texte zu erinnern, die für ihn Bedeutung hatten: besondere Geschichten, Ausschnitte aus Tragödien oder Abenteuer. Seine Begeisterung und sein natürlicher Schalk halfen ihm, amüsante Details in seine Erzählungen einzuflechten, die die sonst so ernste Atmosphäre der Schule auflockerten. Selbst die strengsten Lehrer mussten lächeln. Sie waren etwas irritiert darüber, was der Junge alles wusste.

Während des ersten Weltkrieges, als sich Bulgarien mit Deutschland verbündete in der Hoffnung, Mazedonien wiederzugewinnen, gab es viele Veränderungen im Kniass-Boris-Gymnasium. 1915 wurden mehrere Lehrer eingezogen und die Ersatzlehrer hatten nicht alle die für diese Aufgabe nötige Kompetenz. Drei der neu hinzugekommenen machten aus unterschiedlichen Gründen einen tiefen Eindruck auf Mikhaël.

Dem ersten, einem Mathematiklehrer, fehlte jegliche Autorität. Die Schüler lachten über seine Eigenheiten und hatten ihren Spaß daran, ihn wütend zu machen. Mikhaël, der all das beobachtete, hatte Mitleid mit dem Mann: »Er wurde verrückt davon, der Arme!« Er sah genau, dass es die Sensibilität und der Mangel an Sicherheit waren, die die Schüler geradezu einluden, undiszipliniert zu sein. Eines Tages, nachdem der Lehrer die Klasse verlassen und die Türe hinter sich zugeschlagen hatte, stand er energisch auf und verteidigte ihn: »Ich habe sie beinahe beschimpft, so empört war ich!« Die Knaben, die ihren Kameraden aus der letzten Reihe gerne mochten, ließen sich letztendlich davon überzeugen, ihr Verhalten zu ändern.

Dieses Bemühen währte jedoch nur einige Tage. Kurze Zeit später kündigte der abgekämpfte Lehrer. Er wurde durch einen kleinen, unscheinbaren Mann ersetzt, der die Materie, die er unterrichtete, perfekt beherrschte und niemals seine Ruhe verlor. Alle Schüler gehorchten ihm. Ein Blick oder ein Fingerzeig genügten. Diese Umkehrung der Lage machte Mikhaël nachdenklich. Er kam zu dem Schluss, dass neben dem Wissen und der Fachkompetenz eines Menschen auch seine Ausstrahlung sehr unterschiedliche Reaktionen hervorrufen konnte: Dieser zweite Lehrer, der trotz allem ein empfindsamer Mann war, flößte wegen seiner inneren Kraft und seiner Selbstbeherrschung Respekt ein. Darüber hinaus wirkte er sehr präsent, was bei dem anderen nicht der Fall gewesen war.

Der dritte, ein Geigenspieler, verschüchterte die Schüler durch seinen versteinerten Gesichtsausdruck und sein autoritäres Gehabe. Eines Tages, wahrscheinlich nachdem er den Atemrhythmus erklärt hatte, den ein Musiker sich aneignen muss, brach Mikhaël sein Schweigen und ergriff das Wort. Er beschrieb die hinduistischen Atemtechniken, die er schon ziemlich lange praktizierte, und nannte den Titel eines Buches, das er mit Freude herleihen würde. Zur allgemeinen Überraschung stellte der Lehrer, anstatt den allzu mutigen Schüler zurechtzuweisen, einige Fragen, entspannte sich und nahm das Angebot an, sich das Buch auszuborgen.

Das Verhalten der Menschen übte auf Mikhaël eine nicht nachlassende Faszination aus. Zu dieser Zeit hatte er sich bereits ein ganzes Gedankengebäude errichtet über die Willenskraft und die Selbstbeherrschung, die es dem Menschen ermöglicht, trotz großer Empfindsamkeit die Zügel in der Hand zu halten. In seinen Augen war die Sensibilität eine sehr wichtige Eigenschaft: Er hielt es für besser, empfindsam zu sein und dabei zu leiden, als unempfindlich zu werden wie ein Stein. Später lehrt er, dass man umso empfindsamer ist, je spiritueller man wird, und es daher notwendig ist, parallel dazu die Selbstbeherrschung zu entwickeln.

In dieser Phase seines Lebens erhob sich sein Ideal vor seinem geistigen Auge wie ein leuchtender Gipfel. Ein Gipfel, der fast unerreichbar schien. Doch allein dass Wissen um seine Existenz, erfüllte ihn mit großem Mut. Er war überzeugt, enorm viel Willenskraft aufbringen zu müssen, um bis zu diesem Gipfel aufzusteigen. Daher versuchte er mit allen Mitteln, seinen Charakter zu stärken. In seiner Familie, in seinem Wohnviertel, im Gymnasium... Es mangelte nicht an Gelegenheiten, seine Selbstbeherrschung zu üben. Keinen Anlass ließ er ungenutzt. Sein temperamentvoller Charakter veranlasste ihn zu mancher Mutprobe, nur um sich selbst oder einem Freund zu beweisen, dass er Courage hat. In der Schule erduldete er bis zur äußersten Grenze des Erträglichen die Feindseligkeit eines arroganten Mitschülers, der sich für einen genialen Schriftsteller hielt und seine weniger begabten Kameraden mit Sarkasmus überschüttete.

Eines Tages wandte sich dieser Schüler wieder einmal an Mikhaël, nachdem er einige andere ängstliche Schüler öffentlich erniedrigt hatte. Wahrscheinlich beneidete er ihn um seinen mysteriösen Einfluss auf die Kameraden. Wieder versuchte er, ihn mit Beleidigungen zu provozieren. Doch plötzlich fing Mikhaël Feuer. Er sprang auf und fixierte mit seinem Blick die Augen seines Gegners. Präzise und bildhaft begann er, dessen Charakter zu beschreiben nach dem, was er in seinem Gesicht ablesen konnte. Versteinert vor Erstaunen verlor der andere nach und nach sein Selbstbewusstsein und setzte sich letztendlich hin, ohne irgendetwas zu antworten.

Durch diese Szene veränderte sich seine Haltung gegenüber

Mikhaël grundlegend. Er begann die Gesellschaft dieses irritierenden Jungen zu suchen. Er war es gewohnt, anzugreifen und die anderen nachgeben zu sehen und stieß nun auf eine Kraft, die er respektierte. Er hatte erkannt, dass Schweigen und Geduld nicht unbedingt Zeichen von Schwäche sind.

Mikhaëls Freunde wussten, dass sein Leben auf die Tatsachen der spirituellen Welten ausgerichtet war, doch sie fanden bei ihm keine Spur von Frömmelei. In seiner jugendlichen Begeisterungsfähigkeit war er stets bereit, Dinge auszuprobieren und bei allem mitzumachen, was für sein feuriges Temperament interessant war, ausgenommen jene Streiche, die Schaden anrichten konnten. Er beobachtete aufmerksam alles, was um ihn herum geschah, und so sah er auch, dass mehrere Jugendliche in seinem Viertel dabei waren, in die Kriminalität abzugleiten. In seiner Jugendzeit war er auch Zeuge von dramatischen Zwischenfällen, über die er kaum sprach, die ihm jedoch im Gedächtnis blieben: Er habe gesehen, wie einige Kameraden vor der Polizei davonliefen und vor seinen Augen erschossen wurden. Andere wurden ins Gefängnis gesteckt.

Er betonte immer, dass er selbst stets unabhängig und frei geblieben sei und »dass die unsichtbare Welt ihn beschützt habe«, vor diesem schwierigen Milieu, in dem er seine Lektionen lernen musste. In seinen späteren Vorträgen berichtete er auch, dass er bereits damals begonnen hatte, sich eng mit jenen feinstofflichen Wesen zu verbinden, die im Licht leben.

* * *

Die Jugendzeit, Zeit der edlen Bestrebungen, Utopien und heldenhaften Entschlüsse, inspirierte Mikhaël zu einer Reihe von intellektuellen und schwärmerischen Experimenten. Wie alle Jugendlichen besaß er große Träume, die sich einer nach dem anderen im Nichts auflösten. Er hatte sich jedoch einem Ideal geweiht, und um es zu verwirklichen, musste er klare Entscheidungen treffen. Was sollte er werden? Auf welchem Gebiet sollte er sich spezialisieren?

Einige Zeit überlegte er, Gelehrter oder Universitätsprofessor zu werden. Dann wieder fing er an, Gedichte und mystische Geschichten zu verfassen. In seine Visionen und Prophezeiungen verwob er in eleganter Feinarbeit die großen spirituellen Wahrheiten. Wenn er ihnen den letzten Schliff gegeben hatte, gab er sie seinen engsten Freunden zu lesen. Doch schon bald bemerkte er, dass die meisten seiner Lieblingsgedichte in ihm nur unklare Empfindungen hervorriefen und ihn schwächten, da sie ihn in der Welt der Gefühle gefangen hielten. Sie machten ihn überempfindlich und verletzlich.

Er war sich der Einflüsse des Mondzyklus auf den Menschen bewusst und wusste auch, dass die Gefühlsebene mit dem Mond verbunden ist. Seine Intuition sagte ihm jedoch, dass die wahre Poesie, die im Menschen die feinsten Seiten zum Schwingen bringt, in den spirituellsten und erhabensten Sphären angesiedelt sein muss. Also entschloss er sich, keine Zeit in der Welt der Gefühle zu verlieren, sondern »nach der wahren Poesie in der Sonne zu suchen«. Obwohl er die Poesie weiterhin liebte und sie über die Musik und die Malerei stellte, hörte er auf zu schreiben und wandte sich der Wissenschaft und der Philosophie zu.

Sein höchster Traum, ein großer Weiser zu werden, wurde immer stärker und stellte alle anderen Ziele in den Schatten. Er übte weiterhin Yoga und verbrachte viel Zeit in Meditation. Wenn er nicht in der Schule war, las er tagelang. In Mikhaëls Jugendzeit fand man in jeder guten öffentlichen Bibliothek die Hauptwerke aller Autoren aller Zeiten, was ihm die Sache wesentlich erleichterte. Er durchstöberte die großen philosophischen und spirituellen Werke und machte sich mit den heiligen Büchern der verschiedenen Weltreligionen vertraut. Zutiefst berührt von der Spiritualität Buddhas, studierte er alle Texte, die er zu diesem Thema finden konnte. Besonders liebte er Emerson, Berkeley, Steiner, Blavatsky, Spinoza und Paracelsus.

Eines Tages erforschte er die Regale einer Bibliothek und entdeckte ein Buch des französischen Autors Desbarolles über das Handlesen. Nun begann er sich für diese Methode der Weissagung zu interessieren, doch in erster Linie schenkte er einem speziellen Gedanken des Autors seine Aufmerksamkeit: »Die Magie besteht im Vergleichen der beiden Welten«. Bis zu dieser Zeit betrachtete er die Magie als »ein Wissen, das es einem ermöglicht, den Geistern zu befehlen und Wunder zu vollbringen«. Doch nun führte ihn sein eigenes Wissen über die Bedeutung der Verbindungen zu neuen Überlegungen:

»Um zwei Dinge zu vergleichen, muss man sie miteinander verbinden. Also muss man für einen Vergleich zuallererst einen Kontakt herstellen. Die wahre Magie ist der Vergleich zwischen der göttlichen und der physischen Welt. Sie stützt sich dabei auf die Verbindung zwischen diesen beiden Welten. Ohne diese Verbindung kann es keine Magie geben... Meine ganze Philosophie basiert auf diesem dünnen Faden, dieser Verbindung zwischen den beiden Welten.«[15]

Von Jugend an war Mikhaël daran interessiert, wie man verschiedene Dinge miteinander verbindet. In seinen späteren Vorträgen finden sich zahlreiche Beispiele für Worte, die man aussprechen kann, um günstige Ergebnisse für sich und die anderen zu erzielen, indem man sich der Kräfte der unsichtbaren Welt bedient und eine Verbindung mit ihr herstellt. Zum Beispiel: »So wie diese Sonne am Himmel aufgeht, möge die Sonne der Liebe in meinem Herzen aufgehen...« Er sah diese Verbindung wie ein Kabel, das zum Leiter für verschiedene Formen von Energie werden kann, zum Beispiel von Licht, Wärme oder Bewegung. Im Laufe seines Lebens vertiefte er diese Idee nach und nach und bediente sich der Elemente der Natur für seine spirituelle Arbeit.

In der damaligen Phase seines Lebens wollte er wissen, wonach die Leute suchten, die sich mit Magie beschäftigten. Als er von spiritistischen Sitzungen hörte, die in einem Haus in Varna stattfanden, entschloss er sich hinzugehen, um zu sehen, was dort geschah. Nach einigen Besuchen wurde ihm klar, dass die Teilnehmer vor allem danach trachteten, Mittel zu entwickeln, ihre egoistischen Ziele, ihre Begierden und Gelüste zu befriedigen. Von da an blieb er den Sitzungen fern und widmete sich wieder seiner Lektüre.

Aufbauend auf dem Buch von Desbarolles studierte er gründlich die Handlesekunst. Um praktische Erfahrungen zu sammeln, bat er seine Freunde, ihre Hände untersuchen zu dürfen. Seine Forschungen betrieb er ganz minutiös: Zunächst nahm er einen Abdruck der Handfläche in Gips, um ihn ausgiebig studieren zu können, dann notierte er seine Beobachtungen bis in die kleinsten Details. Wenn er keinen Gips hatte, mahlte er etwas Kohle zu Staub und rieb diesen auf die Hand, um sie anschließend auf einem Blatt Papier abzudrucken. Daneben entwickelten sich seine natürlichen Fähigkeiten der Hellsichtigkeit nach und nach, und so ermöglichte ihm das Studium der Hände seiner Kameraden, ihnen Vorhersagen zu machen, die sich Jahre später verwirklichten. Ein Musiker erinnerte sich am Höhepunkt seiner Karriere, dass er noch ein ängstlicher und unentschlossener Jugendlicher war, als Mikhaël ihm eine schöne musikalische Zukunft vorhersagte.

Die neueste Entdeckung der Radiowellen brachte Mikhaël auf eine neue Fährte für spirituelle Entdeckungen. Man kann schwer sagen, ob er diese Forschungen mit fünfzehn oder erst einige Jahre später machte, denn die wenigen Erwähnungen über die Detektor-Radios, die wir in seinen Vorträgen gefunden haben, beziehen sich auf die spirituelle Bedeutung dieser Experimente seiner Jugendzeit. Wenn er sagte: »Ich war sehr jung«, dann konnte das fünfundzwanzig oder genauso gut fünfzehn heißen. Man weiß, dass der Detektor-Radioempfänger im Jahr 1913 erfunden wurde und dass Mikhaël nicht die Mittel hatte, einen zu kaufen. Irgendwann in diesem Zeitraum machte er sich selbst daran, einen solchen Detektorempfänger zu bauen.

Um Radiosendungen zu empfangen, genügte es, eine kleine Nadel auf dem Kristall an den richtigen Platz zu schieben. In diesem einfachen Gerät entdeckte er eine sehr interessante symbolische Bedeutung, die er in seinem täglichen Leben anzuwenden versuchte. Der Apparat funktionierte nur dann, wenn die Nadel einen bestimmten Punkt berührte. Er bemerkte auch, dass es ihm in manchen Momenten nicht möglich war, diesen empfänglichen Punkt zu finden. Der Zusammenhang zwischen dem Detektorkristall und dem spirituellen Leben war für ihn offensichtlich:

»Ich habe begriffen, dass es uns nicht gelingt, die unzähligen Botschaften und Strömungen aufzufangen, die das Universum durchqueren, wenn unser »Radioempfänger« nicht richtig funktioniert. Wir müssen also jeden Tag versuchen, die richtige Einstellung zu diesem Leitstern zu finden, den wir Gott nennen, um von dort alle Segnungen zu empfangen: die Gesundheit, die Freude, die Liebe, das Licht.«[16]

All diese Experimente auf verschiedenen Gebieten führten Mikhaël dazu, sich für Dinge zu entscheiden, die ihn bereits unmerklich auf seine spätere Rolle im Leben vorbereiteten. Er beschloss, sein Leben nicht der Wissenschaft zu weihen, weil er begriffen hatte, dass sein Weg ein anderer war. Er gestand sich ein, dass »es gar nichts bedeutet, ein großer Gelehrter an einer Universität zu sein« im Vergleich zur Suche nach der spirituellen Wissenschaft. Er wendete dem Spiritismus mit seinen gefährlichen Kehrseiten den Rücken zu, um die Handlesekunst zu studieren, die keinerlei Gefahr darstellte. Außerdem schrieb er weiterhin Gedichte und beschäftigte sich mit der Philosophie und auch mit der Musik, die ihm ein immer größeres Bedürfnis wurde.

Er brauchte sie so sehr, dass er darunter litt, selbst kein Instrument spielen zu können. Wenn seine Klassenkameraden, die mehr Geld hatten, ihre Geigen und Gitarren in die Schule mitbrachten, betrachtete er sie mit einem gewissen Bedauern, denn er wusste genau, seine Familie würde ihm niemals die Geige schenken können, von der er träumte. Zum Trost lud ihn in diesem Jahr eine Freundin seiner Eltern, die eine gute Pianistin war, ein, ihr beim Spielen zuzuhören. Diese Einladung nahm Mikhaël dankbar an. Die Stunden, die er in diesem Haus verbrachte, im Schneidersitz in einer Ecke des Zimmers, waren regelrechte Arbeitssitzungen: Er begnügte sich nicht damit, einfach zuzuhören und sich von seinen romantischen Gefühlen tragen zu lassen. Er analysierte die Wirkung, die die Musik auf ihn ausübte und vor allem verwendete er sie zum Meditieren, so wie man beim Segeln den Wind verwendet, um das Schiff anzutreiben. In diesen Momenten achtete er nicht wirklich auf die Musik an sich, sie war dann einfach eine großartige

Kraft, die ihn wie ein mächtiger Wind emporhob, um ihn zu jenen erhabenen Regionen zu tragen, nach denen seine Seele dürstete.

* * *

Die Musik war nicht das einzige Himmelsgeschenk, das Mikhaël zu dieser Zeit empfing. Ein Freund schenkte ihm ein Prisma und er entdeckte mit Begeisterung die Herrlichkeit der sieben Farben, die im Sonnenlicht enthalten sind. Er ließ sich davon durchdringen, ihre Schönheit und Symbolkraft waren Nahrung für ihn. Von dieser Zeit an begleiteten ihn die sieben Strahlen der Sonne in seinen Gedanken, und das kleine Stück Kristallglas diente als Ausgangsbasis für Überlegungen das Licht betreffend, die er sein ganzes Leben lang weiterentwickeln wird. Er hatte dazu faszinierende Ideen: Das weiße Licht ist eins, doch wenn es ein Prisma mit drei Seiten durchquert, fächert es sich in sieben verschiedene Farben auf. Genauso sieht er den Menschen mit seinem Verstand, seinem Herzen und seinem Willen als ein Prisma mit drei Seiten. Wenn dieser sich richtig zum Licht hin ausrichtet, kann er die ganze Fülle des Reichtums der sieben Farben empfangen, welche die sieben Tugenden symbolisieren...

Um das physikalische Phänomen der Brechung des weißen Lichtes durch das Prisma gut zu verstehen, las er wissenschaftliche Bücher und führte verschiedene Experimente aus, die ihm neue Horizonte öffneten, ihm aber auch den Ruf eines ziemlich eigenartigen Jungen einbrachten. Er kümmerte sich nicht darum, was man von ihm dachte, malte die Fensterscheiben seines Zimmers rot an und setzte sich hin, um im farbigen Licht zu meditieren. Einige Tage lang beobachtete er die Wirkung des Rots auf sich selbst. Dann wischte er die Scheiben und begann den Versuch von Neuem mit der Farbe Orange. Als er beim Violett angelangt war, bemerkte er mit Erstaunen, dass die Pflanzen welkten und seine Freunde einschliefen, wenn sie einige Zeit in dieser besonderen Atmosphäre verbrachten. Ihm selbst half Violett, seinen Körper zu verlassen und »in die andere Welt zu reisen«.

All diese Entdeckungen faszinierten ihn sehr und er stellte weitere Versuche an. Er bastelte einen Rahmen aus Karton und befestigte darin Kunststofffolien in verschiedenen Farben. Er beleuchtete den Rahmen mit starkem Licht und versetzte ihn in Drehung. Die durchsichtigen Folien warfen farbenprächtige Lichter in sein Zimmer. Im Lotussitz betrachtete er diesen schönen Anblick, seine Seele erhob sich und dehnte sich aus in den Raum. Ein gleißendes Licht umgab ihn. Durch seine geschlossenen Lider sah er das ganze Zimmer in leuchtende Farben getaucht. Sein Herz floss über vor Liebe. Seine Seele wünschte sich nichts mehr, als sein Leben für das Wohl der ganzen Menschheit hinzugeben.

Eines Tages überkam ihn beim Meditieren der Wunsch, ein Bild zu zeichnen, das die vollkommene Harmonie darstellte. Nach mehreren Versuchen zeichnete er schließlich mit seinem Zirkel einen Kreis. In diesen zentralen Kreis fügte er sechs andere Kreise mit gleichem Umfang ein und erhielt so eine Rosette, in der er die Spektralfarben anordnete. Intuitiv hatte er so ein Symbol wieder entdeckt, das die Rosenkreuzer in der Vergangenheit verwendeten. Er schrieb den ersten Vers aus dem Johannesevangelium »Am Anfang war das Wort« darunter, und hängte sein Bild an die Wand, um es zu betrachten. Es war eine vollkommene geometrische Zeichnung, die Schönheit und Harmonie ausdrückte. Aber noch war er nicht zufrieden. Um diesem Bild mehr Leben zu verleihen, erfand er ein System, das es in langsame Drehung versetzte.[17]

Seine Leidenschaft für die schönen Farben ließen ihn erstaunliche Dinge entdecken: Er erhielt eine klare Wahrnehmung der Entsprechung zwischen den sieben Spektralfarben und den sieben Tönen in der Musik, den sieben Tagen der Schöpfung, den sieben Körpern des Menschen, den sieben Himmelsregionen und den sieben Erzengeln, die vor dem Throne Gottes stehen. Immer genauer erkannte er die Zusammenhänge zwischen den Farben und den Tugenden und zog daraus logische Schlüsse: Wenn der Mensch rein und klar wird wie ein Prisma, kann das Licht durch ihn strömen und dann ist er in der Lage, die Tugenden zu entwickeln, die den Spektralfarben entsprechen. Jedes Mal wenn er die mystische Farbrosette betrachtete, war er überwältigt, er trat in eine Welt des Friedens und des Glücks ein. Die Monate vergingen und dieses Symbol blühte langsam in seiner Seele auf.

* * *

All diese spirituellen Erfahrungen brachten Mikhaël große Freuden, doch sie führten auch dazu, dass er sich selbst gegenüber immer anspruchsvoller wurde. Er überprüfte sein Leben, seine Aktivitäten, seine Ergebnisse in der Schule, und er fand das alles erbärmlich. Er war entmutigt über seine »Mittelmäßigkeit« und fasste den Entschluss, sie durch etwas dermaßen Großes zu ersetzen, dass er niemals Zeit haben würde, von seinen Anstrengungen abzulassen:

»Als ich jung war, habe ich den Himmel jahrelang angefleht: »Was kann ich tun? Ich bin schwach, dumm, gewöhnlich, wertlos...wollt ihr wirklich, dass ich so bleibe? Ich werde für euch von keinem Nutzen sein, ich warne euch, ihr werdet euch noch meinetwegen die Haare raufen. Also, beeilt euch, lasst mich sogar sterben, lasst euch in mir nieder. So wie ich bin, kann ich nicht mehr leben. Schickt mir Engel, schickt mir alle intelligenten, reinen und edlen Geschöpfe. Es ist zu eurem Vorteil, denn sonst werde ich nur Dummheiten machen, und es ist dann eure Schuld, weil ihr mein Gebet nicht erhört habt!« Seht ihr, ich habe ihnen gedroht. Also haben sie sich am Kopf gekratzt, die da oben und haben gesagt: » Oh! Dieser Kerl treibt uns in die Enge.« Sie haben sich versammelt, eine Beratung abgehalten und befunden, dass es stimmt. Wenn sie mich so belassen hätten, wie ich war, hätte ich tatsächlich viel Schlimmes anrichten können. Deswegen haben sie einen Entschluss gefasst und gesagt: »Also gut, wir werden ihn erhören.«[18]

Seine gelegentlichen Bemerkungen über diese Phase seines Lebens lassen durchblicken, dass er sehr streng über sich selbst urteilte und im Lichte seines Wunsches nach Vollkommenheit fast nur seine Schwächen und Fehler sah. Er hatte dermaßen hohe Ziele, dass er mit den bereits erreichten Ergebnissen nicht zufrieden sein konnte. Seine religiöse Erziehung veranlasste ihn, ständig gegen das anzukämpfen, was er für das Böse hielt. Zum Glück zog er sich niemals vollständig zurück, um nur noch spirituelle Übungen zu machen; seine Großzügigkeit und seine Offenheit den anderen gegenüber waren sicherlich ein Rettungsanker in diesem Lebensabschnitt. Darüber hinaus verstand er dank seiner Meditationen und kontemplativen Betrachtungen nach und nach, wie er vorgehen musste, um seine Natur zu beherrschen und umzuwandeln, ohne sich selbst dabei zu zerstören:

»Ich habe oft gesagt, dass wir nicht allzu gut ausgestattet sind, um selbst gegen das Böse zu kämpfen, denn es ist gut bewaffnet, es hat ein unglaubliches Arsenal. Nur der Himmel, das heißt das Göttliche in uns selbst, hat alle Macht, alle Mittel. Wir hingegen, wer sind wir, um den Kräften des Bösen entgegenzutreten und ihnen die Stirn zu bieten? Auch mir hatte man beigebracht, dass man gegen das Böse kämpfen müsse, um es auszurotten und zu vernichten, und das tat ich. Doch dann war ich zerrissen und aufgelöst, denn man wird erschöpft, wenn man ständig gegen sich selbst ankämpft, gegen etwas, das man nicht kennt. Ich habe diese Erfahrung wirklich durchgemacht. Erst später, als ich begann nachzudenken, nach anderen Methoden zu suchen und mich immer mehr mit der göttlichen Welt zu verbinden, habe ich verstanden, dass man anders vorgehen muss.«[19]

Wenn er von seinen Jugendjahren erzählte, dann gab er immer ein Alter von etwa fünfzehn Jahren als Beginn einer intensiven spirituellen Arbeit an; alles, was vorher geschah, war für ihn noch gar nichts. Doch seinen Vertrauten zufolge, hatte er bereits mindestens zwei Jahre vorher entdeckt, welch ausgeglichenen Zustand der Mensch dank regelmäßiger Meditation und bewusster Atmung erreichen kann. Später hat er oft darauf hingewiesen, welche unschätzbare Vorteile eine rhythmische Atmung für das intellektuelle, emotionale und psychische Leben bringt, dass sie sogar die sexuellen Energien ausgleichen kann und es ermöglicht, mit den erhabensten Wesen der unsichtbaren Welten in Kontakt zu kommen.

Um alle Zeit seinen spirituellen Übungen und Forschungen widmen zu können, verließ er das Gymnasium. Sein Verstand und sein Herz gehörten ganz den Ideen der Jahrtausende alten Einweihungswissenschaft, und so begann er die Texte der hinduistischen Philosophie und der antiken Theosophie zu studieren. Doch ungeachtet des inneren Friedens, den ihm all diese Aktivitäten einbrachten, war er sehr einsam. Seinen Vater hatte er kaum gekannt und in seinem Umfeld hatte niemand die notwendigen Kenntnisse, um ihm in seiner spirituellen Entwicklung zu helfen. Obwohl seine Mutter ihm mit ihrer Liebe und ihrem gesunden Menschenverstand zur Seite stand, konnte niemand ihn darüber aufklären, welche Gefahren lauern, wenn man sich in ausgedehnte Atemübungen stürzt, ohne einen erfahrenen Lehrer zu haben. Die Menschen in seiner näheren Umgebung, die seine eigenartigen Verhaltensweisen beobachteten, fragten sich zuweilen, ob er nicht den Verstand verloren hätte. Warum benahm sich Mikhaël nicht wie die anderen Jungen in seinem Alter? Seine Versuche mit den Farben hielt man für lächerlich und seine Art und Weise, sich zu ernähren und zu fasten erschien völlig exzentrisch.

In dieser Phase seiner Jugend hatte er bereits eine Menge an Problemen gemeistert, die sich aus den harten Bedingungen seines schwierigen sozialen Milieus ergaben, und all dies allein aus eigener Charakterstärke. Schrittweise war es ihm gelungen, seine gewaltigen Energien für die spirituelle Arbeit einzusetzen. Er war bereit, für sein Ideal alles zu opfern und entpuppte sich nach und nach als ein Mensch, der bald vor nichts mehr Angst haben würde. Jedenfalls war er nun davon überzeugt, dass er einen spirituellen Meister brauchte. Mit sicherer Intuition machte er sich ernsthaft auf die Suche nach einem Lehrer, der ihm helfen würde, seine spirituellen Bestrebungen und seine psychischen Fähigkeiten in die richtigen Bahnen zu lenken.

Dieses tief greifende Bedürfnis, sich den Händen eines Weisen anzuvertrauen, entsprang seinem äußerst anspruchsvollen Bewusstsein. Im Osten galt es schon immer als größter Reichtum, einen spirituellen Meister zu haben und jene, die den Weg der Spiritualität wählen, sind fähig, alles, was sie haben, zu opfern, um einen wahren Meister zu finden. Mikhaël war an der Grenze zwischen Ost und West geboren. Genährt von der buddhistischen und hinduistischen Philosophie ebenso wie von den Worten des Evangeliums, nahm er diese Haltung ohne Einschränkung an. Sein ganzes Leben lang betonte er, dass ein Meister inspiriert und anspornt, dass er eine Verbindung zum Himmel darstellt, einen Weg zu den Gipfeln: Das Bild, das sich der Schüler vom Meister macht, wird zum inneren Meister, der ihm alle Türen öffnet.

Die Vorbilder, die Mikhaël für sich wählte, entsprachen dem jeweiligen Lebensabschnitt und erfüllten seine Bedürfnisse. In seiner Kindheit war es natürlich seine Mutter und ab dem zwölften Lebensjahr waren es Jesus und Buddha gewesen. Mit beiden bewahrte er weiterhin die Verbindung auf den höheren Ebenen, als er mit siebzehn Jahren auf der physischen Ebene seinen spirituellen Meister Peter Deunov trifft. Nach dessen Tod, als Mikhaël schon selbst Meister geworden war, sprach er manchmal von einem zeitlosen Wesen, das er den Meister aller Meister nannte und zu dem er ab dem Alter von zwanzig Jahren ein besonderes Verhältnis entwickelt habe. Im Mittelpunkt seines Lebens stand aber immer die Sonne, das einzigartige Vorbild, das Licht, Wärme und Leben spendete. »Ich möchte der Sonne ähnlich werden«, sagte er oft. Aber hinter all dem war immer der Wunsch, seinem Himmlischen Vater zu gleichen, der ihn in all seinen Anstrengungen und Arbeiten inspirierte.

Mit fünfzehn Jahren suchte er mit solchem Eifer und solcher Intensität nach einem spirituellen Lehrer, dass es manchmal schmerzhaft war. Ein Text des österreichischen Philosophen Rudolf Steiner kam ihm oft in den Sinn: »Wenn ihr einen außergewöhnlichen Menschen liebt, dann verbindet ihr euch mit ihm und all seine Eigenschaften treten in euch ein.« Dieser Text war die Basis für eine Überzeugung, die er sein ganzes Leben lang behielt: Man gewinnt immer, wenn man ein großes Geschöpf nachahmt, denn man wird von dem Ideal, das man gewählt hat, vorangetrieben.

In der Hoffnung, dieses höhere Wesen zu finden, hörte er Predigten von orthodoxen Popen und protestantischen Pastoren, doch ihre konventionellen Antworten stillten seinen Hunger nicht. Er kam immer enttäuscht nach Hause; enttäuscht über das, was er auf ihren Gesichtern lesen konnte, während sie die Heiligen Schriften kommentierten. Doch, trotz der wiederkehrenden Enttäuschungen, hörte er sich noch Dutzende von Vortragenden an. Schließlich gab er auf und kehrte zu seinen Büchern zurück. Er tröstete sich mit dem Lesen der Biografien von außergewöhnlichen Menschen und Wohltätern der Menschheit. Freilich förderten und nährten diese Texte sein Bedürfnis nach Schönheit und Vollkommenheit, doch letztendlich war er völlig allein, wie in einer Wüste. In seinem Umfeld machte man sich über seine Suche lustig, man kritisierte sein ungewöhnliches Verhalten und warf ihm vor, sich ausschließlich um spirituelle Dinge zu kümmern. Die wenigen Freunde, denen er manchmal von seinem Herzensanliegen erzählte, interessierten sich nur mäßig für seine Ideen.

Ohne sich von der allgemeinen Ablehnung entmutigen zu lassen, hielt er auf dem gewählten Weg durch. Er wurde nicht müde, die höheren Wesen, an die er glaubte, herbeizurufen. Durchhaltevermögen und Entschlossenheit sind Charakterzüge, die er sein ganzes Leben zum Ausdruck brachte. Schon in seiner Jugend ließ er sich nicht abschrecken, wenn man sich über ihn lustig machte oder ihn kritisierte. Was nicht heißt, dass er unsensibel gewesen wäre gegenüber der Meinung, die man von ihm hatte. Doch nach und nach lernte er, seine Empfindlichkeit zu bändigen. Die Überzeugungen, die auf seinen spirituellen Erfahrungen beruhten, waren zu tief in ihm verankert, als dass er sich hätte einschüchtern oder entmutigen lassen können.

Und dennoch, der erfahrene Lehrer, auf den er so sehr wartete, war noch immer nicht in Sicht. Einige Zeit lang fühlte er sich dermaßen allein, dass er das Bedürfnis hatte, sich an ein Symbol zu klammern, das für den Meister stand, den er suchte. Er fand einen alten Sessel, reinigte ihn gründlich und stellte ihn in seinem Zimmer an einen Ehrenplatz. Der leere Sessel verhieß etwas Vielversprechendes: Bald würde er auf den unbekannten Meister treffen.

Je mehr er nachdachte und meditierte, umso größer wurde seine

Gewissheit, dass es irgendwo in Indien oder Tibet eine Bruderschaft von Eingeweihten gab, die sich der Verbreitung des Lichtes geweiht hatten und die der Menschheit half. Ein eigenartiges aber sehr klares Gefühl überkam ihn: Er hatte diese Wesen in ferner Vergangenheit kennengelernt und mit ihnen gearbeitet. Mit der Vorahnung, dass sie bald einen bedeutenden Stellenwert in seinem Leben einnehmen würden, machte er aus ihnen seine geistigen Gefährten und dachte ständig an sie. Diese Übung erfüllte ihn mit mystischem Eifer. Auch die Sonne mit ihrem strahlenden Licht inspirierte ihn weiterhin.

Mikhaël war ein Sonnenwesen. Von Kindheit an schien er mit all seiner Liebe zum Feuer verstanden zu haben, dass die Sonne selbst das mächtigste und vollkommenste Feuer ist, das niemals erlischt. Seine Liebe zum Licht entwickelte sich, je mehr er die Wichtigkeit der Sonne begriff. Die Sonne ist und bleibt für ihn immer das vollkommenste Abbild Gottes, als Quelle allen Lebens auf Erden. Schon damals betrachtete er den Sonnenaufgang, wann immer er konnte. Er verbrachte lange Zeit meditierend im Park, von wo aus er über dem Meer die Sonne aufgehen sah.

* * *

DIE ERLEUCHTUNG

Mikhaël hatte eine der wichtigsten Stationen seines Lebens erreicht. Er hatte so sehr daran gearbeitet, seinen Verstand der Weisheit zu öffnen, sein Herz zu reinigen und seinen Willen zu stärken, er hatte Gott unermüdlich angefleht, zu kommen und in ihm zu wohnen, nun war er bereit, den Geist zu empfangen. Wenn er später von seiner Erleuchtung im Alter von fünfzehneinhalb Jahren sprach, brachte er sie in Verbindung mit seiner mystischen Erfahrung, die er – inspiriert von Salomons Buch der Sprüche – mit neun Jahren gehabt hatte. Er berichtete: »Er sei zum zweiten Mal in sich selbst eingetreten.«

In dieser Zeit hatte die Lektüre eines Werkes des Philosophen Emerson, »Die Überseele«, eine starke Wirkung auf ihn. Ungefähr zur selben Zeit entdeckte er einen Text, der die menschliche Aura und die Herrlichkeit der unsichtbaren Welten beschrieb. Diese beiden Schriften hatten einen entscheidenden Einfluss auf ihn, und offenbar war es der Text über die Aura Buddhas, der ihn beflügelte, die Schwelle zur Ekstase zu überschreiten.

Eines Sommermorgens begab er sich wie gewohnt zum Sonnenaufgang ans Meer, stieg auf einen Hügel und setzte sich in einen Obstgarten. Er hatte schon einige Zeit meditiert, als er um sich herum die Gegenwart himmlischer Wesen spürte. Plötzlich war er eingetaucht in gleißendes Licht und fiel in Ekstase.

Die wenigen Hinweise über diese Erleuchtung malen ein Bild von unbeschreiblich strahlender Schönheit, man spürt, dass es ihm unmöglich war, das Wesentliche auszudrücken. Es konnte nicht beschrieben oder mit jemandem geteilt werden. Sicher ist jedoch, dass er ein mysteriöses Wesen gesehen hat, eines dieser göttlichen

Wesen, die sich als reines Licht manifestieren und so machtvoll auf Mystiker wirken, dass diese das Gefühl haben, sie hätten Gott gesehen. Eines Tages äußerte er sich darüber folgendermaßen:

»Ich hatte nie den Wunsch aufgegeben, wie Buddha zu sein, wie Jesus. Das war das Wichtigste für mich... Es war dermaßen schön, dass ich die Sinne verloren habe. Dieses Wesen zu sehen, mit seinen Farben, mit seinem Licht! Es selbst war beinahe unsichtbar, aber um es herum war ein fantastisches Licht. Ich fand mich überflutet von Licht, in einem Glückszustand, einer Ekstase... die so groß war, so stark, dass ich nicht mehr wusste, wo ich war. Es war eine rauschartige Freude, es war der Himmel, es war das Universum. Seit damals habe ich mir gesagt, wenn Gott nicht schön wäre, würde ich nicht an ihn glauben. Das Wesentlichste, was mir in Erinnerung geblieben ist, war weder Macht, noch Wissen, noch Reichtum, noch Ruhm, nein... es war die Schönheit.«[20]

Vielleicht hatte man ihm hier einen Einblick gestattet in sein höheres Selbst, in dieses kosmische Element, das Bestandteil jedes menschlichen Wesens war und von gleicher Natur wie der göttliche Geist, ein Partikel von Gott selbst, eine lichtvolle Quintessenz. Während der Ekstase schauten die großen Mystiker in den göttlichen Spiegel, sie sahen jenen Teil ihrer selbst, der göttlich war. Wenn sie den Zustand erreichten, diese beiden »Ich«, das hohe und das niedere, in sich zu identifizieren, vereinigen sie sich mit der Universalseele. Sie erlangten die wahre Selbsterkenntnis.

Mikhaël machte noch detaillierter Angaben über seine Erfahrung: Er fand sich eingetaucht in eine unbeschreibliche Schönheit und er stand außerhalb der Zeit; sein ganzes Wesen weitete sich zu unglaublicher Größe. Die Erleuchtung war so stark, die Freude so intensiv, er fühlte sich, als hätte er Feuer gefangen. Er spürte, wie sein Gehirn brannte. Sein ganzes Wesen wurde vom Feuer erfasst. Im Augenblick, als er sicher war, diesen göttlichen Zustand nicht länger ertragen zu können, als er dabei war, sich im Licht aufzulösen, verlor er das Bewusstsein. Das ist häufig eine Phase der Ekstase. Der Entrückte muss sie hinnehmen, wenn er nicht will, dass sein

Körper zerstört wird. Die Macht des Lichtes und die Erweiterung, die von der göttlichen Liebe hervorgerufen wird, sind so gewaltig, dass die körperliche Hülle des Menschen unbedingt geschützt werden muss, wenn sie die Grenzen ihrer Möglichkeiten erreicht.

Hatte seine Erleuchtung Minuten gedauert oder Stunden? Er hat es nie gesagt. Als er wieder zu sich kam, waren die erhabenen Bilder der Ekstase verschwunden. Er war enttäuscht und fühlte sich wie eine leere Hülle. Er wollte nicht mehr anders leben und versuchte, diesen Glückszustand wieder zu finden. Nach einer mystischen Erfahrung von solcher Intensität erschien ihm alles bisher Gewesene wie etwas Unbewusstes und Mittelmäßiges.

Tagelang lebte er kaum auf der Erde. Er verbrachte seine ganze Zeit damit, sich zu erinnern und die Herrlichkeiten zu bestaunen, die er entdeckt hatte. Die göttlichen Kräfte, die über ihn gekommen waren, hatten ihn auf subtile Weise genährt. Er konnte weder essen noch schlafen. Seine tiefe Sehnsucht nach der Schönheit der unsichtbaren Welt weckte in ihm das überwältigende Verlangen, diese Harmonie auf Erden zu verwirklichen. Viele Jahre später, als er verschiedene spirituelle Erfahrungen beschrieb, erklärte er, dass während der Ekstase die Unreinheiten des Organismus verbrannt werden und der Mensch von Grund auf verändert und gereinigt wird. Dem Mystiker widerfahren Veränderungen an seinem ganzen Körper, er ist verwandelt. Sogar die Struktur seiner Haut ändert sich und sein Gesicht erstrahlt. Er sagte dazu:

»Bei dieser Begegnung mit der göttlichen Gnade, die euch in die Arme nimmt und euch durch und durch wärmt, fühlt ihr euch erfüllt von unendlicher Sanftheit, von Glück und Frieden. Das ist das größte Privileg. Dann könnt ihr nur weinen wegen dieses reinen und wunderbaren Gefühls. In diesem Augenblick seid ihr bereit zu jedem Opfer, ihr nehmt das ewige Leben wahr, ihr seht die Größe Gottes.«[21]

Er begann spontan damit, bewusster im Einklang mit der Gemeinschaft der Eingeweihten zu leben, an die er seit einiger Zeit glaubte. Wie durch ein Wunder stieß er in einem Buch auf eine

Bestätigung für deren Bestehen. Der Autor unterstrich darin, was Mikhaël schon gespürt hatte: Im Himalajagebirge treffen sich seit Jahrhunderten große Wesen, um der Menschheit zu helfen und ihr das Licht zu bringen. Mikhaël war zutiefst bewegt über die Bestätigung seiner Ahnung, er dachte ständig an sie, rief sie in seinen Gedanken an und sah sich mitten unter ihnen, um an ihrer licht- und liebevollen Arbeit teilzunehmen. »Die Brüder aus dem Himalaja« nannte er sie. In seiner Fantasie betrachtete er mit Bewunderung die Herrlichkeit dieser Bruderschaft erhabener, freier Seelen, die weder Hass noch Groll kennen, sondern in vollkommener Harmonie leben und für das Wohl der Menschheit arbeiten. Dabei wurden ihm erfüllende Offenbarungen zuteil.

Ihm ging vor Glück das Herz über und er hatte nur noch eines im Sinn: sein Leben dem Dienst an anderen zu weihen. Beseelt von dem Wunsch, diese göttliche Erfahrung mit seinen Eltern und Freunden zu teilen und sie in Schwingungen zu versetzen, wie er selbst sie erlebt hatte, beschrieb er ihnen die Schönheit des Lebens im spirituellen Licht, das er gekostet hatte. Überzeugt davon, alle wären begeistert und würden ihre Denk- und Lebensweise ändern, lieh er ihnen das Buch, das ihn so sehr inspiriert hatte.

Einer seiner Professoren sowie Mitglieder seiner Familie berichteten, dass Mikhaëls Freunde immer von seiner Intelligenz und von seinem Wissen beeindruckt waren, während sie seine spirituellen Übungen mit Skepsis betrachteten. Diesmal waren sie von der neuen subtilen Energie angetan, die er ausstrahlte. Er war nicht mehr derselbe. Er leuchtete und strahlte von innen heraus. In der Hoffnung, sich ebenfalls so entfalten zu können, versuchten manche seiner Freunde, sich in der Meditation zu üben, die Einweihungswissenschaft zu studieren oder Vegetarier zu werden. Mit glühendem Eifer beantwortete Mikhaël ihre Fragen und versuchte, sie zu unterstützen, doch er musste zusehen, wie einer nach dem anderen nachließ und seine Bemühungen aufgab. »Warum nährt ihr noch immer eure alte Mentalität? Befreit euch von ihr, sie ist der Grund für all euer Unglück!« sagte er ihnen, in der Hoffnung, die Glut wieder zu entfachen. »Ersetzt sie durch etwas Besseres!«

Doch keiner von ihnen konnte ihn verstehen und letztendlich ließ er sie in Ruhe. Er war wieder allein mit seinem Ideal. Das stimmte ihn zutiefst traurig und er dachte: »Wie kann es sein, dass all das auf mich eine so starke Wirkung hat und bei den anderen dieselben Wahrheiten keinerlei Effekt erzeugen?« Er litt sehr, als er sah, dass die Schönheit des spirituellen Lebens die Menschen völlig kalt ließ und er fühlte sich ganz klein. Er gab sich selbst die Schuld und dachte, er sei nicht intelligent genug, um sie zu überzeugen. Schließlich machten sich auch einige Kameraden über ihn lustig und gaben ihn der Lächerlichkeit preis. Mit seinen allzu erhabenen Ideen, seinen außergewöhnlichen Ansprüchen, die er an sich selbst stellte, seinem Wunsch, die anderen mitzureißen und auf seinen steilen Wegen zum Gipfel zu führen, stiftete er Unruhe in seinem Umfeld. Doch es hielt ihn nicht auf, wenn andere sich über ihn lustig machten, seine Begeisterung für das Licht war stärker als je zuvor. Sein ganzes Leben baute jetzt auf dieser Gewissheit auf, die den Angelpunkt für seine zukünftige Aufgabe darstellte.

Er verdankte seine persönliche Einweihung keinem in dieser Welt lebenden Meister. Man kann zweifelsfrei sagen, dass ihm das göttliche Siegel aufgeprägt worden war, wie anderen großen Wesen vor ihm. Für all seine Anstrengungen hatte er das größte Geschenk erhalten, das einem Menschen von der göttlichen Welt zuteil werden kann. Er hatte seinen inneren Lehrer und Führer gefunden, der nach seinen eigenen Aussagen für immer bei ihm geblieben ist. Dieser Lebensabschnitt war geprägt von inneren Offenbarungen. Im Alter von fünfzehn bis siebzehn Jahren erfüllten ihn mystische Erfahrungen. Als er dem spirituellen Lehrer begegnete, der ihn zwanzig Jahre lang auf der physischen Ebene begleiten sollte, hatte er bereits Kräfte gesammelt, seine Fähigkeiten geprüft und gewaltige Anstrengungen unternommen, um sein ganzes Wesen zu reinigen.

Der unwiderstehliche Drang hin zu den reinsten Formen des Christusbewusstseins – dieses Bewusstseins, das einen sehr fortgeschrittenen Menschen mit dem göttlichen Schöpfungsprinzip verbindet – zwang ihn, von seiner Familie und seinem Umfeld etwas Abstand zu nehmen. Nun konnte ihn nichts mehr aufhalten, zielstrebig und unermüdlich setzte er die begonnene Arbeit fort. Dennoch wäre es nicht richtig zu glauben, er habe sich ausschließlich um seine spirituelle Entwicklung gekümmert. Ein sicherer Instinkt führte ihn stets zur konkreten Realität mit ihren vielen Möglichkeiten zurück. Es machte ihm Freude, mit seinen geschickten Händen alle möglichen nützlichen Dinge herzustellen, zu basteln und zu zeichnen. Vor allem aber lagen ihm die Lebensbedürfnisse seiner Familie und seine Verantwortung als ältester Sohn am Herzen und er arbeitete, wann immer er Arbeit fand.

1916, als der erste Weltkrieg in Europa wütete, bekam er für den Sommer eine Anstellung im Sekretariat einer Nachschubzentrale für Lebensmittel. Wie immer hatte er Freude daran, die Menschen um sich herum zu beobachten. Der Bereichsleiter, ein großer, starker Mann mit lauter Stimme, verstand es gut, den anderen Mitarbeitern, die ihre Stimme kaum erhoben, seine Meinung aufzuzwingen. Trotzdem war dieser Mann dank seiner Gutmütigkeit und seiner herzlichen Art sehr beliebt. Das ließ Mikhaël über sein eigenes Auftreten in der Gesellschaft nachdenken: »Ich sprach immer sehr leise und alle ließen mich warten...«

Hier zeigt sich nicht zum ersten Mal eine der paradoxen Seiten seines Temperaments: Trotz seiner Charakterstärke und seiner sehr fortgeschrittenen Erfahrungen auf verschiedenen Gebieten war er manchmal wie gelähmt wegen seiner »unglaublichen Schüchternheit«. Seine Freunde haben sie vielleicht kaum bemerkt, doch er selbst litt insgeheim darunter. Es störte ihn, dass er mehrmals an einem Geschäft vorübergehen musste, bevor er sich getraute hineinzugehen, oder dass er stammelte, wenn er mit Fremden reden sollte. Eines Tages beschloss er, sich selbst mittels Autosuggestion von diesem Fehler zu heilen. Am Abend, bevor er schlafen ging, konzentrierte er sich auf einen leuchtenden Punkt in der Mitte eines Kreises und sagte sich immer wieder mit Nachdruck, seine Schüchternheit sei bereits besiegt. In Gedanken sah er sich all die Dinge tun, die er im täglichen Leben nicht zu tun wagte. Dank seiner Fähigkeit sich zu konzentrieren, erzielte er nach und nach beeindruckende Ergebnisse: Mehrere Male gelang es ihm, sich selbst zu hypnotisieren und in einen tiefen Schlaf zu fallen. Nach einiger Zeit war er fähig, dieses Problem, das ihn so oft gequält hatte, vollkommen abzulegen. Wenn er über diese Erfahrung sprach, betonte er, dass er damals nicht wusste, wie gefährlich diese Methoden für das Nervensystem sein können. Er achtete immer darauf, die Menschen nicht zu Praktiken zu animieren, für die sie noch nicht reif waren.

Irgendwann fing er an, regelmäßig eine große Buchhandlung in Sofia aufzusuchen. Zwischen Varna und der Hauptstadt lagen 470 Kilometer. Zwar war das Zug fahren in Mikhaëls Jugendjahren gratis, aber die Züge waren nicht die schnellsten. Eine Fahrt nach Sofia muss einen guten Teil des Tages gedauert haben, und so kam er wahrscheinlich erst spät nachts nach Varna zurück. Als er zum ersten Mal in diese Buchhandlung kam, nahm er sich die Zeit, Werke verschiedener Autoren durchzublättern. Der Buchhändler beobachtete ihn und hielt ihm dann einige Broschüren hin, die auf einem kleinen Tisch lagen. »Das sollten Sie lesen«, meinte er.

Mikhaël schaute auf die Broschüren und fragte sich, was sie wohl Interessantes beinhalten könnten. Er hatte schon viele solcher Artikel und Publikationen gelesen, die ihn nicht befriedigt hatten. Er hob seinen Blick zum Händler und sagte lächelnd:

»Das glaube ich Ihnen, mein Herr. Ich danke Ihnen, dass Sie mich auf das Beste hinweisen, was Sie haben.« Er ließ sich nicht von dem abbringen, was er kaufen wollte, und wählte einige Bücher von Steiner, dessen Werke er weiterhin studierte. Er wusste nicht, wie es geschehen war, aber bei der Heimfahrt stellte er fest, dass er seine Bücher verloren hatte und seine Tasche nur noch die Broschüren enthielt, die der Buchhändler ihm geschenkt hatte. Das war eine große Enttäuschung für ihn, denn er wollte seiner Mutter so gut wie möglich helfen und konnte es sich nicht erlauben, viel Geld für seine intellektuelle Nahrung auszugeben. Wie auch immer, die Broschüren waren noch in seiner Tasche, also begann er sie zu lesen.

Diese Texte waren anders als alles, was Mikhaël bisher gelesen hatte. Die einfache, klare und präzise Sprache drang ihm mitten ins Herz, gleichzeitig fand er Antworten auf viele Fragen, die seinen Intellekt endlich zufriedenstellten. Der Autor der Schriften hieß

Peter Deunov und wohnte in Sofia. »Dieser Mann übertrifft alle anderen«, sagte er sich, »wie kann ich ihn treffen?« Er lernte ihn erst Monate später kennen, doch seine Suche nach einem spirituellen Meister näherte sich ihrem Ende. Er sah Licht am Ende des Tunnels; noch war es zwar nicht mehr als ein Versprechen, aber es war da. Er kehrte häufig nach Sofia zurück. Der Buchhändler wurde ein wahrer Freund, lieh ihm Bücher aus seiner privaten Bibliothek und lud ihn ein, im Hinterzimmer seines Geschäftes Platz zu nehmen, um in Ruhe zu lesen.

* * *

Mikhaël hatte einen brennenden Wissensdurst. Er wollte sich alle Kenntnisse der Welt aneignen und las oft vom Morgen bis zum Abend und noch bis spät in die Nacht hinein. An manchen Tagen verschlang er bis zu sieben- oder achthundert Seiten. Dann las er sogar beim Essen, um keine Zeit zu verlieren. Das Feuer, das seit seiner Ekstase in seinem Inneren brannte, war so intensiv, dass er seine Atem- und Konzentrationsübungen noch steigerte. Er praktizierte sie stundenlang, ja manchmal tagelang.

Er war derart in seine Lektüre und seine spirituellen Übungen vertieft, dass er nicht bemerkte, wie ernsthaft er seine Gesundheit schädigte. Er verstand nicht, woher die extreme Müdigkeit kam, die ihn lähmte. Seit dem Tod seines Vaters war er gewöhnt, sich auf karge, ja ungenügende Weise zu ernähren, oft begnügte er sich mit etwas rohem Kohl, ein paar Essiggurken oder von seiner Mutter in Essig eingelegten Paprika oder Sellerie, für den ganzen Tag. Diese unzureichende Kost versetzte ihn in einen Zustand der Leichtigkeit, die es ihm ermöglichte, seinen Körper zu verlassen. Er beklagte sich nicht darüber, im Gegenteil, er nutzte es. Doch dabei magerte er auf beunruhigende Weise ab und sein Gesicht wurde totenbleich. Da es ihm an Schlaf mangelte, schlief er oft in den ungünstigen Momenten ein. Er wusste nicht, was er tun sollte, um aus diesem Zustand herauszukommen, und so setzte er seine Aktivitäten mit großer Willensanstrengung fort.

Seine Mutter beobachtete ihn tief beunruhigt. Sie war überzeugt, all das käme von den Büchern, die ihn beeinflussten und ihn zu Extremen verleiteten. Schließlich drohte sie ihm damit, sie zu verbrennen. Um diese Katastrophe zu verhindern, sperrte sich Mikhaël in seinem Zimmer ein. Er gab nicht nach, wenn sie an seine Türe kam und ihn anflehte, doch in den Park hinauszugehen. Mit sanfter Stimme meinte er, sie müsse sich nicht beunruhigen, er würde ein bisschen später gehen, und beschäftigte sich weiter mit der einzigen Sache der Welt, die es in seinen Augen wert war. Dolia weinte, sie war am Ende ihrer Weisheit. Die Verwandten und die Nachbarn sagten ihr ständig: »Er wird daran sterben! Du darfst ihn nicht so weitermachen lassen!«

Schließlich gab sie der Angst, die sie überkam, und dem Druck ihrer Umgebung nach. Sie warf die Bücher ihres Sohnes ins Feuer. Doch Mikhaël ließ sich nicht bremsen. Er machte weiter mit seinen spirituellen Übungen, der Atemtechnik, dem Fasten und der Meditation. »Es war beinahe Wahnsinn, so übertrieben war das.« Und über dieses innere Feuer, das ihn verzehrte, sagte er: »Ah, es war ein solch starkes Feuer, ein derartiges Licht!«

Wieder glaubten die Menschen in seiner Umgebung, er habe den Verstand verloren. Denn seine Familie und seine Freunde konnten nicht begreifen, dass er einfach verrückt vor Glück war. Sie konnten nicht ahnen, dass die Ekstase, die dazu geführt hatte, dass er »den Kopf verlor«, das Ergebnis eines tief greifenden Reifungsprozesses war, die Krönung einer spirituellen Arbeit, die er seit seinem zwölften Lebensjahr geleistet hatte. Ein solches Übermaß ist bei starken und entschlossenen Menschen, die für Großes vorherbestimmt sind, beinahe unvermeidlich. Für ihre Nächsten ist es immer schwierig zu begreifen, dass gewissenhafte Übungen notwendig sind, um zu außergewöhnlichen Ergebnissen zu gelangen. Deswegen ist es ihnen oft auch unmöglich, den maßlosen, übermenschlichen Drang nach Vollkommenheit zu verstehen, der sich im Verhalten eines Menschen bemerkbar macht, der in ihrer Mitte aufgewachsen ist und den sie so gut zu kennen glauben.

Zwischen seiner Erleuchtung und seinem Treffen mit dem

ersehnten Meister sammelte Mikhaël verschiedene mystische Erfahrungen, die chronologisch schwierig einzuordnen sind. Von der bemerkenswertesten unter ihnen weiß man wenig, weil er kaum etwas darüber gesagt hat: So spürte er eines Tages während seiner Atemübungen, wie ein feuriger Funke in seine Lungen eintrat, der sein ganzes Wesen entflammte. Ein unsagbares Glück, eine unbeschreibliche Sanftheit überströmten ihn: »Ich weinte vor Seligkeit, ich war in einem ekstatischen Zustand.« Später verstand er, dass dieses Feuer Prana war, ein ätherisches Teilchen aus dem kosmischen Geist, aus dem Feuer, das die Macht hat, die alten Formen umzuwandeln und ein neues Wesen zu schaffen. Von diesem außergewöhnlichen Ereignis sprach er sehr bescheiden, wie es seine Art war. Dabei scheint er an diesem Tag eine Art zweite, geistige Geburt erlebt zu haben, die den betreffenden Menschen einer heiligen Mission weiht. Doch diese göttliche Taufe, diese Durchdringung seines Wesens mit dem Christusgeist geschah ohne Zeugen. Die Menschen in seinem Umfeld konnten davon nur einen Abglanz sehen, ein Strahlen, dessen Ursprung ihnen verborgen blieb.

In dieser Zeit geschah es auch, dass er aus seinem Körper entrückt und weit weg in das Herz des Kosmos getragen wurde, wo alles Musik ist. Augenblicklich verschmolz er mit dem Universum. Er war zugleich Stein, Baum, Blume, Berg und Stern. Gewaltige Strömungen durchquerten ihn, er hatte höchstes Bewusstsein von der Essenz aller Dinge:

»Die ganze Welt sang... die Sterne, die Pflanzen, die Steine, die Bäume, alles sang in einer so großartigen, so erhabenen Harmonie, mein Wesen weitete sich dermaßen aus, ich hatte Angst zu sterben... Ich wünsche euch allen, dass ihr die Sphärenklänge hören könntet, so wie ich sie gehört habe und sei es auch nur für einige Sekunden, damit ihr eine Vorstellung bekommt, eine Ahnung davon, was wahre Musik ist.«[22]

Diese Erfahrung zählt zu den schönsten und seltensten, die es gibt. An diesem Tag war es Mikhaël gelungen, einen außergewöhnlichen Schwingungszustand zu erreichen. Doch der Körper ist nicht dafür gebaut, solchen Spannungen lange standzuhalten, und so hatte die Ekstase diesmal nur einige Sekunden gedauert. Über längere Zeit fortgesetzt, hätte sie das Ende seines irdischen Daseins bedeuten können.[23] Deswegen musste Mikhaël sie abbrechen, als er fühlte, dass er zu Staub zerfallen würde:

»Die Angst hat mich wieder zurückkehren lassen; nicht die Angst zu sterben, sondern die Angst, dass ich nicht auf die Erde zurückkehren könnte, um meine Arbeit zu tun. Wenn man auf der Erde eine Aufgabe hat, dann muss man sie auch ausführen. Ich konnte das nicht aufgeben.«[24]

Manchmal bedauerte er, dieser Erfahrung ein Ende gesetzt zu haben, so stark war die Sehnsucht nach diesem Glück. Sein Bedauern war umso stärker, als er nirgends auf der physischen Ebene eine vergleichbare Musik finden konnte. Doch die Erinnerung an diese unsagbaren Momente, als er in die Musik der Sphären eingetaucht war, gab ihm Mut für die Prüfungen seines Lebens und diente ihm als absoluter Maßstab.

Seine Überlegungen zum Thema Musik stützten sich von da an nicht mehr auf herkömmliche Kriterien, sondern richteten sich nach diesem neuen Maßstab. Er konnte bestätigen, dass jeder Planet nicht nur mit einer Farbe, sondern auch mit einem bestimmten Klang verbunden ist, und dass die Symphonie der Klänge sich zu jeder Stunde des Tages ändert.

Diese intensive mystische Phase, die er mit sechzehn Jahren durchlebte, barg jedenfalls auch Gefahren, denen er sich wegen seines feurigen Temperaments aus nächster Nähe aussetzte. Längerfristig hätten seine Pranayama-Übungen beinahe zur Katastrophe geführt. Es ist bekannt, dass die Yoga-Atemtechniken auf alten Überlieferungen basieren, die von hinduistischen Mystikern entwickelt wurden und bei denen der Struktur der Wirbelsäule mit ihren sieben Energiezentren, den Chakras, große Bedeutung beigemessen wird. An ihrem unteren Ende ist eine großartige Kraft eingeschlossen, die man Kundalini nennt und die mit der Sexualkraft in Verbindung steht. Wenn sie durch bestimmte Techniken geweckt wird, kann sie gewaltige psychische Kräfte auslösen.

Mikhaëls Kenntnisse reichten noch nicht aus, die Gefahren zu ahnen, die ohne einen erfahrenen Lehrer mit solchen intensiven Übungen einhergehen. Wahrscheinlich wusste er nicht, dass die alten Texte über das Pranayama absichtlich unklar verfasst wurden, damit Neulinge sich ihrer nicht außerhalb der Aufsicht erfahrener Meister bemächtigen konnten. Eines Tages fühlte er während seiner Übungen plötzlich einen heftigen Schmerz, als ob sein Gehirn explodieren würde. Sein ganzes Wesen brannte, heftige Ströme durchquerten ihn und er hatte große Schmerzen. Er war sich der Lebensgefahr bewusst. Eine entsetzliche Angst erfasste ihn und er musste sich gewaltig anstrengen, um die Kundalini-Kraft wieder zurückzudrängen. Mit aller Energie konzentrierte er seine Gedanken und rief die Mächte der unsichtbaren Welt an. Schließlich gelang es ihm, sie wieder einzuschläfern.

Hätte er es nicht geschafft, sich ihrer zerstörerischen Kraft zu entziehen, hätte er den Verstand verlieren oder unter entsetzlichen Schmerzen sterben können. Und doch musste er diese Feuerprüfung durchmachen. Sie war mit Sicherheit ein Teil des umfassenden Wissens, das er kennenlernen musste, um mit der erforderlichen Weisheit die großen Wahrheiten der Einweihungswissenschaft lehren zu können. Später, als er selber Schüler hatte, empfahl er niemandem, die Kundalini-Kraft zu wecken. Ganz im Gegenteil, er unterstrich immer, die beste Methode sich zu entwickeln bestehe darin, sich zu reinigen und ausdauernd an sich selbst zu arbeiten. Die guten Eigenschaften und psychischen Fähigkeiten kommen dann auf ganz natürliche Weise in dem Moment, wo man ihnen gewachsen ist, wo man sie kontrollieren und im Dienste des Lichtes einsetzen kann.

* * *

In den ersten Monaten des Jahres 1917 wurde Mikhaël, erschöpft von seinem häufigen Fasten und den exzessiven spirituellen Übungen, ernsthaft krank. Kurz zuvor hatten ihn Texte von Kneipp sehr beeindruckt. Dieser deutsche Therapeut gab seinen Patienten die Gesundheit mithilfe der Hydrotherapie zurück. Um sich zu reinigen und um seine körperlichen Kräfte wieder zu erlangen, beschloss er, diese Methoden auszuprobieren. Mehrere Wochen lang hatte er im ehemaligen Pferdestall, der ihm als Laboratorium diente, Bäder genommen. Doch in diesem eiskalten Raum mit seinem Boden aus gestampftem Lehm bekam er eine schwere Erkältung. Er wurde so krank und sank schnell in einen Zustand derart tiefer Kraftlosigkeit, dass seine Mutter das Schlimmste befürchtete und einen Arzt rief.

Mikhaël hatte Typhus. Das Haus wurde unter Quarantäne gestellt. Dolia pflegte ihren Sohn Tag und Nacht, doch sie sah, wie es sehr rasch abwärts mit ihm ging. Er glühte vor Fieber, war von Kopfschmerzen geplagt, sprach im Delirium und fiel immer wieder für lange Zeit in komaähnliche Zustände.

Einen Monat lang schwebte er zwischen Leben und Tod. Wenn er fantasierte, verlangte er nach Büchern. Nichts anderes interessierte ihn. Er dachte weder daran, gesund zu werden noch zu leben, er wollte alles erfahren, alles wissen, alle Bücher der Erde lesen. Gequält und zerrissen von diesem Wissensdurst konnte er nur Ruhe finden, wenn man ihm die Bücher der Philosophie, der Spiritualität und der Wissenschaft brachte, nach denen er sich sehnte. Er bestand darauf, in greifbarer Reichweite Bücher von Spinoza zu haben, den er besonders schätzte. Seine Eltern versuchten ihn zufriedenzustellen und beschafften Bücher, man weiß nicht wirklich wie, die sie auf sein Bett legten. Mikhaël erwachte aus seiner Apathie und wollte ihnen – kaum bei Bewusstsein – danken. Er nahm die Bücher in seine Hände, streichelte sie und legte sie nahe an sein Kopfkissen, dann hatte er das Gefühl, es gehe ihm schon besser. Doch wenn das Fieber ihn wieder ins Delirium warf, verlangte er nach noch mehr Büchern.

Es kam der Augenblick, wo seine Lebensflamme knapp am Erlöschen war.

»Er wird sterben«, weinte Dolia.

Doch Mikhaël war es nicht vorherbestimmt, schon zu sterben.

Während all dieser Zeit war etwas in ihm wach geblieben: In Momenten der Klarheit war er sich der Arbeit bewusst, die er mit seinen Gedanken leisten konnte, um sich zu heilen. Seine Schwächezustände hatten ihn daran gehindert, sich zu konzentrieren, doch jedes Mal, wenn er dazu in der Lage war, sammelte er seine Kräfte, um das Leiden in jeder Faser seines Körpers anzunehmen und seinen Organismus zu reinigen. Später stellte er dazu eine Überlegung an, die befremdend erscheinen mag, und doch gewiss der Wahrheit entspricht: »Ich habe mich mithilfe des Leidens geheilt.« Als er endlich außer Lebensgefahr war und langsam wieder zu Kräften kam, war sein exzessives Verlangen nach Büchern verschwunden. Er las zwar weiterhin, aber nie mehr auf dieselbe Weise.

Diese »entsetzliche Reinigungs-Krankheit«, wie er sie selbst bezeichnete, scheint ein notwendiger Bestandteil jener tief mystischen Phase gewesen zu sein, doch sie war auch der Auftakt für eine spirituelle Erfahrung, die ihn tief beeindruckte: Eines Abends, er befand sich im Zustand des Halbschlafs, der Visionen besonders begünstigt, sah er vor sich eine große, hochmütige Gestalt erscheinen, ein prächtiges ganz in Schwarz gekleidetes Wesen. Alles an ihm war Ausdruck der Macht und Herrschaft. In den finsteren Augen glühte eine entsetzliche Absicht. Mikhaël spürte, dass dieses Wesen sich seiner bemächtigen und ihm seine Kräfte übertragen wollte.

Augenblicklich erschien eine zweite Gestalt in völligem Kontrast zur ersten. Ein Wesen des Lichts, in weißen Kleidern, strahlend und von unbeschreiblicher Schönheit. Der Blick sprach nur von Liebe und Güte. Mikhaël durchzuckte wie ein Blitz die Intuition: Er war vor eine Wahl gestellt. Die Macht, die der eine ihm zu versprechen schien, beeindruckte ihn, aber im Grunde seines Herzens spürte er Angst vor seiner entsetzlichen Ausstrahlung. Plötzlich wurde ihm klar, die schwarze Loge, jene Versammlung aller zerstörerischen Kräfte – die Widersacherin der weißen Loge, die die Mächte des Lichts und der Liebe umfasst –, wollte sich seiner bedienen. Er wendete seinen Blick nochmals zu der zweiten Gestalt. Er war hingerissen von ihrer Schönheit, er konnte es kaum ertragen: »denn sie hatte das Gesicht Christi und war der Inbegriff der Sanftmut, der

Güte und des Opfers.« Da war kein Zögern möglich. In dem Augenblick, als er innerlich seine Wahl getroffen hatte, verschwand das Wesen der Finsternis, während ihn die Lichtgestalt unendlich sanft anblickte, bevor sie dann ebenfalls entschwand. Später sagte er über ihre Pracht: »Ich war entzückt von ihrer Schönheit. Die Schönheit war es, die mich in ihren Bann gezogen hat.«

Diese Vision war ein entscheidendes Ereignis in seinem Leben. Er hatte die absolute Freiheit: Er konnte wählen, ob er seine großen psychischen Fähigkeiten für seine persönlichen Interessen einsetzen oder sie in den Dienst des Lichtes stellen wollte. In dieser Nacht fasste er den Entschluss, sie ausschließlich für spirituelle, uneigennützige Ziele einzusetzen.

In dieser Zeit traf er noch andere sehr klare Entscheidungen, auch in Bezug auf die sexuellen Energien. Bei Paracelsus war er auf eine Idee gestoßen, die ihn sehr beeindruckte. Der Autor behauptete, der Verlust des Samens beim Mann käme dem Verlust des Lebens gleich. Mikhaël sagte später, die Begegnung mit dieser Aussage habe eine essentielle Rolle in seinem Leben gespielt. Sie habe ihn zu einem Entschluss gebracht, der ihm vieles ermöglichte. Er traf diese Entscheidung, weil er bereits zur gleichen Überzeugung gelangt war wie Paracelsus. Er war entschlossen, seine sexuellen Energien nicht in physische Bahnen zu lenken, sondern mit einem mystischen Ziel zu sublimieren. Er bediente sich ihrer sein ganzes Leben lang, um – wie bei einem Hochhaus – das Wasser mit Druck bis hinauf zur letzten Etage zu lenken. In seinen Augen symbolisierte das Bild der letzten Etage das Gehirn des Menschen, wo sich das tausendblättrige Kronenchakra befindet. Ohne die sexuellen Energien jemals verleugnen oder ersticken zu wollen, arbeitete er kontinuierlich an einer Philosophie der Sexualität, die zutiefst ausgeglichen war und den Menschen sowie seinen Entwicklungsgrad berücksichtigte.

* * *

Während seiner langen Genesungszeit im Verlauf des Winters 1917 hörte er von Peter Deunov, dem Autor der Broschüren, die ihm sein Freund in der Buchhandlung gegeben hatte. In der Stadt erzählte man sich, er sei ein spiritueller Meister, ein Hellsichtiger und Musiker, der sehr viele Schüler habe. Auf Drängen der geistlichen Obrigkeit war er aus Sofia abgeschoben worden, weil seine Lehre, die gleichzeitig auf dem Evangelium und den großen Themen der antiken Einweihungswissenschaft basierte, nicht gutgeheißen wurde. Er wurde nach Varna verbannt und hatte sich im Hotel London, nahe Mikhaëls Zuhause, einquartiert.

Eines Tages, als Mikhaël sich ein wenig Bewegung vor dem Haus verschaffte, sah er einen Mann mittlerer Statur mit schnellen und energischen Schritten auf ihn zukommen. In einem Augenblick war er vorüber, Mikhaël konnte gerade noch sein Gesicht sehen. Tief bewegt sagte er zu sich: »Das muss er sein!« Das Gesicht, in welches er gerade geblickt hatte, war von solchem Adel geprägt, es konnte nur das von Peter Deunov gewesen sein. Unfähig an irgendetwas anderes zu denken, ging er in die Stadt, um sich zu erkundigen. Er bekam die Bestätigung seiner Intuition: Es war wirklich Peter Deunov. Ohne zu zögern, begab er sich in das Hotel, um den Autor kennenzulernen, der ihn so sehr inspiriert hatte. Er wurde in einen Raum geführt und erkannte sofort den Mann mit den grauen Haaren wieder, dem er auf der Straße begegnet war. Dieser saß neben dem Tisch und spielte eine Melodie auf seiner Geige, während jemand leise dazu sang.

»Als Sie anklopften«, sagte Peter Deunov, »spielten wir ein Lied, das ich gerade komponiere. Sie können mit uns singen!«

Etwas überrascht über diesen unerwarteten Empfang, setzte Mikhaël sich gehorsam zu ihnen. Er versuchte zu singen, doch seine Stimmbänder verweigerten ihren Dienst. Als hätte er Mikhaëls Schwierigkeiten nicht bemerkt, spielte Meister Deunov weiter auf seiner Geige und sang die Melodie zusammen mit einer jungen Frau, die Mitglied der von ihm gegründeten Bruderschaft war. Nach und nach fasste sich Mikhaël wieder und sang mit ihnen.

Das Lied entwickelte sich kontinuierlich und als die Melodie fertig und notiert war, legte Peter Deunov die Geige auf den Tisch, wandte sich seinem Besucher zu und begann ein langes Gespräch mit ihm. Von Zeit zu Zeit las er einen Abschnitt aus der Bibel vor und kommentierte ihn. Mikhaëls Durst nach wahrhaftigen und klaren Erklärungen wurde endlich gestillt. Jahre später sagte er, vom ersten Augenblick ihrer Begegnung an, hätte zwischen ihm und Peter Deunov eine unerklärliche Verbindung bestanden. Es war, als hätten die beiden einander wieder erkannt. Mikhaël konnte es kaum erwarten, die Meinung des Meisters zu verschiedenen Themen zu erfahren, insbesondere über die Hellsichtigkeit. Mit 17 Jahren besaß er bereits ein ziemlich großes Wissen über spirituelle und okkulte Phänomene. Er hatte die Philosophien mehrerer östlicher und westlicher Lehren studiert. Aber nun stand er endlich vor jemandem, der als großer Hellsichtiger geschätzt wurde und aus Erfahrung sprechen konnte.

»Welche Arbeit muss man verrichten, um ein großer Hellsichtiger zu werden?« fragte er ihn. Peter Deunov überraschte ihn, indem er ihm keine Methode gab. Er sagte nur: » Die Arbeit mit der Liebe. Man muss die Liebe entwickeln. Du wirst ein noch größerer Hellsichtiger werden, wenn du so arbeitest, wie ich es dir zeige«.

Sehr berührt dachte Mikhaël nach. Bis dahin hatte er »die großen Mysterien, die Dinge, welche über die konkrete Realität hinaus gehen«, gesucht. An diesem Tag fällte er die Entscheidung, sich nicht mehr bewusst mit der Entwicklung der Hellsichtigkeit zu befassen, sondern mit der Liebe zu arbeiten. Die Fähigkeit, die unsichtbare Realität auf einer sehr hohen Ebene wahrzunehmen, würde ganz natürlich in ihm wachsen, ohne spezifische Übungen oder bewusste Anstrengungen. Er wusste bereits, dass gewisse Methoden, auch wenn sie positive Resultate brachten, gefährlich sind, weil sie das Gleichgewicht im Menschen stören können. Von diesem Moment an versuchte er zu verstehen, was wahrhaftig war und er versuchte die versteckte Schönheit in allen Dingen, in den Bäumen, Blumen und Früchten zu fühlen. In seinen Augen war diese Art von Hellsichtigkeit die beste, die es gab.

»Ich habe verstanden, dass es ein Hellsehen auf der alltäglichen Ebene des Schicksals gibt und ein Hellsehen, das bis hin zur unendlichen Herrlichkeit Gottes reicht.«[25]

Nach dieser ersten Begegnung traf er mehrmals auf Peter Deunov, wenn er den Park durchquerte, um den Sonnenaufgang zu erleben. Zu solch früher Stunde war der Strand menschenleer. Der Meister hob seinen Hut und grüßte respektvoll den 17-jährigen Jungen, der so früh aufstand, um die Sonne zu betrachten.

* * *

Mikhaëls Jugend ging zu Ende. Bald würde er erwachsen sein.

Er selbst sagte später über seine Jugendzeit, er habe sich einerseits eingeengt und in seinem Studium mittelmäßig gefühlt und sei mit seinen Experimenten allen auf die Nerven gegangen, andererseits habe er jedoch außerordentliche spirituelle Erfahrungen gesammelt. Und er versicherte: »Man kann schwach und klein sein, aber wenn man arbeitet, wenn man seine Hand in die Hand seiner göttlichen Eltern legt, kann man sich wandeln«.

* * *

ZWEITER TEIL

DER EINWEIHUNGSSCHÜLER

»Denn der rechte Weg der Liebe,
ob man ihm nun aus eigenem Antrieb folgt
oder von jemand anderem geführt wird, besteht darin,
mit den Schönheiten hier unten zu beginnen
und sich immer weiter
bis zur höchsten Schönheit zu erheben.«

Platon, Das Gastmahl

Peter Deunov

BEGINN EINES NEUEN LEBENS

Die Heimat von Orpheus hatte im Laufe der Geschichte verschiedene Namen erhalten, wie Thrakien oder Mösien und schließlich Bulgarien. Als Land der antiken Mystik war es bis ins Mittelalter eine der Geburtsstätten der esoterischen Tradition an der Grenze zwischen Morgenland und Abendland.

Omraam Mikhaël Aïvanhov sprach darüber, dass das philosophische System der Mysterien, wie es über Tausende von Jahren in den ägyptischen und indischen Tempeln gelehrt wurde, seit Urzeiten in einem Einweihungszentrum im Herzen des Rila-Massivs, welches nur den Eingeweihten bekannt war, sorgfältig aufbewahrt wurde. Einer dieser geheimnisvollen Eingeweihten war Bojan der Magier, der, aufgrund seiner Einweihung in Indien, im Mittelalter große Fähigkeiten entwickelt hatte. Er stand am Ursprung der Bogomilen-Bewegung in Bulgarien, doch die von ihm angeregte geistige Erneuerung war nur von kurzer Dauer. Die Bogomilen hatten damals die Herrscher des Königreiches beschuldigt, in Ausschweifung zu leben und wurden deshalb ins Exil geschickt oder verbrannt. Sie flüchteten in verschiedene europäische Länder und nahmen großen Einfluss auf Einweihungsbewegungen wie z. B. jene der Templer oder der Katharer.

Auch Peter Deunov ist wie Bojan der Magier in die Tradition der spirituellen Eingeweihten einzureihen. Seine Lehre stützte sich auf die gleiche Basis wie die der Bogomilen – auf das Licht, die Selbstbeherrschung, die Reinheit -, doch hatte sie nicht deren Härte. Niemals hätte Peter Deunov gelehrt, dass die sichtbare Schöpfung von negativen Kräften erschaffen worden sei, wie es die Bogomilen und die Katharer behaupteten. Gemäß Omraam Mikhaël Aïvanhov ersehnten die Katharer die Befreiung, weil nach ihrer Auffassung das Leben auf Erden ein schreckliches Unglück war. In seinen Augen war dies ein Irrtum. Es ist unsere Aufgabe, hier im Irdischen zu arbeiten, um das Reich Gottes auf die Erde zu bringen.

* * *

Peter Deunov wurde 1864 in der Nähe von Varna als Sohn eines orthodoxen Geistlichen geboren. Nach seinem Studium der Theologie und der Medizin in den Vereinigten Staaten, kehrte er 1895 nach Bulgarien zurück. Hier unternahm er intensive und weitreichende Studien auf dem Gebiet der Phrenologie: Er studierte den Zusammenhang zwischen dem Charakter und den Fähigkeiten des Menschen und der Form seines Schädels und durchreiste zu diesem Zweck Städte und Dörfer. Offensichtlich hatte er auch viel Zeit mit Meditieren verbracht, um eine solide Basis für eine spirituelle Bruderschaft vorzubereiten. Um 1900, ungefähr zu der Zeit als Mikhaël geboren wurde, begann er seine ersten öffentlichen Vorträge zu halten. Neun Jahre später, als sich bereits eine große Anzahl von Schülern um ihn scharte, begann er in der Nähe der Stadt Ternovo, welche auf halbem Wege zwischen Sofia und Varna liegt, Sommerkongresse abzuhalten.

Seine Erklärungen über den esoterischen Sinn biblischer Texte flößten den traditionellen christlichen Doktrinen neues Leben ein. Aber schon bald stieß er auf großen Widerstand. Die geistliche Obrigkeit des Landes war beunruhigt über den Aufschwung einer spirituellen Bewegung, die Erbe der antiken Einweihungswissenschaft und der jüdisch-christlichen Tradition war. Dieses Wissen, das auf dem Licht und der durch die Lehre der Wiedergeburt erklärten kosmischen Gerechtigkeit basierte, schien ihnen eine Verurteilung ihrer eigenen Lebens- und Lehrweise zu sein. Im Jahre 1917 gab die Regierung dem Druck der Bischöfe nach und forderte Peter Deunov auf, Sofia zu verlassen.

Kurz nach seiner Ankunft in der Stadt Varna, die er sehr gut kannte, da er einen Teil seiner Jugend dort verbracht hatte, fing er an, Vorträge zu halten, die eine große Schar von Anhängern anzog. Mit 53 Jahren wurde er von vielen als echter spiritueller Meister anerkannt und seine Worte, die von einer einzigartig tiefgründigen Vision geprägt waren, entsprachen den Bedürfnissen seiner Zeitgenossen. Mitunter überraschte seine Vortragsweise ein wenig: zum Beispiel, wenn er einen Vortrag unterbrach, um eine Melodie anzustimmen, die ihm gerade durch den Kopf ging. Er entwickelte sie, indem er seine Zuhörer aufforderte, sie mit ihm zusammen zu singen. Als hervorragender Violinist komponierte er für seine Bruderschaft im Laufe der Jahre eine große Anzahl mystischer Lieder. Mikhaël war einer seiner hingebungsvollsten Anhänger. Aber Dolia weinte, als sie erfuhr, dass er einer Lehre folgte, die von der Kirche nicht gutgeheißen wurde. Als fromme orthodoxe Christin fiel es ihr schwer, die Begeisterung ihres Sohnes für die Bruderschaft zu verstehen. Um ihre Betroffenheit zu beschwichtigen, wollte Mikhaël ihr Interesse auf diese spirituelle Philosophie lenken, die für ihn so wichtig geworden war. Er bat sie, ihn zu den Vorträgen zu begleiten. Ihm zuliebe kam sie mit, aber ihre erste Begegnung mit der Bruderschaft war alles andere als ein Erfolg. Peter Deunov hatte weiterhin Auseinandersetzungen mit den religiösen Obrigkeiten und einige seiner Feinde waren ihm ins Exil gefolgt, um seine spirituelle Arbeit zu untergraben. Sie bezahlten Rowdies dafür, während seines Vortrages zu randalieren. Es war eine regelrechte Verfolgungsjagd. All das gefiel Dolia ganz und gar nicht.

»Mach dir keine Sorgen, Mama«, meinte Mikhaël, um sie zu beruhigen, »der Meister hat gesagt, das nächste Mal wird die Polizei zu unserem Schutz bereitstehen.« So kam es auch. Vor Beginn des Vortrages stellten sich mehrere Polizisten am hinteren Ende des Saales auf. So konnte Peter Deunov ohne Unterbrechung zu seinen Zuhörern sprechen. Doch dies überzeugte Dolia nicht und sie wollte nicht an weiteren Versammlungen teilnehmen. Ihr Weg war nicht der ihres Sohnes. Aber sie respektierte seine Entscheidung: »Da du es gutheißt, werde ich es unterstützen.« Zutiefst dankbar über die Freiheit, die sie ihm gewährte, lebte Mikhaël in einem Zustand der Freude und der Begeisterung. Endlich hatte er gefunden, wonach er so lange gesucht hatte, einen spirituellen Meister, der fähig war, sich innig mit dem Himmel zu verbinden, ein Weiser, der es sich zur Lebensaufgabe gemacht hatte, die Menschheit aufzuklären. Und dieser Weise verbreitete eine Lehre, welche in den ältesten Tempeln der Erde bewahrt wurde und deren Ursprung sich in den hohen Sphären der unsichtbaren Welt befand. Peter Deunov selbst sagte eines Tages zu den Mitgliedern seiner Bruderschaft:

»*Sagt niemals, dass die Lehre, die ich verkünde, von jemandem namens Deunov erfunden wurde. Sagt vielmehr, dass es die Lehre der Bruderschaft des Lichtes ist. Morgen kann jemand anderer mit einem anderen Namen kommen. Die Größe all jener, die auf die Erde gekommen sind, zeigt sich darin, dass sie die Wahrheit so weitergegeben haben, wie Gott sie ihnen übermittelt hat.*«[26]

Für Mikhaël war dies der Beginn eines neuen Lebens. Sein Streben nach Vollkommenheit wurde nun in eine klarere Richtung gelenkt. Er fühlte sich außerordentlich reich, den wertvollsten Schatz gefunden zu haben, den ein Mensch auf Erden besitzen kann, einen spirituellen Meister. Er begriff, dass alles, was er in den letzten Jahren entdeckt und praktiziert hatte, durch diese Lehre bestätigt und ausgeglichen wurde. Er war unendlich glücklich, weil er die Gefahren übertriebenen Übens kannte und davon überzeugt war, einen Lehrer zu brauchen, um in der spirituellen Welt weiterzukommen. Er hoffte von Peter Deunov Ratschläge und Arbeitsmethoden zu erhalten. Eines Tages vertraute er ihm ein furchterregendes Erlebnis an, das er später mit folgenden Worten beschrieb:

»*Der Wunsch zu lernen, den ich in mir trug, war dermaßen überwältigend, dass ich eines Tages meinen Körper verließ und mich auf der Suche nach der kosmischen Bibliothek ins All hinauswarf. Ich hatte mich so weit von der ganzen Welt entfernt, dass ich plötzlich Angst bekam, da ich mich in unbekannten Sphären befand. Während ich außerhalb meines physischen Körpers war, hatte ich mit vollem Bewusstsein den Ort, an dem sich das universelle Archiv befand, erreicht. Ich stand vor diesem Abgrund, von dem in der Bibel geschrieben steht, dass er der universelle Abgrund sei. Ich weiß nicht warum, aber ich hatte plötzlich Angst, mich dort hinein zu wagen. Ich fühlte mich dermaßen weit weg, dass ich zu meiner Schande von Schrecken erfüllt zurückgekommen bin. Dies war meine erste Erfahrung mit der kosmischen Bibliothek. Ich sprach mit dem Meister darüber. Ich sagte ihm, dass ich Angst gehabt hatte, mich aufzulösen, Angst davor, zuzusehen, wie meine Zellen sich im Weltall verlieren. Diese Angst ist ein schrecklicher Zustand. Wenn man sich ohne Boden unter den Füßen sehr weit weg von der Erde befindet und den Wunsch verspürt, sich an die Erde zu klammern, ist das grauenhaft. Der Meister antwortete mir, dass ich wirklich bis zum universellen Abgrund vorgedrungen sei, jedoch für diese Reise noch nicht bereit war. Es war besser für mich, dass ich zurückgekommen bin. Darüber habe ich sehr viel nachgedacht und daraus gelernt. Ich meditierte lange Zeit und wurde vernünftiger.«*[27]

Das Scheitern des ersten Versuches, in die heiligsten Regionen des Universums einzudringen, brachte Mikhaël dazu, ernsthaft an der Ausgeglichenheit und Besonnenheit zu arbeiten. Peter Deunov, der all seine Bemühungen sah, lud ihn häufig zu sich ein. Mikhaël kam jedes Mal mit einer ganzen Liste von Fragen zu diesen Gesprächen, aber meistens erhielt er nur symbolische und abstrakte Antworten, die ihn dazu zwangen, ausgiebig nachzudenken, um ihren verborgenen Sinn zu verstehen.

Um die erhaltenen Erklärungen fest in seinem Gedächtnis zu verankern, bediente er sich einer ihm eigenen Methode. Er machte sich nie Notizen, sondern versuchte lediglich, ein großes Auffangbecken zu sein, die Dinge mehr auf der Herzensebene zu fühlen, als sie mit dem Verstand zu begreifen, um die Worte seines Meisters in ihrer ganzen Schönheit und spirituellen Dimension zu verstehen. Zu Hause angekommen, konzentrierte er sich und unternahm gewaltige Anstrengungen, um auch die geringsten Aspekte dieser Begegnung wieder zu finden. Alles fiel ihm nicht auf Anhieb ein und er musste diese Übung mehrmals wiederholen, aber je länger er sein Gedächtnis erforschte, desto mehr kamen ihm auch die winzigsten Details wieder in den Sinn. Erst dann erahnte er Perspektiven, die er sich während der Unterredung nie hatte vorstellen können. Überzeugt davon, dass alle Wahrheiten, die der Himmel ihm durch den Mund dieses Meisters offenbarte, für ihn von unschätzbarem Wert seien, praktizierte er diese Methode beharrlich während vieler Jahre.

Im Verlaufe ihrer Unterhaltungen, wenn es im Raum sehr kalt war, nahm Peter Deunov ein Schüreisen in die Hand und schürte die Glut in dem großen Räuchergefäß, das in der Ecke stand. Mikhaël beobachtete fasziniert die Anmut seiner Bewegungen und sagte sich, dass alle diese Gesten, die von einer subtilen Harmonie geprägt waren, einen tiefen Einfluss auf die Menschen seiner Umgebung haben mussten. Mikhaël war ein feinsinniger Beobachter und bemerkte schnell, dass sein Gastgeber dies ebenfalls war. Wenn er am Ende seines Besuches zum Ausgang ging und sich ein letztes Mal umdrehte, um sich zu verabschieden, sah er, dass sein Gang und die Art und Weise, wie er die Türe öffnete, genau unter die Lupe genommen wurden. Das traf ihn und er fing an, seine Gesten zu überprüfen und alles zu verbessern, was ihm nicht ästhetisch genug vorkam.

Sein Wunsch nach Vollkommenheit drängte ihn dazu, sehr oft um Rat zu fragen. Er wusste, dass der Meister als großer Phrenologe bekannt war, und bat ihn eines Tages, sein Gesicht zu analysieren und ihm Anweisungen zu geben, wie er es verbessern könne. Peter Deunov ging darauf ein und gab ihm Erklärungen, die den jungen Mikhaël tief beeindruckten. »Deine Stirn ist nach den Gesetzen der göttlichen Harmonie geformt«, sagte er und fügte hinzu, dass sein Kinn auf Standhaftigkeit hinweise. Er endete mit einigen Ratschlägen, wie er das in seinem Gesicht verbessern könnte, was noch nicht ganz in Ordnung war.

»Ich möchte die Phrenologie studieren«, sagte Mikhaël.»Dieses Wissen hast du bereits in dir«, antwortete Peter Deunov lächelnd. Was für eine erstaunliche Behauptung! Doch Mikhaël sagte später, dass er sehr oft, in dem Augenblick, in dem der Meister etwas zu ihm sagte, bemerkte, dass er die Antworten bereits kannte und dass Peter Deunov diese Wahrheiten in ihm nur wachrief. Nach seinem langen, einsamen Forschen in der Welt der Bücher, war er in dieser wachsenden Bruderschaft, die seine spirituelle Familie geworden war, überglücklich. Diese neue Lehre erfüllte ihn, weil sie die Einweihungswissenschaft enthielt, die Philosophie, die Meditation, das Gebet, die Musik, die Atmungs- und Gymnastikübungen, die dazu bestimmt waren, den Menschen ganzheitlich in Harmonie zu bringen. Er fand darin das Licht, die Weisheit und die brüderliche Liebe.

»Das neue Leben besteht aus Geben statt Nehmen«, sagte er sich. Geld konnte er nicht geben. Seine größten Schätze waren seine Liebe und seine Gedanken. Also widmete er sie Peter Deunov, um ihm bei seinem Werk zu helfen. Jeden Morgen dachte er an ihn und umgab ihn mit den herrlichsten Farben, er stellte ihn sich unaussprechlich schön vor und projizierte alle guten Eigenschaften und Tugenden der Welt auf ihn. Seine Leidenschaft für die feinstofflichen Verbindungen führte ihn zu der mentalen Arbeit, sich so oft wie möglich gedanklich mit seinem Meister zu verbinden. In seinen Augen repräsentierte dieser ein Glied in der großen Familie der hoch entwickelten Wesen, die bis hinauf zu Gott reicht. Indem er sich mit ihm verband, baute er eine mächtige Verbindung mit den höchsten Hierarchien auf und dank seiner Arbeit erntete er eine Fülle von spirituellen Geschenken, die seinen Wunsch nach Vollkommenheit und seine Suche nach Gott nährten.

* * *

Mikhaël konnte sich dieser idealen Situation nicht lange ungestört erfreuen. Ende des Jahres 1917 kam die Zeit seines Militärdienstes. Er war verzweifelt. Schon der Gedanke, ein Soldat zu sein, entsetzte ihn. Der erste Weltkrieg verwüstete zahlreiche Länder und seine tragischen Auswirkungen waren auch am Balkan zu spüren. Sein Ideal war die Liebe, die gegenseitige Hilfe und das Teilen, er litt unaussprechliche Qualen, weil seit seiner Kindheit immer nur von Brutalität und Terror, von ständigen Kriegen und Aufständen die Rede war. Niemals wollte er auch nur im Geringsten an irgendeiner Form der Gewalt teilnehmen. Gleich als er seine Einberufung erhalten hatte, ging er zu Peter Deunov. »Ich weinte«, sagte er später, »ich wollte so sehr bei ihm bleiben und weiterhin zum Sonnenaufgang gehen.« Seine Reaktion sagte viel über ihn aus. Von allen Opfern, die der Militärdienst ihm abverlangen würde, waren die Trennung von seinem spirituellen Meister und die Unmöglichkeit den »Sonnen-Yoga« zu praktizieren, am schwersten zu ertragen. Zu seiner Überraschung begann sein Meister zu lachen. Verletzt von dieser offensichtlichen Gleichgültigkeit wurde er still. Dann dachte er: »Ich kann nicht verlangen, dass ein großer Meister am Kummer eines kleinen Schülers wie mir teilnimmt!« Später verstand er, dass Peter Deunov oft eine heitere Miene gegenüber der Traurigkeit anderer zeigte, um ihre negativen Emanationen zu vertreiben und eine positive Stimmung hervorzurufen. Aber nach wenigen Augenblicken veränderte sich der Ausdruck seines Gesichtes, er schaute seinen jungen Schüler mit väterlicher Liebe an und versicherte ihm: »Du wirst schnell und auf außergewöhnliche Art freikommen. Du weißt nicht, was der Himmel für dich vorbereitet hat!«

Mikhaëls Aufenthalt in der Armee war wirklich nur von kurzer Dauer. Bald nach seiner Ankunft erkrankte er an Gelbsucht und wurde in die Krankenstation verlegt. Er wurde von einem Unteroffizier behandelt, dessen medizinische Kenntnisse sich auf die Verwendung von Jodtinktur beschränkten. Und schon bald verwirklichte sich Peter Deunovs Voraussage: Mikhaël wurde für wehrdienstuntauglich erklärt und nach Hause geschickt, um sich von seiner Krankheit zu erholen. Nach seiner Genesung besuchte er bleich und abgemagert den Meister, welcher ihm sagte: »Deine Leber ist schwer krank.« – »Was kann ich tun, um sie zu heilen?« – »Jeden Morgen auf leeren Magen wirst du eine Tasse Wasser trinken. Du musst sie ganz langsam trinken und das Wasser richtiggehend kauen, Schluck für Schluck konzentrierst du deine Gedankenkraft darauf. Du musst auch zum Wasser sprechen. Sag ihm: »Liebes Wasser, wir werden zusammenarbeiten und heilen, was in meinem Organismus nicht in Ordnung ist.« Völlig verdutzt sagte sich Mikhaël: »Wasser? Ist das seine Medizin?« Er glaubte nicht wirklich daran, aber er gehorchte, denn er war überzeugt davon, dass es immer von Vorteil für ihn sei, die Ratschläge seines Meisters zu befolgen, auch wenn dieser sich irren sollte. Für ihn war es klar, dass wahre Meister – die sich der weißen Magie bedienten – von ihren Schülern nie verlangen würden, sich zu unterwerfen, aber er war auch davon überzeugt, dass Gehorsam eine heilsame Übung für sie sei, die es ihnen erlauben würde, Demut zu entwickeln.

Mikhaël begann mit der Behandlung und schon beim ersten Schluck verspürte er ein außergewöhnliches Gefühl, als würde er zum ersten Mal in seinem Leben Wasser trinken. Es war wie ein Elixier. Ein wohltuendes Schwindelgefühl erfasste ihn, sein Bewusstsein weitete sich und wurde empfänglicher und klarer. Während er seine Gedanken auf das reine Wasser konzentrierte, reagierte sein ganzes Sein auf die mystischen Eigenschaften dieses Elements, das er so sehr liebte. Nach kurzer Zeit fühlte er seine Kräfte zurückkehren und die extreme Erschöpfung, die seine letzte Krankheit mit sich gebracht hatte, gehörte der Vergangenheit an.

Peter Deunov hatte ihn auf eine Wirklichkeit verwiesen, die er schon seit Langem kannte, ohne jedoch alle ihre Auswirkungen, wie die versteckten feinstofflichen Eigenschaften des Wassers ganz verstanden zu haben. Mikhaël war aber noch nicht zufrieden und wollte seine Gesundheit weiter verbessern. Er meditierte intensiv über die unumgängliche Einheit des menschlichen Körpers. »Die Organe funktionieren nur dann richtig«, dachte er, »wenn sie einem höheren Prinzip folgen, das ihre Aktivitäten regelt.« Wie konnte er zu diesem Prinzip vordringen, wie mit diesem Prinzip kommunizieren? Wie konnte er sich mit ihm vereinen, damit er sein inneres Königreich in Besitz nehmen konnte? Er sagte sich, dass die Organe und Zellen des Körpers ein Königreich darstellen, das vom Menschen auf sehr unvollkommene Weise regiert wird: Man muss sich also mit dem wahren König dieses Reiches in Verbindung setzen. Durch intensive Meditationen gelang es ihm, das höhere Selbst, dieses allwissende Element, das in jedem Menschen wohnt, zu erreichen. Dabei enthüllte sich ihm die Existenz eines sehr mächtigen Punktes am Hinterkopf. Er konzentrierte sich auf diese Stelle und durchdrang sie mit dem stärksten Licht, das er sich vorstellen konnte. Jahre später gab er seinen Schülern verschiedene Übungen, die ihnen helfen sollten, Kontakt mit ihrem höheren Selbst aufzunehmen.

»Ich kann euch eine Übung geben, die daraus besteht, sich auf den Hinterkopf zu konzentrieren. Versucht es einige Minuten... etwas in euch wird sich verändern, euer ganzer Körper fängt an zu vibrieren, ihr werdet Blitze verspüren. Fahrt nicht sehr lange mit dieser Übung fort; von dem Moment an, wo ihr diese Spannung verspürt, welche sich anfühlt, als hättet ihr einen Nerv getroffen, der euren ganzen Körper zum Vibrieren bringt, müsst ihr die Übung beenden. Die ersten Male dürft ihr diese Erfahrung nicht verlängern, man muss sehr vorsichtig sein.«[28]

Nach und nach, dank regelmäßiger Übungen, verschwand der schwache Gesundheitszustand, in dem er seit Jahren lebte. Ab diesem Zeitpunkt wusste Mikhaël, dass er weiterhin selbst sehr wichtige Dinge entdecken würde, fast außerhalb des Einflusses jenes spirituellen Meisters, dem er seine langjährige Mitarbeit angeboten hatte. Was er später über diesen Abschnitt seiner Jugend erzählte, war sehr aufschlussreich: Alle seine Erfahrungen und Entdeckungen entsprangen seiner innersten Inspiration. Seit seiner Erleuchtung war sein innerer Führer immer gegenwärtig und er war es, der ihn zu allen spirituellen Arbeiten inspirierte.

Peter Deunov war der Weise, der bei allem als Maßstab diente, der seine Intuitionen und seine Entdeckungen überprüfte und bestätigte. Es schien, als würde er Mikhaël begleiten, um ihm von Zeit zu Zeit einen prägnanten Hinweis zu geben, der als Gärstoff für jene Ideen diente, die in Mikhaëls Kopf bereits Gestalt annahmen. Er lenkte ihn mit großer Sorgfalt zu dem hin, was er zu lernen hatte, führte ihn aber, nach Mikhaëls eigenen Worten, von der physischen Ebene aus zu einem unbekannten Meister einer anderen Dimension.

Im Frühling 1918 lehrte ihn Peter Deunov die Technik der Bilokation (außerkörperliche Erfahrung) effizienter anzuwenden. Um ihm die Möglichkeit zu geben, eine außergewöhnliche spirituelle Erfahrung zu machen, führte er ihn bis in die Kausalebene – eine dieser höheren, geistigen Ebenen, die besondere Schwingungsfelder besitzen. Zu dieser Zeit war Peter Deunov von einem Mitglied seiner Bruderschaft, der im Norden von Varna in den Weinbergen lebte, eingeladen worden, einige Zeit dort zu verbringen. Als Mikhaël ihn besuchte, forderte er ihn auf, am nächsten Morgen sehr früh wiederzukommen, da er ihn zum Sonnenaufgang auf die Hügel mitnehmen wollte.

Meister Peter Deunov räumte der Sonne in seiner Lehre einen wesentlichen Platz ein und riet seinen Schülern, vom Frühling bis zum Herbst den Sonnenaufgang zu betrachten. Er lehrte sie, das Sonnenlicht in sich aufzunehmen, um es in Tugenden verwandeln und an andere weitergeben zu können. Er lehrte natürlich nicht, die Sonne als eine Art Gott anzusehen, sondern sich zu der Tageszeit, in der ihre Energie am segensreichsten ist, von ihrem Licht zu ernähren.

Die Erwartung auf diesen Ausflug ließ Mikhaël in jener Nacht kaum schlafen, lange bevor der Morgen dämmerte, stand er auf, um gewiss rechtzeitig am Treffpunkt zu sein. Als er mit dem Meister wanderte, fühlte er sich so glücklich, dass er viel redete. »Ich war unglaublich stolz, weil ich mit ihm zusammen war!« Bis er bemerkte, dass Peter Deunov ihm zwar zulächelte, jedoch kaum antwortete. Die Botschaft war deutlich und Mikhaël schwieg. Der Himmel erhellte sich langsam, die Ruhe wurde nur von ihren Schritten unterbrochen. Sie erreichten die höchsten Hügel gerade in dem Moment, als die Sonne den ganzen Himmel erstrahlen ließ, kurz bevor sie über dem Meer auftauchte. »Die Farbe der Sonne war so wunderbar, ich spürte das Verlangen, ihr Licht zu trinken«, erzählte Mikhaël. Diese Jugenderinnerung teilte er später jenen mit, die seiner Lehre folgten. Er gab ihnen den Rat, das Licht der aufgehenden Sonne einzuatmen, es ganz bewusst zu trinken, aus ihm ein wahrhaftes Elixier des körperlichen und spirituellen Wohlbefindens zu machen.

Nach einigen Atemübungen sagte ihm Peter Deunov: »Jetzt werden wir uns hinlegen.« Er legte sich ins Gras auf den Bauch und kehrte der Sonne den Rücken zu. Erstaunt machte Mikhaël es ihm nach und fühlte bald durch die Kleidung hindurch die Wärme auf seiner Haut. Er spürte, wie sein Rücken zu einer großen, mit Sonnenenergie geladenen Batterie wurde. Durchdrungen von einem tiefen Wohlgefühl fiel er in einen schlafähnlichen Zustand. Als er wieder zu sich kam, hatte er den Eindruck, auch der Meister sei im gleichen Augenblick zurückgekommen. Er hatte nur eine undeutliche Erinnerung an das, was geschehen war, aber er war sich bewusst, eine außergewöhnliche Erfahrung gemacht zu haben. Sein ganzes Wesen vibrierte von einer geheimnisvollen Wonne. Peter Deunov fragte ihn lächelnd:

»Weißt du, wo wir waren?« – »Nein, Meister, aber ich wäre glücklich, es zu erfahren«. – »Wir waren in der Kausalebene, aber die Wesenheiten, die uns empfangen haben, sagten, dass du dich nicht mehr an das, was du gesehen hast, erinnern sollst. Das ist der Grund, warum ich verpflichtet war, einen Schleier darüber zu legen. Aber du fühlst, dass sich etwas zugetragen hat, nicht wahr?« – »Ja, Meister, das tue ich«.

Mikhaël wusste, das Erlebte war etwas sehr Wichtiges für seine Seele. Er hatte das Gefühl, die Wellen der höheren Ebenen vibrierten noch immer um sie herum und die Natur war wie verzaubert. Nach einem Moment der Stille unterbrach Peter Deunov diesen Zauber und holte aus seinem Rucksack etwas zu essen heraus. Sie aßen miteinander, bevor sie sich wieder auf den Weg in die Stadt machten. Mikhaël schwelgte den ganzen Tag in der Erinnerung an dieses Erlebnis. Von da an begleitete er Peter Deunov noch oft zum Sonnenaufgang. Nachdem sie lange meditiert hatten, verließen sie ihre Körper und der Meister führte seinen jungen Schüler mit großer Aufmerksamkeit und Liebe. Er gab ihm Gelegenheit, »die Realität der unsichtbaren Welten« kennenzulernen.

* * *

Es war Mikhaël zwar gegeben, die Realität der unbekannten Welten zu entdecken, die den meisten Menschen vorenthalten ist, aber es war es ihm nicht gestattet, die Realität der physischen Welt, in der er lebte, zu ignorieren. Mit 18 Jahren musste er eine der wichtigsten Entscheidungen treffen, die seine zukünftige Aufgabe von ihm verlangte. Der Mann, der ihm diese Gelegenheit bot, war ein ehemaliger bulgarischer Konsul in den Vereinigten Staaten, der nach vielen Reisen in seine Heimat zurückgekehrt war.

Er war leidenschaftlich interessiert an Magie und hatte einige Bücher über Spiritismus publiziert. Er brachte von seinen weiten Reisen alle Arten von Kultobjekten, Fetischen, magischen Spiegeln und rituellen Gewändern mit, welche er bei seinen Experimenten benützen wollte. Nachdem er Präsident einer Gruppe von Spiritisten geworden war, musste er sich seine eigene Begrenztheit auf der psychischen Ebene eingestehen und machte sich auf die Suche nach einem jungen, talentierten Mann, der ihm helfen könnte, seine Pläne auszuführen. Eines Tages erhielt Mikhaël eine Einladung in das Haus des Diplomaten in einer vornehmen Gegend nahe Varna. Er machte ihm einen verlockenden Vorschlag: Als Gegenleistung für seine Dienste bot er ihm ein gutes Gehalt, freie Kost und Logis und die Benützung seiner Bibliothek, die randvoll mit Büchern über Okkultismus, Magie und übersinnliche Phänomene war. »Und was immer Sie sonst möchten«, fügte er noch hinzu.

Von Mikhaëls Mitarbeit erhoffte er sich sehr interessante Perspektiven im Bereich der Kommunikation mit Geistern. Man hatte ihm von den Fähigkeiten, der Reinheit und der Spiritualität dieses außergewöhnlichen jungen Mannes erzählt. Er war bereit, viel Geld für dessen Mitwirkung zu bezahlen. Mikhaël stand vor der klassischen Versuchung des Reichtums und der Macht: Da waren die Quelle des Wissens, welche die beeindruckende Bibliothek des Konsuls darstellte, die übersinnlichen Erfahrungen und auch das Geld, das seiner Familie helfen und ihm ein sorgenfreies Leben ermöglichen könnte. Seine spontane Reaktion war, Peter Deunov um Rat zu fragen und dessen Urteil zu respektieren. Nach einigem Nachdenken kam er selbst zu folgendem Schluss: »Das wahrhaftig magische Element auf dem Weg zur Vollkommenheit ist die Anwesenheit eines spirituellen Meisters«. Er sah, dass psychische Spielereien keine große Wichtigkeit besitzen. Folglich war er auch nicht erstaunt, als der Meister ihm kategorisch davon abriet, sich mit dem Konsul zu verbinden und mit ihm Magie zu betreiben:

»Ich wusste nicht viel über die menschliche Natur, ihre Habsucht, ihre Perversität und ihre Faszination für gefährliche Unternehmungen. Ich wollte nicht vom Weg abkommen. Ich wollte gut geführt und gut geleitet sein. Ich tat nichts, ohne die Meinung meines Meisters Peter Deunov gehört zu haben. Es gibt so viele verschiedene Arten, wie man seine Seele dem Teufel verkaufen kann! Es ist nicht nötig, mit ihm einen Pakt zu schließen, wie es in den Büchern über Hexerei erzählt wird; es genügt, eigennützigen, egoistischen Motiven zu folgen, um jedes Mal ein wenig von seinem Seelenlicht zu verlieren«.[29]

Mit 16 Jahren hatte er sich für eines der zwei gegensätzlichen Wesen seiner nächtlichen Erscheinung entschieden, doch deswegen blieben ihm die weiteren Entscheidungen nicht erspart, durch die alle Menschen, selbst die standhaftesten, aufgefordert werden, ihre Wahl zu festigen. Der freie Wille bleibt bestehen und man muss stets erneut wählen.

Immer darauf bedacht, seine Beweggründe zu läutern und bestärkt von Peter Deunovs Weisheit, setzte er seine spirituelle Arbeit beharrlich fort.

Was seine psychischen Fähigkeiten, vor allem die Hellsichtigkeit anbelangt, sagte er später, dass er damals sehr intensive Erlebnisse, zum Beispiel über längst vergangene Leben der Menschen hatte. Wann immer er konnte, bat er Meister Deunov, die Echtheit dieser Enthüllungen zu bestätigen. Nach kurzer Zeit wurde er sich der Gefahr bewusst, die dieser Einblick in vergangene Leben mit sich brachte. Er verstand, dass er nicht das Recht hatte, den Schleier zu lüften, den die göttliche Weisheit über das Erinnerungsvermögen der Menschheit gelegt hatte. »Was würden die Menschen machen, wenn sie wüssten, welches Unrecht sie einander in früheren Leben angetan haben?«

Es war Mikhaëls innigster Wunsch, seinen Freunden bei ihren Fortschritten zu helfen, aber wie konnte er wissen, was er ihnen sagen durfte, ohne sie in Schwierigkeiten zu bringen. So gewöhnte er sich daran, seine Hellsichtigkeit zu leugnen. Dennoch war es ganz offensichtlich, dass er die Aura wahrnehmen konnte – jene Ausstrahlung, die alle Menschen umgibt und die nicht lügen kann, weil sie den physischen und spirituellen Zustand in Farben zum Ausdruck bringt. Gelegentlich konnte er die leuchtende Aura um Peter Deunov sehen und seinen spirituellen Duft wahrnehmen.

Der Meister kannte Mikhaëls Entscheidung seine Hellsichtigkeit betreffend. Er kannte auch sein Interesse für die Handlesekunst und warnte ihn, weil diese Disziplin eine außerordentlich heikle und sehr schwer zu beherrschende Wissenschaft sei. »Um zu erkennen, was sich hinter einer Hand verbirgt, ist die Handlesekunst nicht ausreichend, man muss sich auch der Phrenologie bedienen, welche die Form des Schädels studiert, und man muss auch die Physiognomie mit einbeziehen, die uns den Charakter anhand des Gesichts erkennen lässt.« Also machte Mikhaël sich daran, alle drei Disziplinen gleichzeitig zu studieren. Bald danach hielt Peter Deunov ihm lächelnd seine Hand hin, damit er darin lesen könne. Tief berührt und still prüfte Mikhaël die Hand seines Meisters. Das Erste, was ihm ins Auge stach, war die Länge der Saturn-Linie. Danach bemerkte er eine Linie, die ihren Anfang beim Venushügel nahm, die Lebenslinie, die Kopflinie und die Saturn-Linie kreuzte, und an der anderen Seite der Handfläche endete. Der Meister beobachtete seinen Gesichtsausdruck und fragte: »Siehst du diese Linie? Was bedeutet sie?« – »Das ist die Linie der großen Prüfungen«, antwortete Mikhaël ohne zu zögern.

Instinktiv senkte er seine Augen zu seiner eigenen Hand und sah die gleiche Linie. Einen Augenblick lang war er sprachlos. Das war es also... Peter Deunov wusste, dass er die gleiche Linie hatte. Er hatte Mikhaël seine Hand nur gezeigt, um ihm zu helfen, etwas Wichtiges zu verstehen: Die großen Prüfungen würden auch ihm nicht erspart bleiben.

»Bis auf Weiteres hast du die bestmöglichen Bedingungen und bekommst die nötige Hilfe, um Fortschritte zu machen«, sagte ihm Peter Deunov. Der Himmel wird dir vieles geben, aber es wird eine Zeit kommen, in der die gesamte schwarze Loge dir Hindernisse in den Weg legen und versuchen wird, dich am Vorankommen zu hindern. »Es wird möglich sein, davonzukommen«, antwortete

Mikhaël lächelnd. Er konnte nicht im vollen Umfang erfassen, was diese warnenden Worte beinhalteten. Der Meister entschied sich, ihm einige der Aspekte seiner späteren Prüfungen zu enthüllen. Mikhaël hörte ihm höchst aufmerksam zu und fragte, wann diese angekündigten Prüfungen stattfinden würden. »Im sechsundzwanzigsten Jahr«.

»In meinem sechsundzwanzigsten Jahr«, wiederholte Mikhaël in Gedanken. Aber er irrte sich. Er war damals 18 Jahre alt und der Meister meinte mit dieser mehrdeutigen Antwort, dass seine schlimmsten Prüfungen 26 Jahre später anfangen würden. Tatsächlich sollte sein »Abstieg in die Hölle« im Jahre 1944 beginnen und bis zu seinem Tiefpunkt im Jahr 1948 andauern. Peter Deunov sprach absichtlich sehr vage darüber, um Mikhaël nicht eine zu schwere Last aufzubürden.

In der Zwischenzeit entwickelte sich die Bruderschaft sehr schnell und zählte bereits einige hundert Mitglieder, die sich alle als Brüder und Schwestern betrachteten. Als solche waren sie die Erben eines uralten Ideals der Menschheitsgeschichte. Seit jeher gab es Männer und Frauen auf dieser Welt, die sich danach sehnten, liebevoll und brüderlich in einer großen Familie zusammen zu leben. Zu allen Zeiten existierten solche Bruderschaften in verschiedenen Ländern, verschiedenen Gesellschaftsklassen und verschiedenen Religionen. In der Bruderschaft, die Peter Deunov ins Leben gerufen hatte, versuchte man in der Harmonie zu leben. Um sich in schwierigen Zeiten daran zu erinnern, dass man zur gleichen Familie gehörte, sprach man sich im täglichen Umgang mit »Bruder« und »Schwester« an.

Im Jahre 1919 war es bereits das zehnte Mal, dass Meister Deunov seinen Sommerkongress in Ternovo abhielt. Die Bruderschaft hatte unweit der Stadt, inmitten der Weinberge ein Lager errichtet. Auf diesem Grundstück gab es nur ein kleines Haus, also stellte man Zelte für die Teilnehmer auf und alle Aktivitäten wurden im Freien durchgeführt. In diesem Sommer rief Peter Deunov Mikhaël und einen seiner Freunde aus Varna zu sich. Als die beiden ankamen, hielten sich bereits mehrere Hundert Brüder und Schwestern, die aus allen Ecken Bulgariens gekommen waren, im Lager auf. Mikhaël und sein Begleiter waren mit ihren neunzehn Jahren die Jüngsten.

Während dieses Kongresses gab Meister Deunov viele Erklärungen über das Licht. Er sagte, die Wissenschaft der Zukunft sei die des Lichtes und der Farben; das Licht, obwohl so harmlos in seiner Erscheinung, sei in Wirklichkeit die größte schöpferische Kraft.

Mikhaël war sehr glücklich, wieder bei seiner spirituellen Familie zu sein, und er war entzückt über seine Beziehung zu Peter Deunov. Eines Tages erzählte er einer Frau, die Meister Deunov oft als Sekretärin auf seinen Reisen begleitete, über dessen Güte, Wohlwollen und Rücksichtnahme. Als Antwort erhielt er eine kleine Warnung, die ihn über andere Aspekte im Leben eines Schülers aufklärte und auf das vorbereitete, was sich später zutragen würde.

»Bruder Mikhaël, Sie werden noch sehen! Anfänglich verhält er sich so gegenüber allen seinen Schülern, aber nach einer gewissen Zeit wird er sehr viel strenger. So war es auch mit mir und ich bin dem Himmel dankbar, dass er mich von Zeit zu Zeit durchschüttelt. Sie wissen noch nicht, was ein Meister ist!«

Tatsächlich war es in diesem Sommer, dass der Meister begann, seinen jungen Schüler ganz anders zu behandeln:

»In Ternovo sollte man einen Bürgersteig aus Steinquadern und Steinplatten bauen. Man hatte genug Zement und alles, was man sonst noch dazu brauchte, um die Arbeit auszuführen. Der Meister fing damit an, dann arbeiteten wir gemeinsam. Es fiel mir auf, dass alles, was ich machte, nicht dem glich, was der Meister machte. Ich bemühte mich, ich war bereit, eine Arbeit mit dem Meister zu vollbringen und ich empfand Freude bei dieser Tätigkeit. Der Meister wollte mir jedoch eine Lektion erteilen. Er fand, meine Arbeit wäre nicht gut genug, die Steinplatten seien uneben und nicht richtig platziert. Ich korrigierte alles, doch der Meister fand andere Dinge, die nicht in Ordnung waren. So ging das während der ganzen Arbeit weiter. Er sagte nichts, doch sobald ich fertig war, fand er, es sei nicht so wie es sein sollte. Der Meister erzog uns. Er zwang uns zu entdecken, dass unsere Einstellung und die Einstellung der Gesellschaft gewöhnlich waren und den Cha-

rakter nicht formen konnten. Er wollte uns dafür begeistern, in allen Bereichen des Lebens Vollkommenheit zu erlangen.«[30]

Die auf halbem Weg zwischen Varna und Sofia gelegene Stadt Ternovo

* * *

VIELE JAHRE HABE ICH GEARBEITET...

Die Stadt Ternovo, eine der ehemaligen Hauptstädte Bulgariens, ist auf steinigen, steil ansteigenden Hügeln gebaut, zwischen denen sich rauschend der Fluss Yantra schlängelt. Mikhaël gefiel diese malerische Stadt sehr, aber noch mehr liebte er die umliegende ländliche Gegend. In jenem Jahr, wahrscheinlich nach dem Kongress, entschied er sich, zusammen mit einem Freund eine lange Zeit in der Stille der Natur mit spiritueller Arbeit zu verbringen.

Die zwei Freunde ließen sich in einer unbewohnten Villa nieder, die einem Mitglied von Mikhaëls Familie gehörte. Das Haus war umringt von Bäumen und stand unweit der Stadt inmitten der Weinberge.

Als sie beim ersten Betreten das Schlafzimmerfenster öffnen wollten, entdeckten sie, dass sich ein Bienenvolk in dem Zwischenraum von Fenster und geschlossenen Fensterläden eingenistet hatte.

Fasziniert beobachteten sie lange Zeit die sorgfältige Arbeit der Bienen, und da sie sie auf keinen Fall stören wollten, lebte Mikhaël fortan in diesem Zimmer wie in einem Bienenstock, während er die aufeinanderfolgenden Phasen des gemeinschaftlichen Lebens der Bienen mitverfolgen konnte. Der Raum war ständig von einem, der Meditation durchaus zuträglichen, berauschenden Duft erfüllt. Von dieser Zeit an empfand er immer eine besondere Liebe zu diesen winzigen Geschöpfen, die uns »ein wunderbares Beispiel für eine höher entwickelte Gemeinschaft geben«.

Es wurden zwei Jahre, während derer er sich in Ternovo zurückzog, und es war eine wichtige Zeit in seinem Leben. Er las und meditierte nach Herzenslust, oft bis in die Morgenstunden. Ohne eine Störung befürchten zu müssen, intensivierte er die Experimente außerhalb seines physischen Körpers. Der konzentrierte Duft, den die Bienen in seinem Zimmer verbreiteten, versetzte ihn in einen für solche Erfahrungen günstigen Zustand. Er durchwanderte den Raum – so nannte er die Regionen, die er mit seinem Astralkörper erkundete –, um zu verstehen, wie das Universum aufgebaut ist und wie die Verbindungen zwischen seinen verschiedenen Elementen funktionieren. Dabei sorgte er sich nicht um sein Leben, sondern projizierte seinen Geistkörper in sehr hohe unsichtbare Ebenen. Später sagte er, dass er in dieser Zeit die höheren Welten der Ideen, der Archetypen, der Gesetze und Prinzipien, welche die Schöpfung steuern, erforscht habe.

»Während so vieler Jahre arbeitete ich nur, um zu sehen und zu verstehen, wie die Struktur dieses Gebäudes konzipiert ist, das wir Universum nennen. Ja, während Jahren... Es war das Einzige, was mich interessierte und während Tagen und Nächten trat ich aus meinem Körper heraus, um eine klare Sicht auf dieses Gerüst zu erlangen und auf die Verbindungen, die zwischen allen Elementen existieren. Ich wusste, dass alles andere bedeutungslos war. Das Wesentliche ist, die Struktur zu sehen.«[31]

Ab einem bestimmten Zeitpunkt begann er, sich auf die ferne Vergangenheit der Menschheit zu konzentrieren. Er versetzte sich in eine Zeit, die Millionen von Jahren zurück lag. Eine erschreckende Erfahrung, denn er fand sich im Nichts. Nach vielen anderen Übungen gelang es ihm, sich Milliarden von Jahren in die Zukunft zu projizieren. Und wieder erfüllte es ihn mit Entsetzen. Als er später darüber sprach, erklärte er nicht, warum, aber er sagte, als eine Art Schlussfolgerung, dass die Ewigkeit keine Zeitspanne, sondern vielmehr einen Bewusstseinszustand darstellt. Jeder besitzt die Möglichkeit, an seinem jetzigen Zustand vieles zu ändern. Man kann dies mit der Konzentration auf die Zukunft erreichen, da die Konzentration es ermöglicht, »ein Zentrum der Ewigkeit zu berühren, das in der Lage ist, die Dinge aus dem Weg zu räumen.«

Selbst wenn diese Erfahrungen manchmal erschreckend waren,

setzte er sie, getrieben von seinem Durst nach der Erkenntnis der unsichtbaren Welten mit unverminderter Intensität fort. Alle diese Wahrnehmungen, diese ekstatischen Zustände, diese Entdeckungen waren Teil der geheimnisvollen Einweihung, die seit seiner Erleuchtung vor sich ging. Die Vollkommenheit der Symbole, die er sah und mit großer Klarheit beschrieb, wies darauf hin, welche Fülle an spirituellen Möglichkeiten er bereits erlangt hatte. Später sagte er: Wenn man sehr lange über eine Idee meditiert, erscheint im Unterbewusstsein – oder im Überbewusstsein – eine geometrische Form, die dieser Idee genau entspricht.

Er fuhr mit seinen Konzentrationsübungen fort, er arbeitete weiter an der Kraft der Gedanken, um mehr und mehr fähig zu werden, die Strömungen der höheren Welten zu empfangen. Mit stetiger Begeisterung teilte er seine Entdeckungen mit seinen Freunden. Und da er nichts von seinem natürlichen Schalk verloren hatte, kam es vor, dass er – einfach so zum Spaß – spektakuläre Dinge tat. So erzählte er später folgendes Erlebnis:

»Als ich noch sehr jung war, liebte ich es sehr, mich zu üben. Eines Tages befand ich mich mit ein paar Freunden auf dem Gipfel des Musala und dichter Nebel lag rundherum. Man sah weder die Seen von Rila noch die Berge, einfach nichts. Wir konnten uns kaum gegenseitig erkennen. Um mich zu amüsieren, sagte ich zu meinen Freunden: »Hört mal, wenn ihr wollt, zeige ich euch ein wenig von der Landschaft.« »Oh«, sagte einer unter ihnen, »ich möchte den dritten See sehen!« (Ich erinnere mich nicht mehr, ob es der dritte oder der fünfte war.) Ich war schon so oft auf den Musala gestiegen, dass ich die Richtungen aller Seen und Bergketten kannte: des Pirin, des Rhodop... Also streckte ich meine Hand in die Richtung des Sees aus, der Nebel verschwand und der See tauchte auf. Alle stießen Begeisterungsrufe aus. Ich nahm meine Hand zurück und nach einer Weile verschwand der See wieder im Nebel. Jetzt wollte einer die Berge Mazedoniens sehen. Ich streckte meine Hand in ihre Richtung aus und wiederum verzog sich der Nebel und die Berge wurden sichtbar. Dann wollten sie die Sonne sehen... Meine Freunde waren verblüfft und haben an diesem

Tag verstanden, welche Macht die Gedanken besitzen. Was ich euch erzähle, ist wahr. Ich weiß, dass die unsichtbare Welt mir zuhört, und ich darf euch nicht täuschen.«[32]

Er fügte hinzu, wenn es möglich sei, die Nebel außerhalb von uns zu beeinflussen, wäre es doch noch viel einfacher, auf die Nebel in unserem Inneren Einfluss zu nehmen, indem man mithilfe der Gedanken Lichtstrahlen in ihre Richtung sendet, um sie zu zerstreuen und Frieden und Glück zu finden.

Trotz seiner intensiven Forschungen blieb Mikhaël unbefriedigt. Er war sich bewusst, wie wichtig eine unablässige Reinigung ist, um es den Strömungen der göttlichen Welt zu ermöglichen, frei durch ihn zu fließen. So entschied er, während zehn Tagen zu fasten.

Nach zwei oder drei Tagen fühlte er großen Durst, der immer stärker wurde, je mehr die Zeit verging. Er war besessen vom Wunsch nach Wasser, er träumte nur noch von Quellen und Flüssen, aus denen er trank, ohne seinen Durst stillen zu können.

Am siebten Tag nahm er eine Frucht in die Hand, roch an ihr und merkte, dass ihr Duft eine feinstoffliche Nahrung für ihn war, die ihn sättigte. Er verstand tiefer als je zuvor eine Wahrheit, die er später sein Leben lang nutzen würde: Die Pflanzen und Früchte enthalten ätherische Elemente, die dem Menschen Energie liefern können. Ist er jedoch übersättigt, kann er diese Elemente nicht aufnehmen. Während der folgenden drei Tage ernährte er sich ausschließlich von den Ausströmungen der Früchte. Dann fand er langsam zu einer normalen Ernährungsweise zurück und nahm seinen üblichen Lebensrhythmus wieder auf.

Während dieser Phase seines Lebens unterzog er sich häufig bis spät in die Nacht spirituellen Übungen. Manchmal war er davon so ermüdet, dass er nicht rechtzeitig für den Sonnenaufgang aufwachte. Das ärgerte ihn, doch er konnte sich wohl nicht überwinden, weniger zu arbeiten. Eines schönen Morgens geschah etwas, das ihn bezauberte. Im Morgengrauen setzte sich ein kleines Vögelchen auf seinen Fenstersims und klopfte mit dem Schnabel ans Fenster. Am nächsten Morgen wiederholte es sein Klopfen und kam dann jeden Morgen wieder. Mikhaël antwortete ihm wie einem Freund: »Ist gut, ich stehe sofort auf!«

Er legte einige Brotkrumen auf die Fensterbank. Der Vogel sang fröhlich und holte andere Vögel herbei, die an diesem Festmahl teilnahmen. Der junge Mann bedankte sich beim Himmel für die Freude, die er aus dem Reich der Lüfte erhielt. Mikhaël hatte schon immer eine besondere Beziehung zu Vögeln gehabt. In seinem Leben spielten sie oft eine Rolle als Boten, sie brachten ihm aus der unsichtbaren Welt die Antworten, auf die er wartete. Die meisten seiner Freunde wurden Zeugen solcher Erlebnisse, die auf eine tiefe Harmonie zwischen einem Menschen und der Natur hinweisen. Einer dieser Freunde hieß Alexander, er erzählte seiner Tochter, wie er Mikhaël im Jahre 1922 kennen lernte.

»Ich war 17 Jahre alt. Eines Tages fuhr ich allein mit dem Zug und mir fiel ein junger Mann am Fenster des Ganges auf. Wahrscheinlich hat er meinen Blick gefühlt und drehte sich zu mir um. Er lachte mich spontan an und sein Gesicht hatte einen strahlenden und warmherzigen Ausdruck. Ich war von der spirituellen Schönheit, die von diesem Gesicht ausging, sehr beeindruckt. Ich stand auf, ging in den Gang hinaus und stützte mich mit den Ellbogen ans Fenster, gleich neben ihm. Zuerst sprachen wir nur über Allgemeines und bemerkten, dass wir beide in der Dunavska-Straße wohnten, er im türkischen Viertel und ich am anderen Ende der Straße. Dann sprach er von seinem Meister und von einem Kongress in Ternovo, zu dem er fuhr. Ich wollte mehr Informationen bekommen und ihn sogar zum Kongress begleiten, doch schlussendlich haben wir uns darauf geeinigt, uns im September in Varna wiederzusehen. Er sagte mir, er wolle mir Bücher geben und mich zu den Vorträgen mitnehmen.«

Eine Freundschaft war geboren. Alexander wurde Mitglied der Bruderschaft von Peter Deunov und kam zu seinen Vorträgen. Ab Frühling begleitete er seinen neuen Freund morgens in den Park, um beim Sonnenaufgang zu meditieren. Eines Morgens, als sie auf einer der Sonne zugewandten Bank saßen, setzte sich ein Vogel auf Mikhaëls Schulter. In seine Meditation versunken, schien er ihn nicht zu bemerken. Abgelenkt schaute Alexander seinen Freund liebevoll an. Da der Vogel lange regungslos saß, konnte er es sich nicht verkneifen, ganz leise zu sagen: »Mikhaël, weißt du, dass ein Vogel auf deiner Schulter sitzt?« »Ja, ich weiß«, antwortete Mikhaël.

Als er die Augen öffnete, fing er leise an, mit dem Vogel zu reden und er redete mit all der Liebe, die ein Mensch für ein solches Tierchen verspüren kann. Ganz offensichtlich gab es ein richtiges Gespräch zwischen den beiden so unterschiedlichen Wesen. Der Vogel hörte zu und schien mit kleinen Kopfbewegungen zu antworten.

»In seinen Gesten lag eine unbeschreibliche Zärtlichkeit«, erzählte Alexander, »und in seinem Gesicht war ein Leuchten, das mir unauslöschlich in Erinnerung bleiben wird.«

* * *

Mikhaël muss viele Freunde gehabt haben, aber er sagte später, er sei in Bulgarien immer im Hintergrund geblieben. Jene, die ihn kannten, bestätigten dies und doch gab es zahlreiche Beweise seines Einflusses auf seine Umgebung. Seine Freunde und seine Familie sagten, dass man ihn aufsuchte, dass man ihn um Rat fragte, dass er so anziehend war wie ein Magnet. Mit diesem ihm innewohnenden Feuer, mit seiner glühenden Energie, die ihm von den feinstofflichen Welten zukam, führte er auf unwiderstehliche Weise hin zu neuen Horizonten. Natürlich hätte ein solch intensives Wesen auch Unbehagen hervorrufen können, aber seine Lebensfreude und sein Humor waren ein Garant dafür, dass alles im Gleichgewicht blieb. Außerdem war die Liebe, die er allen zukommen ließ, so echt, dass man die übernatürlichen und fast beängstigenden Dimensionen seines Auftretens, seiner Forschungen und seiner Arbeiten völlig vergaß.

Ab einem gewissen Zeitpunkt lebten noch einige junge Brüder mit ihm in Ternovo, um in dieser günstigen Atmosphäre eine spirituelle Arbeit zu verwirklichen. Nach und nach wurde aus dem kleinen Haus wie von selbst ein kleiner spiritueller Mittelpunkt, den andere junge Leute gerne aufsuchten, um Kraft zu schöpfen. Sie lasen, meditierten und kümmerten sich um verschiedene Arbeiten im Haus oder im Garten.

Eines Tages sahen sie zwischen den Weinstöcken einen zerlumpten Jungen herannahen, der sich offensichtlich verstecken musste. Sie empfingen ihn freundlich und gaben ihm zu essen. Der Flüchtling zitterte vor Angst, fasste sich aber nach und nach und erzählte ihnen, dass er Dimitri heiße. Er war der Einzige aus einer Gruppe von Anarchisten, dem die Flucht gelungen war; alle anderen hatte man erschossen und er selbst wurde von der Polizei gesucht. Mikhaël und seine Freunde boten ihm an, so lange zu bleiben, wie er wollte, was sehr mutig war, denn in dieser Zeit – zwei Jahre nach dem Ende des ersten Weltkrieges – war die politische Lage außerordentlich unruhig und von Gewalt beherrscht. Die Gruppierungen der Agrarpartei, der Kommunisten, der Faschisten, der Anarchisten oder der mazedonischen Revolutionäre trugen alle zur Instabilität bei und Hunderttausende von Nachkriegs-Flüchtlingen machten die missliche Lage noch schlimmer. Dimitri führte lange Gespräche mit diesen erstaunlichen jungen Männern, die Vegetarier waren, stundenlang meditierten, sich beim Sonnenaufgang auf die Sonne konzentrierten und in Harmonie lebten. Seine ehrenhafte Natur, die sich gegen die Ungerechtigkeiten der Welt auflehnte, hatte ihn dazu gebracht, sich den Anarchisten anzuschließen, die sich durch Gewalttaten eine bessere Welt versprachen. Nach den Enttäuschungen, die er erlebt hatte, interessierte er sich spontan für die Lehre der Liebe und des Friedens, die seine neuen Freunde so inspirierte. Er hatte jedoch Mühe zu glauben, was ihm geschah. Daran gewöhnt, sich bei den geringsten Anzeichen von Gefahr zu verstecken oder wegzulaufen, war es schwierig für ihn, sich an ein friedliches Leben anzupassen. Mikhaël, der ihn mit viel Zuneigung beobachtete, dachte: »Er benimmt sich so, als würden ihm die vergangenen Qualen fehlen!« Aber die guten Eigenschaften des Neulings blühten in der herzlichen Atmosphäre der kleinen Gruppe auf. Er hing ganz besonders an Mikhaël und blieb ihm immer verbunden.

Inzwischen hatte Peter Deunov die Erlaubnis erhalten, nach Sofia zurückzukehren. Er begann wieder, Vorträge in seinem eigenen Haus zu halten, aber seine Aufgabe wurde immer schwieriger. Schon so oft in der Vergangenheit hatte er eine klare Position vertreten müssen, die jenen missfiel, die nur Bequemlichkeit suchten oder die ihn um seinen Schutz baten, weil sie sich Wunder erhofften. Jetzt wurde er mit Schwierigkeiten konfrontiert, welche die meisten der spirituellen Führer kennenlernen: Er musste mit den Nachtragenden umgehen. Einige seiner ehemaligen Zuhörer verbreiteten Kritik und Verleumdungen über ihn.

Mehrere junge Brüder machten sich auf den Weg nach Ternovo, um mit Mikhaël zu reden, doch dieser verteidigte ihn entschlossen. Er zweifelte niemals an den Ratschlägen des Meisters, dafür liebte und verehrte er ihn viel zu sehr.

Doch diese sehr schwierige Periode für Peter Deunov stellte sich auch als Prüfstein für Mikhaël heraus. Mit 19 Jahren war er von einer Gruppe junger Leute umgeben, die sich für seine Meinung zu verschiedenen Themen interessierten, die sein Wissen schätzten und ihn um Rat fragten. Es war nicht seine Absicht gewesen, diese Rolle zu übernehmen, im Gegenteil, er hatte sich in Ternovo niedergelassen, um ein kontemplatives Leben zu führen. Doch trotz seines Wunsches unbedeutend zu bleiben, konnte er dieses innere Feuer, das sein Gesicht veränderte, nicht verbergen.

Und gerade hieraus entwickelte sich die Prüfung. War er mit 16 Jahren bezüglich Machtausübung versucht worden, so ging es bei der jetzigen Prüfung um das Ausüben von Autorität. Später gestand er mit der ihm eigenen Einfachheit, dass er während seines zweiten Jahres unter der Obhut von Peter Deunov, vor Mitgliedern der Bruderschaft wie ein Meister geredet hatte. Sofort danach hatte er auf die gleiche Weise, wie schon Jahre zuvor bei der Versuchung des Machtmissbrauchs, die Gefahr bemerkt, die in der Suche nach persönlichem Ruhm lauert. Er machte sich bittere Vorwürfe, auf sein übliches, reserviertes Verhalten verzichtet zu haben, doch Peter Deunov, änderte daraufhin ganz bewusst sein Verhalten Mikhaël gegenüber. Ab diesem Zeitpunkt ignorierte er ihn völlig. »Wenn ihr wüsstet, wie ich gelitten habe, wie sehr ich es bereute! Was ich getan hatte, war nichts weiter als ein kindlicher Fehler, aber vielleicht sah er bereits Anzeichen von Gefahren, vor denen er mich bewahren wollte«, sagte Mikhaël später.

Die innere Kraft, die Mikhaël besaß, und seine freiwillige Bescheidenheit, riefen bei den einen Bewunderung und bei den anderen Neid hervor. Manche erzählten, der Meister wäre unzufrieden über Mikhaëls Entscheidung, mit einigen Freunden in Ternovo zu leben. Nach und nach wurde der junge Mann die Zielscheibe von Kritik und Verleumdungen. Er litt lange Zeit unter der Veränderung seiner Beziehung zu Peter Deunov. Während der darauf folgenden Jahre verstand er die Bedeutung seiner gleichgültigen Haltung nicht, er wusste nicht, dass der Meister entschieden hatte, ihn im Verborgenen zu halten, bevor er ihm jene einzigartige Mission anvertrauen würde: seine Lehre nach Frankreich zu bringen.

Aber manchmal gab es auch Überraschungen: Nachdem er ihn monatelang ignoriert hatte, machte Peter Deunov ihm gegenüber eine Geste der Anerkennung und der Unterstützung, die ihn zutiefst berührte. Eines Tages besuchte ihn einer seiner besten Freunde, ein junger Gitarrist namens Ivan, und meinte:

»Ach, Mikhaël, ich sprach mit dem Meister über dich! Er sagte mir, dein Verstand gehört zu den feinsten unter allen Menschen, denen er jemals begegnet ist, eine Intelligenz, so fein wie ein Seidenfaden, die fähig ist, alles zu durchdringen.«

Mikhaël verstand die Nachricht, die gerade in dieser Phase seines Lebens sehr wichtig gewesen zu sein scheint: Peter Deunov hatte Ivan gegenüber diese Bemerkung gemacht, weil er wusste, dass er sie seinem Freund weitererzählen würde. Seine reservierte Haltung hatte wahrscheinlich zum Ziel, seinen jungen Schüler zu stärken, ihn auf die Probe zu stellen, ihn auf seine zukünftige Aufgabe vorzubereiten. Er kannte die Liebe, die Mikhaël ihm entgegenbrachte, er kannte seine extreme Sensibilität und seine außergewöhnliche Stärke; er hatte vielleicht entschieden, auf die tröstenden Worte zu verzichten, die in einer Beziehung auf emotionaler Ebene normal sind. Diesem besonderen Schüler gegenüber handelte er oft auf rätselhafte Art und Weise. Er gab ihm keine Erklärungen oder leicht verständliche Ratschläge. Von Zeit zu Zeit gab er ihm einen Hinweis, er öffnete ihm eine kleine Tür, wohl wissend, dass Mikhaël sich bis hinauf zu unerforschten Horizonten schwingen würde und ganz allein das fand, was er für seine Seele brauchte. Er ließ ihn allein vorwärtsschreiten, um ihm zu erlauben, möglichst schnell seine wahre Größe zu finden.

Mikhaël ging also alleine vorwärts, aber niemals als Einzelgänger. Sooft es ihm möglich war, ging er von Ternovo nach Sofia, um an den drei- bis viertägigen Ausflügen mit Peter Deunov auf den 2290 Meter hohen Berg Vitoscha im Süden der Hauptstadt teilzunehmen. Der Meister machte sich mit den Mutigsten seiner Bruderschaft mitten in der Nacht auf den Weg, um ihnen Gelegenheit zu geben, ihren Willen und ihre Ausdauer zu stärken. Während des Aufstiegs, der mehrere Stunden dauerte, durchquerte man zuerst einen Wald, der von Gebirgsbächen zerfurcht war. Dann tauchte über der Baumgrenze eine öde Gegend mit riesigen Geröllhalden auf, die sich wie versteinerte Flüsse die Abhänge hinunterzogen. Auf dem Gipfel war ein immens großes Plateau, besät mit gigantischen Felsbrocken, das eine grandiose Kulisse für den Sonnenaufgang bot.

Mikhaël liebte diese Art von Ausflügen und so oft wie möglich schloss er sich auch der Bruderschaft an, um die Vorträge zu hören. Er trat leise ein und suchte einen Platz in der letzten Reihe. War der Saal bereits gefüllt, blieb er neben der Tür stehen. Wenn der Meister eintrat, grüßten ihn die Anwesenden mit der erhobenen rechten Hand, die nach einer harmonischen Bewegung auf Gesichtshöhe stehen blieb; er antwortete auf diese schöne, antike Begrüßung und sein Gesicht strahlte. Mikhaël fragte sich oft, warum sich der Gesichtsausdruck des Meisters so stark veränderte. Er kam zu dem Schluss, dass die Atmosphäre aus Gefühlen des Respekts und der Liebe Peter Deunov inspirierten und sich dies auf seinem Gesicht als Licht widerspiegelte.

Mikhaël hörte den Worten seines Meisters sehr aufmerksam zu, registrierte aber auch den Gesichtsausdruck der ihn umgebenden Leute. Der Austausch, der automatisch zwischen einem Redner und seinen Zuhörern entsteht, faszinierte ihn noch immer. In seinen Augen waren alle Lehrenden wahre Medien: Dank der von den

Zuhörern geschaffenen Atmosphäre geben sie dem Geist die Möglichkeit, sich durch sie auszudrücken.

Gerade weil er sich so nah wie möglich in die Gedanken von Peter Deunov hineinversetzen wollte, setzte er sich weit weg von ihm. Die physische Entfernung stimulierte seinen Blick, seine Seele und seine Gedanken. Nach dem Vortrag hörte er noch still den Gesprächen zu, die einige Brüder und Schwestern mit dem Meister führten. Er bemerkte, dass einige sich sogar erlaubten, dem Meister öffentlich Ratschläge zu geben. Peter Deunov hörte ihnen zu, manchmal wies er sie auch zurecht, aber meistens ließ er sie reden und schmunzelte über ihre Eitelkeit. Während dieser Gespräche wollte Mikhaël die Aufmerksamkeit nicht auf sich ziehen oder sein Wissen hervorheben. Seit er im Bereich der Demut versucht worden war, hatte er völlig darauf verzichtet, sich selbst als Autorität darzustellen.

* * *

In Pythagoras Schule gehörte es zu den unerwarteten Prüfungen, Sarkasmus und ungerechtfertigte Kritik über eine manchmal sehr lange Zeit erdulden zu müssen. Nur wenige Schüler waren fähig, deren zerstörerische Auswirkungen zu ertragen, doch jene, die standhielten, wurden zu den Einweihungen zugelassen.

Seit seiner ersten Begegnung mit dem Meister, den er so lange gesucht hatte, wünschte sich Mikhaël instinktiv, sich Prüfungen zu unterwerfen, die das Herz reinigen und den Charakter stärken. Wie viele Male hatte er im Verlaufe dieser ersten zwei Jahre den Meister darum gebeten, ihn zu belehren, ihn durch die sieben Läuterungen zu führen, die sieben Reagenzgläser der Alchimisten, die das Quecksilber vom Amalgam und von Unreinheiten trennen. Er war bereit, zermalmt und verbrannt zu werden, um sich zu läutern und außergewöhnlich zu werden. Jedes Mal, wenn er auf diese Weise mit dem Meister sprach, hörte ihm dieser mit großer Aufmerksamkeit zu, doch er lächelte einfach nur, ohne zu antworten. Monatelang fragte sich Mikhaël: »Wird er darauf eingehen, wird er tun, worum ich ihn bitte?«

Mikhaël wurde 20 Jahre alt und die Zeit war nun gekommen, die erste der sieben alchimistischen Läuterungen zu durchlaufen. Dass Peter Deunov ihm keine Aufmerksamkeit schenkte, war schmerzhaft, doch es sollten noch größere Schwierigkeiten folgen. Während des Kongresses der Bruderschaft in Ternovo wurde er einer Prüfung unterzogen, die ihn dort traf, wo er am empfindlichsten war: Es ging um seine Beziehung zu seinem spirituellen Meister. Nach einem seiner Vorträge im Freien drehte sich Peter Deunov nach ihm um und machte ihm und einem seiner Freunde die schlimmsten Vorwürfe. Zur Zielscheibe der Versammelten geworden, erstarrte Mikhaël vor Schreck. Trotz seiner innerlichen Zerrissenheit gelang es ihm, während des Verweises einen ruhigen Gesichtsausdruck beizubehalten, der nichts von dem tiefen Schmerz über die scharfen Worte und den unerbittlichen Ton verriet.

Nach der Versammlung zerstreute sich die Menge still, die meisten mieden den Schüler, der öffentlich angeprangert worden war. Mikhaël zog sich für mehrere Tage zurück, um nachzudenken und um zu fasten. Er sagte sich immer wieder, dass Peter Deunov bestimmt gute Gründe dafür gehabt haben muss, ihn so scharf zu verurteilen. Mit aller Kraft arbeitete er daran, sich durch das Licht zu reinigen und machte sich dann, mager und blass, auf den Weg zurück zu seinem Meister. Er gab zu diesem Vorfall später nur einen Kommentar, in dem er sagte: »seine Seele sei vollkommen nach oben ausgerichtet gewesen«. Seine innere Haltung war noch immer voller Respekt und Vertrauen. Er wandte sich an Peter Deunov wie ein Kind, das zu seinem Vater spricht: »Meister, reinigen Sie mich. Reißen Sie in Ihrer großen Weisheit alles Nutzlose und Schlechte aus mir heraus. Ich will Ihnen ähnlich werden.«

Mit der Reinigung seiner Gedanken hatte er so viel Licht angesammelt und das Feuer in seinem Innersten hatte sich so gewaltig verstärkt, dass er fühlte, wie »etwas Brennendes, Flammen gleich, aus seinem Mund strömte«. Sehr überrascht schaute ihn Peter Deunov schweigend an.

Dieses Phänomen, dass Flammen aus dem Gesicht eines Mystikers lodern, während dieser in spiritueller Konzentration verweilt, ist jenen bekannt, die das Leben und Wirken großer Heiliger und Propheten studiert haben. Die Arbeit intensiver Reinigung verursacht ein Licht, das sich auf dem Gesicht widerspiegelt, und der Mystiker verspürt auf der Stirn eine lichtartige Explosion, deren Quelle sich zwischen den Augenbrauen befindet. Mikhaël war sich bewusst, was mit ihm geschah, und er bemerkte auch das Erstaunen Peter Deunovs, dessen Gesicht sich plötzlich veränderte. Er lächelte seinen jungen Schüler mit großer Liebe an und drückte dann seine Hand in sehr ungewöhnlicher Weise. Dabei sprach er kein Wort. Mikhaël akzeptierte sein Schweigen. Da er nie eine besondere Gunst erwartete, genügte ihm dieser schlichte Austausch und er ließ sich durch die Botschaft des Lächelns und des Händedrucks ermutigen. Er wusste bereits, dass die Einweihungen, die früher im Tempel stattfanden, sich heute im täglichen Leben vollziehen, und zwar in einem Moment, in dem man es am allerwenigsten erwartet.

Auf diese Weise stärkte er seine Willenskraft, um fähig zu werden, Kränkungen und Demütigungen ertragen zu können. Um auf dem gewählten Weg immer weiter voranzuschreiten, benutzte er instinktiv dieses spirituelle Feuer, das in ihm mit 15 Jahren entflammt war und noch immer brannte. Auch Peter Deunov sah dies genau. Noch in Ternovo sagte er einmal zu ihm:

»Mikhaël, ein Teil deines Feuers hat sich in Licht verwandelt.«

* * *

Diese Prüfung hatte jedoch schwerwiegende Konsequenzen. Innerhalb der Bruderschaft mieden ihn von diesem Moment an viele Brüder und Schwestern, die überzeugt waren, dass ein Schüler, der vom Meister dermaßen gebrandmarkt wurde, zu verachten sei. Einige unter ihnen erklärten sich sogar zu seinen Feinden und taten ihm darauf großes Unrecht an. Sie hatten sicherlich auch persönliche Gründe, warum sie es auf ihn abgesehen hatten. Es war seine Offenheit, die manchmal verwirrte und unbequem war und seine absolute Unbescholtenheit, die sie aus der Fassung brachte. Seine Gewohnheit, jedes Problem bei Licht zu betrachten, um darin die

Unreinheiten zu entdecken, war nicht gerade erholsam. Um seiner wahren Intuition, die er den »Inneren Gott« nannte, treu zu bleiben, musste er es von diesem Moment an ertragen, von der ganzen Bruderschaft als diskreditierter Schüler betrachtet zu werden. Entschlossen zügelte er seine Sensibilität, erduldete ohne ein Wort die Feindseligkeit, die Verachtung und die Kleinlichkeiten. Aber er nahm dankbar die positiven Bemerkungen jener an, die zu ihm kamen, ihn auf die klassischen Einweihungsprüfungen ansprachen und sagten: »Bruder Mikhaël, freue dich, der Meister liebt dich innig!«

Erst viel später sollte er die Gewissheit dieser Liebe erhalten, aber einstweilen war er entschlossen, alle Anforderungen und Prüfungen des Meisters zu ertragen. In seinen Augen bedeutete wahre Liebe, zu strahlen wie die Sonne, egal was geschieht.

Sein zwanzigstes Jahr scheint in seinem Leben sehr wichtig gewesen zu sein. Neben dieser Prüfung, sprach er später noch von einem weiteren »außerordentlichen Ereignis« im Jahre 1920. Ohne Einzelheiten zu nennen, wies er mehrmals auf ein großes Wesen hin, das ihn seit jener Zeit begleitete und führte. Vielleicht fand dieses Ereignis in den Bergen von Rila oder auf dem Gipfel des Musala statt, wo er mehrmals mystische Erfahrungen machte, aber kaum darüber sprach.

Eine andere ungewöhnliche Erfahrung, die er mit 20 Jahren während eines seiner ersten Bruderschaftstreffen in Rila gemacht hatte, ist bekannt, da er später davon berichtete. Die Region der sieben Seen, eine der schönsten Gegenden des Rila-Massivs, auf 2300 Metern gelegen, war der Lieblingsort von Peter Deunov. Ab dem Jahr 1920 campierte er dort mit den Mitgliedern der Bruderschaft regelmäßig während einiger Tage. Wenn der Schnee Mitte des Sommers in dieser Höhe völlig geschmolzen war, enthüllten die Berge ihre majestätische Strenge. Inmitten von steilen Abhängen und Geröll, war diese Gegend gut gewählt, denn sie verlangte große körperliche Anstrengungen und lud ebenso zur Kontemplation ein.

Die erste brüderliche Erfahrung in den Bergen war für die Teilnehmer ebenso begeisternd wie anstrengend. Zuerst einmal waren sie schlecht ausgerüstet, da sie weder Zelt noch Schlafsack besaßen. Dann hatten sie über die ganze Dauer ihres Aufenthaltes vor allem schlechtes Wetter. In ihre Decken eingemummt, fanden sie keinen Schlaf, es war bitterkalt und sie litten unter den Wind- und Regenböen. Auf diesen Gipfeln ist das Klima auch während des Sommers sehr rau. Die Mittagssonne brennt, die Nächte sind eisig.

Eines Morgens bat eine ältere Schwester Mikhaël, sie zum Gipfel zu begleiten. Sie gingen eine lange Zeit und stiegen weit hinauf. Die Natur kam ihnen unberührt vor, durchdrungen von ewiger Reinheit und Jugend. Die Stille schien wie ein Kristall, den der geringste Laut in tausend Stücke hätte zersplittern können. Mikhaël setzte sich an einer schönen, mit Moos bewachsenen Stelle auf einen Felsen und begann zu meditieren. Plötzlich glaubte er eine Sinnestäuschung zu erleben: Vor seinen Augen erwachte die Landschaft auf wundersame Art und Weise zum Leben. Der Puls des Lebens schlug sanft in allen Elementen der Natur, die nichts anderes mehr waren, als verschiedene Nuancen des Lichts. Jeder Stein, jeder Grashalm war von mystischem Leuchten durchdrungen. Mit großer Klarheit durchzuckte Mikhaël die Erkenntnis, dass vom Sandkorn bis zu den Sternen alles Licht ist. Von Entzücken erfüllt, konnte er sich nicht satt sehen an diesem Anblick, fasziniert von solch unbeschreiblicher Schönheit, die den Augen der Menschen verborgen bleibt, bis ihnen das Privileg zuteil wird, sie zu sehen.

Nach solchen Ekstasen in der Welt des Lichts ist zu verstehen, dass er ohne Unterlass beim Sonnenaufgang die Pracht der Sonne suchte: Sie erzählte ihm von der Herrlichkeit Gottes. Der höchste Gipfel des Massivs, der Musala, liegt in großer Entfernung zur Region der sieben Seen, doch es zog ihn immer wieder dorthin. Er verbrachte die Nacht auf dem Gipfel, um das erste Morgenlicht zu betrachten, das hinter den Bergen hervor kam. Seit seinen ersten Meditationen als Kind in den Wipfeln der Pappeln seines Dorfes, hatte er immer von den Gipfeln geträumt. In seinen Augen war die Natur der wahre Tempel, in dessen Zentrum die Sonne stand – als Lebensspender und Zelebrant. Er wusste, dass der höchste Gipfel des Landes den Kausalkörper repräsentiert, diesen subtilen Körper, der in sehr hohen unsichtbaren Ebenen beheimatet ist. Er wusste auch, dass jene Energien und Kräfte, die den Verwirklichungen auf der physischen Ebene dienen, sich auf der Kausalebene befinden und dass man auf dieser Ebene nicht den Hindernissen begegnet, die für die physische Welt so charakteristisch sind.

Seit seiner ersten Besteigung des Musala, zwei oder drei Jahre zuvor, hatte er aufgrund einer tiefen Intuition über seine Zukunft die Angewohnheit angenommen, jedes Mal, wenn er auf dem höchsten Gipfel seines Landes war, sich durch seine Gedanken mit Frankreich zu verbinden. Er verband sich mit dem Mont Blanc, um Frankreich das Licht und himmlische Segnungen zukommen zu lassen. Seltsamerweise träumte er davon, den Franzosen diese Lehre zu bringen, die ihn so sehr erfüllte, ohne zu ahnen, dass Peter Deunov ihm eines Tages genau diesen Auftrag erteilen würde.

* * *

Ende des Sommers rief Peter Deunov Mikhaël zu sich und sagte: »Du musst ans Gymnasium zurückkehren und deine Ausbildung abschließen.«

Sprachlos starrte Mikhaël ihn an. Er hatte das Gymnasium bereits vor fünf Jahren verlassen, war nun bald 21 Jahre alt und der Meister wollte ihn zu 15-jährigen Schülern zurückschicken! Um sein Abitur zu machen, müsste er noch drei Jahre zur Schule gehen. Überdies befand er sich im vollen Aufschwung seiner spirituellen und intellektuellen Fähigkeiten, sein dringendstes Bedürfnis war es, mit seiner Arbeit, die die Grundlage seines Lebens geworden war, fortzufahren. Für einen jungen Mann mit seinen Anlagen, geübt in mystischen Praktiken und fähig, mit den unsichtbaren Welten zu kommunizieren, versprach die Rückkehr zur Schule eine große Prüfung zu werden. Eine Prüfung, die Peter Deunov für notwendig erachtete, um ihm zu helfen, seine spirituellen Erfahrungen zu drosseln und ihm zu ermöglichen, den normalen Weg eines Menschen der damaligen Zeit zu gehen.

Eigentlich hätte er zu Hause lernen und nur zu den Prüfungen gehen können, doch Peter Deunov zeigte sich unnachgiebig: Er musste zur Schule gehen. Wie immer unterwarf sich Mikhaël der Entscheidung desjenigen, den er als seinen spirituellen Meister gewählt hatte. Er verließ Ternovo und ging zurück zu seiner Familie nach Varna.

Für seine Mutter war die Rückkehr ihres Erstgeborenen eine große Freude, auch weil sie sich wieder auf ihn stützen konnte. Für die beiden Buben und die zwei Mädchen war er der große Bruder, der von Ternovo nach zweijähriger Abwesenheit wie ein Erwachsener zurückgekehrt war. Er hatte Prüfungen durchlaufen und intensivere spirituelle Erfahrungen gemacht als je zuvor. Für seine Freunde war er immer noch der Mensch, der alle üblichen Maßstäbe sprengte, der fähig war anzuspornen, zu begeistern oder auch manchmal jemanden zur Verzweiflung zu bringen.

Sein Neubeginn am Gymnasium war schwierig. Er musste eine Uniform tragen und da Dolia merkte, wie peinlich ihm diese Schuluniform war, gab sie ihm einen alten Mantel seines Vaters, den er überzog, wenn er das Haus verließ. In der Schule machten sich die Buben über diesen jungen Mann lustig, der sich bereits rasierte, und trotzdem noch die Schulbank mit ihnen drückte. Frech zogen sie ihn von hinten an den Haaren und spielten ihm allerlei Streiche. Aber Mikhaël hatte Humor: Wenn er später über die unterhaltsamen Ereignisse dieser Zeit sprach, sah man, dass er sie nicht so ernst genommen hatte. Mit seinem großmütigen Lächeln und seiner freundschaftlichen Art gewann er das Vertrauen seiner jungen Mitschüler, die begannen, ihn zur Türe zu begleiten, um ihm Fragen über verschiedene Dinge zu stellen. Er war gerne für sie da und nutzte seine reiche Vorstellungskraft und seine Fähigkeiten als Geschichtenerzähler, um ihren Geist für Wirklichkeiten zu öffnen, die sie nicht kannten. Sein Freund Alexander, der dies alles beobachtete, bedauerte ihn manchmal, doch Mikhaël antwortete ihm nachdenklich: »Das ist eine Prüfung, die ich durchlaufen muss.«

Alles in allem waren die Jahre, die er in Varna verbrachte, sehr nützlich: Er profitierte davon, all das zu vertiefen, was diese Lehre, die er nun seit vier Jahren studierte, in seinem Geist erweckt hatte.

Seine enge Beziehung zu Jesus veranlasste ihn dazu, den tieferen Sinn der Evangelien zu erforschen, da ihn die Erklärungen, die er diesbezüglich las, nie ganz zufriedenstellten. Er saß im Schneidersitz in seinem kleinen Zimmer, von dem aus man über die Dächer blicken konnte, und meditierte lange. Am Ende hatte er eine Offenbarung: Um den wahren Sinn der Worte Jesu zu verstehen, musste er sich »in ihn hineinversetzen können«. Sogleich fing er mit einer sehr intensiven Arbeit an. Er konzentrierte alle seine Energien darauf, sich selbst und die Welt, in der er lebte, zu vergessen. In Gedanken begab er sich zur Zeit Jesu nach Palästina, schlenderte entlang des Jordans und des Sees Genezareth und besuchte die Städte Kafarnaum und Jerusalem. Er hörte sich selbst die Worte sprechen, welche Jesus zu seinen Jüngern gesagt hatte. Er versuchte, sein Bewusstsein damit zu durchdringen, um zu sehen und zu denken wie er, als ob er eins mit ihm geworden wäre.

Diese Arbeit wurde ihm immer wichtiger. Er vertiefte sich jeden freien Moment darin und nach und nach offenbarte sich ihm der wahre Sinn der Lehren Jesu. Er war nicht immer erfolgreich und auch manchmal von den dürftigen Resultaten enttäuscht, doch fuhr er mit seinen Übungen fort, ohne sich entmutigen zu lassen. In anderen Augenblicken wurde er für seine schwere Arbeit belohnt, wenn er in Wellen glänzenden Lichts eintauchte und um ihn herum alles kristallklar wurde. Weit entfernt von den weltlichen Belanglosigkeiten verschmolzen zwei geistige Wesen, wodurch Mikhaël befähigt wurde, später in einer inspirierenden und wahrhaftigen Art und Weise über die Evangelien zu sprechen. Im Jahre 1938 gab er in Paris Erklärungen zu den Parabeln Jesu, die in diesem neuen Licht zutiefst bewegend waren.

Wiederholt erwähnte er, welch großen Einfluss nicht nur Jesus, sondern auch Buddha auf ihn gehabt habe. Sie waren die zwei großen Lichtgestalten seiner Jugend. Die Übungen zur Durchdringung der Gedanken wandte er höchstwahrscheinlich auch bei Buddha an. Er sagte einmal, dass er im Alter von 22 oder 23 Jahren mit ihm in Verbindung getreten sei.

In der Einsamkeit seines kleinen Zimmers studierte er verschiedene spirituelle Philosophien. Tatsächlich schöpfte er aus allen Quellen, die von Gott und der Vollkommenheit des Universums sprachen. Er kannte bereits die Kabbala, an der er besonders schätzte, wie die Struktur der unsichtbaren Welten definiert wurde. Das Bild des Lebensbaumes, das die verschiedenen Regionen der Schöpfung darstellt, inspirierte ihn zutiefst, wie auch das symbolische Bild von Gut und Böse in der geometrischen Figur des Salomonssiegels.

Aus zwei umgekehrt aufeinander liegenden Dreiecken geformt, ist sie ein sehr anschauliches Symbol der beiden Kräfte. Auf der Spitze des nach oben schauenden Dreieckes befindet sich ein strahlendes Gesicht Gottes. Ganz unten, an der Spitze des nach unten gedrehten Dreieckes, das Gesicht des Teufels, wie ein unscharfes Spiegelbild in wogendem Wasser. In der Mitte der sich überschneidenden Dreiecke ist eine Grenzlinie gezogen zwischen der Luft, die oben ist, und dem Wasser, das sich unten befindet. Ein wichtiges Detail ist, dass Gott die Hände des Teufels auch jenseits der Linie fest im Griff hat.

Diese hervorragende Veranschaulichung des Guten und des Bösen bestätigte eindeutig, dass die ganze Schöpfung ein Spiegelbild Gottes ist, und dass Gott sich beider Kräfte, der positiven wie auch der negativen, bedient. Für einen weit entwickelten mystischen Menschen scheint jede philosophische Entdeckung zu einer spirituellen Erfahrung zu führen. Sie wird zu einem Ereignis, das eine innere Wesensänderung bewirkt, wenn auch manchmal nur eine sehr kleine. Eines Tages, als er den Sohar – das wichtigste Buch der Kabbala – las, wurde Mikhaël besonders von folgendem Text inspiriert: »Sieben Lichter weilen im Höchsten. Dort wohnt der Älteste der Alten, der Verborgenste der Verborgenen, der Geheimnisvollste der Geheimnisvollen, Aïn Soph.«

»Als ich diese Worte aussprach, vibrierte und erschauderte alles in

mir. Diese sieben Lichter sind die sieben Farben und jeder Farbe entspricht eine Tugend: dem Violett das Opfer, dem Indigo die Kraft, dem Blau die Wahrheit, dem Grün die Hoffnung, dem Gelb die Weisheit, dem Orange die Heiligkeit, dem Rot die Liebe.«[33]

Da er sich des Einflusses der Farben auf die Menschen bewusst war, fuhr er mit seinen Übungen fort, um sich mit den Farben zu durchdringen und seine ungewöhnlichen Praktiken versetzten sein Umfeld wiederum in Erstaunen. Sein Freund Alexander, der schon immer von seiner Spiritualität und seinen intellektuellen Fähigkeiten beeindruckt war, besuchte ihn oft. Eines Tages war er verblüfft zu sehen, dass Mikhaël alle Wände seines Zimmers mit rotem Papier überdeckt hatte. »Hast Du den Verstand verloren?« rief er.

Mikhaël lachte und erklärte ihm, heute sei Dienstag, der Tag des Mars und der roten Farbe, welche die Liebe repräsentiert, die Lebenskraft und die Energie. Seit einiger Zeit führte er eine spezielle Arbeit aus: Er umgab sich mit der dem jeweiligen Wochentag entsprechenden Farbe, die er aus Hinweisen seiner zahlreichen Lektüren entnommen hatte. Seit seinen ersten Erfahrungen mit den Farben als 15-Jähriger, hatte er entdeckt, dass ein Extrem ein anderes verursacht: Wenn er seinen Blick auf rot fixiert hatte, sah sein Auge auf einer weißen Oberfläche nur grün. Dieses Phänomen, das den Malern bekannt ist, eröffnete ihm interessante Perspektiven für die spirituelle Arbeit. Die Symbolik der Planeten bekam auf diese Weise eine nützliche Bedeutung: So ruft zum Beispiel der rote Planet Mars, Symbol der Stärke und des Krieges, den grünen Planeten Venus, das Symbol der Liebe hervor, und umgekehrt. Mikhaël arbeitete mit den Eigenschaften jeder Farbe und ihrer Komplementärfarbe: auf der einen Seite das Rot als dynamisches Leben des Feuers, und auf der anderen Seite das Grün als Symbol für das ruhige Leben der Natur. Auf der einen Seite die Spiritualität der Farbe Violett, und als Ergänzung die Weisheit und das Wissen der Farbe Gelb.

Es war eine Fortsetzung seiner Entdeckungen aus der Jugendzeit und jetzt dachte er unter anderem auch über die Ernährung nach. Um sich mit den verborgenen Kräften der Lebensmittel verbinden zu können, aß er allein und am liebsten einfache Speisen. Nach seiner Meditation nahm er häufig nur einen Bissen Nahrung in den Mund und ließ ihn auf der Zunge zergehen, bis er völlig verschwunden war. Dies genügte ihm dann für den ganzen Tag.

* * *

Für ein dynamisches und schöpferisches Temperament wie das von Mikhaël, konnten viele Dinge dazu dienen, die spirituellen Zentren, genannt *Chakras*, zu stimulieren. Auch Rosen spielten dabei eine wichtige Rolle. Dazu muss gesagt werden, dass die Rosen in Bulgarien einzigartig sind. Im Süden von Ternovo liegt in einer ausgedehnten Ebene, von einer Bergkette eingesäumt, das Tal der Rosen. Dort werden sie wegen ihres kostbaren Öls angebaut. Im Sommer, wenn die Rosen in voller Blüte stehen, gleichen die Felder riesigen, leuchtenden und samtweichen Teppichen. Eines Tages nahm Mikhaël eine Rose in die Hand und atmete ihren Duft tief ein. Seine Gedanken wurden durch den Duft und die Ausströmungen der Blume leicht wie die Luft. Unmerklich verwandelte sich seine Meditation in tiefe Kontemplation. Diese spirituelle Erfahrung war anders als die anderen, sie hatte eine besondere Färbung und er wiederholte sie oft in den folgenden Jahren. Seit Langem benutzte er materielle Gegenstände, um mit den spirituellen Welten in Verbindung zu treten. Durch die Rosen konnte er gedanklich die höchstmögliche Form der Liebe berühren. »Dank dieser Übung kann man sogar in Ekstase geraten«, erklärte er später.

Mikhaël stellte fest, dass für das oberflächliche Auge eine Blume der anderen gleicht und doch hat jede ihr eigenes Gesicht, aus jeder geht eine eigene Energie hervor, genau wie bei den Menschen. Er ging zum Blumenmarkt und kaufte eine Rose, die er wegen ihrer Farbe, ihres Duftes, ihrer Form und Frische ausgewählt hatte. Zu Hause begann er sie mit großer Liebe anzuschauen. Er ging mit ihr um, wie mit einem lebendigen Wesen: »eine erlesene junge Frau, die vom Himmel gestiegen ist, um uns mit ihrem Opfer den Weg zu den Tugenden zu zeigen, die sie selbst besitzt.« Jedes Mal, wenn er diese Übung wiederholte, versank er in einen unbeschreiblichen Zustand und seine Gedanken schwebten über den Gegebenheiten dieser Welt. Als er sagte, dass man mit dieser Übung in Ekstase geraten kann, spielte er zweifellos auf seine eigenen Erfahrungen an.

Unterdessen brachte jeder neue Tag unweigerlich den Unterricht am Gymnasium, die Schuluniform und die langweiligen Lektionen mit sich. Aber wenn man es genau betrachtete, handelte es sich ja auch hier nur um eine Disziplin, die zur Stärkung der Willenskraft ebenso gut war wie Yoga oder eine andere spezielle Übung. Und es boten sich ihm während seines Studienaufenthaltes in Varna nicht nur Schwierigkeiten: Schon länger war es sein sehnlichster Wunsch gewesen, Geige zu spielen und nun schenkte ihm jemand, der dies wusste, eine Geige. Überglücklich meldete er sich bei der Musikschule an. Er war entschlossen, ein Virtuose zu werden, der in seinen Zuhörern nur die erhabensten Gefühle zu erwecken vermag und er begann mit Leidenschaft seinen Musikunterricht:

»Wenn ich an Gott oder an etwas Schönes dachte, konnte ich mir das nur als eine vollkommen harmonische Musik vorstellen, und dies erweckte in mir spirituelle Zentren. Manchmal weinte ich vor Glück.«[34]

Seine Geige war immer bei ihm. Während der darauffolgenden Jahre nahm er sie überallhin mit, sogar in die Berge, und er genoss es, in freier Natur mit seinen Freunden zu musizieren. Die Musik wurde für ihn so notwendig wie die Luft zum Atmen, und der Gesang war für ihn ein magisches Mittel, eine mächtige Waffe, die er benutzte, um negative Gefühle zu vertreiben, um in einen spirituellen Zustand zu gelangen oder um seiner Dankbarkeit Ausdruck zu verleihen. Innerhalb der Bruderschaft war er immer sehr glücklich, wenn er mit seinen Brüdern und Schwestern sang, und als Peter Deunov das heilige Lied »Fir Fur Fen« komponierte, fühlte er sich von den starken Vibrationen in einen höheren Zustand versetzt. Er sah dabei eine Prozession von Engeln voranschreiten, die auf ihrem Weg alles Finstere verjagten. Später sagte er:

»Die Stimme steht über der Geige und über allen anderen Instrumenten. Die Liebe erschafft die schönsten Stimmen. Nährt in euch die Liebe und die wunderbarsten Ideen, dann werden die Schwingungen eurer Stimme in kürzester Zeit sehr viel weicher, liebevoller und warmherziger.«[35]

An schönen Sommerabenden in Varna lockte ihn sein Bedürfnis nach Musik in den Park am Schwarzen Meer, wo er einem Orchester lauschte, das für die Öffentlichkeit Konzerte gab oder Walzer spielte. Ohne sich weiter im Park aufzuhalten, stieg er die Stufen zum Strand hinunter und setzte sich auf den Sand. Über ihm glitzerten die unzähligen Sterne der Milchstraße wie Diamanten am Nachthimmel. Er verbrachte Stunden damit, Musik zu hören und dabei die Sterne zu betrachten.

Jedoch gab es in dieser Zeit auch sehr schwierige Momente. Er sagte einmal, dass er »als Schüler auch pessimistische Zeiten durchgemacht hatte«. War es ein Pessimismus, der von der scheinbaren Zurückweisung durch Peter Deunov oder von der Ächtung innerhalb der Bruderschaft herrührte? Man weiß es nicht genau. Seit seiner Pubertät hatte er lernen müssen, seinen Weg zu gehen, ohne sich darum zu kümmern, was sein Umfeld von ihm dachte. Mit neunzehn, nach der öffentlichen Prüfung, die ihm von Peter Deunov auferlegt wurde, war er gezwungen, sich noch mehr gegen die Verleumdungen abzuhärten, die ihn weiterhin unglücklich machten.

Um sich zu schützen, ohne sein Herz den anderen gegenüber zu verschließen, übte er sich darin, seine Sensibilität zu beherrschen. Er nützte seinen Kummer als Antrieb, die Schwierigkeiten in »Edelsteine« für seine Seele zu verwandeln. Um sehr hoch hinauf zu gelangen, bis in jene Welt, wo die Freude des Geistes herrscht, versank er so tief wie möglich in Traurigkeit, damit ein Extrem das andere auslösen konnte. Er hatte entdeckt, dass er in tiefster Traurigkeit Schwung holen konnte, um weit nach oben zu gelangen. Wenn er später über diese Methode sprach, erwähnte er trotz allem, dass es gefährlich sein kann, lange Zeit in Traurigkeit zu verharren, wenn das Bewusstsein noch nicht erwacht und fähig ist, alles zu überwachen.

Er machte in seinem spirituellen Leben die gleiche Erfahrung: Nach Zeiten »übertriebener Ekstasen«, die sich mit mageren Zeiten abwechselten, hatte er verstanden, dass nur eine maßvolle Vorgehensweise es ihm ermöglichen würde, auch stürmische Phasen zu überstehen. Die Gepflogenheit, Maß zu halten, um sich über die Schwierigkeiten zu erheben, blieb ihm sein ganzes Leben lang nützlich. Ab einem gewissen Moment fing er an, jährlich einen rigorosen Rückblick auf sein Leben zu unternehmen. Während drei Tagen ließ er alle seine Handlungen Revue passieren und untersuchte die Verwicklungen und Verbindungen seines Lebens. Er wog ihren Wert und ihren Nutzen ab, um herauszufinden, welche »von Gott gesandt waren und welche nicht.«

Was seine Beziehung zu Peter Deunov anging, tat er sein Möglichstes, um sie wieder zu beleben, doch das war alles andere als leicht. »Meine Willenskraft war angespannt, mein Herz brannte und er sah nichts von alledem!« sagte er später. Er fügte hinzu, dass das Verhalten des Meisters ihm gegenüber mit Sicherheit zum Ziel hatte, zu prüfen, ob er fähig sei, sich über Schwierigkeiten zu erheben und nicht aufzugeben. Aber das Wichtigste war, »in Kontakt mit seiner Seele zu bleiben.« Er fuhr fort, mittels seiner Gedanken für ihn zu arbeiten und von ihm mit diesem angeborenen Respekt zu sprechen, den er für alle großen Wesen empfand.

Wie er selbst sagte, bestand sein Geheimnis ja auch darin, seine Arbeit in der Stille auszuführen. Wenn er traurig war, stellte er fest, dass jemand in seinem Inneren zugegen war, der dies beobachtete und lachte, ja sich sogar darüber freute! Da erkannte er das Phänomen, das die hinduistische Philosophie »den Schweigenden« nennt.

Eines Tages jedoch unterstützte ihn Peter Deunov ganz unerwartet in aller Öffentlichkeit. Ein ehemaliger Freund Mikhaëls, der nach einem Missverständnis sehr nachtragend war, benutzte jede Gelegenheit, ihn anzugreifen und herabzusetzen. Mikhaël übte sich in Geduld und behielt seine innere Ruhe, doch angesichts der wiederholten Beleidigungen, sagte er sich eines Abends in Rila: »Demut, Geduld und Gewaltfreiheit ändern ihn nicht. Er wird die Situation weiterhin missbrauchen« und er entschied sich, ihm endlich entgegenzutreten. Bald schon war er wieder in der Situation, dass er sich zur Wehr setzen musste. Obwohl kleiner und schwächer als sein Gegner, schaffte er es, die Oberhand zu gewinnen. Mikhaël nutzte seinen Vorteil nicht aus und ließ ihn los, doch dieser stürzte sich ein zweites Mal auf ihn. Und wieder, ohne richtig zu wissen wie, schaffte er es, ihn zu bezwingen und als er seinen Angreifer auf dem Boden festhielt, erschien plötzlich der Meister. Beschämt erhoben sich die beiden unverzüglich. Zu Mikhaëls größtem Erstaunen sagte Peter Deunov zu ihm: »Ziehe dich zurück und überlasse ihn mir!«

Er wies den anderen Jungen aufs Schärfste zurecht, dieser machte sich aus dem Staub und zeigte sich an diesem Abend nirgends mehr. Sehr erstaunt fragte sich Mikhaël: »Wie konnte er sehen, wo der Fehler lag? Normalerweise hat derjenige, der am Boden liegt, Hilfe nötig, aber der Meister hat sich auf meine Seite gestellt!« Gedanklich ging er jede Szene noch einmal durch und konnte kaum glauben, was geschehen war. Am nächsten Tag war das Benehmen seines ehemaligen Verfolgers wie ausgewechselt und Mikhaël fragte sich: »Warum habe ich mich eigentlich nicht schon früher zur Wehr gesetzt?«

In der Öffentlichkeit blieb Meister Deunov in den darauffolgenden Jahren Mikhaël gegenüber sehr reserviert. Doch während des Sommerkongresses in Rila im Jahre 1922 löste er die negativen Auswirkungen der öffentlichen Prüfung, die er ihm zwei Jahre zuvor auferlegt hatte, auf. Eines Abends waren mehrere Hundert Leute in der Nähe des zweiten Sees versammelt. Wie gewöhnlich hatte man ein riesiges Feuer angezündet mit großen Ästen, die im Wald gesammelt wurden. Der Abend war klar und das große Feuer tauchte die Landschaft in ein wunderbares Licht. Man hörte nur das Prasseln der Flammen. Nach einem langen Schweigen drehte sich der Meister zu Mikhaël und sagte mit feierlicher Stimme: »Ihr wisst noch nicht, wer Mikhaël ist.«

Alle Blicke richteten sich auf Mikhaël, der zusammenzuckte. »Da kündigt sich meine zweite Prüfung an«, dachte er und versuchte sich zu stärken und auf das, was ihm bevorstand, vorzubereiten. Peter Deunov fuhr fort: »Ihr kennt Bruder Mikhaël noch nicht.

Momentan ist er noch verkleidet, aber eines Tages werdet ihr ihn erkennen. Dann werdet ihr sehen, wer er wirklich ist.«

Auf eine völlig irrationale Weise kamen ihm alle seine kindlichen Streiche wieder in den Sinn und er war in angespannter Erwartung, was wohl noch kommen mochte. Aber es blieb still. Als die erste Gefühlsregung vorbei war, realisierte Mikhaël, dass dieses Mal keine Strenge in Peter Deunovs Stimme mitschwang. Ihre Blicke trafen sich. Von Dankbarkeit überwältigt sah er, dass das ihm zugewandte Gesicht seines Meisters voller Liebe war. Die Bemerkung, die gerade gefallen war, beinhaltete nichts Negatives, im Gegenteil.

Tatsächlich hatte der Meister in aller Öffentlichkeit seine Anerkennung und Hochachtung für Mikhaël ausgesprochen. Die meisten Mitglieder der Bruderschaft verstanden die Botschaft und kamen zu Mikhaël, um sich für ihr Benehmen in der Vergangenheit zu entschuldigen. Er selbst dachte nicht daran, Vorteile aus dieser Geste Peter Deunovs zu ziehen. Er lebte weiterhin zurückgezogen und verrichtete seine Arbeit in der Stille. Leider wurde seine Rauferei zu einem erneuten Quell der Verleumdungen. Einige Mitglieder der Bruderschaft erzählten davon in einer Weise, die ihn in Misskredit brachte. Die Haltung des Meisters diesem Schüler gegenüber war auch nicht leicht zu verstehen: Einmal prüfte er ihn aufs Schrecklichste, dann wieder verteidigte er ihn oder sprach auf geheimnisvolle Art über ihn. In der Öffentlichkeit ignorierte er ihn, empfing ihn aber weiterhin privat und verbrachte viele Stunden mit ihm.

* * *

Zu seiner großen Erleichterung erlangte Mikhaël endlich sein Abitur. Er dachte daran, sich wieder ganz und gar seiner spirituellen Arbeit zu widmen, doch als er Peter Deunov in Sofia wiedersah, sagte dieser zu ihm: »Jetzt musst du an die Universität gehen.«

Dies bedeutete erneut, Opfer zu bringen, doch er vertraute der Weisheit seines Meisters. Er verabschiedete sich von seiner Mutter, ging nach Sofia zurück und schrieb sich an der Fakultät für Physik und Mathematik ein. Gleich nach seiner Ankunft in der Hauptstadt stellten ihm hilfreiche Freunde ein Zimmer zur Verfügung. Um seine Kurse und sein Essen bezahlen zu können, musste er jedoch arbeiten gehen. Jedes Mal, wenn er Geld brauchte, arbeitete er auf verschiedenen Baustellen als Maurer, Tischler, Maler oder Laufbursche. Doch er verdiente nicht sehr viel und lebte in diesen Jahren in äußerster Armut. Sein Zimmermobiliar bestand aus einem Bett, auf dem ein paar Decken lagen, die ihm seine Familie mitgegeben hatte, einem Bücherschrank, den ihm Peter Deunov geschenkt hatte und einem kleinen Tisch, auf den er seine Violine legte. Er schrieb auf seinen Knien und saß dabei im Schneidersitz auf dem Fußboden. Ärmlich gekleidet, trug er einen Schal anstelle einer Krawatte und während langer Zeit besaß er nur ein Paar Sandalen, das er zu jeder Jahreszeit trug. Er erzählte später mit einer Portion Humor, dass er zwar viele Freunde hatte, doch hätten diese ihn sicher nicht zu eleganten Anlässen eingeladen, sondern eher zu einem Essen ganz privat.

»Mein Aussehen war mir immer gleichgültig. Dies beginnt nun besser zu werden, doch bis zu meinem vierzigsten Lebensjahr war ich wie ein armer Schlucker gekleidet, ich trug Schuhe mit Löchern, besaß keine Krawatte und verwendete Sicherheitsnadeln anstelle von Knöpfen. Ich lebte auf den Bergen. Ich schätzte die Form zu gering und das war ein Fehler, denn die Form ist etwas Göttliches. Ein schöner Inhalt muss in eine schöne Form eingepackt sein. So lebte ich also nicht in Vollkommenheit! Die Form, die ist schon etwas... Doch für mich zählte nur der Inhalt und man empfing mich nicht, weil ich nicht vorzeigbar war. Man lud mich ein, aber ganz allein...Alle liebten mich, aber nicht vor den anderen. Es war also eine versteckte Liebe. Da habe ich verstanden, wie eigenartig die menschliche Natur ist: Wenn ihr dumm seid, die Form aber respektiert, akzeptiert man euch überall, man legt keinen Wert auf euer Gehirn. Man sagt: Wofür ist schon das Gehirn gut, Hauptsache man ist gut gekleidet!«[36]

Zu Beginn des zwanzigsten Jahrhunderts bestand die Universität in Sofia aus ein paar zusammengewürfelten alten Gebäuden, die sechs oder sieben Fakultäten beherbergten. Eine andere Institution, die bulgarische Akademie, bot zusätzliche Fakultäten an, und dort besuchte Mikhaël die Mathematik-Vorlesungen. Dieses Fach, das seinem Ordnungssinn und seinem Wunsch nach Vollkommenheit entsprach, gefiel ihm. Er studierte auch Astronomie, wegen des engen Zusammenhangs mit der Mathematik, und lange Zeit beschäftigte er sich damit, die Zusammenhänge zwischen den beiden Disziplinen zu ergründen. Dennoch beschloss er ein knappes Jahr später, die Fakultät zu wechseln. Sein Erinnerungsvermögen für Zahlen war schwach, zu leicht vergaß er die Formeln und er hatte Mühe, die Prüfungen zu bestehen.

Seine Wahl fiel auf die Fakultät für Geschichte und Philologie, wo er sich für die Fächer Philosophie, Pädagogik und Psychologie einschrieb. Ständig nach Wissen dürstend, las er sehr viel, lernte gerade genug, um seine Diplome zu bekommen und in Wirklichkeit verbrachte er nicht viel Zeit in der Universität. In seinen Augen war die wahre Universität jene von Peter Deunov, wo ihm alles beigebracht wurde, was für die Ewigkeit wichtig ist. Seine Freizeit widmete er der Meditation und der Kontemplation. »Für mich«, sagte er später einmal, »war das eine Frage von Leben oder Tod.« Jedoch blieben seine spirituellen Aktivitäten sein Geheimnis, er sprach nicht einmal mit dem Meister darüber. Und während der Jahre seiner höheren Ausbildung waren es die großartigen philosophischen Ideen der Einweihungswissenschaft, die ihn leiteten. Die Sonne stärkte das Leben in ihm. Das Licht war sein Schutz und sein Werkzeug, denn das Licht war für ihn lebendiger Geist.

Aber auch die Berge übten eine große Anziehungskraft auf ihn aus. Er konnte dem Ruf der Gipfel nicht widerstehen und wenn dieser Ruf ihn zu sehr drängte, packte er sein Bündel, füllte es mit Büchern, Nahrungsmitteln, warmen Kleidern und verließ die Stadt. Frei wie der Wind verbrachte er mehrere Tage in Einsamkeit auf dem Gipfel des Vitoscha oder auch mehrere Wochen in Rila. Seine Liebe für die großen Bäume hatte seit seiner Kindheit nicht nachgelassen und der lange Aufstieg quer durch die Wälder erfüllte ihn mit tiefer Freude. Selbstverständlich irritierte dieses Verhalten seine

Professoren, die ihm deswegen strenge Vorwürfe machten. Einer von ihnen, der Bruderschaft von Peter Deunov feindlich gesinnt, weigerte sich, ihn zu den Prüfungen zuzulassen und verwies ihn sogar von seinem Kurs. Nach einer gewissen Zeit hatte er jedoch Schuldgefühle, ihn an der Weiterführung seines Studiums gehindert zu haben und unterschrieb deshalb ein Dokument, das Mikhaël erlaubte, der Prüfungskommission gegenüberzutreten.

Mikhaël wusste, wie wichtig Diplome sind, und er bestand die Prüfungen. Für seine Doktorarbeit wählte er das Thema »Die Wünsche und Hoffnungen der Jugendlichen«. Im Rahmen seiner Umfrage sprach er mit einer großen Anzahl von Studenten, die ihm bereitwillig ihre Zukunftspläne anvertrauten. Er hörte ihnen mit Interesse zu und stellte fest, dass nur sehr wenige unter ihnen den Wunsch äußerten, »ein Diener Gottes oder ein Wohltäter der Menschheit zu werden«.

Auch nachdem er seine Diplome in Philosophie, Psychologie und Pädagogik erhalten hatte, besuchte er über mehrere Jahre weiterhin die Universität. Seine Neugierde trieb ihn dazu, gleichzeitig mehrere Fächer zu studieren. Er wählte die Fächer völlig frei aus und ging so von einer Fakultät zur anderen. Auf diese Weise studierte er Chemie, Medizin und Physik. Man nannte ihn schon einen »ewigen Studenten«.

* * *

Während der Jahre seines Studiums hatten die markantesten Ereignisse immer mit seinem Leben als spiritueller Schüler zu tun. Eines davon schien für ihn besonders wichtig gewesen zu sein: Einige Zeit nach seiner Ankunft in Sofia unterzog ihn Peter Deunov einer speziellen Prüfung, die er nur den mutigsten Brüdern und Schwestern auferlegte: Allein, in einer mondlosen Nacht, ohne Lampe, den Musala zu besteigen. »Durch diese Erfahrung wirst du vieles verstehen können«, sagte er ihm.

Mikhaël machte sich also in einer mondlosen Nacht auf den Weg. Die bedrohliche Finsternis und die unheimliche Stille bildeten eine beängstigende Atmosphäre in diesem Wald, er tastete sich vorwärts, in der Hoffnung auf dem richtigen Weg zu bleiben. Die Gefahr, welche die Wildschweine, Bären und Wölfe darstellten, war ihm ebenso bewusst, wie die Felsschlucht, in die er bei jedem falschen Schritt hätte stürzen können. Plötzlich fühlte er, dass er vom Weg abgekommen war. Seine Schutzlosigkeit und Einsamkeit wurden ihm schmerzlich bewusst, er blieb einen Augenblick stehen und begann zu beten.

»Ich kann euch versichern, in einem solchen Moment betet man voller Inbrunst. Ich fühlte, dass ich noch nie auf diese Weise gebetet hatte. Einige Augenblicke später sah ich ein Licht, das den Weg vor mir zwei Meter weit erhellte. Von nun an ging ich in dieser Helligkeit weiter und war erfüllt von Freude. Ich sang und ich fühlte, wie sich etwas in mir bewegte, als ob mich unbekannte Strömungen durchdrungen hätten.«[37]

Nach einigen Stunden des Aufstiegs hörte er ein bedrohliches Heulen und blieb stehen. Wie könnte er sich wohl nur mit einem Stock gegen wütende Hunde wehren? Ein Zurückweichen würde die Tiere provozieren, sich auf ihn zu stürzen. Regungslos lauschte er, wie sie näher kamen und dachte an das Licht und an alle Kräfte der unsichtbaren Welt. Mikhaël war ein Mensch, der nie lange unentschlossen oder furchtsam blieb. Er sagte sich: »Was passieren muss, wird passieren!« und bewegte sich entschlossen in die Richtung, aus der das Bellen immer wilder wurde. Dann ging alles sehr schnell. Er erkannte zwei riesige Tiere, die groß wie Kälber auf ihn zustürzten. Da sammelte er seine Willenskraft, konzentrierte seine Kräfte und ließ seine rechte Hand mit Zeigefinger und Mittelfinger voraus, voller Energie in ihre Richtung schnellen. Im gleichen Moment entlud sich aus seinem ganzen Sein ein elektrischer Schlag und er nahm die Gegenwart von unsichtbaren Wesen um sich herum wahr. Die Hunde wurden von einer gewaltigen Kraft weit weggeschleudert, heulten dabei gellend auf und blieben mit dem Blick nach unten am Boden liegen.

Mikhaël holte tief Luft und sprach dann mit ruhiger Stimme zu ihnen. Als er sicher war, dass sie ihn nicht mehr angreifen würden, erfasste ihn eine grenzenlose Freude und er bedankte sich von ganzem Herzen beim Himmel. Plötzlich übermannte ihn eine große Erschöpfung, so als hätten ihn alle seine Kräfte durch seine rechte Hand verlassen. Mühsam machte er sich wieder auf den Weg, musste aber einige Minuten später erneut stehen bleiben, weil er unfähig war, weiterzugehen. Er setzte sich auf einen großen Stein und richtete mit lauter Stimme Dankesworte an die unsichtbaren Wesen, deren Anwesenheit er gespürt hatte und die ihn begleitet und beschützt hatten. Dann setzte er seinen Aufstieg langsam fort, verließ den Wald und gelangte bald zu den Geröllhalden. Genau im Augenblick des Sonnenaufgangs erreichte er den Gipfel. Auf dem höchsten Punkt des Landes und von unzähligen Bergspitzen umgeben, dankte er von ganzer Seele dem Herrn.

»Diese Erfahrung lehrte mich, dass eine große Anzahl der Leiden und Prüfungen, die uns von der unsichtbaren Welt geschickt werden, dazu dienen, uns zu zwingen, auf unsere inneren spirituellen Kräfte zu zählen.«[38]

Dies war nicht die einzige Prüfung, die Peter Deunov Mikhaël in all den Jahren auferlegte. Er teilte ihm sehr schwierige Aufgaben zu. Mehrmals schickte er ihn in entlegene Dörfer, die man nur zu Fuß erreichen konnte, um dort zu arbeiten. Und mehr als einmal wurde er, wenn er abends nach einem beschwerlichen Marsch müde in diesen Dörfern ankam, von bissigen Hunden angegriffen. Er akzeptierte die angebotene Unterkunft und übernachtete in einer Hütte, einer Scheune oder in einem Stall. Die Bauern waren hart und ungebildet, viele wussten nicht einmal, wie man Brot backt. Mikhaëls Aufgabe war es, eine Zeit lang bei ihnen zu bleiben, mit ihnen zu reden und ihnen nützliche Dinge beizubringen, die ihrer Entwicklung dienten. Nach und nach wurde er ihr Bruder und Freund. Er baute eine tiefe Beziehung zu ihnen auf, so dass sie sich ihm anvertrauten und sogar vor seinen Augen weinten, obwohl sie vorher zu allen Gefühlen unfähig schienen.

Trotz der Entfernung besuchte er weiterhin Peter Deunovs Vorträge in Sofia. Sogar im Winter bei Regen oder Schnee verließ er die Dörfer und legte mehrere Dutzend Kilometer zu Fuß in Sandalen zurück, durch Wälder, in denen Wölfe und Wildschweine hausten.

Eines Tages sagte der Meister zufrieden zu ihm: »Deine Haut hat sich verändert.«. Auch wenn er Mikhaël in der Öffentlichkeit immer noch ignorierte, gab er ihm weiterhin von Zeit zu Zeit einen wertvollen Hinweis, eine Bestätigung oder eine Anerkennung. Dieses Mal spielte er auf eine Umwandlung, eine Reinigung an, die sich in seiner Ausstrahlung zeigte. Jedes Mal, wenn Peter Deunov ihm gegenüber solch eine kurze Bemerkung machte, musste Mikhaël lange Zeit nachdenken, um deren tieferen Sinn zu verstehen. Trotz der Nüchternheit ihrer Begegnungen, war zwischen ihnen immer etwas Unbeschreibliches und äußerst Wertvolles zugegen, das sich schon bei ihrem ersten Zusammentreffen gezeigt hatte. Mikhaël reagierte äußerst sensibel auf alle Reaktionen von Peter Deunov, und dieser schien ihm gegenüber genauso empfindsam zu sein. Auch wenn es nicht so aussah, waren die Taten dieses Schülers, seine Worte und sein Verhalten dem Meister niemals gleichgültig.

* * *

Die Sieben Seen von Rila

Der Meister Peter Deunov mit Mitgliedern seiner Bruderschaft.
Zu seiner Rechten ist Mikhaël.

DIE SIEBEN SEEN VON RILA

Die Sommerlager in den Bergen von Rila wurden »Ferienlager« genannt, aber es handelte sich dabei nicht um gewöhnliche Ferien. Natürlich ging man auch dorthin, um sich von der Arbeit und den Alltagssorgen zu erholen, aber vor allem wollte man in dieser idealen Bergwelt die Lehrzeit bei seinem geistigen Meister fortsetzen. Im Laufe der Jahre wurde die Dauer dieser Aufenthalte in den Bergen von Rila von ein paar Tagen auf ein paar Wochen ausgedehnt. Nach ein oder zwei Monaten Bergleben kehrte man dann gereinigt und gestärkt nach Hause zurück. Mikhaël beschrieb die besondere Atmosphäre in diesen Sommerlagern der Bruderschaft immer mit großer Begeisterung.

Man sammelte sich in Samokov, einem Dorf am Fuße der Berge. Mit Rucksäcken beladen begannen die Camper ihren langen Aufstieg zu den sieben Seen, und einige Maulesel trugen die Zelte und Kochtöpfe. Nach einem sieben- oder achtstündigen Marsch durch Nadelwälder und über steile Geröllhänge erreichten sie auf 2300 Metern Höhe den ersten See. Etwas weiter oben, in der Nähe des zweiten Sees, stellten sie zwischen Latschenkiefern, den einzigen Bäumchen, die auf dieser Höhe überleben konnten, ihre Zelte auf.

Für die Sonnenaufgangsmeditation hatte Peter Deunov einen zerklüfteten Felsvorsprung oberhalb des Camps gewählt, den er den »Gebetsgipfel« nannte. Im ersten Glanz der Morgendämmerung glich dieser Fels einem im Raum gleitenden Schiffsbug. Jeden Morgen bei Tagesanbruch wurden die Camper durch Geigenklänge geweckt. Sie standen schweigend auf und wuschen sich in der eisigen Luft ihrer Zelte oder in der Nähe des Sees. Während der Himmel langsam heller wurde, kletterten sie zwischen den riesigen

Steinbrocken zum Gipfel, wo sie sich niederließen, um zu meditieren und auf den Sonnenaufgang zu warten. Sobald die Sonne am Himmel erschien, summten alle ein Lied über das Licht, das Peter Deunov komponiert hatte. Anschließend, während die Sonne am Himmel immer höher stieg, hielt der Meister mit sanfter Stimme eine Rede. Mikhaël sagte später darüber:

»Wenn man mich fragt, welches der schönste Moment in meinem Leben war, wann ich die fantastischsten Empfindungen erlebt habe, so antworte ich, dass es in den Bergen von Rila beim Sonnenaufgang war.«[39]

Die Tage in den Bergen vergingen schnell. Es wurde viel gewandert und man kletterte ständig die steilen, mit knorrigen Latschenkiefern bewachsenen Hänge hinauf und hinunter. Niemand fand es übertrieben, ein oder zwei Stunden lang bis zu einem ebenen Gelände zu gehen – neben einem der weiter entfernten Seen –, wo man die Paneurythmie lernte, die dort täglich getanzt wurde.

Die von Peter Deunov geschaffene Paneurythmie ist ein langsam schreitender Kreistanz, analog dem großen Reigen des Universums, durch den sich die Gezeiten des Lebens offenbaren. Alle Bewegungen sind von anmutiger Schönheit und haben zum Ziel, die Tänzer abwechselnd mit den Energien des Himmels und der Erde zu verbinden. Meister Deunov bezeichnete sie als »den bewussten Austausch zwischen dem Menschen und den Naturkräften.« Jeden Morgen stand er, umgeben von einem kleinen Orchester, im Zentrum des riesigen Kreises, der aus Hunderten von Teilnehmern gebildet wurde. Hier und dort stimmten Tänzer in die Musik der Instrumente ein, summten Begleitmelodien oder verstummten wieder, gerade so, wie es ihnen zumute war.

Nach der Paneurythmie kehrte man zum Lager zurück, um gemeinsam zu essen. Jeder holte sich eine Portion der dampfenden Speisen, die in riesigen Kochtöpfen unter dem Dach des Küchenzelts bereitstanden. In der freien Zeit hat man oft hart gearbeitet. Man musste die Mahlzeiten zubereiten, Lebensmittel unten im Dorf holen oder Gruppen von Neuankömmlingen, die sich nicht auskannten, auf halbem Wege abholen. Die Männer bauten eine geräumige, mit Schiefer bedeckte Hütte und stellten aus großen, aufeinander gestapelten, flachen Steinen Tische her. Sie bauten terrassenartige Sitzreihen oberhalb eines Sees, welchen Peter Deunov den »See der Kontemplation« nannte. Wenn der Abend kam, waren sie oft erschöpft. Doch die Berge, die ihre Herzen erobert und mit tiefer Freude erfüllt hatten, übten eine solch geheimnisvolle Macht aus, dass alle Müdigkeit und Unbequemlichkeit vergessen war. Man hatte jetzt nur noch Augen für die Schönheit des Lichts, welches die Berggipfel zu verzaubern begann.

Der Meister nahm seine Schüler häufig zu Wanderungen mit. Sie gingen auf einen der Rila-Berge und jeden Sommer mindestens einmal auf den Gipfel des Musala. Bevor sie sich auf den Weg machten, erklärte er ihnen, wie man wandert, ohne müde zu werden. Er ging immer an der Spitze der Gruppe, und zwar so schnell, dass seine Begleiter Mühe hatten, mit ihm Schritt zu halten.

In diesem unbeständigen Bergklima bildeten sich oft beim Abmarsch bedrohliche Gewitterwolken. Aus Angst, bis auf die Knochen nass zu werden, protestierten die weniger Mutigen manchmal, aber Peter Deunov beachtete ihre Einwände nur selten. Bei Regen, Schneefall oder in kurzen, heftigen Schneestürmen machten sie sich auf den Weg zu den Gipfeln, selbst wenn sie nur wenige Stunden geschlafen hatten. An manchen Tagen rann ihnen der Regen bei tobendem Gewitter den Körper hinunter, die elektrisch geladene Luft wurde fast unerträglich, doch ihr Führer schritt ohne Zögern mit großen Schritten voran. Die Schüler duldeten diese Ausdauerprüfung und folgten ihm unerschütterlich. Solche Ausflüge dauerten zwischen zehn und vierzehn Stunden und verlangten von ihnen, ihre persönlichen Grenzen immer wieder zu überwinden. Wenn sie ins Lager zurückkamen, waren sie erschöpft, aber glücklich. Dankbar stillten sie ihren Durst mit heißem Wasser, das man in großen Kesseln gekocht hatte. In den Bergen hatte das heiße Wasser als Heilmittel gegen Erkältungen, Fieber und alle Arten von Unpässlichkeiten eine große Bedeutung.

Um das Kochen von Tee kümmerte sich ein Bruder namens Tseko. Oft trug er beim Wandern einen angezündeten Samowar auf seinem Rücken, und es kam vor, dass sein Wandernachbar vom plötzlichen Pfeifen dieses Samowars erschreckt wurde. Tseko hatte ein rohes Gesicht, aber ein Herz aus Gold. Er war völlig ungebildet, und doch träumte er davon, Dichter zu werden. Manchmal trug er seine Gedichte vor versammelter Mannschaft vor, was alle zum Lachen brachte, da seine Verse wirklich komisch waren. Aber man konnte nicht umhin, diesen freundlichen und herzlichen Mann zu mögen. Das Erstaunlichste war jedoch, dass er nach mehreren Jahren des Gedicht-Schreibens über die Sonne, die Vögel und den Frühling tatsächlich zu einem Dichter wurde. Mikhaël, der ihn liebte und verstand, erzählte einmal, dass Tseko am Ende eines Abends am Lagerfeuer aufstand, um eine Arie zu singen, die er selbst komponiert hatte, was die Anwesenden wieder belustigte. Die meisten waren so an seine komischen Einfälle gewohnt, dass sie die Schönheit dieses Liedes gar nicht erkannten. Doch am nächsten Tag hörte man, wie überall in den Bergen das Lied von Tseko gesungen und gesummt wurde, weil es jedem im Gedächtnis geblieben war. Mikhaël sagte:

»Das Beispiel von Tseko sollte euch nachdenklich machen. Ihr besitzt Talente und Fähigkeiten und nur das Lampenfieber hindert euch daran, sie zu offenbaren... Stellt sie unter Beweis... Alle Arbeiten sind großartig und das Leben fordert, dass sie getan werden.«[40]

Mikhaëls Erzählungen über diese Aufenthalte in den Bergen zeigen deutlich, dass er dort unvergessliche Momente erlebt hat. Die Berge waren für ihn die Verbindung zwischen Himmel und Erde. Jede Handlung – das Wandern, das Klettern, das Eintauchen in einen der Seen – hatte ihre Fortsetzung in seinem Innenleben und schuf eine Verbindung zwischen ihm und den Wesen auf höherer Ebene.

Wir erinnern uns an seine Leidenschaft für die Quellen. Noch immer betrachtete er sie mit dem gleichen Glücksgefühl wie damals und seine Freude war groß, als er bemerkte, dass Peter Deunov seine Begeisterung teilte. Um sie frei, klar und geräuschvoll fließen zu sehen, beauftragte der Meister einige Männer, die Quellen zu säubern. Er bat sie auch, Brücken über die kleinen Bäche zu bauen. Nur wenige verstanden, warum sie diese Arbeit ausführen sollten, aber alle empfanden dabei eine solche Befriedigung, dass sie selbst überrascht waren. Mikhaël sagte darüber, der Meister habe in Wirklichkeit gleichzeitig mit den Quellen auch die Schüler gesäubert und Brücken zwischen ihnen gebaut!

Eine dieser Quellen war die zentrale Wasserstelle der Bruderschaft. Jeder ging dorthin, um zu trinken und Wasser für das Lager zu holen. Peter Deunov, der Mikhaël gegenüber weiterhin bedeutsame Aufmerksamkeit zeigte, bat ihn, ein Symbol zu entwerfen, welches dann in den Stein an der Öffnung dieser Quelle gemeißelt werden sollte. Nach diesem Entwurf, der ein Symbol des »Wassermanns« ist, wurde auch eine Rinne aus weißem Stein geformt, aus der seither das Wasser der Quelle fließt.

Die Quelle von Rila

Genauso wie das Wasser, spielte auch das Feuer in den Bergen eine äußerst wichtige Rolle. Abends versammelte sich die Gruppe an einem Platz, der mit Steinen als Feuerstelle befestigt war. Das Feuer erwärmte, und der Schein der Flammen tanzte in ihren leuchtenden Gesichtern. Sie sangen, erzählten einander von ihren Erfahrungen, trugen Gedichte vor oder gaben kleine Konzerte.

»Dann schliefen wir unter dem Sternenhimmel ein, um am nächsten Morgen wieder sehr früh aufzustehen und aufs Neue mit dem Geist des Feuers, mit der Sonne, zu kommunizieren. Wir schliefen mit dem Feuer ein und wir wachten mit dem Feuer auf, das Feuer war den ganzen Tag über präsent und so wurde unser Leben erleuchtet.«[41]

An den Abenden vor dem Feuer, aber auch während der Mahlzeiten und Wanderungen geschah es, dass Peter Deunov sehr lange meditierte, um seine Schüler daran zu gewöhnen, es ihm gleichzutun. Er schloss die Augen und verweilte eine oder zwei Stunden lang in der Stille. Bevor Mikhaël selbst in Meditation versank, betrachtete er seinen Meister oft schweigend und fragte sich: »Woran denkt er? Wo ist er?« Ihm war klar, dass der Meister nicht sein gesamtes Wissen vermittelte, und so versuchte er, die Gedanken einzufangen, welche in seinen lebendigen Blicken aufblitzten, und die Sichtweise zu verstehen, von der aus der Meister die Wesen und Dinge betrachtete. Da Mikhaël das Eindringen in die Gedanken anderer bei Jesus, Buddha und Hermes Trismegistos bereits geübt hatte, versetzte er sich mithilfe ganz bestimmter Übungen »in den Kopf« von Peter Deunov. Wenn dieser sprach, lauschte er seinen Worten mit größter Aufmerksamkeit und wenn er danach alleine war, stellte er sich wieder vor, sich in seinem Kopf zu befinden. Nach und nach entdeckte er so den Ablauf seiner Gedanken.

Um alleine meditieren zu können, stieg Mikhaël zu einem ganz besonders schönen Ort hinauf, den er oberhalb des Lagers entdeckt hatte. Es muss sicherlich große Willensstärke und körperliche Ausdauer erfordert haben, auf 2500 Metern Höhe und bei jedem Wetter seine geistigen Übungen auszuführen. Häufig verbrachte er die Nacht unter freiem Himmel, manchmal allein, manchmal mit einem Freund. Bei Einbruch der Dunkelheit sammelte er Kiefernnadeln als Unterlage und machte es sich dann, bis zu den Augen in eine Decke gewickelt, zwischen den Zwergkiefern bequem. Auf seiner behelfsmäßigen Matratze ausgestreckt, betrachtete er die Sterne, während sein ganzes Sein von tiefem Frieden erfüllt wurde. Erinnerungen an seine Großmutter Astra stiegen auf: Sie hatte die Kranken nicht nur mit Pflanzen geheilt, sondern auch, indem sie sie dem Licht der Sterne aussetzte. Diese bemerkenswerte Frau hatte ihnen fast immer helfen können, wieder gesund zu werden.

Welche Wirkung haben also die Sterne auf den menschlichen Körper? In dieser Höhe waren die unzähligen, glänzenden Punkte im dunklen Samt des Himmels von unbeschreiblicher Klarheit. Mikhaël betrachtete sie und suchte nach der Antwort. Berauscht von ihrer Schönheit, verband er sich mit den kosmischen Kräften und Wesenheiten, deren Anwesenheit er so stark fühlte.

»Ich lernte unglaubliche Empfindungen kennen, die so ekstatisch waren, dass ich mich weit weg von der Erde aufhielt… In jenen Regionen, in die ich da hineinversetzt wurde, fühlte und verstand ich, dass im Leben eine einzige Sache alles andere übertrifft: sich mit dem überall anwesenden kosmischen Geist zu vereinigen.«[42]

Wenn er sich diese Momente ins Gedächtnis rief, sprach er auch im Namen seiner Begleiter, vielleicht weil alle sie zusammen erlebten. »Wir waren außer uns vor Ekstase und Entzücken«, sagte er einmal und fügte hinzu, die Freude habe sie fast traurig gemacht, weil sie sie nicht mit der ganzen Welt teilen konnten. Sein ganzes Wesen war von dem grundlegenden Gedanken erfüllt, seinen Brüdern und Schwestern dabei zu helfen, den Frieden in ihren eigenen Herzen zu finden und auf diese Weise Frieden in die Gemeinschaft der Menschen hineinzubringen. Oft war er angesichts dieses einzigartigen, nächtlichen Friedens fast überrascht, wenn er an die Abneigungen und Rachegefühle zwischen den Menschen und an die Kriege auf der Welt dachte. Von seinem Berggipfel aus betrachtet, kamen ihm die erbitterten Kämpfe zwischen den Menschen und den Völkern schrecklich kindisch vor. Die Erinnerung an die kosmische Musik, die er mit siebzehn Jahren gehört hatte, war in seinem Geist noch immer lebendig, und er war sicher, dass die Menschen sich nur deshalb immer noch wie Feinde benehmen, weil sie sich nicht kennen und nicht wissen, dass sie Teil derselben Familie, desselben Symphonieorchesters sind.

Eines Nachts dachte er an seinen Freund Pasal. Pasal war Schauspieler gewesen und hatte in Sofia oft bei Stücken von Shakespeare mitgespielt. Einige Monate zuvor hatte Mikhaël die Aufführung, bei der Pasal eine Hauptrolle spielte, mit großer Aufmerksamkeit beobachtet. In dem Moment, als einer der Schauspieler sein Messer in Pasals Brust rammte, fühlte Mikhaël einen furchtbaren Schmerz, als ob sein Freund tatsächlich im Sterben läge. In dieser Nacht fand er keine Ruhe, weil eine innere Gewissheit ihm sagte: »Er wird sterben, er wird uns verlassen, das war eine Warnung. Er wird bald sterben...«

Kurze Zeit nach diesem Zwischenfall hatte Pasal ihm einen Traum erzählt: »Mikhaël, hör mir zu: Ich war in der jenseitigen Welt und befand mich mitten unter einer Gruppe von Menschen, die alle weiß gekleidet waren. Sie haben mir Fragen über meine Welt gestellt, über die Erde, was sich dort Schönes ereignet und ob ich Freunde hätte. Ich habe ihnen gesagt: »Ja, ich habe Freunde, aber es gibt auch gewisse Personen, die ich nicht liebe, ich hasse sie sogar.« Da waren diese lichtvollen Wesen sehr erstaunt und sagten: »Wie bitte? Es gibt dort unten noch Hass? Aber haben sie denn gar nichts gelernt?« Pasal hatte Mikhaël beunruhigt angeschaut und ihn gefragt: »Glaubst du, dieser Traum teilt mir mit, dass ich sterben werde?« Mikhaël war unfähig, ihm zu sagen, was er an jenem Abend bei der Theateraufführung gefühlt hatte und antwortete nur: »Es war ein Traum...«

Einige Monate später war Pasal krank geworden. Sein Zustand hatte sich rapide verschlimmert und er war gestorben.

An jenem Abend, als Mikhaël an den Frieden dachte, den er für die ganze Welt herbeiwünschte, kam ihm der Satz aus Pasals Traum in Erinnerung: »Aber haben sie denn gar nichts gelernt?« Ja, man muss den Frieden lernen, die Gewalt, den Hass, die Missgunst in jedem Einzelnen entwurzeln, um Raum für die Harmonie zu schaffen. Während Mikhaël so auf dem Boden lag und über ihm die Sterne funkelten, arbeitete er geistig für den Frieden in der Welt.

Eines Nachts stieg in seinem von dieser Schönheit beflügelten Geist ein Gedanke auf: Er stellte sich vor, die Sterne hätten einander den »Krieg« erklärt, aber es sei ein wunderbarer Krieg, bei dem sie sich gegenseitig wohlwollend mit ihrem Licht beschießen. Diese Vorstellung inspirierte ihn zu einer neuen spirituellen Arbeit und er verbrachte Stunden damit, diese in die Welt zu bringen. Danach schlief er glücklich ein, wie ein Kind. Manchmal verweilte er entrückt in Ekstase, und die so erlebten himmlischen Empfindungen trugen ihn weit von der Erde weg. In dieser Höhenlage kam es häufig vor, dass er am Morgen schneebedeckt aufwachte. Etwas starr, aber glücklich, schüttelte er den Schnee von sich, faltete seine Decke und stieg für den Sonnenaufgang hinunter ins Lager.

Eines Tages entschloss er sich zu einem schwierigen Unterfangen, er wollte einen extrem schwierigen Aufstieg auf einen scheinbar unbezwingbaren Gipfel wagen. Er wollte prüfen, ob es in einer so schwierigen Situation etwas in seinem Inneren gab, das ihm raten würde, nicht weiterzugehen, das, was sich Intuition nannte. Er nahm sich vor, einen auf einem steilen, sehr glatten Gebirgskamm gelegenen Gipfel zu besteigen, den er wegen seiner Schönheit und seiner Ausrichtung auswählte. An der Felswand entdeckte er nirgends die Möglichkeit, beide Füße abzustellen, doch dann gelang es ihm, sich an einer kaum wahrnehmbaren Unebenheit festzuhalten und das Gleichgewicht zu halten. An die Wand geklammert, betete er, verband sich mit Gott und lauschte seiner Intuition. Sobald er den inneren Befehl erhielt weiterzuklettern, trat er mit dem zweiten Fuß auf einen winzigen Vorsprung und machte einen weiteren Schritt. Er suchte mit seinen Augen die glatte Oberfläche ab und fand immer eine Möglichkeit, bis zum nächsten Punkt zu gelangen. Auf diese Weise erreichte er den Gipfel.

Seine Kühnheit, ein bemerkenswerter Teil seines Temperaments, brachte ihn ohne Unterlass dazu, neue Experimente durchzuführen und drängte ihn immer wieder, sich in neue und schwierigere Versuche einzulassen, die zu Selbsterkenntnis und Selbstbeherrschung führen sollten.

»Man muss diese Lösung, diesen Weg suchen. Das Wagnis, ein Abenteuer einzugehen, sich in das Geschehen zu stürzen, ist wunderbar. Oft sind Spiritualisten unentschlossen und fragen sich: »Ist das denn gut? Kann ich diesen Weg auch wirklich gehen?« Sie verbrachten Jahre damit, zu zögern, es nicht zu wagen, die Pracht dieses neuen Lebens zu kosten. Wusstet ihr, dass man in der Antike nicht den Gütigen, sondern den Kühnen die Einweihung gab? Denen, die sich nicht trauten, sagte man, dass sie für die Einweihung noch nicht bereit seien.«[43]

Die Ausflüge, die Mikhaël ohne Unterlass in die Berge unternahm, waren Ausdruck seines Strebens nach den spirituellen Gipfeln, die er erreichen wollte. In den zwanzig Jahren, die Mikhaël an der Seite von Peter Deunov verbrachte, bestieg er den Musala neunzehn Mal, mehrmals unter schwierigen Bedingungen. Er erklomm ihn mit einer sehr klaren Vorstellung von der Arbeit, die er auf dem höchsten Berg des Balkans zu vollbringen hatte. Dort oben blühte seine kontemplative Seele auf wie nirgendwo sonst. Er war sich der Anwesenheit unsichtbarer Kräfte bewusst, die ihn ermutigten und unterstützten. Während all dieser Jahre erfuhr er auf den Gipfeln einen tiefen Frieden, und mehr denn je verstand er, dass es das einzig wahrhaft Wichtige im Leben ist, sich mit dem kosmischen Geist zu vereinen.

Die spirituelle Arbeit, die er seit so vielen Jahren ausführte, brachte ihm von Zeit zu Zeit himmlische Geschenke: Für ihn konnten sich selbst die Steine beleben und in lichtvolle Objekte verwandeln, und Früchte wurden zu Gefäßen göttlicher Kräfte. So geschah es auch eines schönen Sommermorgens in Begleitung seines Freundes Dimitri, dem ehemaligen Anarchisten, der ein friedlicher Bruder geworden war. Es war August, herrliches Wetter, und die beiden Freunde hatten beschlossen, den Musala zu besteigen, noch bevor sie das Lager in Rila besuchen würden. Sie marschierten fröhlich, fühlten sich jung, voller Energie und von einem tiefen Frieden erfüllt. Nach einem mehrstündigen Marsch in drückender Hitze hielten sie an, um sich zu erfrischen. Jeder holte aus seinem Rucksack eine Birne und sie aßen sehr langsam, um sie so lange wie möglich zu genießen. Dieser eigentlich gewöhnliche Vorgang, eine Frucht zu essen, rief in Mikhaëls Seele eine ekstatische Kommunion mit der Natur hervor. Später sagte er darüber (auch im Namen seines Begleiters, wie er das oft in solchen Fällen tat), dass sie dank einer Frucht ins Paradies eingetreten seien und diese Erfahrung ihnen unermessliche Horizonte eröffnet habe. Sein eigenes Bewusstsein habe sich geöffnet und er sei vom gesamten Licht des Kosmos erfüllt gewesen.

Mikhaël hat im Laufe seines Lebens oft vom Erwachen seines Bewusstseins gesprochen, als ob es eingeschlafen gewesen wäre. Er war niemals zufrieden, wenn er seinen Bewusstseinszustand überprüfte. Unersättlich bat er Gott, sein ganzes Wesen zu überfluten, unermüdlich arbeitete er daran, alles in sich zu ersetzen, was veraltet war, und er wünschte sehnlich, sich mit den himmlischen Wesen zu identifizieren, die er ständig herbeirief. Die Liebe, der Frieden oder die wahre Einweihung waren für ihn gleichermaßen Bewusstseinszustände.

* * *

WIE GEDANKEN UND WORTE WUNDER BEWIRKEN

Es war Winter, wahrscheinlich im Jahre 1926. Um seinen Unterricht bezahlen zu können und seine Familie finanziell zu unterstützen, hatte Mikhaël eine Arbeit als Maurer angenommen. Zusammen mit anderen Arbeitern war er auf einer großen Baustelle im Freien eingesetzt, wo sie eisigen Windböen ausgesetzt waren. Da er nur mit einer dünnen Windjacke und einer Hose mit einem riesigen Loch am Knie bekleidet war, fühlte er nach und nach, wie sein Bein vor Kälte taub wurde. An diesem Abend war sein Knie so geschwollen, dass er nicht mehr gehen konnte. Er musste nach Hause gebracht werden.

Ans Bett gefesselt, nützte er die Zwangspause, um sich seinen Lieblingsbeschäftigungen zu widmen. Er beschloss, sich tiefer mit der Astrologie zu beschäftigen und widmete diesem Studium ganze Tage, die nach und nach zu Wochen wurden. Sobald er sich genügend Wissen angeeignet hatte, erstellte er sein eigenes Geburtshoroskop. Doch dort erwartete ihn eine unangenehme Überraschung: Das Horoskop beschrieb ein mittelmäßiges, ungehobeltes Wesen, dessen Charakter mit dem seinen überhaupt nicht übereinstimmte. Während er sein ganzes Leben nach Gott gesucht hatte, zeigte dieses Geburtshoroskop keinerlei Streben nach Spiritualität. Er war erstaunt, nicht das Geringste über die Ekstasen und Enthüllungen, die er in der Vergangenheit erlebt hatte, zu finden. In Wirklichkeit gab es da jedoch etwas, das er nicht wusste: Bei seiner Ankunft in Varna im Jahre 1907, hatte man ihn in seinen Ausweispapieren um ein Jahr älter gemacht, damit man ihn einschulen konnte. Das von ihm erstellte Geburtshoroskop beruhte also auf einem völlig falschen Datum.

Erst im Alter von fünfzig Jahren erfuhr er von seiner Mutter, dass er ein Jahr jünger war als er dachte. Aber auch dann waren die Angaben noch nicht ganz zuverlässig, da Dolia sich der Geburtsstunde nicht sicher war. Sie erinnerte sich nur daran, dass er nach Mitternacht am 31. Januar 1900 auf die Welt gekommen war. Alles, was die genauen Geburtsdaten von Omraam Mikhaël Aïvanhov angeht, war wegen der Lebensbedingungen seines Landes, der Mentalität der Einwohner und aufgrund des Dorfbrandes, welcher alle offiziellen Dokumente zerstörte, immer unklar geblieben. Um diese Ungenauigkeit noch besser verstehen zu können, muss man wissen, dass in den Dörfern Mazedoniens zu Beginn des zwanzigsten Jahrhunderts die Zeitrechnung noch durch die Vorgänge in der Natur bestimmt wurde. Hochzeiten, Geburten und Todesfälle wurden eher auf diese Weise, als nach dem offiziellen Kalender datiert. In Wirklichkeit verhielt sich alles so, als sollte sich dieses Wesen jeglicher Zeitrechnung, Klassifizierung oder astrologischen Analyse entziehen.

Mit seinen sechsundzwanzig Jahren war dieses schlechte Geburtshoroskop für ihn jedenfalls eine neue Herausforderung. Immer wenn er in den darauffolgenden Jahren sein Horoskop analysierte, zweifelte er an der Astrologie, jener präzisen Wissenschaft, die er so liebte, weil sie das Universum und die Verbindungen aller Lebewesen mit diesem Universum erklärte. Ernstzunehmende Astrologen und vor allem jene, die sich mit der spirituellen Astrologie beschäftigen, sehen in dem Horoskop ein Arbeitsmittel, eine Zusammenfassung nützlicher Orientierungspunkte auf der Suche nach Spiritualität und eine Hilfe zum Verständnis von Lebensereignissen.

Um sich zu trösten, kam Mikhaël zu dem Schluss, dass er wohl durch seine intensive spirituelle Arbeit die negativen Aspekte seines Horoskops neutralisiert haben musste. Er setzte sein Studium der Astrologie fort und meditierte über die höheren Gesetze, die ihr Gerüst bilden. Ein Jahrzehnt später galt er als kompetentester Spezialist seiner Region und mehrere wichtige Persönlichkeiten wandten sich an ihn, um Rat zu holen.

Aber kommen wir zurück: Mikhaël musste sich wohl oder übel eingestehen, dass es seinem Knie nicht besser ging. Freunde, die ihn oft besuchten, drängten ihn und meinten: »Warum versuchst du nicht, dich selbst zu heilen?« – »Wie sollte ich das machen?« – »Durch Gedankenkraft! Du kannst das!« – »Dazu müsste ich mich lange konzentrieren und dafür bin ich zu beschäftigt« erwiderte Mikhaël.

Tatsächlich schmerzte sein Knie nicht, solange er es nicht bewegte. Er war fasziniert von seinen astrologischen Nachforschungen und daher keineswegs abgeneigt, noch länger in seinem Zimmer zu bleiben. Außerdem hatte er festgestellt, dass sich diese gesundheitliche Prüfung, die ihm das Gehen unmöglich machte, in dem Horoskop, das er für sein eigenes hielt, abzeichnete. So war er motiviert, stundenlang zu meditieren und zu beten, um sich zu reinigen. Aber nachdem er einen ganzen Monat in seinem Zimmer verbracht hatte, war es genug. Sein Bein sah noch immer leicht violett und ziemlich geschwollen aus. »Ich muss es versuchen«, sagte er sich. »Durch die Gedanken, durch die Liebe, durch den Geist.«

Er sammelte all seine Kräfte, kondensierte im Geiste die hellsten Lichtstrahlen und projizierte sie auf sein krankes Knie. Nach einer langen Konzentration fühlte er zuerst die Wärme und danach das Brennen des Lichts, das in sein ganzes Knie einströmte. Nachdem er diese Arbeit noch eine Weile fortgesetzt hatte, spürte er endlich eine Bewegung, eine gewaltige Kraft, die bis zu den Knochen in ihn eindrang. Kurze Zeit später war er tief eingeschlafen und erwachte am nächsten Morgen vollständig geheilt. Obwohl dies nicht seine erste diesbezügliche Erfahrung war, war er dennoch völlig verblüfft. Er hatte die Kraft der Gedanken bereits öfters mit spektakulärem Erfolg eingesetzt. Aber für ihn – so bestätigten mehrere Freunde – war alles immer wieder neu, er dachte nie daran, dass er es jetzt geschafft hätte oder dass er nun ein Experte für irgendetwas geworden sei.

Es war offensichtlich, dass er in diesem Lebensabschnitt von einer unglaublichen Dynamik getrieben wurde. Sein ganzes Wesen war im Wachstum und er fuhr fort, in sich selbst neue Möglichkeiten zu entdecken. Ab einem gewissen Zeitpunkt stellte er fest, dass er genau wie seine Mutter und seine Großmutter die Fähigkeit besaß, Kranke zu heilen. Und als er eine Biografie von François Schlater las, einem Elsässer, der die Begabung hatte, Menschen einfach zu heilen, indem er ihre Hand berührte, war er davon so begeistert, dass er sich beinahe wünschte, wie dieser zu werden. Aber das Mittel, das er selbst nutzte und von dem er überzeugt war, war die Kraft der Gedanken. Sie war das allermächtigste Instrument. Als ihm ein Freund von einem jungen Mann mit verletztem Bein erzählte, dessen Wunde sich so stark entzündet hatte, dass sie auf keine Behandlung mehr ansprach, beschloss er, etwas für ihn zu tun. Er füllte Quellwasser in eine Flasche, konzentrierte sich eine Weile darauf, um es mit den heilenden Elementen der Natur aufzuladen und gab es dann dem Kranken zu trinken. Am nächsten Morgen war der junge Mann völlig gesund und an seinem Bein war nicht einmal mehr eine Spur der Verletzung zu sehen.

Immer wenn Mikhaël eine neue Begabung oder eine neue Fähigkeit an sich entdeckte, musste er auch jedes Mal wieder die gleiche Wahl treffen zwischen der Machtausübung zu persönlichen Zwecken und dem uneingeschränkten Dienst an Gott. Peter Deunov, der dies wusste, wollte ihm wahrscheinlich mit der folgenden Begebenheit eine weitere Gelegenheit dazu geben: Während eines Aufenthaltes der Bruderschaft auf dem Berg Vitoscha führte er ihn sehr weit weg vom Lager und offenbarte ihm, dass es einen wertvollen Schatz gebe, der gleich hier unter ihren Füßen begraben liege. Ohne etwas hinzuzufügen, ging er zu den Zelten zurück und ließ ihn am angegebenen Ort stehen.

Peter Deunov war als großer Hellseher bekannt und Mikhaël war sicherlich von dieser unerwarteten Enthüllung wie auch vom Vertrauen, das sein Meister ihm entgegenbrachte, sehr beeindruckt. Hatte er Zweifel, was die Existenz dieses Schatzes anging? Höchstwahrscheinlich nicht, denn es hätte durchaus sein können: Alle wussten, dass eine große Anzahl von Banditen und Wegelagerern in der Vergangenheit an verschiedenen Orten in Bulgarien Gold vergraben hatten. Es gab viele Schatzsucher in den Regionen entlang der Handelsstraße, die das Land von Norden nach Süden durchzieht. Mikhaël schaute Peter Deunov nach, der sich schnellen Schrittes den Zelten näherte, und verließ seinen Standort dann ebenfalls, ohne zurückzuschauen.

»Die Brüder können nicht verstehen, warum ich auf diese Weise reagiert habe und verzeihen es mir nicht. Sie möchten, dass ich ihnen den Standort dieses Schatzes verrate«, erzählte er Jahre später.

Ein anderes Mal erklärte ihm Peter Deunov, wie man ein Gerät herstellen konnte, das mit einem kleinen Stab aus Kupfer versehen war und mit dem man verborgenes Gold in der Erde ausfindig machen konnte. Mikhaël benützte dieses Gerät an einem Abend, als er bei betuchten Freunden zum Abendessen eingeladen war. Zum großen Erstaunen der anwesenden Gäste fand er alle Goldstücke, die seine Gastgeber an unterschiedlichen Plätzen im Haus versteckt hatten. Eine solche Entdeckung wäre weniger standhaften Menschen in den Kopf gestiegen, doch wieder verzichtete er darauf, seine Kenntnisse einzusetzen. Wozu würden sie dienen, wenn nicht dazu, andere zu beherrschen und auszubeuten? Hatte er nicht schon einmal darauf verzichtet, seine psychischen Fähigkeiten in diesem Sinne zu nutzen, als er mit 18 Jahren das Angebot des Konsuls ausschlug? Mit seinen außergewöhnlichen Begabungen war es durchaus möglich, eine Karriere als Heiler, Hellseher oder Astrologe zu machen, aber er wusste, dass er eine andere Lebensaufgabe hatte. Sobald er merkte, dass eine Fähigkeit ihm nicht die Mittel gab, den Menschen dabei zu helfen, sich zu befreien und sich über ihre Schwierigkeiten zu erheben, ließ er sie fallen. Er ahnte nur zu gut die Versklavung, die ihn erwarten würde, wenn er sich von all diesen verlockenden Fähigkeiten verführen ließe.

Obwohl Mikhaël seit seiner Jugend darauf verzichtet hatte, seine Begabungen zu persönlichen Zwecken einzusetzen, hatte er keine Angst vor ihnen und versuchte auch nie, sie zu ersticken. Unter anderem benützte er weiterhin seine Konzentrationsfähigkeit, die er die Kraft der Gedanken nannte, wenn sie positive Resultate bringen konnte. Eines Abends waren Dimitri und er nach einer Wanderung erst sehr spät in einem unbekannten Dorf eingetroffen. Es war bereits dunkel und die Lichter der Häuser waren schon gelöscht. Nachdem sie die Ortschaft durchquert hatten, suchten sie einen Weinberg auf, um dort einen Schlafplatz zu finden. Beim Gehen bemerkten sie schnell, dass dieser Ort nicht ungefährlich war; es gab tiefe Felsspalten und viel dorniges Gestrüpp. Mikhaël fasste seinen Freund am Arm und hielt ihn zurück: »Wir werden trotz der Dunkelheit, und ohne jemanden zu fragen, den schönsten, saubersten und bestgelegenen Schlafplatz finden.« Dimitris vertrauensvoller Blick war im Dunkeln kaum zu erkennen, als er zurückfragte: »Und wie stellen wir das an?«

Anstelle einer Antwort drehte Mikhaël seinen Kopf langsam in alle Richtungen und schickte mit seinen Gedanken harmonische Wellen aus. Jahre später erklärte er, wie wichtig es ist, die Wirkung der Wellen zu kennen, um ihre Prinzipien auf verschiedenen Ebenen anwenden zu können:

»Die Wellen, die wir aussenden, gehen erst von uns weg und kommen dann wieder zu uns zurück. Es ist wie bei den Fledermäusen, die an Orten, wo in alle Richtungen Drähte aufgespannt sind, doch nie auch nur einen der Drähte berühren. Die Fledermäuse haben hoch entwickelte Antennen, die sie mittels der im Flug ausgesendeten Wellen vor Hindernissen warnen... Wenn ihr eben diese Gesetze kennt, welche auch die von euch ausgesendeten Wellen betreffen, so könnt ihr die Anwesenheit der Dinge ausfindig machen. Bevor ihr vorwärtsschreitet, sendet Wellen in alle Richtungen aus und erkundet so das Gelände. Wo Unordnung und Chaos zu spüren ist, solltet ihr nicht hingehen; aber wo ihr harmonische Wellen empfangt, ist der Weg frei und ihr könnt diese Richtung wählen. Ich habe also meine Hand so lange gedreht, bis ich die beste Richtung gefunden hatte. Um ein richtiges Ergebnis zu erhalten, muss man sich natürlich zuerst darin üben. Beim ersten Mal wird es nicht klappen. Aber da ich bereits darin geübt war, sagte ich schließlich zu meinem Freund: »Hier bleiben wir.« Am nächsten Morgen stellten wir fest, dass es tatsächlich die beste Stelle an diesem Ort war. Seit jenem Augenblick hatte dieser Bruder einen unerschütterlichen Glauben.« [44]

Mikhaëls persönliche Entscheidungen waren zutiefst aufrichtig. Der Wunsch, seine Begabungen für spirituelle Ziele einzusetzen, war so stark, dass er all seinen Freunden seine Überzeugung vermitteln wollte. Traurig beobachtete er einen seiner Arbeitskollegen, einen bemerkenswerten jungen Mann, der seine Begabung entdeckt hatte, mittels Irisdiagnose zu heilen, und sie dazu benutzte, viel Geld zu verdienen und die Mädchen und Frauen, die sich von ihm behandeln ließen, zu verführen. Für Mikhaël waren es nicht die Begabungen an sich, die zählten, so beeindruckend und lukrativ sie auch sein mochten, sondern die Lebensweise; die Elemente, mit denen man helfen und Klarheit bringen konnte, waren die Güte, die Großzügigkeit und die Liebe.

In seinem Wunsch, seinen Freunden behilflich zu sein, schlug er ihnen manchmal ganz einfache aber effiziente Methoden vor. Zum Beispiel empfahl er manchen, einen neuen Namen anzunehmen, um in ihrem Inneren eine Veränderung einzuleiten. Seit langem interessierte er sich für die Bedeutung der Namen, für ihre Schwingung und ihren Einfluss auf das menschliche Wesen. Er war sicher, dass dieser mindestens so wichtig war wie der Einfluss der Farben. Einige Jahre später war er von den Resultaten sehr beeindruckt. Er erzählte, dass einer seiner Kameraden, von gewalttätigem Naturell, dessen Name eine sehr negative Bedeutung gehabt hatte, sich nach dem Namenswechsel mit der Zeit deutlich zum Positiven veränderte.

Auf die Dauer hörte er jedoch auf, anderen einen neuen Namen zu geben, weil er sich sagte, dass er sich dadurch zu sehr mit dem Schicksal der Person verband und vielleicht einen Teil von ihren Schwierigkeiten tragen müsste. Erst später, als er selbst als Meister angesehen wurde, kam es vor, dass er manchen Personen aus ganz bestimmten Gründen einen neuen Namen gab. Ebenso verzichtete er, außer für seine persönliche Verwendung, auf den Gebrauch von Tarot-Karten, als er bemerkte, dass er damit zu viele Geheimnisse aufdeckte. All dies war zu einfach. Auch wenn solche Methoden während einer gewissen Zeit wirksam sein mochten, konnten sie die Menschen doch nicht ändern. Dagegen würden es ihre eigenen

Bemühungen sein, die ihnen halfen weiterzukommen und sich zu vervollkommnen.

* * *

In Varna war Mikhaëls Mutter ganz natürlich die Vertraute und Trösterin für die Leute ihres Stadtviertels; sie war die Person, die man bei Schwierigkeiten instinktiv aufsuchte. Jedes Mal, wenn sie bettlägerige oder mittellose Nachbarn besuchte, versteckte sie ganz diskret unter ihrer Schürze das Brot oder den Kuchen, den sie ihnen brachte. Eines Tages tat sie etwas, worüber das ganze Viertel noch lange sprechen würde. Einer ihrer Nachbarn, ein Familienvater, hatte entschieden, an sein Haus noch ein Zimmer anzubauen, ohne die Baugenehmigung eingeholt zu haben, weil er sie nicht hätte bezahlen können. Als der Raum fast fertiggestellt war, vernahm man im Viertel, dass die Polizei Vorbereitungen traf, das Zimmer abzureißen.

Von Mitleid für den unglücklichen Familienvater erfasst, entschied sich Dolia, ihm sofort zu Hilfe zu kommen. Sie rief alle Kinder des Viertels zu sich und versammelte sie in diesem Zimmer. Man befestigte ein großes Bild von König Boris an der Wand und wartete entschlossen auf die Polizisten. Als diese mit viel Lärm ins Zimmer stürmten, standen sie vor einer kleinen Frau, die von lachenden Kindern umringt war.

»Gnädige Frau, wir haben Befehl«, sagten sie. – »Wir werden uns nicht vom Fleck rühren«, antwortet Dolia mit ruhiger Stimme. »Haben Sie den Mut, dieses Zimmer um uns herum zu zerstören?«

Verlegen schauten sich die beiden Polizisten an. Ihr Vorgesetzter gab ihnen ein Zeichen. Sie verließen das Haus und versuchten, so gut es ging, ihren Misserfolg vor der Menschenmenge, die sich auf der Straße versammelt hatte, zu verbergen. Nach dieser Niederlage ergriffen sie die Offensive nicht wieder, aus Angst einen Aufstand im Viertel zu provozieren. Sie kannten Dolias Standhaftigkeit und ihre Liebe für die Nachbarn, und sie kannten auch den Respekt und die Hochachtung, die diese ihr entgegenbrachten.

Jeder Besuch von Mikhaël stellte für seine Mutter eine ganz besondere Freude dar, weil er ihr natürlich fehlte. Sie verstand nicht so recht, warum er immer noch Schüler von Peter Deunov war, aber dennoch sagte sie zu ihrer Familie und den Freunden:

»Es geht ihm dort gut, er ist glücklich.«

Er hingegen schimpfte zuweilen ein wenig mit ihr, weil sie wegen der Probleme anderer Leute so müde und besorgt aussah. Er riet ihr, sich nicht zu sehr mit der Last der Nachbarn zu beladen.

Dieser sechsundzwanzig Jahre junge Mann, der von Zeit zu Zeit nach Varna kam und immer seine Geige dabei hatte, beeindruckte die Freundinnen seiner Schwestern. Er kannte so viele interessante Dinge über die Physiognomie, die Musik oder den Einfluss der Natur auf das menschliche Wesen! Eine der Freundinnen berichtete 70 Jahre später:

»Als ich Mikhaël zum ersten Mal sah, war ich 15 Jahre alt. Ich fand, dass er mit seiner braungebrannten Haut wie ein Inder aussah. Er hatte eine schöne, wohlklingende Stimme. Ich war gerade dabei, einen Lehrsatz über das Dreieck auswendig zu lernen und habe ihm davon erzählt, nur um etwas zu sagen. Daraufhin erklärte er mir die Symbolik der Dreiecke, die man auf meinem Gesicht und in meinem Profil finden konnte. Dabei habe ich vieles über mich selbst und über meinen Charakter erfahren!«

Er spielte sehr gefühlvoll Geige. In seiner Familie sagte man, er spiele, ohne ein Virtuose zu sein, mit einer solchen Liebe, dass er dank bestimmter, eigens für diese Personen ausgewählter Melodien, mehrere Kranke geheilt hätte. Tatsächlich blieb die Musik für ihn eine tiefe Freude und war gleichzeitig ein Arbeitsinstrument. Wenn er nach Sofia ins Haus seiner Freunde zurückkehrte, wo er immer noch sein Zimmer hatte, fand er eine Methode, geistig mit der Musik zu arbeiten. Eine der Frauen in der Familie, eine Berufsmusikerin, verbrachte Stunden am Klavier und Mikhaël setzte sich, wie damals in Varna, in eine Ecke des Zimmers, um ihr zuzuhören. Seit

Langem sah er die Musik als einen mächtigen Windhauch, der in der Lage ist, uns in die höchsten Höhen hinaufzutragen. Jetzt hatte er wie nie zuvor die ersehnte Gelegenheit, dies zu nutzen. Er schloss die Augen und lauschte lange, um die spezifische Kraft zu erkennen, welche von der an diesem Tag gehörten Musik ausging:

»Wenn man ein Werk anhört, muss man zuerst wissen, was es ausdrücken will, ob es eine gute oder schlechte Kraft enthält und womit man es vergleichen kann: Gleicht es dem Wind, dem Donner oder einem aus luftiger Höhe herabstürzenden Gebirgsbach? Ist es wie Elektrizität oder wie Wärme...? Welche Kraft auch immer davon ausströmt, man muss sie zu nutzen wissen. Wenn es der Wind ist, stellt euch vor, dass ihr auf einem Schiff mit geblähten Segeln dahingleitet. Wenn es wie Elektrizität ist, so könnt ihr damit geistige Apparate in Bewegung setzten...«[45]

Regelmäßig schloss er sich anderen Musikern an und verbrachte Stunden damit, ihnen zuzuhören. Seine Jugendfreundschaften waren ihm zweifellos sehr wichtig. Die Beziehung zu einigen Freunden war so tief und aufrichtig, dass er später nicht zögerte, darüber zu sagen: »Zwischen ihm und mir war eine große Liebe.« Sein Freund Ivan, ein überaus begabter Gitarrist, spielte improvisierte Melodien, die ihn sehr inspirierten und ihm den Aufschwung in die geistigen Welten erleichterten. Dank ihrer subtilen Gemeinsamkeiten und den geheimnisvollen Ausströmungen, die zwischen zwei Wesen kreisen, ermöglichte Ivans Musik ihm diese Erfahrung.

Er war ihm immer sehr dankbar dafür und blieb zeitlebens sehr sensibel für den Klang der Gitarre. Die beiden Freunde hatten viele Gemeinsamkeiten: Beide waren Schüler von Peter Deunov, beide hatten das gleiche geistige Streben nach Vollkommenheit, und ihre Vorlieben brachten sie einander näher. Nicht nur die Musik verband sie, sie machten auch gemeinsame Erfahrungen auf dem Gebiet der Telepathie. Leider dauerte ihre Freundschaft nicht lange, denn Ivan starb sehr jung und sein früher Tod war eines der schlimmsten Ereignisse in Mikhaëls Jugendzeit. Noch fünfzig Jahre später sagte er: »Er ist immer bei mir.« Mehrere Jahre lang besuchte Mikhaël den Musikunterricht am Konservatorium. Genau genommen war er darüber gleichzeitig glücklich und unglücklich, denn er litt unter der Unvollkommenheit seines Spiels und konnte nicht umhin, sich einzugestehen, dass seine Finger nicht beweglich genug waren. Wenn er nur schon als Kind hätte Geige lernen können! Würde er denn nie perfekt spielen? Nach vielen Jahren Arbeit kam er dann zu dem Schluss, dass er nie ein Virtuose werden würde. Mit Bedauern zwang er sich zu einer Entscheidung und verzichtete auf seinen Musikunterricht. Er behielt die Geige und spielte auch darauf, aber nicht mehr auf dieselbe Art und Weise.

Seine Lebensaufgabe sollte nicht die des Musikers sein. Übrigens hatte er seit Langem bemerkt, dass die Wesenheiten, die ihn von oben führten, »ihn ständig auf der weltlichen Ebene begrenzten, um ihm zu helfen, sich auf anderen Ebenen weiterzuentwickeln.« So wie sie ihm bereits den Weg des Mathematikers versperrt hatten, zeigten sie ihm jetzt, dass auch die Welt der Musiker nicht für ihn vorgesehen war. »Durch die Musik« flüsterte es in seinem Geist »wirst du die Menschen nicht bis ans Ziel führen können. Wir zeigen dir ein anderes Gebiet, wo es auch Musik gibt und wo du wahrhaftig etwas bewirken kannst.« Als er zustimmte, fühlte er, dass er auf mächtige Weise zu den inneren Wirklichkeiten hingeführt wurde. Er lernte die verborgene Musik der Wesen und Dinge zu erkennen. Alles wurde Musik.

Das Echo der kosmischen Musik war in jede Faser seines Wesens eingeprägt und erinnerte ihn unablässig daran, dass die Sterne, die Bäume und die Steine mit einem ihnen eigenen Ton sangen. So dachte er, müsste auch jeder Mensch eine eigene Note besitzen, da er ja auch Teil des von Gott dirigierten kosmischen Chores, dieses großen, harmonischen Orchesters war. Vor allem hatte er verstanden, dass er lernen musste, das Instrument, welches er selbst darstellte, immer besser zu spielen. Dieses ständige Streben bekam durch die folgende Begebenheit einen unerwarteten Impuls:

»Als ich noch Student in Sofia war, hörte ich eines Tages, während

ich gerade in meinem Zimmer las, auf der Straße eine Geigenmelodie. Sie war so außergewöhnlich schön, dass ich hinausging, um zu sehen, wer so spielte. Und was sah ich? Einen Zigeuner, einen alten, zerlumpten Mann, der Geige spielte. Ja, aber was für eine komische Geige! Ein seltsamer, wunderlicher Holzkasten mit ein paar Saiten darüber gespannt und er entlockte ihr Töne – Töne, wie ich sie in den besten Konzerten noch nicht gehört hatte. Ich war sprachlos. Und alle kamen aus den Häusern oder gingen auf ihren Balkon, um zuzuhören. Am Ende des Stückes ging ich zu ihm und sagte: »Woher kommt diese Geige?« – »Ich habe sie selbst gebaut.« – »Erlauben Sie, dass ich sie mir ansehe?« – »Ja«. Ich schaute sie an: Es war wirklich ein einfaches, ausgehöhltes, ganz krummes Stück Holz mit ein paar Saiten. »Verkaufen Sie sie?« – »Oh nein, ich werde sie niemals verkaufen!« Diese Begegnung hat mich lange beschäftigt und nachdenklich gemacht. Ich konnte nicht verstehen, wie dieser Zigeuner einer so groben Geige derart reine Töne entlocken konnte. Wie wäre Stradivari erstaunt gewesen! Ich sagte mir: »Es zählt also nicht unbedingt nur die Vollkommenheit des Instruments, sondern etwas anderes. Alles hängt von dem ab, der spielt.« Ich habe lange darüber nachgedacht und habe herausgefunden, dass also auch ich einer so unzureichenden Geige wie meiner – das heisst mir selbst – ein paar Töne entlocken kann. Was zählt, ist der Wille zum Sieg. Man beklagt sich immer über die schlechten Bedingungen. Das ist nur eine Entschuldigung dafür, nichts zu tun. Wenn ihr wüsstet, in welch' schwierigen Bedingungen ich lebte, als ich jung war, ihr könnt euch das gar nicht vorstellen! Aber es kam mir nicht darauf an, die äußeren Bedingungen zu verbessern. Dieser Zigeuner hat mich in meiner Überzeugung bestärkt. Ich sagte mir: »Ich muss aus meinen Schwierigkeiten etwas Gutes machen.« Und was wollte ich? Nützlich sein. Dieser Wunsch verlässt mich nie, der Wunsch, den Menschen nützlich zu sein, ihnen helfen zu können, ihnen Trost und Ermunterung zu bringen. Tag und Nacht ist dieser Wunsch da, und dank ihm spiele ich auf meiner »Geige.«Es ist der Wunsch, der mich inspiriert.«[46]

* * *

Im Leben und in der Mission von Omraam Mikhaël Aïvanhov ist der Gedanke ein Instrument, das fähig ist, phänomenale Dinge zu verwirklichen; die Stille ist ein Bedürfnis und zugleich eine Methode der Kommunikation, der Blick ist ein auf geheimnisvolle Weise wirksames Mittel zum Austausch, aber vielleicht ist das Wort das Wichtigste von allen.

»Ich kümmere mich ausschließlich um den Wind, um das Wort. Und das Wort bewirkt Wunder. Ich habe keine Talente entwickelt, ich habe nur das Wort gebraucht.«[47]

Mit seiner gewohnten Offenheit gab er Ratschläge, die das Wesentliche berührten. In diesem Sinne versuchte er, einem seiner sehr reichen Freunde zu helfen, dem die Traurigkeit immer ins Gesicht geschrieben stand. Eines Tages begegnete er ihm auf der Straße und grüßte ihn sehr herzlich.

»Du machst einen glücklichen Eindruck«, sagte der Freund, »was ist passiert?« – »Oh, nichts weiter, ich habe gerade eine Freude für sehr wenig Geld gekauft.« Sein ratloser Freund schaute ihn still an. Er wusste, dass Mikhaël auf dieser Erde praktisch nichts besaß, und diese übernatürliche Freude, in der er zu leben schien, war für ihn unverständlich. Außerdem kannte er ihn gut genug, um zu wissen, dass seine Antwort kein Witz war. Mit einem Seufzer murmelte er, dass er in seinem Leben schon sehr viel Geld ausgegeben habe, ohne dafür Freude zu erhalten. Mikhaël gab ihm ein Zeichen, ihm zu folgen und führte ihn zu einem sehr arm aussehenden Mann in einiger Entfernung, der Knöpfe, Schnürsenkel und Bindfäden verkaufte.

»Da schau«, sagte er mit leiser Stimme, »da steht ein Mann, der Freude verkauft. Trotz Kälte, Regen und Wind wartet er stundenlang auf Kundschaft. Geh zu ihm und kaufe etwas, zum Beispiel Schnürsenkel. Frag ihn, was sie kosten und er wird dir sagen: »Die kosten zehn Levas.« Gib ihm fünfzig und nimm kein Rückgeld. Er wird sich denken: »Ja, es gibt noch gute Menschen auf dieser Welt.« Sein Glaube wird bestärkt und die Freude, die er dabei fühlt, wird sich auf dich übertragen, sie wird den ganzen Tag in dir vibrieren, und sie hat nur ein paar Levas gekostet.

Der nachdenkliche Freund betrachtete den Händler nun mit anderen Augen. Sein Gesicht entspannte sich und ein Lächeln formte sich auf seinen Lippen.

»Besuche auch einen Kranken und bringe ihm ein kleines Geschenk... Sag ihm, dass alles gut wird und dass Gott barmherzig ist. Indem du versuchst, den anderen eine Freude zu bereiten und Trost zu spenden, wirst du selbst glücklich werden. Nur wähle die Personen weise aus, denn nicht alle Menschen werden diese Freude auch annehmen können.«

Mikhaëls Sprache war einfach, er sagte Dinge, die das Herz berührten. Instinktiv handelte er wie die weißen Magier, die sich der Macht des Wortes bedienen, nachdem sie ihre eigenen Fähigkeiten entwickelt und ihre Gefühle unter Kontrolle gebracht haben. Für ihn war das Wort ein Instrument, das fähig ist, eine belebende Wirkung hervorzurufen.

In einem Sommer verbrachte er, noch bevor er sich zum Bruderschafts-Lager nach Rila aufmachte, einige Zeit bei einem seiner Freunde, der in der kleinen Stadt Dupnitsa, im Westen des Rila-Massivs, wohnte. Mittags traf er sich mit seinem Gastgeber außerhalb der Stadt, um ihm Grund zu geben, das Büro zu verlassen und in den Hügeln zusammen zu picknicken. Eines Tages bemerkte er in der Stadt eine Menschenmenge und vernahm, dass zwei Mörder in diese Hügel geflohen waren. Er war besorgt um seinen Freund und sagte sich, dass er besser dennoch hingehen sollte, um ihn zu benachrichtigen. Er ahnte nicht, dass sein Hemd den Hemden der Mörder sehr ähnlich sah und Grund für eine Verwechslung geben würde.

Kaum am vereinbarten Ort angekommen, war er auch schon von einer bewaffneten Menschenmenge und von Polizisten umgeben, die sich ihm näherten und ihre Pistolen auf ihn richteten. Ihrem Gesichtsausdruck konnte er entnehmen, dass sie ihn tatsächlich für einen der beiden Mörder hielten. Regungslos ließ er sie näher kommen und entschied sich dann, zu ihnen zu sprechen.

Aber was er sagte, erstaunte doch sehr:

»Ihr habt Waffen, aber ich habe eine bessere.«

Bestürzt und misstrauisch schauten ihn die Polizisten an. Er nutzte die Gelegenheit und zog ein kleines Evangelien-Büchlein aus seiner Hosentasche, welches er noch vor dem Verlassen des Hauses eingesteckt hatte.

»Da schaut, dies ist meine Waffe, sie ist viel mächtiger als eure«, sagte er.

Die erstarrte Menge, die sich aus den bedrohlich schauenden Personen geformt hatte, entspannte sich. Die Polizisten kamen näher, fragten ihn, was er auf dem Hügel mache und befahlen ihm, ihnen zu folgen. Mikhaël kehrte mit ihnen in die Stadt zurück, ohne sich aufzuregen. Eine innere Stimme sagte ihm: »Sei unbesorgt, es wird alles in Ordnung gehen.«

Sein Freund, der ebenfalls verhaftet und dann wieder freigelassen worden war, kam nach einer Stunde zum Polizeiposten, um ihn abzuholen. Verblüfft blieb er auf der Türschwelle stehen. Mikhaël saß inmitten der Polizeibeamten, hatte sein kleines Evangelien-Büchlein in der Hand und erklärte ihnen eine Bibelstelle.

Beim Verlassen des Polizeipostens trafen sie auf die Menge, die das Ergebnis der Verhaftung abwartete. Als klar wurde, dass der »Mörder« einfach nur der Besucher eines unbescholtenen Stadtbürgers war, wurde Mikhaël sehr beliebt und erhielt Beifall. Dann geschah etwas, das sich sehr oft in seinem Leben wiederholen sollte. Die Menschen fühlten sich von seiner Güte und seiner Ausstrahlung so angezogen, dass sie ihn besuchten und ihm ihre Probleme anvertrauten. Mehrere Tage lang war das Haus immer voll. Man wollte es sich nicht entgehen lassen, diesem Mann mit dem lichtvollen Blick zuzuhören, der klare und praktische Antworten auf die gestellten Fragen gab.

Als er einige Tage später zum Bruderschafts-Lager von Rila ging, suchten ihn auch dort noch mehrere dieser Personen auf, um mit ihm über persönliche Probleme zu sprechen. Noch ein paar Jahre lang stiegen seine Freunde aus Dupnitsa jedes Mal, wenn er dort war, ins Lager hinauf, um ihn bei den Sieben Seen zu treffen.

Wer mit Mikhaël verkehrte, litt nie unter Langeweile. Mit der Absicht, in ihnen die Quelle des Lebens zum Sprudeln zu bringen, zögerte er nicht, sie zu reizen und riskierte auch, sie – wenn nötig – zu verärgern. Einige nahmen ihm dies übel. Eines Tages, als er eben den Gipfel des Musala erreicht hatte, sah er einen Pastor auf sich zukommen, der sich neben ihn setzte. Trotz seiner vor Kälte klamm gewordener Hände, gelang es dem Mann, ein Buch aus seiner Tasche zu holen. »Lesen Sie die Bibel? Kennen Sie sie?«, fragte er Mikhaël und fing an zu predigen. Für ihn zählte nur der Text, er haftete an den Buchstaben und vergaß den Geist. Er versuchte, seinen Gesprächspartner von seinen engstirnigen Ideen zu überzeugen. Mikhaël hörte ihm zu, aber nach einer Weile verlor er die Geduld und beschloss, ihn ein wenig durchzurütteln, um ihn zu zwingen, in seinem Denken über seinen militanten Fanatismus hinauszuwachsen. Unter anderem sagte er ihm, dass Menschen wichtiger seien als Bücher, selbst wenn die Bücher von Gott persönlich kämen:

»Bücher können zerstört werden. Man kann sie wieder schreiben, denn das Wissen ist immer da. Ich kann dieses wunderbare Buch in den Abgrund werfen, aber Sie würde ich nie hinunterstoßen! Sie sind wichtiger.«

Der Priester kam nicht umhin, ihm Recht zu geben. Wie oft haben Menschen im Namen einer Religion oder eines heiligen Buches andere getötet. In der Geschichte führte der Fanatismus immer unweigerlich in die Zerstörung. Mikhaël war sich dessen bewusst und sprach immer öfter über die Wichtigkeit, sich dem universellen Prinzip zuzuwenden, welches am Ursprung aller Religionen steht. In seinen Augen ist die Sonne der sichtbare Vertreter dieses Prinzips. Die Sprache des Lichts ist universell, alle können sie verstehen: Sie ist die Sprache des Lebens.

* * *

ICH WERDE DIR EINEN EDELSTEIN GEBEN

Das Anwesen Izgrev – der Name bedeutet »aufgehende Sonne« – war ein großes Grundstück, das die Bruderschaft gekauft und hergerichtet hatte. Es lag gleich neben dem Boris-Garten, einer der größten Parkanlagen von Sofia. Nahe beim Eingang war ein großes, weißes Haus mit einem Vortragssaal und einem Zimmer für den Meister gebaut worden. Mit der Zeit kamen zahlreiche Brüder und Schwestern dazu, die sich wünschten, ein Leben in brüderlicher Atmosphäre zu leben und die rundherum kleine Häuser bauten. Jeder hatte einen kleinen, zaunfreien Garten voller Blumen, so dass das Ganze wie ein großer Park wirkte. Im Laufe mehrerer Jahre breitete sich die Bruderschaft von Izgrev immer weiter aus. Man kam von weit her, um diese brüderliche Lebensart zu sehen und um diesem Meister zu begegnen, der so viel Einfluss hatte.

Jedes Mal, wenn sich Mikhaël, nach der 45-minütigen Straßenbahnfahrt durch die Stadt, der Domäne Izgrev näherte, wusste er, ob Peter Deunov anwesend war oder nicht. Wenn der Meister da war, vibrierte alles in ihm und Begeisterung durchströmte sein Wesen; war er hingegen nicht da, so schien Izgrev trübe, wie ein Tag ohne Sonnenschein. Erstaunt über seine Beobachtungen erkannte Mikhaël, wie sehr ein geistiger Meister das Herz der ihn umgebenden Menschen mit intensivem Leben durchflutet.

Er selbst lebte in der Stadt, mit häufigen Aufenthalten in den Bergen. Hätte er damals in der Bruderschaft gewohnt, wäre es schwieriger für ihn gewesen, all seine spirituellen Arbeiten, die den Kern seines Lebens darstellten, auszuführen. Und noch etwas hatte seine Wahl beeinflusst: Er fühlte, dass Peter Deunov ihn auf größerer Entfernung halten wollte. Erst viel später konnte er die Gründe dafür verstehen und im Moment war er davon überzeugt, dass es so am besten war. War er nicht – in jungen Jahren – in seiner Begeisterung, den lang ersehnten Meister gefunden zu haben, vereinnahmend gewesen? Er gab später selbst offen zu, mehrmals zu lange bei ihm geblieben zu sein. Von der Leidenschaft getrieben, so rasch wie möglich voranzukommen, seine Fehler zu korrigieren und die läuternden Prüfungen zu bestehen, erinnerte er sich, den Meister übertrieben oft um Rat gefragt zu haben. Unermüdlich hatte er ihn gebeten: »Machen Sie aus mir jemanden, der für die ganze Welt von Nutzen sein kann.«

Bei jedem Wiederkommen verspürte er aufs Neue die Freude, den Meister wiederzusehen, und wenn er ihn alleine sprechen konnte, stellte er ihm Fragen zu verschiedenen Themen. Er sah dann, wie sich Peter Deunovs Blick mit Kraft und Liebe erfüllte. Nach so vielen Jahren der Geduld war er sich nun der Gefühle des Meisters für ihn sicher. Mit dreißig Jahren nahm er seine Worte mit der gleichen Aufmerksamkeit auf wie mit siebzehn Jahren, ohne Unterlass suchte er danach, sein eigenes Verständnis der großen Wahrheiten der Einweihungswissenschaft zu verfeinern. Meister Deunov hatte ihm viele Prüfungen auferlegt, eine schwieriger als die andere, und er ließ ihn nun sehen, dass er mit seiner Arbeit sehr zufrieden war. Später erwählte er ihn unter Tausenden von Schülern und entsandte ihn nach Frankreich, mit der Mission, seine Lehre dort zu verbreiten.

In seiner prophetisch-rätselhaften Art belohnte er ihn eines Tages wieder einmal mit einer seiner gelegentlichen öffentlichen Anerkennungen. Während eines Vortrages unterbrach er sich plötzlich und erklärte: »Bruder Guirev arbeitet mit den Langwellen, Bruder Mikhaël hingegen lässt sich von den Kurzwellen leiten.«

Bruder Guirev war eine wandelnde wissenschaftliche Bibliothek und stellte sein Wissen gerne zur Schau. Mit dieser Aussage, die sich auf die langen, roten Wellen der materialistischen Wissenschaft, im Gegensatz zu den kurzen, violetten Wellen der spirituellen Welt bezog, hatte Peter Deunov gerade das hervorragendste und zugleich das unauffälligste Mitglied der Bruderschaft beschrieben. Gewiss war dies eine Botschaft für beide Brüder gewesen. Nach dieser Bemerkung setzte er seinen Vortrag fort.

Die Wellen des Violett – die kürzesten und schnellsten des Sonnenspektrums – waren für Mikhaël eine ständige Inspiration. Um seine Seele und seinen Geist der spirituellen Welt zu öffnen, bediente er sich unter anderem des Fastens und der Perioden des Schweigens. In den zwanzig Jahren seiner Schülerschaft bei Peter Deunov in Bulgarien hielt er mehrmals dreißig Tage lang innere Einkehr mit absolutem Schweigen, so wie es von hinduistischen Meistern empfohlen wird.

Selbst in Indien, wo man diese Art von Übungen praktiziert, um innere Offenbarungen zu erhalten, braucht es dazu große Selbstbeherrschung. Wie viel schwieriger muss es in einem Land gewesen sein, in dem die meisten Menschen den Sinn einer solchen Disziplin nicht verstanden. Mikhaël musste dafür all seine Selbstbeherrschung und seine ganze innere Kraft aufwenden. Man stellte ihm Fragen und versuchte, ihn zum Sprechen zu bringen. Die Kinder seines Wohnviertels machten sich über ihn lustig. Doch was ihm in dieser Stille gegeben wurde, muss sehr wertvoll gewesen sein, sonst hätte er sich wohl mit einer einzigen Erfahrung dieser Art begnügt.

* * *

Mikhaël arbeitete, läuterte sich, bereitete sich vor. Seine Freunde fragten sich manchmal, worauf er sich wohl mit diesen ständigen spirituellen Übungen vorbereitete, die er nun schon seit so langer Zeit durchführte. Offensichtlich war es etwas ganz Besonderes. Es schien, als ob er es selbst nicht so klar wusste. Doch mit einer fast heiligen Bestimmtheit arbeitete er darauf hin, ein immer geschmeidigeres und präziseres Instrument in den Händen Gottes zu werden. Tatsächlich war es sein stetiges Bestreben, nützlich zu sein, und zwar nicht nur für eine Handvoll von Leuten um ihn herum, sondern für die ganze Menschheit. Er wusste, dass die Vorbereitungszeit essentiell wichtig und unbedingt notwendig war. So verbrachte er 20 faszinierende Jahre bei Peter Deunov. Auch in seinem dreißigsten Lebensjahr fand er sich noch nicht genügend vorbereitet. Davon überzeugt, dass er seine Beweggründe weiter veredeln, seine Willenskraft und seinen Gleichmut noch steigern musste, bat er unablässig die unsichtbaren Wesen, deren Anwesenheit er fühlte, ihm die nötige Kraft zu geben, um an der Errichtung des Reiches Gottes auf Erden zu arbeiten.

Seine Freunde erkannten seine spirituelle Erfahrung und Weisheit an und baten ihn oft um Hilfe. Doch eine freundschaftliche Beziehung zu Mikhaël zu pflegen, war nicht leicht. Er stellte sehr hohe Ansprüche an sich selbst und obwohl er voller Güte und Verständnis für seine Freunde war, war er auch ihnen gegenüber sehr anspruchsvoll. Er versuchte, sie zu begeistern und ihnen etwas Belebendes zu geben. Sein Wunsch, allen, die ihm begegneten, zu helfen, brachte ihn dazu, sich in der Tiefe für sie zu interessieren.

Mit seiner höheren Sicht der Dinge und seiner Rechtschaffenheit störte er manche oder brachte sie sogar zur Verzweiflung. Es gab Menschen, die verärgert waren, andere wurden eifersüchtig oder neidisch auf den Einfluss, den er, ohne zu sehr danach zu suchen, auf seine Freunde ausübte. Meist jedoch berührte er die Menschen und sprach genau das an, was sie persönlich bewegte. Dank seiner Spontanität und seiner Aufrichtigkeit freundete man sich schnell mit ihm an. Und wenn seine Offenheit auch manchmal Feindseligkeiten auslöste, so wusste er, dass er damit umgehen musste, so wie man mit dem Licht und mit der Dunkelheit umgeht, die beide für das Leben notwendig sind. Später berichtete er, er habe versucht, allen Menschen, die sich an ihn wendeten, zu helfen und sie zu unterstützen, dabei aber immer darauf geachtet, sie zu Meister Deunov zu führen und ihnen jene Aspekte der Lehre in Erinnerung zu rufen, die ihnen Licht und Klarheit bringen konnten.

Er versuchte nicht, selbst zu lehren, wahrscheinlich misstraute er dieser Vorstellung sogar. In seinem Denken war Demut essenziell für die Weiterentwicklung, und so lebte er weiterhin zurückgezogen. Er war völlig unauffällig, wenn er nach Izgrev kam. Trotz seines profunden Wissens über die Lehre von Peter Deunov hielt er keine Vorträge, wie es viele andere Schüler zu tun pflegten, die häufig zum

Essen oder zu Zusammenkünften eingeladen wurden, um dort zu sprechen.

In Wirklichkeit war sein ganzes Leben auf etwas sehr Besonderes und Außergewöhnliches ausgerichtet. Bereits in seiner Jugend hatte seine Suche nach Gott ihn zu der Entscheidung gebracht, seine sexuellen Kräfte nicht auszuleben, sondern eine Arbeit der spirituellen Sublimierung und Reifung damit auszuführen. Seit Langem suchte er seine Inspiration in der Schönheit und begnügte sich mit dem Subtilsten. Seine Einstellung war unmissverständlich und alle wussten, dass er freiwillig ein Leben in Keuschheit führte.

Allerdings musste er während eines großen Teils seiner Jugend unter dem reinigenden Feuer der Kritik und des Spottes leiden. Seine engsten Freunde wussten, wofür er seine Zeit aufwendete, sie respektierten und bewunderten ihn, aber andere verspotteten ihn wegen seiner Lebensweise, die sie für allzu übertrieben hielten. Sie machten sich offen über ihn lustig, weil es ihnen unverständlich war, wie man genau jene Dinge opfern konnte, welche für die meisten so erstrebenswert waren.

Wie alle großen Wesen vor ihm, die diese Wahl getroffen hatten, musste gewiss auch er persönliche Kämpfe durchstehen. Doch während seines ganzen Lebens lehnte er niemals die Realität des von Gott geschaffenen Körpers ab; dieses Körpers mit seinen Impulsen, die nur durch das, was man aus ihnen macht, gut oder schlecht werden. Er sprach darüber, dass er in seiner Jugendzeit von einer starken, manchmal Besorgnis erregenden Leidenschaft erfüllt war, dass er aber den tieferen Sinn dahinter entdeckte und dem Himmel nur danken konnte für alles, was er empfangen hatte. Peter Deunov, der dies wohl wusste, hatte einige Jahre zuvor zu ihm gesagt: »Dir, Mikhaël, genügt ein Blick.« Er hatte nichts weiter hinzugefügt und Mikhaël musste lange über diesen Satz nachdenken.

»Der Meister hatte in den Tiefen meiner Natur die Wurzeln und die Struktur meines Wesens erkannt. Mit einem einzigen Satz fasste er alles zusammen: Ich brauche nur einen Blick. Später bediente ich mich häufig des Blickes und entdeckte dabei große Gesetze. Genauer gesagt

entdeckte ich, wie man blicken muss, um nur durch einen einzigen Blick entzückt, geheiligt und erfüllt zu werden.«[48]

Peter Deunov wusste um seine Entsagung, um die Standhaftigkeit in seinem Verhalten und um seine klare Haltung den Frauen gegenüber. Einige Jahre zuvor war er Zeuge einer Szene im Garten von Ternovo gewesen, die er sehr bezeichnend fand. Mikhaël stand auf der obersten Stufe einer an einen Ast gelehnten Leiter und war in die Betrachtung der Natur versunken, als eine junge Frau sich näherte und zu ihm hinaufkam, um mit ihm zu sprechen. Der Meister wusste, dass diese beiden jungen Leute sich sehr mochten. Er hörte ihre Worte nicht, doch sah er, dass ihr Gespräch sehr heiter war. Schließlich stieg die junge Frau von der Leiter und gab ihrem Gefährten ein Zeichen, ihr zu folgen. Interessiert beobachtete Peter Deunov, wie Mikhaël auf der Leiter stehen blieb und sich wieder in seine Kontemplation vertiefte. Dieser Vorfall war so aufschlussreich, dass der Meister ihm später sagte, er sei in diesem Moment ganz besonders zufrieden mit ihm gewesen.

Für Mikhaël war Gott Selbst die wahre Reinheit – eine der wichtigsten Tugenden für den Menschen. Wenn seine Freunde mit ihm über ihre Probleme, ihre Wünsche oder ihre zwanghaften sexuellen Gedanken sprachen, riet er ihnen, den letzteren ins Gesicht zu sehen und sie als Ausgangspunkt für die Betrachtung der Schönheit zu nutzen. Eines Tages vertraute ihm ein Freund eine Erfahrung an, die er einige Zeit zuvor gemacht hatte und die ihn aus der Fassung gebracht hatte.

»Ich weiss nicht mehr, wo mir der Kopf steht«, sagte er mit einem verzweifelten Gesichtsausdruck. »Ich bin so unglücklich, dass ich schon an Selbstmord gedacht habe. Ich kann nicht mehr arbeiten. Ich muss das Bild dieses Mädchens aus meinem Kopf löschen.«

»Du irrst dich«, antwortete Mikhaël. »Schau sie dir lieber in Gedanken an und nach und nach wird dieses Bild dich verlassen. Betrachte es als Segen, wenn dieses Bild in dir entsteht und nutze es als Ausgangspunkt für die Betrachtung der Schönheit.«

»Die wahre Reinheit ist nicht das, was die Menschen glauben«, sagte er oft. »Die Reinheit ist Gott Selbst, die göttliche Welt. Es ist der gute oder schlechte Gebrauch der Dinge, der sie gut oder schlecht macht.« Seit er die kleine Quelle im Dorf seiner Kindheit betrachtet hatte, suchte er stets nach der Reinheit. Doch während seines ganzen Lebens hat er die von Gott Selbst geschaffene Sexualkraft nie verleugnet und niemals war er mit der kurzsichtigen Entsagung gewisser Spiritualisten einverstanden. Er lehrte später im Gegenteil Methoden, um sich dieser Energien zu bedienen und sich dank ihnen in jene himmlischen Regionen emporzuschwingen, die allen Menschen vorherbestimmt sind. Aber in seiner Jugend war es für ihn nicht immer leicht, seinem Umfeld diese Situation verständlich zu machen. Seine Ausstrahlung war so anziehend, dass er mehrmals seinen Standpunkt gegenüber den Mädchen oder Frauen aus der Bruderschaft, die in ihn verliebt waren, klar machen musste.

Zu den Treffen in Sofia kam eine sehr gebildete, herausragende Frau, die ihren Blick nicht von Mikhaël lassen konnte. Sie war Lehrerin und Philosophin und nichts entging ihr. Alles wurde von ihr kritisiert, niemand konnte ihr während eines Gespräches das Wasser reichen und sie bot sogar Peter Deunov die Stirn, der sie geduldig ertrug. Vom ersten Mal an, als sie Mikhaël bemerkte, war sie von der Schönheit seines Gesichts und seinen außergewöhnlich anziehenden Augen hingerissen. Da sie dichterisch sehr begabt war, machte sie sich daran, ausgefallene Gedichte zu seinen Ehren zu schreiben. Sie wurde so besitzergreifend, dass sie anfing, sich unterhalb des Fensters von Peter Deunov in Izgrev zu platzieren, wenn Mikhaël anwesend war, um die Gespräche mithören zu können. Sie verfolgte ihn sogar bis zu seinem Haus. Er ging ihr aus dem Weg, fand Entschuldigungen und wies sie zurück.

»Bruder Mikhaël«, sagte sie, »dies ist das erste Mal, dass ich jemanden liebe!« – »Sie sollten sich freuen und singen, allein nur, weil Sie lieben. Aber sagen Sie mir, warum verändert Sie dies nicht? Zum Beispiel könnten Sie sich den Brüdern und Schwestern gegenüber liebenswürdiger zeigen.«

Sie war nicht daran interessiert, liebenswürdiger zu werden, sie wollte nur die Erlaubnis erhalten, ihn zu küssen. In der bulgarischen Gesellschaft jener Zeit war das alles, was sie sich erhoffen konnte. Doch Mikhaël wiederholte geduldig: »Das ist nicht erlaubt. Übrigens, wenn Sie es täten, wären Sie danach sehr unglücklich.«

Sie gab die Hoffnung nicht auf und schickte ihm Gedichte und Liebesbriefe in allen Sprachen, die sie kannte. Immer wieder klopfte sie an seine Tür, manchmal sogar weinend, doch Mikhaël wies sie jedes Mal mit der gleichen Standhaftigkeit zurück. Da sie aber den Meister ununterbrochen belästigte, wenn Mikhaël bei ihm war, sagte er schließlich zu ihr: »Sie lieben mich wirklich, nicht wahr? Sie wollen mich immer noch küssen. Nun gut. Ich werde später ihren Wunsch erfüllen, aber nur unter der Bedingung, dass Sie den Meister nicht mehr stören, dass Sie genau das tun, was er Ihnen sagt, und dass Sie damit aufhören, ihn zu kritisieren und ihm zu widersprechen.«

»Das war sehr schwierig für sie. Sie dachte nach, versuchte ihre Kräfte abzuschätzen und gab mir schließlich das Versprechen, es zu versuchen, weil sie eine Belohnung dafür in Aussicht hatte. Doch sie konnte ihr Wort nicht halten und so wurde auch ich von meinem Wort entbunden; ich hatte es geschafft, ihren Wunsch nicht erfüllen zu müssen. Seitdem hatte sie sich geändert. Sie schrie nicht mehr, lehnte sich nicht mehr auf und war nicht mehr wiederzuerkennen. Seht ihr, ihr könnt die euch entgegengebrachte Liebe dazu benutzen, dem- oder derjenigen zu helfen, um ihm oder ihr die Augen über sich selbst zu öffnen. Wenn die Person euch nicht wirklich liebt, könnt ihr nichts für sie tun. Sie muss an euch glauben, aber vor allem muss sie auf Gott hoffen und an Ihn glauben.«[49]

Mikhaël war weit davon entfernt, unsensibel auf die weibliche Schönheit zu reagieren, er bewunderte sie und war entzückt von ihr. Er versuchte nicht, sie zu ignorieren. Mit einer erstaunlichen Kraft gelang es ihm, nur mit dem Blick zu arbeiten; seine Bemühungen wurden von den subtilen Welten mit Geschenken belohnt. Oft wurde er während der Nacht durch die Anwesenheit überirdischer Wesen von außergewöhnlicher Schönheit geweckt.

»Das war ein solcher Blick, dass ich mich in unbeschreiblicher Liebe auflöste. Sie berührten mich nicht, sie verweilten nur um mich herum und sahen mich an, und all ihre Kraft strahlte aus ihren Augen. Noch nie habe ich bei Menschen einen solchen Blick gesehen. Er schien von sehr weit her, von sehr hoch oben zu kommen. Dies dauerte Stunden. Später erfuhr ich, dass diese Wesen Devas waren und ich begriff, dass sie mich aufsuchten, um mir zu zeigen, dass es in der Natur eine Schönheit gibt, die unsere Vorstellung übersteigt.«[50]

Mit ihrer absoluten Reinheit und ihrem Licht öffneten diese Wesen in ihm eine ganz neue Welt. Er erhielt von ihnen »Offenbarungen über die wahre Liebe, die keines körperlichen Ausdrucks bedarf.«

Mikhaël im Alter von 30 Jahren bei einem Ausflug in Rila mit Freunden. Zu seiner Rechten ist seine Schwester Miliana.

Im Jahre 1930 oder 1931 beendete Mikhaël sein Studium an der Universität. Er sagte später, ein Teil dieses Studiums sei Zeitverschwendung gewesen und er habe danach beschlossen, vieles davon wieder zu vergessen, weil es einen Schleier zwischen sein Leben und die Wirklichkeit gezogen habe.

In Bulgarien musste man mindestens drei Jahre an einer Dorfschule unterrichtet haben, bevor man in Sofia eine Stelle als Lehrer erhalten konnte. Zu Schulbeginn nahm Mikhaël den Posten eines Gymnasiallehrers unweit der Hauptstadt an. Wahrscheinlich war es dort, wo er in einem winzigen Häuschen wohnte »das so klein war, dass zwei Leute nicht gleichzeitig hineingepasst hätten.« In der Schule wandte er eine Pädagogik an, die in dieser Epoche wohl nicht den üblichen Gewohnheiten entsprach, und alsbald erzielte er Resultate, die seine Hoffnungen übertrafen.

Er hatte bemerkt, dass die Kriminalitätsrate in seinem Land gestiegen war nachdem die Theaterstücke über das Leben eines Banditen namens Zigomar aufgeführt wurden. Er war davon überzeugt, dass das Theater und das Kino einen größeren Einfluss ausübten, als die Schule, die Kirche oder die Familie, und dass die Leute sich davon anregen und formen ließen; also übte er mit den Kindern kurze Theaterstücke ein. Eines dieser Stücke, die Legende von Tolstois Weizenkorn, kam bei den Eltern besonders gut an. Um den Geist und die Herzen seiner Schüler für neue Ideen zu öffnen, erklärte er ihnen den Sinn und die Schönheit der Texte, die sie rezitierten. Zu Hause sprachen die Kinder von diesem neuen Lehrer, der so anders war als die anderen, und die dankbaren Eltern besuchten ihn oft.

Drei oder vier Jahre später wurde er zum Direktor dieser Schule gewählt und während des kurzen Abschnitts, in dem er dieses Amt bekleidete, war er so beschäftigt wie noch nie. Seine Methoden, die auf einer Pädagogik der Liebe und der Geduld basierten, erzeugten einmal mehr eine offenherzige und dynamische Beziehung zwischen ihm und den Schülern. Die Eltern wussten nicht, wie sie ihm am besten danken konnten und brachten ihm Käse, Nüsse und Früchte. Sein Büro war voll von diesen Düften. Er zog sich jedoch die Eifersucht und den Unwillen einiger Lehrer zu, die nicht daran interessiert waren, die Kinder anders zu behandeln und die auf verschiedene Arten Widerstand leisteten.

Die Eifersucht überraschte ihn immer wieder, und es war für ihn nicht leicht, sich ihrer Macht und Zähigkeit bewusst zu werden.

Trotz seiner neuen Verpflichtungen und der Probleme, die ständig auftauchten, war er jedoch immer von überströmender Energie erfüllt und fing an, vor den Bauern der Region kurze Vorträge über Spiritualität zu halten. Viele kamen, um ihn zu hören, sie liebten diesen neuen Direktor, der in Bildern und mit ausdrucksvollen Gesten sprach, der viel Humor hatte und seine Vorträge mit Anekdoten ausschmückte, um seine Gedanken zu veranschaulichen.

Doch die Zeit nahte, in der Mikhaël aufgerufen sein würde, sein Land für immer zu verlassen. Viele Jahre hatte Peter Deunov ihn im Hintergrund gehalten, die meisten Mitglieder der Bruderschaft hatten auch den geheimnisvollen Satz vergessen, den er am Ufer des zweiten Sees in Rila ausgesprochen hatte: »Ihr kennt Bruder Mikhaël nicht. Im Moment ist er noch verborgen, aber eines Tages werdet ihr ihn erkennen.« Im Laufe der Jahre nach 1930 hatte er damit begonnen, ihm gewisse Dinge zu enthüllen, um ihn konkreter auf seine zukünftige Aufgabe vorzubereiten. Eine dieser Enthüllungen erzählte er ihm in Form einer allegorischen Geschichte: »Ich besitze einen Edelstein, groß wie ein Ei und von unschätzbarem Wert. Ich habe die Absicht, ihn jemandem zu geben, damit er ihn in ein anderes Land bringt. Aber weil er einen gefährlichen Wald voller wilder Tiere und Räuber durchqueren muss, wird der Edelstein bis zur Unkenntlichkeit beschmutzt. Später wird er gewaschen und in all seiner Pracht erstrahlen.«

Das war eine regelrechte Prophezeiung, die sich zehn Jahre später vollständig erfüllen sollte, aber Mikhaël war nicht in der Lage, diese Aussage, die seine eigene Zukunft beschrieb, zu deuten. Er selbst würde Träger dieser Lehre sein, welche der Edelstein symbolisierte, und er würde zusammen mit dem Edelstein beschmutzt werden. Seit ihm der Meister im Jahre 1917 vorhergesagt hatte, dass sich die ganze Schwarze Loge eines Tages gegen ihn stellen würde, erwartete er große Prüfungen, doch erst als der Moment dieser großen Prüfungen nahe war, bekam das Symbol des Edelsteins, der beschmutzt werden musste, um gerettet zu werden, einen tieferen Sinn. Peter Deunov sah die Zukunft, doch er durfte sie ihm nicht enthüllen, weil er ihm dadurch nur ein Hindernis in den Weg gestellt hätte. Dies war der Grund, warum er nur ein Mal eine Anspielung auf die Mission machte, die er ihm ein paar Jahre später anvertraute und die getarnt werden musste. Er sagte ihm nur noch: »Wenn du durch die enge Pforte gehst, wirst du dich dermaßen verwandeln, dass du dich selbst nicht wieder erkennst. Du wirst strahlen wie die Sonne und die ganze Welt anziehen.«

In einem bestimmten Moment versicherte er ihm noch etwas Erstaunliches: »Du musst wissen, dass du da oben frei warst. Bevor du wiedergeboren wurdest, hast du einen Vertrag vor einer großen Versammlung, vor den größten Geistern, unterschrieben. Du warst damit einverstanden, hier unten eine wichtige Aufgabe zu erfüllen, und du musst es tun.«

Gelegentlich sagte Peter Deunov, dass alle Wesen sich zu einer bestimmten Arbeit auf der Erde verpflichten müssen, bevor sie wiedergeboren werden. Im Falle von Mikhaël sprach er von der Unterschrift eines Wesens, das frei war und nicht mehr wiedergeboren werden musste, um die Arbeit der Vollendung abzuschließen. Er sprach von einem Wesen, das vor die höchsten Geister geladen wurde und eine ganz besondere Mission erfüllen konnte, wenn es dies wünschte. Mehr sagte er nicht, da er sicher war, dass Mikhaël eines Tages die Bedeutung dieser Worte verstehen würde. Niemand soll seine Zukunft kennen und sogar die großen Eingeweihten und die spirituellen Meister unterliegen dieser Regel. Ihre Mission wird ihnen nur schrittweise im Verlaufe ihres Lebens offenbart.

»Du bist gekommen, um Zeugnis für die Wahrheit abzulegen«, sagte Peter Deunov bei einer anderen Gelegenheit zu ihm. Mikhaël dachte oft über diesen Satz nach. Um Zeugnis für die Wahrheit ablegen zu können, mussten alle Partikel seines Wesens mit der Wahrheit in Einklang schwingen. Man musste so wahrhaftig sein wie der Diamant, der Zeugnis für die Klarheit aller anderen Diamanten ablegt. An einem Tag, als er mit dem Meister zusammen war, fragte er ihn: »In welchem Moment sind Sie mit mir als Schüler am zufriedensten gewesen?«

Er war jetzt 34 Jahre alt. Peter Deunov kannte ihn seit 17 Jahren und hatte ihn auf viele Arten geprüft. Er hatte seinen Werdegang aus nächster Nähe mitverfolgt. Er erkannte Mikhaël als außergewöhnliches Wesen, geschaffen, um zu erleuchten und zu trösten. Er sah ihn integer, mutig und standhaft, wie es nur wenige Menschen sein konnten. Er wusste, dass er fähig war, seine Freunde sowie seine Brüder und Schwestern auf Kosten seiner eigenen Ungestörtheit zu unterstützen und zu verteidigen. Als Antwort auf Mikhaëls Frage beschloss er jedoch, ihn auf jene scheinbar unbedeutende Begebenheit aufmerksam zu machen, die er ein paar Jahre zuvor im Garten von Ternovo beobachtet hatte.

»Du warst versunken in eine tiefe Meditation, als dieses junge Mädchen kam, um dich zu holen. Sie war in dich verliebt und du auch in sie. Doch als sie von der Leiter herunterstieg und dir ein Zeichen gab, ihr zu folgen, bist du oben auf der Leiter geblieben und hast deine Meditation fortgesetzt. Das war der Moment, an dem ich am zufriedensten mit dir gewesen bin.«

»Aber Meister«, rief Mikhaël sehr erstaunt, »dann ist es die Symbolik und vielleicht die prophetische Seite, die Sie darin sahen, welche Sie so sehr erfreute? Für mich war dies nicht sehr bedeutsam.«

Peter Deunov lächelte, ohne zu antworten. Das Bild der Leiter war wirklich ein Symbol. Er war zufrieden gewesen, zu sehen, dass Mikhaël der himmlischen Welt, seinem Ideal, der Mission jener Wesen, die prädestiniert sind, auf die Ehe und Kinder zu verzichten, treu geblieben war, um sich ganz und gar der Verwirklichung des

Reiches Gottes auf Erden zu widmen. Doch er wusste natürlich auch, dass die bedingungslose Wahl, der Freimut und die Geradlinigkeit dieses Menschen manchmal die Rache der anderen auf sich zogen. Sogar die verliebte junge Frau, die er im Garten von Ternovo beobachtet hatte, war später in den Bann eines skrupellosen Mannes gezogen worden, mit dem Mikhaël nichts zu tun haben wollte. Sie wurde zu einer seiner schlimmsten Feindinnen.

* * *

In jenen Jahren machte Peter Deunov dem auserwählten Schüler wichtige Offenbarungen über seine Zukunft und Vorhersagen über Ereignisse, die er in der Akasha-Chronik entschlüsselt hatte. Sein Blick strahlte manchmal eine außergewöhnliche Intensität aus, sein Gesicht veränderte sich und leuchtete. Niemals mehr vergaß Mikhaël die Schönheit, die von diesem Gesicht ausging oder wie seine Worte die Wahrheit betonten. Im Verlaufe der folgenden drei Jahre offenbarte ihm der Meister noch viele weitere Dinge, vor allem, dass er in einer seiner vorausgegangenen Inkarnationen in Indien Bücher verfasst hatte, aus denen die gesamte Menschheit ihr Wissen schöpft. Er sagte ihm, dass er dafür vorbereitet worden war, eine spezielle Arbeit auszuführen, die den Frauen auf der ganzen Welt eine spirituelle Hilfe sein würde. Außerdem weissagte er ihm, dass er eines Tages mit den planetarischen Engeln kommunizieren könne. Alle diese Offenbarungen und Versprechen waren Anerkennung und Bestätigung dessen, was Mikhaël bis dahin verwirklicht hatte.

Peter Deunov war ihm nun ganz besonders nahe, da Mikhaël zwanzig Jahre in aller Demut bei ihm verbracht hatte und zweifellos bereits selbst ein außergewöhnlicher spiritueller Führer geworden war. Endlich konnte der Meister sich erlauben, ihm seine ganze Liebe zu offenbaren. Seltsamerweise gab er ihm manchmal den Namen Iacchoi. Mikhaël kannte diesen Namen nicht und fragte sich mit einer gewissen Ratlosigkeit, warum der Meister ihn so nannte. Erst sehr viel später stieß er in einem Buch über die Mysterien des

Dionysos darauf. Er erfuhr, dass die Alchimisten den Namen Iacchus als ein Synonym für die Sonne gebrauchten. Mit Iacchus war auch Dionysos, Apollon oder Osiris gemeint. In den Mysterien bediente man sich des Namens in der Mehrzahl, also Iacchoi, um die Androgynen zu beschreiben, die vollkommenen Wesen, die beide Prinzipien in sich vereint hatten. Auch hier handelte es sich um eine der geheimnisvollen Bemerkungen, über die Mikhaël lange meditieren musste.

»Ich vermute heute, dass er mich so nannte, um mir die Mittel zu geben, herauszufinden, was er über mich dachte. Er wollte mir sagen, dass ich kein Niemand sei, dass er in mir jemanden sah, der vollkommen werden konnte.«[51]

Peter Deunov war sich der Bedrohung bewusst, welche die wachsende Einflussnahme des Kommunismus für die Bruderschaft bedeutete. Im Jahre 1937 lud er Mikhaël ein letztes Mal zu sich ein, um ihm die Mission anzuvertrauen, ihn nach Frankreich zu entsenden, um seine Lehre dort zu verbreiten. Um ihm den Weg zu bahnen, gab er ihm drei Briefe mit, die er seinem Sekretär Boian Boev diktierte. Der erste beinhaltete, dass Mikhaël in einer bestimmten Mission reise und sein Leben dieser Mission geweiht sei. Der zweite war an eine polnische Dame gerichtet, die ihn in Paris in interessante Kreise einführen konnte. Der dritte Brief, datiert mit dem 12. Juni und unterschrieben von Bruder Boev, ging an Bruder Anastassi, einem bulgarischen Bruder, der ebenfalls in der französischen Hauptstadt lebte. Er lautete: »Einer unserer Brüder – Mikhaël Ivanov – reist nach Paris. Er ist vom Meister gesandt. Sie wissen, dass er einer der sehr weit entwickelten Schüler ist. Er besitzt großes Wissen und ist dem großen himmlischen Werk, für das er arbeitet und lebt, vollständig ergeben.«

Offiziell reiste Mikhaël nach Frankreich, um die Weltausstellung in Paris zu besuchen und Peter Deunov verriet seiner Bruderschaft nie, dass er ihm eine Mission anvertraut hatte. Er wusste, dass seine Wahl die Eifersucht derjenigen heraufbeschworen hätte, die sich dieser Aufgabe würdiger glaubten. Deshalb entschied er sich, zu schweigen.

Nachdem er sich von seiner Familie verabschiedet hatte, verließ Mikhaël seine Heimat am 18. Juli 1937. Am Tage seiner Abreise fanden sich mehrere seiner Freunde und ein großer Teil der Schüler des Gymnasiums mit ihren Eltern am Bahnhof ein. Viele weinten als er ging, vielleicht weil sie fühlten, dass sie ihn niemals wiedersehen würden. Mikhaël sah sie alle mit schwerem Herzen an. Später dachte er oft an seine Schüler, die er so sehr geliebt hatte, und in Gedanken sah er all seine Freunde, die gekommen waren, um sich an diesem Tag von ihm zu verabschieden.

Er war 37 Jahre alt. Er verzichtete auf alles, um die Mission, die ihm vor Kurzem anvertraut worden war, zu erfüllen. Er verließ seine Familie, seine Freunde und das Land, in dem er geboren wurde. Symbolisch gesprochen, verkaufte er alles, was er besaß, um diesen wertvollen Edelstein in die Ferne zu tragen.

* * *

DRITTER TEIL

BRUDER MIKHAËL

»Gepriesen seist Du, mein Herr,
mit allen Geschöpfen, besonders mit Bruder Sonne,
der den Tag schenkt und durch den du uns erhellst.
Er ist schön und strahlend mit großer Herrlichkeit.
Von Dir, Höchster, ist er das Symbol.«

Hl. Franz von Assisi

Bruder Mikhaël bei seiner Ankunft in Frankreich

IN PARIS

Der Zug aus Sofia war überfüllt mit Reisenden, die auf die Weltausstellung von 1937 in Paris wollten. Nach einem 2-tägigen Zwischenhalt in Venedig kam Mikhaël erst am 22. Juli in Paris an. In der französischen Hauptstadt nahm ihn Bruder Anastassi bei sich auf. Leider war die polnische Dame, die ihn in spirituelle Kreise hätte einführen können, verreist und die Nachbarn wussten nicht, wann sie zurückkehren würde.

Ohne Zeit zu verlieren, machte Mikhaël sich auf den Weg, die Stadt zu erkunden. Er besuchte die verschiedenen Viertel, die Kirchen, die Museen, die berühmten Gärten und die Stände der Buchhändler an den Ufern der Seine. Beim Anblick der imposanten Champs-Elysées konnte er sich ein Schmunzeln nicht verkneifen, als er sich daran erinnerte, dass dieser Name bei ihm, als er 17 war, die naive Vorstellung wachgerufen hatte, dies sei »ein Ort der Schönheit, geschaffen für die großen Wesen der Vergangenheit.« Im Quartier Latin entdeckte er in einem alten Laden seltene Bücher über Alchimie. Er verbrachte viele Stunden im Palais de la Découverte, wo Besucher bei Experimenten und bei Vorführungen wissenschaftlicher Entdeckungen dabei sein konnten.

Bisher war ihm die französische Sprache nur aus Büchern geläufig. Um die gesprochene Sprache zu erlernen, ging er ins Kino, in Theatervorstellungen und besuchte häufig die Oper. Es machte ihm Freude, den Einfluss von Stimmen und Musikinstrumenten auf sich selbst und auf das Publikum zu beobachten und das fortzusetzen, was er in seiner Jugendzeit begonnen hatte. Er versuchte herauszufinden, welche seiner spirituellen Zentren durch welche Töne angeregt wurden. Als er wieder zu Hause bei seinem Freund war, zog er sich in sein Zimmer zurück. Draußen hallte das Geschrei der spielenden Kinder in den engen Gassen; Mikhaël hörte es, während er über seine gegenwärtige Situation nachdachte. Seine Aufenthaltsbewilligung lief bald ab. Wenn er es nicht schaffte, die polnische Dame zu treffen, an die Peter Deunov geschrieben hatte, würde er sich damit abfinden müssen, nach Bulgarien zurückzureisen.

Die Tage vergingen. Am Vortag seiner Abreise versuchte er ein letztes Mal, sie zu erreichen und das Wunder geschah. Genau in dem Augenblick, als er sie anrief, betrat sie nach ihrer Rückkehr aus Warschau ihre Wohnung. Sie lud ihn umgehend und überaus herzlich zu sich ein und kümmerte sich um die Verlängerung seiner Aufenthaltsbewilligung. Es waren endlose Schritte zu unternehmen und deshalb war er immer noch in ihrer Wohnung, als es gegen Abend an der Tür klingelte. So machte er die Bekanntschaft einer etwa fünfzigjährigen Frau, die eine der treuesten Schülerinnen jener neuen Lehre werden sollte, die er nach Frankreich brachte.

Stella Bellemin kam ebenfalls von einer Reise zurück und zwar von einem kurzen Aufenthalt bei den Sieben Seen in Rila, wohin sie gereist war, um Meister Deunov zu treffen. Nachdem sie etwa zehn Tage mit der bulgarischen Bruderschaft verbracht hatte, fragte sie den Meister in Anwesenheit seines Sekretärs, Bruder Boev, auf welche Weise sie seine Lehre verbreiten könne.

»Wenn Sie die Person treffen, mit der Sie arbeiten sollen, werden Sie sie sofort erkennen«, hatte der Meister ihr geantwortet.

Erst später verstand sie, dass Peter Deunov, ohne Mikhaël zu erwähnen, auf ihn angespielt hatte und dass auch sein Sekretär dies genau wusste. Dennoch erinnerte sie sich auch daran, dass niemand während ihres Aufenthaltes in Bulgarien auch nur die geringste Anspielung auf einen Bruder gemacht hatte, der vor Kurzem nach Frankreich gereist war. Am Abend ihres Besuches bei ihrer polnischen Freundin erfüllte sich die Vorhersage. Sobald sie den Fremden im Wohnzimmer sitzen sah, war sie zutiefst überzeugt, dass er derjenige sei, von dem Peter Deunov gesprochen hatte. Und als sie erfuhr, dass Bruder Mikhaël nach Frankreich gekommen war, um die Lehre, die sie eben erst entdeckt hatte, zu verbreiten, stand ihr

Entschluss fest. Sie wollte an dieser Arbeit teilnehmen und ihm alle ihr möglichen Mittel zur Verfügung stellen. Ohne zu zögern oder sich um Anstandsregeln zu kümmern, bot sie ihm ein Zimmer in ihrer Wohnung an und versprach ihm jede Hilfe, die er benötigte. Mikhaël ging nicht gleich darauf ein, er wollte in Ruhe darüber nachdenken. Am nächsten Morgen nahm er die Einladung an und richtete sich in der Rue des Princes ein kleines Zimmer ein, von dem aus er den Sonnenaufgang sehen konnte.

Stella war Astronomin und arbeitete für die Nationalbibliothek von Paris. Morgens verließ sie ihre Wohnung und kam erst am Abend wieder nach Hause. Alle ihre Freunde erfuhren schon bald, dass sich ein Schüler von Peter Deunov in Paris befand und kamen, um seine Bekanntschaft zu machen. Mit Aufmerksamkeit und größter Geduld hörte Bruder Mikhaël, wie man ihn von nun an nannte, seinen Besuchern zu und antwortete auf ihre Fragen. Sie kamen immer zahlreicher und in der kleinen Wohnung in der Rue des Princes ging es zu wie in einem Bienenstock. An ihren freien Tagen gab er Stella ausführliche Erklärungen über die Lehre, die ihm Peter Deunov anvertraut hatte.

In dieser zweiten Hälfte des Jahres 1937 war die Situation in Frankreich sehr angespannt. Man sprach von der Kriegsgefahr, die über ganz Europa schwebte. Im Herbst unterzeichnete die französische Regierung einen strengen Erlass für alle Ausländer, die zur Weltausstellung nach Frankreich gekommen waren und sich noch immer im Lande aufhielten. Mikhaël war mit einer zeitlich beschränkten Aufenthaltsbewilligung zur Ausstellung gekommen und hatte nun große Schwierigkeiten, alle acht Tage eine Erneuerung seiner Genehmigung zu erreichen. Die Wartezeiten, die Schwierigkeiten, das Misstrauen und die arroganten Bemerkungen ließen ihn jedoch nie die Geduld verlieren. Er unternahm die nötigen Schritte mit unermüdlicher Regelmäßigkeit. Damals musste er so oft beim Photographen neue Passbilder von sich machen lassen, dass sehr viele Fotos von ihm aus dieser Zeit existieren.

Stella beobachtete seine Vorgehensweise und war von seiner Ausstrahlung sehr beeindruckt. Obwohl sie sich von klein auf für spirituelle Dinge interessierte, war sie auch eine Intellektuelle, die in ihrem Beruf hohes Ansehen erworben hatte. Sie war nicht leicht zu beeindrucken, doch in späteren Jahren erzählte sie häufig, welch tiefen Eindruck Bruder Mikhaël auf sie gemacht habe. Sie wurde oft Zeuge der Wirkung seines Blickes und seines Lächelns auf unfreundliche oder sehr gereizte Menschen. War ein Gesprächspartner schlechter Laune oder gar ungehobelt, kränkte ihn das nicht, er reagierte mit einem warmherzigen Lächeln, sprach einige einfache Worte voll überströmender Güte, und das Benehmen der Person änderte sich sofort.

Eines Tages warnte ein Beamter sie und bezeichnete ihren Gast als Spion der UdSSR. Sie verteidigte ihn energisch, doch wegen solcher Missverständnisse war Mikhaël gezwungen, jede Woche neue Unterstützung zu suchen. Erst zwei Jahre später gelang es ihm, ein Visum zu erhalten, welches nur alle drei Monate erneuert werden musste, und diese Situation sollte noch jahrelang andauern. Doch auch als die Einschränkungen gelockert wurden, gehörte er nie einer bestimmten Nation an. Er sollte immer ein Weltbürger bleiben.

Währenddessen behielt Mikhaël seine Heiterkeit und zählte auf die unsichtbaren Wesen, die ihn unterstützten. Seine Gebete erhielten ausnahmslos immer eine Antwort. Es kam sehr häufig vor, dass er erst in letzter Minute und unter erstaunlichen Umständen die Person traf, die es ihm ermöglichte, seine Bewilligung zu erneuern. Manchmal war es die bulgarische Gesandtschaft, die ihm Probleme bereitete und manchmal die französische Präfektur. Eines Tages forderte diese – zwei Stunden vor Ablauf seiner Aufenthaltsbewilligung – zehn Unterschriften von ausnahmslos männlichen französischen Staatsbürgern mit ausreichender sozialer Stellung. Wie durch ein Wunder kamen zehn seiner regelmäßigen Besucher praktisch gleichzeitig zur Wohnung in der Rue des Princes. Ohne sich vorher untereinander abgesprochen zu haben, verspürten sie alle den Wunsch, Bruder Mikhaël zu besuchen und alle hatten es geschafft, sich von der Arbeit freizunehmen. Voll Freude begleiteten sie ihn zur Präfektur.

Seine Freunde waren immer wieder erstaunt, welch ungewöhnliche Vorfälle sich in seinem Leben ereigneten. Sogar die Ungläubigsten unter ihnen waren beeindruckt. Man konnte nicht umhin festzustellen, dass er von geheimnisvollen Wesen umgeben war, die ihm seine Aufgabe erleichterten und ihn in seiner Arbeit unterstützten. Es war, als hörten seine unsichtbaren Freunde jeden seiner Wünsche und versuchten mit allen Mitteln, ihm zu helfen und das Nötige zu beschaffen. Diese Unterstützung bekam er auch für anscheinend weniger wichtige Dinge, wie für den Kauf eines Radiogerätes, das er brauchte, und für das er genau die entsprechende Summe plötzlich geschenkt bekam. Oder er fand ein Teeservice vor seiner Türe, das er in einem Schaufenster bewundert und daran gedacht hatte, wie er seine Gäste damit bewirten könnte. Doch trotz seines absoluten Glaubens gewöhnte er sich nie an diese Wunder. Jedes Mal war er darüber entzückt und glücklich wie ein Kind.

* * *

Immer zahlreicher kamen die Menschen, um Bruder Mikhaël zu hören. Wöchentlich trafen sich etwa 20 Leute in der Wohnung in der Rue des Princes, die bald zu klein wurde. Die Vorträge wurden in der Wohnung von Stellas polnischer Freundin, nahe der Rue du Bac, weitergeführt. Peter Deunov war in der französischen Hauptstadt kein Unbekannter und sogar in Paris gab es mehrere Mitglieder der bulgarischen Bruderschaft, die sich als Gesandte des Meisters ausgaben. Mikhaël hingegen behauptete nie etwas Derartiges. Er war nur ein Bulgare, der in Frankreich lebte, ein Schüler von Peter Deunov, einer unter vielen. Ohne sich Gesandter zu nennen oder sich in den Vordergrund zu stellen, sprach er ganz natürlich über die großartigen Themen dieser Einweihungswissenschaft, welche die Grundlage seines Lebens darstellte. Langsam wurde ihm die französische Sprache geläufiger. Seine Dynamik und sein Humor glichen alle Mängel aus, denen die Mehrheit der Zuhörer auch keine Bedeutung beimaß. Seine bildhafte Sprache war anschaulich genug. Doch manchmal wirkte sich sein unvollständiges Sprachwissen auch nachteilig aus. Unter den Besuchern der Zusammenkünfte befanden sich auch Schriftsteller, Astrologen und Alchimisten, die seinen Mangel an Sprachgewandtheit mit einem Mangel an Wissen verwechselten.

Viele hielten sich für Eingeweihte, für bessere Menschen. Sie sprachen lange zu ihm, ohne ihm Gelegenheit zu geben, auch nur ein Wort zu sagen. Aber niemals klärte er sie über ihren Irrtum auf. Geduldig und mit offenem Herzen hörte er ihnen ganz einfach zu. Es gab solche, die sich rühmten, bereits »die zweite oder dritte Einweihung« erhalten zu haben. Er selbst interessierte sich nicht für solche Dinge und wollte keine Einweihungsgrade in der Bruderschaft einführen. Er erwähnte bei mehreren Gelegenheiten, dass er nicht wisse, auf welcher Stufe er sich befände und dass man innerhalb der Bruderschaft nicht von Titeln spreche oder sich für eine Koryphäe auf diesem oder jenem Gebiet halte. In seinen Augen erreichte man dann einen höheren Grad der Einweihung, wenn sich das Bewusstsein erweitert.

Eines Tages stellte ihm Stella einen ihrer Freunde vor, er war ein Ingenieur und gleichzeitig ein versierter Astrologe. Von seiner Wichtigkeit überzeugt, sprach er zu Bruder Mikhaël wie ein Lehrer, der zu seinem Schüler spricht und fragte ihn: »Haben Sie eine Ahnung von Astrologie?« – »Ja, das habe ich«, antwortete Bruder Mikhaël in aller Einfachheit; er war in seinem Land als einer der größten Astrologie-Experten anerkannt.

Der Ingenieur riet ihm, diese so faszinierende Wissenschaft, die ihm ungeahnte Horizonte eröffnen werde, zu studieren. Er nannte ihm die Namen mehrerer Bücher für Anfänger und sah mit Genugtuung, wie Mikhaël sein Notizbuch herausholte, alles notierte und sich höflich bedankte. Einige Monate später erfuhr er von der großartigen Interpretation, die Bruder Mikhaël zu wesentlichen astrologischen Themen gab. Stutzig geworden, ging er zu einem seiner Vorträge, hörte ihm zu und war verblüfft über sein Wissen und seine natürliche Autorität. Von diesem Abend an änderte er sein Benehmen ihm gegenüber völlig. Er schrieb ihm einen langen Brief und teilte ihm mit, dass er sich seines arroganten Verhaltens ihm gegenüber schäme. Er unterschrieb mit: »Ihr ergebener Schüler«.

Mit seinem profunden Wissen über die spirituelle Astrologie definierte Bruder Mikhaël die großen Gesetze des Universums in einer Weise, die das Verständnis seiner Zuhörer für die Welt, in der sie lebten, erweiterte. Mehrere bekannte Astrologen nahmen regelmäßig an seinen Vorträgen teil und schöpften daraus eine Fülle neuer und belebender Ideen. Die Astrologie war jedoch nicht das Hauptthema seiner Gespräche. Er gebrauchte sie nur sporadisch, um seine Gedanken zu illustrieren oder seine Erklärungen zu untermauern. Stella hörte ihm stundenlang zu und versuchte, hinter das Geheimnis seines Verhaltens zu gelangen. Jahre später schrieb sie, dass sie in dieser Zeit manche Gelegenheit hatte, über das Verhalten von Bruder Mikhaël erstaunt zu sein, der nach absolut ungewöhnlichen Normen lebte:

»Er zeigte sich natürlich, unscheinbar, bescheiden und unwissend, was mich sehr erstaunte. Ich hatte noch keine Erklärung gefunden, warum er seine außergewöhnliche Natur und seinen hohen Wert so hartnäckig verschleierte, obwohl ich mehrmals seit unserer ersten Begegnung klare Bestätigungen dafür erhalten hatte ... Was mich beim ersten Kontakt mit ihm am meisten beeindruckte, war das strahlend helle Licht, das von ihm ausging, ein Licht, erfüllt von Sanftmut und reiner, selbstloser Liebe...«[52]

Um die wahren Gründe dafür zu verstehen, beobachtete sie sehr aufmerksam seine Art und Weise, etwas zu tun, seine harmonischen Gesten, die so anders waren, als die abrupten Bewegungen vieler Leute, diese Güte, die von einer unglaublichen Kraft herrührte und die Sanftmut seines Blickes, die niemanden zu etwas zwang. Alles an ihm war harmonisch, es gab keine Unstimmigkeit zwischen seinen Aussagen und seiner Lebensweise.

* * *

Fünf Monate nach seiner Ankunft in Frankreich fragten ihn seine regelmäßigen Zuhörer, ob er bereit sei, Vorträge in der Öffentlichkeit zu halten. Sie ließen nicht davon ab und schließlich willigte er ein. Der erste Vortrag wurde für Samstag, den 29. Januar 1938, im

Salle du Luxembourg an der Place de la Sorbonne angesetzt.

Am Morgen des Vortrags war in Stellas Wohnung das Wasser abgestellt worden. Als Bruder Mikhaël bemerkte, dass aus dem Wasserhahn in seinem Zimmer kein Wasser floss, war er in die Küche gegangen, um zu sehen, ob es dort Wasser gab. Er hatte aber vergessen, den Wasserhahn wieder zuzudrehen, bevor er die Wohnung verließ. Als Stella am späten Nachmittag nach Hause kam, traf sie ihren Gast in der Küche; er war damit beschäftigt, das Wasser einer kleinen Überschwemmung aufzuwischen. Als er ihr bestürztes Gesicht sah, fing er an zu lachen. In seinen Augen gab es für diesen Zwischenfall eine eindeutige Erklärung. Er sah darin eine Nachricht der höheren Welt, weil das Wasser die Fülle symbolisiert, das Leben und die Fruchtbarkeit. Beschwingt sagte er zu ihr: »Sehen Sie, wie wunderbar, die Liebe fließt, sie fließt in Strömen! Mein Vortrag wird ein Erfolg und die Besucher werden sehr zufrieden sein.«

Die Wirklichkeit übertraf seine Vorhersage. Dieser Vortrag, mit dem Titel »Die zweite Geburt«, war der Beginn einer langen Serie von über 5000 Vorträgen. An diesem Abend überraschte er alle mit einer völlig unerwarteten präzisen und klaren französischen Sprache. Man konnte wirklich sagen »es floss in Strömen«. Und die Aussagekraft seiner Gesten trug nicht wenig zu seinem Erfolg bei. Wenn ihm von Zeit zu Zeit ein gewünschter Ausdruck nicht in den Sinn kam, unterbrach er sich selbst und bat sein Publikum, ihm auf die Sprünge zu helfen. Hocherfreut schlugen sie ihm verschiedene Ausdrücke vor. »Nein, nein, das ist es nicht«, sagte er dann oft.

Er suchte weiter und fand schließlich genau das richtige Wort und sein Publikum war bezaubert von seiner Ungezwungenheit. Dieser Vortrag war gespickt mit Themen, die er liebte: Feuer und Wasser, die Ernährung durch feinstoffliche Elemente, die vier Elemente, die durch die zwölf Tierkreiszeichen symbolisiert werden, das Licht und das Prisma mit seinen sieben Farben und ihrem Einfluss auf die Menschen.

»*Wer die zweite Geburt erlangt hat*«, sagte er, »*gleicht einer lebendigen Quelle, aus der klares Wasser fließt und an deren Ufer sich eine*

Hochkultur entfaltet. Seine Religion ist die wahre Religion der göttlichen Liebe und der göttlichen Weisheit. Das Universum ist ihm der wirkliche Tempel Gottes, in dem die Sonne der Hohepriester und die Sterne die Lichter sind. Wer im Geiste erneuert wurde, dessen unsichtbare Kanäle sind endlich geöffnet, um die Liebe und die Weisheit aufzunehmen. Er gleicht auch dem vollkommenen Prisma, das die günstige Wirkung der sieben Lichtkräfte in seinem Inneren aufteilt und sie zum Wohle aller in seine Umgebung ausstrahlt.«[53]

Mit diesem Vortrag begann innerhalb seiner Mission tatsächlich eine neue Quelle zu sprudeln. Während seines ganzen Lebens dachte er daran, dieses lebendige Wasser fließen zu lassen. Er sprach vom Licht als jenem himmlischen Wasser, welches aus den göttlichen Regionen zu uns herunterfließt.

Diese erste Erfahrung war die feierliche Eröffnung einer Periode von zehn Jahren, in denen er das Fundament für die von Peter Deunov empfangene Lehre legte, damit sie Früchte trage. Er fuhr fort, wöchentlich in gemieteten Sälen Vorträge zu halten. An manchen Abenden drängten sich die Leute bis nach vorn zum Podium und es musste ein größerer Saal gefunden werden. Doch auch dieser platzte in kürzester Zeit aus allen Nähten. Sogar der Hof füllte sich mit Menschen, die einfach nur zuhören wollten.

In seinen Vorträgen hielt er sich an den gleichen Stil wie Peter Deunov, der seinem Wesen am besten entsprach. Er bereitete nicht den Vortrag vor, sondern er bereitete sich selbst durch die Meditation vor. Beim Eintreten in den Saal begrüßte er die Zuhörer mit der erhobenen rechten Hand, genau so, wie es in der bulgarischen Bruderschaft üblich war. Diese Begrüßung war für ihn ein wichtiges Instrument. Mit dieser Geste projizierte er Energien, Farben und belebende Strahlen auf seine Umgebung.

»Die Begrüßung muss einen wahrhaftigen Austausch darstellen. Sie muss kraftvoll, harmonisch und belebend sein.«

Nachdem er alle begrüßt hatte, verharrte er einen Moment in Stille. Einer Antenne gleich, fing er die Gefühle und Probleme seiner Zuhörer auf und sammelte die Fragen, die ihnen durch den Kopf gingen. Die Themen, die er ansprach, gaben den Zuhörern klare und praktische Antworten. Nach dem Vortrag meditierte man sehr lange. Der Ablauf dieser Treffen war voller Leben und Überraschungen, weil Bruder Mikhaël keine Routine wollte, die »eine Verlangsamung und ein Sterben herbeiführen würde.«

Um sein Publikum zu entspannen und ihre Aufmerksamkeit zu erhöhen, erzählte er ihnen Anekdoten. Wie ein orientalischer Märchenerzähler schmückte er seine Vorträge mit erfrischenden Geschichten, voller Humor und doch der Lehre entsprechend. Er hatte eine Vorliebe für die türkischen Geschichten von Nostradin Hodscha, die er seit seiner Kindheit kannte. Er bediente sich auch einiger Anekdoten von Alexandre Dumas oder erzählte Fabeln von La Fontaine und Märchen aus Tausendundeiner Nacht. Diese Geschichten hatten oft zum Ziel, einen Aspekt der Lehre zusammenzufassen. Gleichzeitig dienten sie dazu, die Intensität aufzulockern, die er bei seinen Zuhörern erzeugt hatte. Er meinte, Lachen halte das Gehirn beweglich und die Bruderschaft sei eine Schule des Lachens. Wenn er herzhaft lachte, konnte man nicht widerstehen und musste mit ihm lachen. Ständig von den Ereignissen des täglichen Lebens inspiriert, die wahrheitsgetreu die unsichtbare Welt widerspiegeln, machte er von ihnen Gebrauch, um seine Gedanken zu illustrieren. Als seine Freunde ihn zu einem »Luna Park« genannten Vergnügungspark mitnahmen, hielt er fasziniert vor einer der Attraktionen an. Das Publikum sollte auf eine Plattform aus Holz steigen, die man »Butterteller« nannte und die sich immer schneller zu drehen begann. Diejenigen, die sich an der Peripherie befanden, verloren das Gleichgewicht und wurden von der hohen Geschwindigkeit zu Boden geschleudert, während jene im Zentrum des Tellers ruhig stehen blieben. Sehr interessiert sah Bruder Mikhaël dem Geschehen zu. Er wies oft auf dieses Beispiel hin und sagte: Um nicht ständig von den Ereignissen des Lebens durcheinandergebracht zu werden, muss man mit Gott verbunden bleiben, Ihn nicht verlassen, trotz aller Schwierigkeiten, Epidemien, Leiden und Kriege.

Diese Fähigkeit, lebendige Beispiele in der Natur, in der Musik, im Sport, in den Erfindungen oder in den Berufen der Menschen zu finden, ermöglichte es ihm, ein konkretes und praktisches Licht auf die Anforderungen des spirituellen Lebens zu werfen. Seine Zuhörer hatten das Vergnügen, einen besonderen Vortrag nach einer Motorradfahrt mit einem Bruder namens André Jehan, den er »Bruder Jean« nannte, zu hören. Dieser Bruder, ein ehemaliger Autorennfahrer, hatte ihm nach dem ersten öffentlichen Vortragsabend seine Dienste angeboten, er würde ihn chauffieren, wohin er nur wollte. Beim ersten Ausflug war das Motorrad wegen einer verschmutzten Zündkerze nicht angesprungen. Bruder Mikhaël erklärte sich sofort bereit, sie zu reinigen, doch als er sie wieder eingebaut hatte, floss immer noch kein Strom. Bruder Jean prüfte die Kerze nochmals und sagte mit leicht vorwurfsvollem Unterton: »Bruder Mikhaël, in Ihrem Eifer haben Sie die Kerze allzu gut geputzt! Jetzt ist sie um den Bruchteil eines Millimeters zu kurz und der Strom kann nicht mehr fließen, weil die Elektroden zu weit auseinander stehen. Zu Jeans Erstaunen rief sein Begleiter fröhlich: »Ah, das ist ja wunderbar!« Bruder Mikhaël erzählte diesen Zwischenfall in seiner üblichen Hochform und fügte hinzu:

»Dieses Erlebnis liefert mir ein wunderbares Beispiel, das ich euch erklären möchte. Merkt euch gut, dass nichts funktioniert, wenn die Kerzen zu weit auseinander stehen oder wenn sie zu stark verunreinigt sind. Also genügt ein sehr kleines Detail, um das Funktionieren eines Apparates zu verhindern. Genau gleich verhält es sich im Leben eines Schülers. In uns selbst befinden sich auch Elektroden und wenn wir diese voneinander entfernen, funktioniert nichts mehr. Jeder Gedanke, jedes Gefühl, jede Nahrungsaufnahme, jeder Atemzug, jedes Organ muss in Verbindung mit unserem ganzen Leben sein. Erst dann wird unser Leben wunderbar, weil alle Apparate gut funktionieren und wir uns optimal entfalten können.«[54]

Im Gegensatz zu den meisten Vortragsrednern drückte er sich mit einfachen, alltäglichen Worten aus. Er hatte eine unvergleichliche Art und Weise, den Sinn des Lebens in einem neuen Licht erscheinen zu lassen. Er gab praktische und anwendbare Methoden, die es jedem ermöglichten, sich zu wandeln. Er schmückte seine Rede mit solch anschaulichen Bildern aus, dass sie die Sorgen seiner Zuhörer genauestens wiedergaben. Nur die Intellektuellen verwirrte seine sehr einfache Sprache, mit der er die erhabensten Themen ansprach. Wenn er ihnen sagte, dass dies »sogar die Babys« verstehen könnten, fühlten sich einige gekränkt. Doch wenn sie ihm weiter zuhörten, entdeckten sie nach und nach die Tiefe seiner Ideen, die er durch diese alltäglichen Worte und Bilder lebendig werden ließ.

Am Ende der Vorträge sammelten sich so viele Menschen am Ausgang, dass Bruder Mikhaël über eine Stunde brauchte, um zum Wagen zu gelangen, der ihn nach Hause fuhr. Sogar nach einem sehr anstrengenden Abend versuchte er nicht, der Menschenmenge zu entkommen. Im Gegenteil, er nahm sich Zeit, alle Fragen mit viel Geduld zu beantworten.

Von Anfang an waren auch Mitglieder der bulgarischen Bruderschaft, die in Paris wohnten, bei seinen Vorträgen anwesend. Mehrere unter ihnen blieben auf Distanz und setzten sich nicht für ihn ein, obwohl sie zu seinen regelmäßigsten Zuhörern gehörten. Einer der Franzosen sprach eines Tages mit einem von ihnen und war verwundert zu hören, dass Bruder Mikhaël in seiner Heimat keine wichtige Persönlichkeit sei und, anders als viele andere Brüder, vorher nie Vorträge über Peter Deunovs Lehre gehalten habe.

Als in Bulgarien bekannt wurde, dass Bruder Mikhaël Vorträge in großen Sälen für die Pariser Öffentlichkeit hielt, war dies der Beginn einer schwierigen Zeit, nicht nur für ihn selbst, sondern auch für die Mitglieder der bulgarischen Bruderschaft. Man glaubte, er habe sich eigenmächtig nach Frankreich begeben und sich selbst zum Vertreter Peter Deunovs ernannt. Auch als die nach Hause gekehrten Bulgaren, die ihn besucht hatten, voll Verehrung über seine Arbeit sprachen, blieb man dieser Meinung. Peter Deunovs Hauptsorge in dieser Frage war gewiss, den Frieden innerhalb seiner Bruderschaft aufrechtzuerhalten. Im Jahre 1937 hatte er Mikhaël einen Brief mitgegeben, der deutlich auf seine Mission hinwies. Im Laufe der folgenden Jahre äußerte er sich im privaten Rahmen mehrmals wohlwollend über das spirituelle Werk Mikhaëls in Frankreich. Doch niemals bestätigte er offiziell, ihn selbst dorthin geschickt zu haben. Sein Schweigen konnte also auch so gedeutet werden, dass er sein Handeln nicht billigte und sich nur aus Nächstenliebe ruhig verhielt. Peter Deunov traf jedoch die nötigen Vorkehrungen, er schrieb ihm persönlich und wiederholte seine Zustimmung: »Arbeiten Sie nach Gottes Führung. Ich bin mit Ihrem Wirken zufrieden.« Auch sein Sekretär, Bruder Boev, schrieb ihm im Oktober 1938 die folgenden Worte: »Sie sollen wissen, dass Sie die volle Zustimmung des Meisters besitzen. Machen Sie sich nichts aus denen, die sich Ihnen gegenüber negativ verhalten. Alle, mit denen ich hier gesprochen habe, sind begeistert und verehren Sie.«

Bruder Mikhaël war sich der Kritik um seine Person bewusst. Eines Tages versicherte er seinen Zuhörern, dass er nichts anderes täte, als das weiterzugeben, was er bei Peter Deunov in Bulgarien gelernt habe und dass er sich vor jedem Vortrag gedanklich mit ihm verbinde. Darüber hinaus zitierte er zu Beginn seiner Vorträge einen seiner Texte und kommentierte ihn ausführlich. Die tiefe Liebe zu seinem Meister war offensichtlich und er schmiedete jahrelang Pläne, ihn dazu zu bewegen, nach Frankreich zu kommen, um in der französischen Bruderschaft zu lehren.

Er selbst gab sich weiterhin als unbedeutenden Schüler und arbeitete an der Tugend der Demut. Häufig wiederholte er, die Demut sei »eine Art zu schauen«: Wenn man nach unten schaut und sich mit den Ameisen vergleicht, fühlt man sich sehr groß; schaut man jedoch nach oben und vergleicht sich mit den Sternen, den Erzengeln und Gottheiten, bleibt man sich seiner Kleinheit bewusst. Diese Einstellung war in seinen Augen die einzige, die einen anspornen und vorantreiben konnte. »Wenn man glaubt, man sei groß, kann man nicht mehr wachsen, man kann nur noch kleiner werden.«

Wie damals in Bulgarien machte es ihm nichts aus, für unwissend oder gar beschränkt gehalten zu werden und manche

Gesprächspartner unterschätzten seine Fähigkeiten und seine Intelligenz. Diese Haltung war Nährboden für spätere Schwierigkeiten, die auftraten, als er die Lehre Peter Deunovs erweiterte und bestimmte Bruderschaftsmitglieder ihm dies zum Vorwurf machten. Dennoch war für die Mehrzahl seiner Zuhörer offenkundig, dass er nicht nur einen unermesslichen Wissensschatz besaß und mit vollen Händen aus der Akasha-Chronik schöpfte, sondern dass er auch die außergewöhnliche Gabe hatte, dieses Wissen weiterzugeben. Sie konnten unmöglich das Licht ignorieren, das ihn erfüllte, während er sich, über sehr lange Zeit, weit hinter Peter Deunov stellte, um dessen Bekanntheitsgrad zu erhöhen. Er akzeptierte die Kritik als Teil der ihm anvertrauten Mission. Sie hielt ihn nie davon ab, seine Arbeit zu vollbringen.

In der Überzeugung, dass ein Meister ein Vorbild ist, bemühte er sich, richtig zu denken, zu fühlen und genau wie dieser Meister zu handeln, für den er so viel Verehrung empfand. Jedoch war seine ganz eigene Art zu denken zu einmalig und seine Wahrnehmung der Dinge zu ausgeprägt, als dass er auf unbegrenzte Zeit dem Geist einer einzigen Person hätte folgen können, auch wenn es sich um einen Meister handelte. Seine eigene Intelligenz war zu weitreichend, um eingeschränkt, unterdrückt oder Konzepten unterworfen zu werden, die teilweise einer zu Ende gehenden Epoche angehörten und zwangsläufig die Färbung und Gesinnung eines bestimmten Geistes angenommen hatten. Instinktiv griff er durch Meditation und Kontemplation nach der wahren Quelle allen Wissens.

* * *

Im Frühling nach seinem ersten Vortrag empfahl Bruder Mikhaël seinen Zuhörern, so oft wie möglich den Sonnenaufgang zu betrachten und ihre Kräfte und Inspiration in diesem Licht zu suchen, so wie es die Schüler von Pythagoras und anderen großen Eingeweihten der Antike gemacht hatten. Denen, die sich darüber beklagten, morgens zu müde zu sein, um zeitig aufzustehen, antwortete er, die vom frühmorgendlichen Aufstehen verursachte Müdigkeit werde ihre chronische Müdigkeit vertreiben:

»*Wenn ihr dem Sonnenaufgang beiwohnt, lösen die Sonnenstrahlen die schädlichen fluidischen Schichten um euch herum auf und das Keimen der Saat, die Gott in euch gelegt hat, kann beginnen.*«[55]

Tatsächlich bestätigten bereits mehrere Personen, dass sie sich gesünder und kräftiger fühlten, seit sie regelmäßig zum Sonnenaufgang gingen. Ihr Teint wurde reiner und ihre Laune ausgeglichener. Bruder Mikhaël versicherte ihnen oft, eine Zeit werde kommen, in der alle Menschen morgens die Sonne begrüßten; ihr Gesundheitszustand werde sich verbessern und ihre Lebensdauer werde sich dadurch verlängern.

Sonntags verließ er mit dem Kern der französischen Bruderschaft die Stadt, um den Tag im Wald zu verbringen. Er lehrte sie alle körperlichen und spirituellen Übungen, die man in der bulgarischen Bruderschaft praktizierte. Inmitten des Friedens der Natur, zwischen den hohen Bäumen, war er in seinem Element. Im Mai 1939 lud er alle seine regelmäßigen Zuhörer ein, sich in den Wald von St. Nom-la-Bretèche zu begeben, um die von Peter Deunov empfohlenen Gymnastikübungen zu lernen. Er beschrieb sie als sehr kraftvolle Übungen für Gesundheit und Ausgeglichenheit, zur Willensstärkung und Entwicklung der Gedanken und Gefühle. Er betonte, dass der Rhythmus von grundlegender Wichtigkeit ist: »Man muss mit den kosmischen Kräften in Verbindung treten und die Übungen langsam und konzentriert ausführen.«

Mehr als hundert Schüler trafen im Wald ein. Als sich alle auf der Lichtung befanden, erklärte Bruder Mikhaël, dass diese sieben täglich durchzuführenden Übungen einen großartigen Einfluss auf bestimmte Nervenzentren ausübten, sie nährten, stärkten und harmonisierten. Er führte jede Bewegung langsam aus und erklärte dabei ihre Bedeutung und Symbolik. Während die Gruppe versuchte, ihm die Übungen nachzumachen, zogen dunkle Wolken auf. Ein Gewitter stand unmittelbar bevor. Bruder Mikhaël sah ihre enttäuschten

Gesichter und meinte mit einem Lächeln: »Seid beruhigt, die Wolken werden sich verziehen, wenn wir anfangen zu singen.«

Und tatsächlich, während ihr Lied in der Lichtung erklang, klarte der Himmel in spektakulärer Weise auf, als hätte ein kolossaler Wind sich Tausende von Metern über ihren Köpfen daran gemacht, die Wolken zu vertreiben. Nach dem Picknick lenkte Bruder Mikhaël ihre Aufmerksamkeit auf die Schönheit des Waldes und erklärte ihnen, wie man Energien aus den großen Bäumen oder aus dem fließenden Wasser gewinnen kann. Für ihn war die Verbindung zwischen den zwei Welten, der spirituellen und der materiellen, Realität und ein machtvolles Mittel für die Verwirklichung auf der materiellen Ebene. »Das Universum ist ein immenser, lebendiger Organismus, in dem alle Elemente miteinander verbunden sind, vom kleinsten Atom über die himmlische Hierarchie bis hinauf zu Gott.« Bruder Mikhaël bediente sich der Zyklen der Natur, um eine Verbindung mit der himmlischen Welt zu schaffen. Er benützte die Mondphasen, die Energien des Feuers, des Windes, der Flüsse und der Wasserfälle, um sich zu transformieren: »So wie dieses Wasser alles auf seinem Weg reinigt, so möge auch ich gereinigt werden.«

Während er sprach folgten seine Blicke einem Salamander, der die Wiese zwischen dem Halbkreis der Zuschauer bis hinüber zu ihm durchquerte. Er streckte seine Hand zu ihm aus, der Salamander blieb unbeweglich und vertrauensvoll stehen, so als warte er darauf, hochgehoben zu werden. Als er es sich auf seiner Handfläche gemütlich gemacht hatte, schaute er ihn mit seinen kleinen, wachsamen Augen an. Bruder Mikhaël beobachtete ihn nachdenklich, sagte jedoch nichts. Die Anwesenheit des Salamanders sprach für sich und bestätigte die Erklärung über die Verbindung zwischen Mensch und Natur, die mögliche Harmonie und das gegenseitige Vertrauen zwischen den Wesen verschiedener Reiche.

Neben den Gymnastikübungen machte er seine Schüler auch mit der Paneurythmie, dem von Peter Deunov komponierten feierlichen Tanz, bekannt. Ebenso lehrte er Atemübungen und empfahl, sie früh am Morgen nach dem Sonnenaufgang sehr bewusst durchzuführen. Er sprach von »der Essenz der Luft«, die die Hindus Prana nennen und die das Leben selbst ist. Das tiefe und bewusste Atmen stärkt alle Organe, da die Atmung direkt auf den Blutkreislauf einwirkt. Das Gehirn kann dadurch besser denken und das Herz und der Magen weisen eine wesentlich höhere Leistungsbereitschaft auf. Er erklärte eine traditionelle Atemtechnik: Man atmet vier Takte lang ein, hält den Atem 16 Takte lang an und atmet dann 8 Takte lang aus. Er riet den Anfängern, vorsichtig zu sein und nur schrittweise zu einem langgezogeneren Rhythmus überzugehen.

»Während des Atmens kann man aus der Luft eine Essenz destillieren: das Prana, das Leben oder wie ihr es nennen wollt. Wenn man die Luft ganz bewusst durch die Nasenlöcher streichen lässt, helfen alle inneren Fabriken effizienter mit, diese Essenz herauszufiltern. Durch unbewusstes Atmen können sie nur ein Tausendstel dieser Essenz gewinnen und das ist weder für das physische noch für das psychische Leben ausreichend. Durch die Atmung bringt ihr euer Gehirn dazu, gut zu denken, euer Herz schlägt kräftiger und fühlt besser und euer Magen verdaut optimal.«[56]

Doch warnte er seine Zuhörer vor Atemmethoden, die zur rascheren Entwicklung der psychischen Fähigkeiten führen und betonte oft, dass diese Methoden gefährlich seien. In den darauf folgenden Jahren wies er immer wieder auf die Effizienz der einfachsten Übungen hin, die keinerlei Risiko bergen und gleichzeitig eine Wohltat für den ganzen Organismus darstellen.

* * *

Die französische Bruderschaft entwickelte sich, nachdem Bruder Mikhaël im Juni 1938 einen Vortrag in Lyon gehalten hatte. Er hatte über ein Thema gesprochen, dem er große Bedeutung beimaß: »Die spirituelle Galvanoplastik«. Ausgehend vom Prozess der Galvanoplastik, durch welchen ein Gegenstand z. B. mit Gold überzogen wird, erklärte er, dass eine schwangere Frau die Fähigkeit besitzt, auf das Kind in ihrem Leib Einfluss zu nehmen:

»Nehmen wir einmal an, eine Mutter entschließt sich, die Gesetze der Galvanoplastik anzuwenden, während sie ihr Kind austrägt. Sobald sie den Samen in ihrem Schoß (Kathode) empfangen hat, legt sie ein Goldplättchen in ihr Gehirn (Anode), d. h. sie hegt edle und lichtvolle Gedanken. Durch den Kreislauf führt das Blut dem Embryo ein edles ‚Metall' zu. Das heranwachsende Kind hüllt sich dann in goldene ‚Kleider', und wenn es geboren wird, ist es kräftig, schön, erhaben und allen Schwierigkeiten, Krankheiten und schädlichen Einflüssen gewachsen. Die Mutter kann Wunder vollbringen, große Wunder, denn sie besitzt den Schlüssel für die Kräfte des Lebens. In nur 50 Jahren könnten die Frauen die ganze Menschheit dank der geistigen Galvanoplastik verändern.«[57]

Während seines ganzen Lebens wünschte er sich die Verwirklichung eines ungewöhnlichen Projektes: den werdenden Müttern in der Zeit der Schwangerschaft ideale Bedingungen zu bieten, von denen sie profitieren könnten. Dieses Projekt würde voraussetzen, dass ein weiser Staat sich um die werdenden Mütter kümmert, ihnen Wohnmöglichkeiten in schöner Landschaft zur Verfügung stellt, mit großzügigen Parkanlagen, wo sie von Bäumen, Springbrunnen und Blumen, von schönen Farben und Musik umgeben wären. Man würde sie unterrichten, wie sie aus ihren Kindern außergewöhnliche Wesen machen können.

Meister Peter Deunov hatte Bruder Mikhaël anvertraut, dass er darauf vorbereitet worden war, den Frauen geistige Hilfe zu bringen. Dies war in der Tat eine seiner stetigen Bestrebungen. In Analogie zur Technologie der Galvanoplastik zog er jedoch auch eine ganz allgemeine spirituelle Schlussfolgerung: Alle Menschen können den gleichen Vorgang benützen, indem sie Gedanken 'aus Gold' hegen, sich in ihrem Herzen ein göttliches Bild vorstellen und sich dann ständig mit diesem Zentrum verbinden, von dem alle belebenden Kräfte ausgehen. Der Mensch verfügt über außergewöhnliche Kräfte, um zur Vollkommenheit zu gelangen. Die Meditation ist eines der effizientesten Mittel, um Selbstbeherrschung zu erlangen und innere Harmonie zu erreichen.

Ein Jahr nach diesem Vortrag war Bruder Mikhaël in Paris sehr bekannt bei allen, die das spirituelle Leben suchten. Man interessierte sich für seine Ideen, man kam, um ihn zu hören, weil er auf die tief greifendsten Bedürfnisse der Seele Antwort wusste. Wenn man ihm zuhörte, entdeckte man ein neues Leben. Er weckte das Interesse, den eigenen Standpunkt gegenüber dem Leben zu ändern, man stellte fest, dass man die Macht hätte, mit Hilfe von Gedanken der Liebe und Güte seine Gesundheit zu verbessern, sein Gesicht zu verwandeln und die ganze Schönheit und alle Schätze des spirituellen Lebens zu erlangen.

In jenen Jahren waren die okkulten Wissenschaften, Hypnose und übersinnliche Phänomene in Paris sehr beliebt. In der französischen Hauptstadt waren spirituelle Gruppen aller Art reichlich vorhanden. Um sein Arbeitsumfeld besser kennen zu lernen, wohnte Bruder Mikhaël verschiedenen Zusammenkünften bei. Er sah, dass viele Redner, obwohl sie sich Astrologen, Kabbalisten oder Alchimisten nannten, kein Interesse an der Verwirklichung ihrer subtilen Ideen hatten und sich nur vor ihren Zuschauern wichtig machen wollten. Er suchte das Strahlen in ihren Gesichtern, ihre subtile Ausstrahlung, jedoch fand er trotz ihrer umfangreichen Kenntnisse nur Glanzlosigkeit und manchmal sogar Finsternis.

Er stellte fest, dass seine Zuhörerschaft ebenso heterogen war wie andere spirituelle Gruppen in Paris. Auf der einen Seite war da der Kern seiner Zuhörer, der sich aus Mitgliedern der eben erst geborenen Bruderschaft zusammensetzte. Sie bezeichneten sich gegenseitig als Bruder und Schwester. Auf der anderen Seite traf man auf viele Leute, die von einer Lehre zur anderen liefen und Informationen sammelten, ohne sich irgendwo zu engagieren. Zu einem bestimmten Zeitpunkt zählte man über vierzig verschiedene sogenannte spirituelle Bewegungen, deren Mitglieder an den Zusammenkünften der Bruderschaft teilnahmen. Schließlich waren da auch noch einige Frauen, die gar nicht an der Spiritualität, sondern vielmehr an der Person von Bruder Mikhaël und seiner Ausstrahlung interessiert waren. Und diejenigen, die sich nur für den Okkultismus und für die Hypnose interessierten und nicht bereit waren, ihre Lebensweise zu ändern, kamen nicht wieder, als sie merkten, dass diese Lehre Anstrengungen und Entscheidungen verlangte.

Stella beobachtete dies alles und bemerkte, dass Bruder Mikhaël sich von niemandem beeinflussen ließ, dass er sich nicht um die sozialen Unterschiede, die Intelligenz oder das Alter kümmerte. Er gab jedem die gleiche Aufmerksamkeit und die gleiche Liebe, ohne Vorlieben zu zeigen. Jedoch war sie nicht in der Lage zu erkennen, dass gerade in diesem Umfeld eine Gefahr für ihn keimte.

Bruder Mikhaëls guter Ruf wuchs, er bekam zahlreiche Einladungen, an verschiedenen Orten, in verschiedenen Kreisen zu sprechen und in der Hoffnung, dadurch die Lehre zu verbreiten, nahm er viele davon an. Er akzeptierte jedoch nicht, sich Anforderungen zu beugen, die gerade in Mode waren. Es kam immer wieder vor, dass reiche und weltgewandte Leute sich seiner bedienen wollten, um Aufsehen in ihrem Bekanntenkreis zu erregen. Mit dem Ziel, ihre Lebenseinstellung zu verbessern, brachte Bruder Mikhaël ihr Vorhaben jedoch zum Scheitern. Nicht immer hatte man Verständnis für ihn, doch es ging ihm nie um die Aufrechterhaltung seines guten Rufes. Die Wahrheit musste ausgesprochen werden; er scheute sich nicht, Missfallen zu erregen und akzeptierte es, kritisiert und sogar gehasst zu werden.

Manchmal musste er unter den Folgen seiner Worte leiden. An einem Abend, als er an einer Versammlung von Philologen und Okkultisten teilnahm, wurde er von einem sehr bekannten Schriftsteller mit wütender Stimme beleidigt. Alle Anwesenden verstummten. Bruder Mikhaël hörte den zusammenhangslosen Vorwürfen seines Angreifers aufmerksam zu und fragte sich, was er wohl getan haben mochte, um diesen Zorn auszulösen. Plötzlich verstand er. Dieser Schriftsteller hatte in Begleitung seiner Freundin an einem Vortragsabend teilgenommen, in dem Themen des ewigen Lebens, des Todes und der wahren, selbstlosen Liebe, die den anderen nicht ausnützt und ihn frei gibt, angesprochen wurden. Nach dem Vortrag hatte die junge Frau einige Fragen über die Liebe gestellt und als sie verstand, welchen Schaden ihr Liebhaber ihr mit den auferlegten magischen Sexualpraktiken angetan hatte, verließ sie ihn. In Anbetracht seines aufgebrachten Gegners entschied Bruder Mikhaël sich, von seinem Humor Gebrauch zu machen.

»Hören Sie, mein Herr, ich wusste nicht, dass diese junge Frau zu Ihnen gehört und dass Sie solche Rechte besitzen. Wenn ich Ihnen ungewollt auf die Schliche gekommen bin und ihre Freundin dadurch gerettet habe, inwiefern trifft mich dann eine Schuld? Die Sonne hat das Recht zu scheinen und diejenigen, die keinen Sonnenstich bekommen wollen, sollten sich mit einer Kopfbedeckung schützen. Sie hätten einen Hut aufsetzen sollen!«

Alle Anwesenden brachen in schallendes Gelächter aus. Der Schriftsteller sann jahrelang nach Rache, doch eines Tages kam er zu Bruder Mikhaël zurück und erzählte von dem harten Schicksal, welches das Leben ihm auferlegt hatte. Wohl oder übel war er gezwungen worden einzusehen, welchen Schaden er mehreren Frauen zugefügt hatte.

Hin und wieder empfing Bruder Mikhaël auch Personen, die ihm ihre Hilfe anboten. So auch eine junge amerikanische Diplomatin, die von seinem spirituellen Einfluss sehr beeindruckt war. Sie bot an, ihm ihre fast unerschöpflichen Mittel unter der Bedingung zur Verfügung zu stellen, dass er in die USA übersiedle und seine Lehre dort verbreite. Zwar fühlte Bruder Mikhaël, dass er sich von seiner Spenderin durch die Annahme dieses Angebotes zu sehr abhängig machen würde, doch eröffnete dieses Angebot auch ungeahnte Möglichkeiten. Bei dieser schwierigen Entscheidung bat er Peter Deunov um Rat. Die Antwort war negativ, was abermals seine Intuition bestätigte. Er führte seine Arbeit unbeirrt fort und opferte all seine Energien der Aufklärung seiner Zuhörer.

In jener Zeit sah er sich mit ähnlichen Schwierigkeiten konfrontiert wie Peter Deunov damals in Bulgarien, als er von der religiösen Obrigkeit des Landes bekämpft und aus Sofia ausgewiesen wurde. Die Führer einer französischen Kirche starteten eine Verleumdungskampagne, um seinen Ruf zu ruinieren. In Wirklichkeit fürchteten die Verantwortlichen dieser Kampagne nur um ihre eigene Autorität. Sie mussten spirituelle Aktivitäten, die nicht von ihnen selbst stammten, wohl mit argwöhnischen Augen betrachten. Außerdem konnten kostenlose Vorträge, von einem Ausländer gehalten, der von Wiedergeburt und von feinstofflichen Körpern sprach, nur verdächtig sein.

Tatsächlich war Bruder Mikhaël mit einem sehr selbstlosen Ziel nach Frankreich gekommen und arbeitete unentgeltlich. Nach den ersten acht Monaten regelmäßiger Vorträge hatte er seinen treuesten Zuhörern unmissverständlich zu verstehen gegeben, dass er auch weiterhin ehrenamtlich arbeiten wolle, denn genau so hatte ihn Meister Peter Deunov während 20 Jahren unterrichtet. »Schließlich gibt uns Gott auch alles umsonst und wir müssen es ihm nachmachen«, hatte er hinzugefügt.

In seiner Einstellung blieb er immer standhaft und unmissverständlich. Nie hätte er eine finanzielle Entschädigung für seine Vorträge verlangt. Natürlich hatte er Personen um sich, die gerne freiwillig und anonym gewisse Ausgaben übernahmen, doch er selbst lebte von der Hand in den Mund. Im Laufe der Jahre wies er Angebote, ihm ein Stück Land oder ein Haus zu schenken, zurück. Seine Kenntnis der kosmischen Gesetze verhinderte, gegen eines von ihnen zu verstoßen. Er wusste, wenn er Spenden annähme, würde er sich zukünftig an die Spender binden. Doch er musste frei sein. Sein Leben vereinfachte sich erst sehr viel später, als sich seine Vorträge in Buchform verkauften und er so zu Einnahmen kam.

Im Laufe der Monate beschrieb er weiterhin die Schönheit und die großartige Zukunft der Kinder Gottes, die sich vervollkommnen wollen. Er sagte ihnen, der Wunsch, Gott gleich zu sein, sei das höchste Ideal, auch wenn dies unmöglich erscheint: »Gerade das ist ja so wunderbar!« Er lehrte sie ein Gebet, welches er die Formel für das hohe Ideal nannte:

Das Herz sei rein wie ein Kristall
Der Verstand leuchtend wie die Sonne
Die Seele weit wie das All
Der Geist mächtig wie Gott und eins mit Gott

Bruder Mikhaël wusste nur zu gut, dass die meisten Leute eine sehr lange Zeit benötigten, um die Wahrheiten, die er ihnen vermittelte, aufzunehmen. Er bemerkte, dass es manchen sogar Angst machte, wenn er von Reinheit sprach oder von der Schönheit eines Lebens, das ganz der Vervollkommnung geweiht war. Wie schon in seiner Jugend dachte er wieder, es müsse doch genügen, ihnen zu zeigen, wo die Wahrheit und die Pracht sich befinden, doch für gewisse Personen, die er unterstützt und aufgeklärt hatte, war dies zu viel verlangt. Er wollte auf niemanden Druck ausüben und benützte auch seine Macht oder Hellsichtigkeit nicht, um die Menschen anzuziehen oder zu beeindrucken. Wenn man ihn fragte, ob er hellsichtig sei, verneinte er und antwortete, bestenfalls könne er die Dinge manchmal »ein wenig spüren«. Er betonte aufrichtig, dass er nicht die Fähigkeit besaß, gewöhnliche, alltägliche Dinge auf hellseherische Weise zu sehen. Aus seiner Sicht hatte nur jene Art von Hellsicht Wert, die sich wie eine Erweiterung des Bewusstseins anfühlt; der Moment, »in dem man sich über etwas bewusst wird, das man am Vortag noch nicht erkannt hat, weil man noch schlief oder blind war.« Wiederholt erwähnte er, dass die beste Art, wahrhaft hellsichtig zu werden, darin bestehe, sich zu reinigen und Gott zu lieben.

Aus gutem Grund riet er seinen Zuhörern vom Besuch bei Hellsichtigen ab, denn er wusste, dass dies nicht die Art von Hilfe war, die sie benötigten, um sich zu ändern. Außerdem hatte er schon viele Leute gesehen, die völlig aus dem Gleichgewicht geraten waren, nachdem sie sich verschiedenen okkulten Praktiken verschrieben hatten. Über sich selbst sagte er: »Ich will hellsichtig werden, aber um die Engel sehen zu können.« Ohne darauf abzuzielen, lieferte er genügend Beweise dafür, dass seine Fähigkeit des Sehens sich auf sehr hohem Niveau abspielte. Das Schicksal der Menschen, der Welt und der Gesellschaften war ihm genauso wenig ein Geheimnis wie die Vergangenheit oder die Zukunft der Menschen in seiner Umgebung.

Seine außerkörperlichen Erfahrungen hatten ihn die von Plato beschriebene Welt der Ideen erkennen lassen, eine Welt, die alle Wahrheiten und die edelsten und reinsten Gedanken enthielt. Er war in der Lage zu bestätigen, dass all diese Ideen auf der physischen Ebene verwirklicht und zu Formen, Farben, Bewegungen, Ausströmungen und Tönen umgewandelt werden konnten. Viele Hellsichtige fühlten, dass Bruder Mikhaël das alles sagen konnte, weil er die verschiedenen Materialisierungen dieser Ideen sah und ihre Musik hörte. Sie kamen zu ihm, um ihn um Rat zu fragen und sich von ihm erklären zu lassen, was der Sinn der Dinge sei, die sie selbst wahrnahmen und nicht verstanden. Es kamen auch Leute zu ihm, die ihm sagten: »Ich befand mich in großen Schwierigkeiten und Sie haben mir geholfen, wieder herauszukommen.« – »Ich war krank und Sie haben mich geheilt...«

Er lächelte und sagte, er könne nichts dafür. Er habe in der unsichtbaren Welt viele Freunde, die seine Gestalt und sein Gesicht annähmen, um in seinem Namen zu handeln: »Diese Geister tun Gutes auf der Erde und sie freuen sich sehr, wenn ein anderer den Nutzen davon hat! Ihnen müsst ihr danken.«

Er wusste, dass Krankheiten oft durch Blockaden auf subtilen Ebenen hervorgerufen werden und auf diesen Ebenen arbeitete er mit seiner Gedankenkraft. Eines Tages lud man ihn ein, einen Gelähmten zu besuchen, der vergeblich die bekanntesten Spezialisten aufgesucht hatte. Er blieb lange bei ihm, beobachtete ihn mit großer Aufmerksamkeit und hörte ihm zu. Endlich sagte er, er könne wieder gesund werden, wenn er es wirklich wolle: »Wenn Sie mit Ihrer ganzen Kraft daran glauben, werden Sie in ein bis zwei Monaten wieder gehen können.«

Die Familienmitglieder trauten ihren Ohren nicht, als sie vernahmen, dass Bruder Mikhaël ihm besondere Atemübungen, Gebete und die Meditation empfahl, doch der Leidende setzte diese seltsame Therapie mit unbeirrbarem Glauben um. Nach und nach verschwand die Lähmung, so dass er bald wieder mit dem Gehen beginnen konnte. Einige Zeit später erzählte Bruder Mikhaël seinen Zuhörern von diesem allen bekannten Bruder. Er unterstrich die Wichtigkeit, keine Gifte im Körper anzusammeln und den Kontakt mit dem göttlichen Fluss durch Gebet, Meditation und Reinigung aufrechtzuerhalten.

»Es gibt außergewöhnliche Gifte, die an den Oberflächen aller Kanäle unseres Körpers ein Fluidum ablagern, welches ihr gutes Funktionieren verhindert. Diese Gifte sind Ängste, Sorgen, Unzufriedenheiten, Eifersucht und Rachegefühle. Außerdem muss das Fluidum in den Nervenbahnen zirkulieren können und dazu brauchen wir Licht. Zuerst müssen wir alle Kanäle ausbessern und reinigen, damit die Gedanken und das Fluidum des Nervensystems alle Zellen baden und nähren können. Strahlt eure Gedanken also überall dorthin, wo das Licht fehlt.«[58]

Wenn er die Gedanken beschrieb, wusste er, wovon er sprach. Für ihn waren die Gedanken ein mächtiges Mittel, sofern man sie zu konzentrieren verstand; er selbst setzte dieses natürliche Instrument seit jeher für das Gute und das Licht ein. Eines Tages machte er blitzartig davon Gebrauch, als ein kleines Kind fast von einem Radfahrer, der mit überhöhter Geschwindigkeit auf es zuraste, überfahren worden wäre. Das Kind hatte die Gefahr nicht erkannt, fuhr auf seinem Roller die Straße hinunter und wollte sie überqueren. Bruder Mikhaël erzählte seinen Zuhörern am nächsten Tag von diesem Geschehnis:

»Ich wartete, um über es zu wachen und habe meine Gedanken darauf konzentriert, dass das Kind nicht in dem Moment, als der Radfahrer es überholte, die Straßenseite wechselte. Das Kind hielt ohne ersichtlichen Grund an. Der Radfahrer wurde wütend, als er erkannte, dass es auch für ihn sehr riskant geworden wäre. Ich habe mich entschieden, mit dem ungefähr siebenjährigen Kind zu sprechen: »Höre mir gut zu. Du bist gerade knapp einer großen Gefahr entgangen. Du wolltest eben in dem Moment die Straße überqueren, in dem dieser Radfahrer auf dich zukam und du hast nicht einmal geschaut, ob die Straße frei ist. Du musst besser aufpassen, sonst wirst du noch überfahren.« Ernsthaft hörte es mich an. Ich fügte hinzu: »Kannst du dich beim Himmel und dem lieben Gott dafür bedanken, dass du beschützt worden bist? Geh jetzt und sei aufmerksam.« Ich entfernte mich von ihm und sah, dass es darüber nachdachte. Ich glaube, dass es mich ver-

standen hat, denn ich habe voller Güte und doch ernsthaft mit ihm gesprochen. Jetzt möchte ich, dass ihr alle einen Halt in eurem Leben macht, um einen Blick nach links, nach rechts, nach vorn und nach hinten zu werfen.«[59]

* * *

EIN VERSUCH BRÜDERLICHEN LEBENS

Bruder Mikhaël sprach mit einer solchen Liebe von Meister Peter Deunov, von den Gewohnheiten der Bruderschaft in Bulgarien, der wunderbaren Stimmung in der Region um die sieben Seen im Rila-Gebirge, dass sich bereits im Sommer 1939 mehrere Personen vorgenommen hatten, nach Bulgarien zu fahren. Er selbst hätte sie sehr gerne begleitet, auch weil es so nervenaufreibend war, seine Papiere immer wieder unter mühsamen Bedingungen zu erneuern: Vielleicht wäre es einfacher, ein Visum zu erhalten, wenn er in seinem eigenen Land war? Aber Peter Deunov, der schriftlich um Rat gefragt wurde, riet ihm davon ab. Er befürchtete, dass Bruder Mikhaël Bulgarien danach nicht mehr verlassen könnte. Die fünfundzwanzig Personen reisten also ohne ihn.

Bruder Jean, seine Frau Raymonde und Stella waren auch in Paris geblieben und hatten die Idee, ihn nach Italien einzuladen, was mit deutlich weniger Risiken verbunden war. Ihr Vorschlag war verlockend, aber auch eine kurze Reise war für Bruder Mikhaël kompliziert, weil er mehrere Bewilligungen brauchte, um aus- und auch wieder einreisen zu dürfen. Erst nach zahlreichen Behördengängen erhielt er endlich die nötigen Papiere und machte sich mit seinen drei Begleitern auf den Weg. Sie reisten quer durch Italien und machten jeden Abend Rast, um zu zelten.

Viel früher als vorgesehen brach Bruder Mikhaël die Reise plötzlich ab und versicherte, dass sie sich beeilen mussten, nach Frankreich zurückzukehren, da der Krieg schon bald ausbrechen würde. Seine Begleiter nahmen diese Warnung sehr ernst. In großer Eile reisten sie Frankreich entgegen und überquerten die Grenze am 3. September, dem Tag, an dem Frankreich und England Deutschland den Krieg erklärten. Die Grenze wurde noch am selben Tag geschlossen. Jene, die drei Wochen in den Bergen von Rila verbracht

Von links nach rechts: Jean, Bruder Mikhaël und Stella

hatten, waren gerade drei Tage vorher zurückgekehrt. Der zweite Weltkrieg hatte begonnen.

Ab diesem Zeitpunkt änderte sich das Leben für alle französischen Bürger schlagartig. Als der Feind einige Monate später in Paris einmarschierte, verließ ein Großteil der Bruderschaftsmitglieder die Stadt, um aufs Land zu ziehen. Während des ganzen Jahres 1940 hielt Bruder Mikhaël nur sehr selten Vorträge, blieb aber in Kontakt mit den zahlreichen Gruppen seiner gewohnten Zuhörer, die sich regelmäßig trafen, um gemeinsam zu meditieren. Erst während des zweiten Besatzungsjahres wurden die brüderlichen Aktivitäten in Wohnungen oder privaten Häusern diskret wieder aufgenommen. Alle Versammlungen waren verboten und man musste sehr vorsichtig sein. Bruder Mikhaël befand sich selbst in einer sehr prekären Lage, da man die meisten Ausländer in ihr Heimatland zurückschickte. Auch auf die Gefahr hin, ausgewiesen zu werden, musste er regelmäßig die nötigen Schritte unternehmen, um seine Papiere zu erneuern.

Im Jahr 1942 wurden die Schwierigkeiten durch die Besatzung immer größer und die den französischen Bürgern aufgezwungenen Vorschriften unerbittlich. Es wurde auch für kleine Gruppen gefährlich, sich zu versammeln. Die Versorgung mit Lebensmitteln war zusehends schwieriger. Es fehlte an allem und die Mahlzeiten wurden auf das Nötigste reduziert. Die Mitglieder der Bruderschaft entschieden sich übereinstimmend, ein Haus zu mieten, wo sie unter sich sein und ohne Aufmerksamkeit zu erregen, ihre Versammlungen abhalten konnten. Sie fanden eine Villa in Sèvres, die ihren Ansprüchen genügte und in der sich mehrere Personen zusammen mit Bruder Mikhaël einquartierten. Der alte, mit großen Fenstern versehene Dachboden wurde zu einem Vortragssaal umfunktioniert, in dem man bei Sonnenaufgang ungestört meditieren konnte. Für sich selbst hatte Bruder Mikhaël ein kleines Zimmer ausgewählt, das er sauber und ordentlich hielt; so wie er es sein ganzes Leben lang getan hatte, kümmerte er sich auch jetzt selbst um seine persönlichen Angelegenheiten.

»Er erlaubte nicht«, schrieb Stella später, »dass man ihm auch nur den kleinsten Gefallen tat, durch den die Gemeinschaft seine Arbeit hätte erleichtern können. Sein Zimmer war stets aufgeräumt, er machte sein Bett selbst und fegte den Boden. Er kümmerte sich auch mit größter Sorgfalt um seine Wäsche.«[60]

Beim Betreten des Empfangszimmers waren seine Besucher oft verwundert, weil sie anstelle einer asketischen Zelle, einen von Licht durchfluteten Raum, mit wunderschönen Farben und Kristallen, die die Sonnenstrahlen einfingen, entdeckten. Wenn er seine Besucher müde von der Reise mit der U-Bahn quer durch die Menschenmengen ankommen sah, lud er sie ein, sich zu setzen und einen Moment in Stille zu verweilen. Anfänglich etwas befangen von der Idee, sich in Anwesenheit ihres Gastgebers auszuruhen, waren sie ihm nachträglich für seine außerordentliche Gastfreundschaft sehr dankbar, die an erster Stelle auf ihre innersten Bedürfnisse einging. Die Aufmerksamkeit, die Bruder Mikhaël jedem schenkte, und seine Offenheit, begleitet von seinem ausgeprägten Feingefühl, ermöglichten einen echten spirituellen Kontakt. Einer der Brüder schrieb über diese Zeit:

»In wenigen Minuten fühlte ich mich bis tief in mein Innerstes getragen, erleichtert, ermutigt und belebt. Er las in mir wie in einem offenen Buch. Er beschrieb mein innerstes Selbst mit seinem äußerst feinen Taktgefühl und gab mir genau die Nahrung und die Hilfsmittel, die für mich passten.«[61]

Von diesem Jahr an hielt Bruder Mikhaël den Bewohnern der Villa fast jeden Tag nach dem Sonnenaufgang einen kleinen Vortrag. Zusätzlich hielt er wöchentlich Vorträge, die am Abend stattfanden. Dabei sprach er oft das Thema der Bruderschaft an; ein Thema, das ihm sehr am Herzen lag. In den prächtigsten Bildern beschrieb er ein gemeinschaftliches Leben, in dem sich alle für die Liebe öffneten. In seinen Augen sollte ein brüderliches Zentrum ein wahrer Ort des Lichts sein.

Wenn er von der Bruderschaft sprach, meinte er nicht in erster Linie eine Gruppe von Menschen, die sich an einem gewissen Ort auf der Erde versammeln, sondern eher die große Familie aller Wesen, die dem Licht zustreben, die sich zu einer Philosophie der Liebe und Gerechtigkeit bekennen und die, bewusst oder unbewusst, zur universellen Bruderschaft gehören. Von da an sprach er oft von dieser großen Bruderschaft, die in höheren Ebenen beheimatet ist, der Bruderschaft des weißen Lichtes, das alles enthält:

»Die Große Weiße Bruderschaft ist eine Macht, die sich über das gesamte Planetensystem erstreckt und noch darüber hinaus. Ihr könnt diese Bruderschaft nicht nach derjenigen hier auf der Erde beurteilen, einer Handvoll Männer und Frauen, die nicht immer weise und erleuchtet sind. Die wirkliche Universelle Weiße Bruderschaft, die oben ist, besteht aus den am höchsten entwickelten Wesen, die es gibt. Hier unten sind wir nur eine »Filiale«, wenn ihr so wollt, die von ihrem Licht und ihrer Unterstützung profitiert, um ihre Projekte zu verwirklichen. Aber mehr und mehr muss die Bruderschaft hier unten das getreue Spiegelbild von jener werden, die oben ist.«[62]

Der Name der Bruderschaft, Universelle Weiße Bruderschaft,

war in seinen Augen wunderbar, weil er eine Welt aus höheren Sphären beschreibt, die die Menschen hier auf Erden verwirklichen können. Diese Namensgebung, die keinesfalls auf die verschiedenen menschlichen Rassen anspielt, inspirierte ihn, weil sie von den Energien des weißen Lichtes spricht, das die ganze Schöpfung durchdringt.

Sein enthusiastisches Temperament ließ ihn viele Projekte ins Leben rufen, die sich nicht notwendigerweise alle realisierten. Er war ein großer Initiator neuer Ideen und unmöglicher, aber belebender Wünsche. Schon in seinem zweiten Aufenthaltsjahr in Frankreich vertraute er den Zuhörern seinen Traum für eine möglicherweise ferne Zukunft an. Er sprach von einem großen Park, in dem einzelne Häuschen gebaut werden konnten für alle, die in brüderlichem Geist miteinander leben wollten. Seine Auffassung einer wahren Bruderschaft berücksichtigte auch die menschliche Natur und er riet davon ab, langfristig in einem Haus zusammen zu wohnen. Was er sich vorstellte, glich einem Dorf, in dem jeder sein eigenes Zuhause hätte, eine vorbildliche Gemeinschaft, in der alle sich an der Schönheit, Kunst, Musik und Wissenschaft erfreuen konnten.

Es sollte auch einen Platz für die Paneurythmie geben, eine Bibliothek und eine Schule für Pädagogik. Außerdem Ateliers für Malerei und Kunsthandwerk, Konzerte, Tänze und Filmvorführungen. Eine Universität, in der man vergleichende astrologische Studien betreiben würde, Studien über die verschiedenen Aspekte des menschlichen Lebens, über frühe Talente, Gesundheit, Heilverfahren, Chemie, über Kristalle und ihre Wirkung, über Pflanzen und ihre heiligen Signaturen, über die Geburt der Kinder und die spirituelle Galvanoplastik, durch die eine Mutter auf ihr ungeborenes Kind einwirken kann.

Manchmal sprach er von einer besonderen Dorfstruktur; im Zentrum ein kleiner Kreis von Häusern, umringt von weiteren Häusern in konzentrischen Kreisen. Die Straßen verlaufen dabei strahlenförmig zwischen den Häuserreihen nach außen. Von der Straße zu den Häusern führen kleine Wege, die von Bäumen gesäumt sind, um die Intimsphäre eines jeden zu wahren. Er sprach mit einer ansteckenden Begeisterung von der Schönheit einer großen spirituellen Familie, in der man sich zu gewissen Tageszeiten trifft. Jeder soll jedoch frei sein, seinen eigenen Beschäftigungen nachzugehen, jeder kann kommen und gehen, wann er will. Auch später verlangte er von den Mitgliedern der Bruderschaft niemals, alles in Gütergemeinschaft zu verwalten oder Einblick in ihr Privatleben zu erlangen. Außerdem betonte er, dass in einer vorbildlichen Familie niemand Gesetze zu erlassen hat, weil dort die Liebe regiert, die das Leben harmonisiert. Im Laufe der Jahre bekräftigte er immer wieder seinen Glauben an die Verwirklichung des Reiches Gottes auf Erden, welches sich durch die Liebe, den Glauben, den Gesang und durch gegenseitigen Respekt manifestieren würde: »In einer Welt, in der sich alle Menschen lieben, gibt es keine Veranlassung mehr, sich aufeinander zu stürzen, um seine Bedürfnisse zu stillen.«

Während des Krieges hatte er ein kleines Abenteuer, das ihn jedoch sehr inspirierte, weil es ihn an eine echte brüderliche Welt denken ließ. Eines späten Abends hatte er auf dem Nachhauseweg seinen letzten Zug verpasst. Die Schalter des Bahnhofes waren bereits geschlossen, die Häuser durch hermetisch abgeriegelte Fensterläden geschützt und die Kälte wurde langsam spürbar. Er spazierte durch die Straßen und fragte sich, was er jetzt wohl tun sollte. Schließlich setzte er sich auf eine Bank und begann zu beten.

Einige Minuten später hörte er die rhythmischen Schritte einer deutschen Patrouille. Damit er nicht wegen Missachtens der Sperrstunde verhaftet würde, ging er in die Richtung, aus der die Schritte kamen, und erklärte seine Situation. Zu seinem großen Erstaunen führte man ihn sehr höflich zu einem von Offizieren bewohnten Schloss und bot ihm ein Bett für die Nacht an. Doch er schlief nicht. Er konnte dieses seltsame Erlebnis kaum glauben, das ihn dazu gebracht hatte, vom Feind beherbergt zu werden. Am nächsten

Morgen führte ihn jemand zum Speisesaal, wo er frühstücken konnte. Niemand fragte ihn, was er da täte und als er sich zum Gehen bereit machte, begleitete ihn einer der Offiziere bis zum Bahnhof.

»Seht nur«, erklärte er seinen Zuhörern Jahre später, »würde die ganze Welt in Brüderlichkeit und Liebe zusammenleben, könnte jeder in alle Länder reisen und würde wie in einer Familie überall mit offenen Armen aufgenommen.«[63]

In dieser Kriegszeit sagte er: »Friede ist, wenn überall Brüderlichkeit herrscht. Der Friede wird niemals aus der Gewalt geboren.« Für ihn war die Bestimmung des Wassermannzeitalters, überall auf der Welt Bruderschaften zum Blühen zu bringen, denn der Wassermann ist ein Synonym für Universalität. Um sich den erhöhten Schwingungen dieses Zeitalters anzupassen, muss man seine Antennen verfeinern, spiritueller werden, in seinem Herzen Liebe für die anderen haben und wahrhaftig brüderlich sein.

Er sprach oft von den hohen Gipfeln, auf denen sich Reichtümer befinden, wo reine und lichtvolle Geister wohnen, mit denen man kommunizieren kann. In dem Wunsch, die Freuden, die er selbst in den Bergen von Rila erlebt hatte, der französischen Bruderschaft näherzubringen, schmiedete er Pläne, einige Monate mit allen zusammen in den Bergen zu verbringen. Außerdem wünschte er sich ein Zentrum brüderlichen Lebens in der Region von Paris.

Er sah jedoch sehr wohl, dass die Mehrheit der Leute noch nicht bereit war, ein gemeinschaftliches Leben zu führen. Sogar diejenigen, die in der Villa zusammen unter einem Dach lebten, hatten große Mühe, nicht aneinanderzugeraten, obwohl sie sich dieses vorbildliche Gemeinschaftsleben gewünscht hatten und seine Projekte voll unterstützten. An einem Apriltag des Jahres 1942 sagte er ihnen frei heraus, dass sie seiner Meinung nach noch nicht bereit seien, dies umzusetzen.

Er fügte hinzu, dass im Westen schon zahlreiche Gemeinschaften gegründet worden seien, die schlecht funktionierten, weil sie auf

Handel, Profit und Interessen aufgebaut waren und nicht auf Liebe und Weisheit. Keiner habe sich dort in Demut geübt.

Erst fünf Jahre später sollte sich dieser Traum für die Mitglieder der Bruderschaft verwirklichen, denn die Begeisterung für das brüderliche Leben war bei Bruder Mikhaël immer von großem Realismus begleitet: Man musste sich lange vorbereiten. In der Zwischenzeit trafen sich die Bewohner der Villa, die bis ins Jahr 1947 gemietet wurde, zu den Mahlzeiten. Seit seiner Jugend hatte Bruder Mikhaël die Angewohnheit, das Yoga der Ernährung zu praktizieren. Er nannte es Hrani-Yoga, nach einem bulgarischen Wort, das »sich ernähren« heißt. Die Nahrung war für ihn ein Liebesbrief des Herrn, fähig, das Leben zu verlängern und die Energiereserven wieder aufzuladen. Er erklärte, dass die Lebensmittel, abgesehen von ihrer rein physischen Beschaffenheit, wichtige ätherische Eigenschaften besitzen. Er riet seinen Begleitern, beim Essen sehr aufmerksam zu sein, denn der Mund gleicht einem »Labor« das fähig ist, die subtilsten Elemente aufzunehmen. Er lud dazu ein, in Stille zu essen, mit dem Ziel, während der Mahlzeiten eine bewusste Arbeit zu vollbringen und er betonte, dass der Lärm, die Diskussionen und Streitereien der Gesundheit schaden. Diese Art von Yoga empfahl er als regelmäßige Übung.

Beim Essen keinerlei Geräusche zu verursachen, ist das beste Training, um wahrhafte Selbstbeherrschung zu erlangen. Weil die Beherrschung der kleinen Dinge sie auch zur Kontrolle über die großen Dinge führen würde, verlangte er von seinen Mitbewohnern, mit dem Besteck vorsichtig umzugehen. Dies aus dem einfachen Grund, weil die Beherrschung solcher kleinen, alltäglichen Gesten eine Harmonie in ihnen entstehen ließ, die sie dazu führen konnte, auch über die großen Dinge Kontrolle zu erlangen. Doch dies alles war so ungewohnt, dass die Umsetzung sich als schwierig erwies. Er musste auf Aufmerksamkeit und Respekt bestehen und mehrmals wiederholen, dass nur die wahre Stille erhebt und ernährt: »Man muss in Stille verharren können, ohne sich zu bewegen, ohne in Büchern zu blättern oder zu rascheln...«

Für ihn war Stille gleichbedeutend mit Harmonie. Erst wenn man es geschafft hatte, innerhalb seiner selbst die wahre Ruhe herzustellen, konnte man die Musik hören. Während seines ganzen Lebens bestand er auf der Wichtigkeit der musikalischen Schwingungen und ihrer subtilen Einflüsse. Er bekräftigte, dass es nicht so sehr das intellektuelle Verständnis der Musik sei, worauf es ankomme. Vielmehr ginge es um die Gefühle, die man während des Zuhörens empfindet. »Verstehen wir etwa das Zwitschern der Vögel, das Tosen eines Wasserfalls oder den Hauch des Windes, der durch die Äste weht? Nein, doch wir sind ergriffen, gefesselt und bezaubert.«

Die Musik begleitete alle Aktivitäten der Bruderschaft. Besonders die von Peter Deunov komponierten Lieder kamen dabei zu Ehren. Bruder Mikhaël wollte, dass vierstimmig gesungen wird, weil ein gemischter Chor Ausgeglichenheit mit sich bringt und vor allem, weil auch in der Natur alles mit einer eigenen Stimme singt und die vier Stimmlagen die vier Elemente repräsentieren.

Eine der Musikerinnen drückte es so aus: »Es war unmöglich, in seiner Nähe zu sein, ohne sich selbst übertreffen und sein Bestes geben zu wollen. Alles, was eben noch alltäglich und Routine gewesen war, verwandelte sich in eine Herausforderung, eine Gelegenheit nachzudenken und sich selbst zu verwandeln. Die professionellen Musiker waren in seiner Schule aufgerufen, ihr erlerntes Wissen und ihre Konventionen über Bord zu werfen. Wenn es ihnen gelang, sich von ihm führen zu lassen, bemerkten sie nach einer Weile, dass sie Zugang zu bis dahin ungeahnten Wahrnehmungsebenen erhielten.«

In seinen Augen war die Musik eng mit dem Licht und den reinen Farben des Prismas verbunden. Jede Note hatte ihre eigene Farbe und ihre eigene symbolische Aussagekraft. Das Licht war ein Energiefluss, in dem die Erzengel lebten. Immer häufiger fühlten die sensibleren Schüler die Anwesenheit von Engelwesen im Saal, welche Bruder Mikhaël mit seiner spirituellen Arbeit anzog. Sie bemerkten gewisse Farben, nahmen Düfte wahr oder hörten eine bestimmte Musik. Tiefer Frieden erfüllte sie in diesen Momenten und eine wohltuende Gelassenheit durchströmte sie. Ihr Bewusstsein wurde weit und sie spürten, wie real diese spirituelle Familie war, der sie angehörten.

Die höchste Form des Gebets ist die Kontemplation, wenn man sie als einen tiefen Frieden versteht, von dem aus man Gottes Schönheit, Vollkommenheit, Weisheit und seine Güte, sein Licht betrachten kann.

* * *

Während der Kriegsjahre sprach Bruder Mikhaël nicht öfter von Politik als sonst. Er spielte eine ganz andere Rolle. Er sprach von der notwendigen Reinheit, um große Dinge verwirklichen zu können, von der Sonne und dem Einfluss ihrer Strahlen, vom Herzen, das fähig ist zu sehen, von der Musik und von der Geburt des neuen Menschen. In dieser Zeit der Abscheulichkeiten sprach er von der Liebe, die allein fähig ist, Streitigkeiten zu regeln und erklärte, wie man auf seine eigene Natur einwirken könne, um seinen Beitrag an der Verwandlung der Welt zu leisten. Er vertrat die Meinung, der Krieg verwüste ganz Europa, weil er sich zuvor bereits in den Köpfen der Männer und Frauen abgespielt hatte. Die Menschen bringen sich gegenseitig um, weil sie sich nicht als Brüder der gleichen himmlischen Familie verstehen. Er sprach auch von der Kraft der Gebete, mit deren Hilfe man sich mit dem großen Strom verbinden konnte, der von den Gläubigen hinauf zu Gott fließt. Er sah das Gebet als etwas Lebendiges an, das nichts mit Routine zu tun hat.

»Sagt man immer wieder das gleiche Gebet auf, wirkt es ermüdend und bleibt ohne Ergebnis. Natürlich kann eine Formel jemandem helfen, der mit dem Beten keine Erfahrung hat. Aber ich bevorzuge das spontane Gebet, das dem Augenblick entspringt, in dem man betet. Wenn ihr etwas für einen Freund erbittet, bleiben eure Worte ganz natürlich, einfach und ohne Künstlichkeit. Betet genau auf diese Weise. Stellt euch ein strahlendes Licht vor, in dem alles schwingt und vibriert. Die Sonne, die Engel, die Erzengel, alles ist in dieses sanfteste und subtilste Licht getaucht. Dieses Licht ist ein formloses Ebenbild Gottes.«[64]

Bruder Mikhaël war sich der Angst bewusst, welche die meisten Mitglieder der Bruderschaft während der Bombenangriffe überkam und er lehrte sie praktische Übungen, die ihre Selbstbeherrschung stärkten. Bei mehreren Gelegenheiten sprach er davon, welche Bedeutung die Einweihungswissenschaft der Angst beimisst. Sie ist der größte Feind des Menschen. Als eine seiner Zuhörerinnen ihm anvertraute, welch lähmendes Entsetzen sie während der Bombenangriffe erfasste, riet er ihr, sich in diesen Momenten zu bemühen, ihre instinktiven Gesten zu kontrollieren: »Atmen Sie tief durch, verbinden Sie sich mit Gott und Sie werden Ihre Zellen in den Griff bekommen.«

Stille und Bewegungslosigkeit waren für ihn in manchen schwierigen Momenten schon immer Instrumente, dank denen man die Selbstbeherrschung entwickeln konnte. Nach dem Sonnenaufgang des 19. April 1942 vertraute er seinen Mitbewohnern an, dass er schon öfter beim Verlassen des Bahnhofes in das Feuer der Luftabwehr geraten war, aber jedes Mal ganz ruhig nach Hause gekommen sei. Dennoch habe er eines Tages, als die Kanonen noch lauter als sonst zu donnern schienen, beschlossen, sich zu beeilen und sei vor den Granatsplittern, die überall um ihn herum zu Boden fielen, davongelaufen. Je länger er rannte, desto mehr sei eine instinktive Angst in ihm gewachsen. Unzufrieden mit sich selbst habe er angehalten und versucht, sich durch Willenskraft zu beruhigen, was ihm aber nur mit Mühe gelang.

Er fügte hinzu: »Diese Erfahrung hat mir Folgendes gezeigt: Weil ich rannte, löste ich die Angst aus, die in jedem Menschen schlummert. Glaubt nicht, die Mutigen würden keine Angst kennen. Jedes sich entwickelnde Wesen muss sich der Angst stellen, diesem »Geist«, den es zu besiegen gilt. Also müssen wir unsere Liebe zu Gott vergrößern, und mithilfe der Willenskraft, der Reinheit und der Gerechtigkeit wird die Angst verschwinden. Als Erstes müssen wir die Verbindung mit Gott herstellen. Dies wirkt wie ein Beruhigungsmittel. Das Licht und unsere Selbstbeherrschung werden stärker und es entsteht eine wunderbare Klarheit in uns.«

Immer wieder riet er Jugendlichen und Erwachsenen gleichermaßen, ihrer Angst ins Auge zu schauen. Eines Nachts wurde er vom Klingeln des Telefons um drei Uhr morgens geweckt und hörte die Stimme einer Person, die er gut kannte, und die manchmal Leute beherbergte, welche von der feindlichen Polizei gesucht wurden. Leise sagte sie: »Bruder Mikhaël, Agenten der Gestapo sind gekommen und haben an meine Tür geschlagen. Sie richteten eine grelle Lampe auf mich und forderten mich auf, ihnen einen jüdischen Knaben auszuliefern, dessen ganze Familie bereits verhaftet worden ist und den ich bei mir verstecke. Ich konnte sie dazu überreden, draußen zu warten und zu dem Jungen habe ich gesagt, dass er nicht versuchen soll zu flüchten. Ich habe ihm versprochen, dass Sie ihn da rausholen würden. Können Sie ihm helfen?«

Bruder Mikhaël entschied sich, den Jungen zur Mitarbeit aufzufordern und ließ ihm die folgende Nachricht überbringen: »Verstecke dich nicht vor den Agenten, verhalte dich ruhig und sei höflich zu ihnen, dann wird dir nichts geschehen.«

Der Jugendliche hatte den Mut aufgebracht, diesem erschreckenden Ratschlag zu folgen und zur Verblüffung aller wurde er nicht verhaftet. Nachdem die Agenten ihn befragt hatten, sagten sie ihm, er solle wieder ins Bett gehen. Es schien, als hätten sie ihren Auftrag plötzlich vergessen. Oder hatte die Offenheit des Jungen sie vielleicht beruhigt? Bruder Mikhaël gab dazu keinerlei Erklärungen. Seine Methoden verblüfften nur deshalb, weil man nicht in Betracht zog, dass er sich auf bestimmte Elemente stützen konnte, die für alle unsichtbar waren. Ohne sich um sein eigenes Risiko zu kümmern oder seine Zeit und Kräfte zu schonen, gewährte er seine spirituelle Hilfe weiterhin all jenen, die sich an ihn richteten und häufig in gefährlichen Situationen waren.

Hin und wieder verbrachte er in jenen Jahren eine oder zwei Wochen auf einem landwirtschaftlichen Gut, wohin er öfter eingeladen wurde. Weit weg von Paris, konnte er alleine sein, meditieren und seine Kräfte sammeln. Seine Gastgeberin war für einen großen Haushalt verantwortlich und kochte für ihre 40 Arbeiter selbst. Die Lebensbedingungen waren sehr schwierig, es mangelte an Geld und die Probleme schienen nicht enden zu wollen. Bruder Mikhaël sah wohl, dass sie erschöpft war und sagte eines Tages zu ihr:

»Sie lassen Ihre Kerze an beiden Enden brennen. Sie müssen sich ausruhen. Ich gebe Ihnen den folgenden Rat: Bereiten Sie die Mahlzeiten zu und dann ruhen Sie sich 15 Minuten aus, bevor die Arbeiter zurückkommen. Erholen Sie sich und bedienen Sie danach erst

Ihre Leute.« – »Wie könnte ich das tun? Das ist unmöglich!«, sagte sie.

Am nächsten Tag ging er 15 Minuten vor dem Essen in die Küche und sagte ihr: »Es ist Zeit. Sie sollten sich hinlegen.« – »Aber ich bin noch nicht fertig!« – »Wenn Sie es nicht tun, wird es Ihnen im Alter schlecht gehen.«

Aber er bestand nicht weiter darauf. Und sie wusste nicht so recht, wie sie es anstellen sollte, sich zu erholen. Sie wollte später darauf zurückkommen und rechtfertigte sich oder machte sich Vorwürfe wegen ihrer Unentschlossenheit. Er hörte ihr lächelnd zu und zu guter Letzt fand sie doch einen Rhythmus, der ihr erlaubte, ihre Arbeit zu erledigen, ohne sich dabei zu erschöpfen. Eines Tages sagte sie zu Stella: »Bruder Mikhaël hat mich gelehrt, mich selbst zu respektieren.« Damals erklärte er:

»Man muss sich selbst kennen und darf die Systeme des Organismus nicht mit Gewalt stören. Indem man sich dem Rhythmus der Natur anpasst, kann man große Schäden vermeiden. Früher ignorierte ich dies und vergeudete unglaublich viel Kraft, weil ich mich gegen den Fluss des Lebens stellte. Nein, man muss warten können. Es kommt der Moment, an dem die Flut alles mit sich hinaus ins Meer schwemmt. Wir können einige Schritte rückwärtsgehen und darauf warten, dass der Meeresspiegel wieder sinkt, um gefahrlos weiterzugehen. Man will gegen den Ozean ankämpfen, ihm eine Lektion erteilen und selbst der Stärkere sein. Das ist unmöglich. Wenn ihr solche Phasen durchlauft, ruht euch aus, damit eure Zellen sich reinigen und erholen können.«[65]

* * *

Im Sommer 1944 machte Frankreich seine letzten Kriegsmonate durch. Ganz Paris war von Minen übersät und die Tunnel der Metro waren voller Sprengstoff. Man wusste, dass ein Großteil der Stadt zu jeder Zeit hätte zerstört werden können, da der feindliche Oberbefehlshaber den Befehl dazu bereits von Hitler erhalten hatte. Auf den Straßen gab es Schießereien und auch von den Dächern wurde geschossen. Nur selten sah man Fußgänger, die das Nötigste im Laufschritt erledigten. Im August, einige Tage vor der Befreiung der Stadt, verließ Bruder Mikhaël Sèvres, um einige Tage im Zentrum von Paris, im Chaos der letzten Kriegstage zu verbringen. In einem bestimmten Augenblick befand er sich mitten in einer Schießerei in der Rue Lafayette, die unmittelbar hinter ihm verbarrikadiert wurde. Mehrere Menschen vor ihm fielen, von Kugeln getroffen; ihn selbst trafen Steinsplitter.

Trotz der Gefahr setzte er die spezielle Arbeit fort, für die er gekommen war und über die er nie eine Erklärung abgab. In Sèvres fragten sich die Bewohner der Villa, was wohl sein merkwürdiges Verhalten zu bedeuten hätte. Sie wussten aus Erfahrung, dass er nie etwas Wichtiges tat, ohne den »Befehl von oben« erhalten zu haben. Man wusste auch, dass er die Gewohnheit hatte, mit seiner Gedankenkraft die Gebete von Tausenden von Personen, die sich mit den Kräften des Lichtes verbanden, zu sammeln, um sie zu einer wirksamen spirituellen Macht zu konzentrieren. Einige Tage später, im Augenblick der Befreiung von Paris, begriff man, dass er sich im Herzen der Stadt aufhalten wollte, um seine spirituelle Arbeit zu vollbringen und dass diese Arbeit, verbunden mit der aller Gläubigen, gewiss zum positiven Verlauf der Ereignisse beigetragen hatte. Sein Wunsch, das Reich Gottes auf die Erde herabkommen zu lassen, brachte ihn dazu, unaufhörlich mit dem Licht zu arbeiten. Er verhielt sich wie ein Prisma, das die Sonnenstrahlen einfängt, um belebende Farben erstrahlen zu lassen. Es kam sehr häufig in seinem Leben vor, dass er Handlungen vollbrachte, die seinem Umfeld mysteriös erschienen, die für ihn aber ganz normal waren.

Der Krieg war zu Ende und der normale Alltagsrhythmus kehrte nach und nach ins Land zurück. In der Bruderschaft, wie auch sonst überall, konnte man endlich wieder frei atmen. Ende des Jahres 1945 erhielt die französische Bruderschaft die offizielle Nachricht vom Tode Peter Deunovs, der am 27. Dezember des vorangehenden Jahres gestorben war. Niemand hatte davon erfahren, weil die extrem schwierige politische Situation gegen Ende des Krieges den Nachrichtenaustausch zwischen bestimmten Ländern verhinderte.

Die Liebe ist eine Ausströmung, ein Fluss, der von hoch oben zu uns hinunterfließt, um die Menschen, die Tiere und die Pflanzen zu beleben und zu ernähren. Das größte Geheimnis lautet: »Die Liebe selbst ist das Gesetz des Lebens.«

Bruder Mikhaël erinnerte sich in jenem Moment an seine vorwarnenden Träume vom Dezember 1944, an die er nicht hatte glauben wollen. Vielleicht hatte er die Botschaften nicht verstanden, weil dieses Wesen für ihn zu kostbar war. Nie hatte er die Pläne aufgegeben, den Meister nach Frankreich einzuladen. Für ihn war diese Trennung ein großer Schmerz. Und sie war der Beginn einer Zeit großer Prüfungen.

* * *

DIE VERSCHWÖRUNG

Als Meister Peter Deunov ihm im Jahre 1918 mitteilte, dass die ganze Schwarze Loge ihm »im sechsundzwanzigsten Jahr« den Weg versperren würde, hatte er sich nicht getäuscht. Mit dem Ziel, ihn zu zerstören und sein Werk in Frankreich zunichtezumachen, fing gegen Ende des Krieges eine Verschwörung dunkler Kräfte an, gegen ihn zu wirken. Er wusste es bereits im Juni 1944, als er die Mitglieder der Bruderschaft bat, sich in der Wahrnehmung ihres Umfeldes zu üben, das Vorgehen solcher zu erkennen, die dunkle Kräfte einsetzten und sich stets mit jenen zu verbinden, welche sich der weißen Kräfte, der Macht des Lichtes bedienten. Von diesem Jahr an bis zum Jahre 1948 erlebte er eine Zeit der Angriffe, der Versuchungen und der Prüfungen. Prüfungen einer Art, die sogar große Meister, Heilige und Propheten hätten zu Fall bringen können.

Einer dieser Angriffe kam nach dem Ableben von Peter Deunov aus dem Land seiner Geburt. Einige der Mitglieder der bulgarischen Bruderschaft sannen immer noch auf Rache und veranstalteten öffentliche Versammlungen in verschiedenen Städten und Dörfern, um ihn in Misskredit zu bringen und den allenfalls verbliebenen, wenn auch geringen Einfluss, den er noch hätte ausüben können, zu neutralisieren.

Sogar der Sekretär von Peter Deunov, alt, krank und eingeschüchtert durch diese Verleumdungskampagne, dementierte, je Briefe an Bruder Mikhaël geschrieben zu haben, die seine Mission beschrieben und die vom Meister diktiert worden wären. Kurze Zeit später bereute er jedoch sein ungerechtes Verhalten und gab zu, gelogen zu haben.

Doch trotz aller Verleumdungen konnte niemand den tiefen Eindruck auslöschen, den Bruder Mikhaël in Bulgarien bei seinen

Freunden, den Mitgliedern der Bruderschaft, seinen Schülern und deren Eltern hinterlassen hatte. Im Laufe der Jahre 1945 und 1946 erreichten ihn zahlreiche Botschaften von Landsleuten, die ihm weiterhin ihre Hochachtung bezeugten. Von einem der Briefe war er zutiefst berührt, denn er stammte von seinem Freund Alexandre, von dem er seit Langem nichts mehr gehört hatte. Alexandre schrieb ihm, dass er von der Gestapo verhaftet worden war und einige Monate im Gefängnis verbracht hatte. In dieser Zeit habe eine Verwandlung in ihm stattgefunden:

»In der Einsamkeit der vier Wände bin ich ein zweites Mal geboren worden... Ich bin in jener Zeit mehr als je zuvor in meinem Leben spirituell gewachsen. Deine Worte waren die Hauptursache, die notwendig war, damit sich in solch kurzer Zeit ein derart großer und endgültiger Wandlungsprozess in mir vollziehen konnte. Sie hatten in meinem Unterbewusstsein lebendige Spuren hinterlassen und während meiner Gefangenschaft lebten diese Schemen als spirituelle, lebendige Figuren wieder auf. Sie wurden zu meiner Bestimmung und zu meiner Zukunft. Mein sehr, sehr lieber Bruder Mikhaël, hättest Du in Deinem Leben und in Deinem Wirken nur diese eine Verwandlung als Verdienst vorzuweisen, sie würde bereits genügen.«

Am meisten bewegten ihn die Briefe einiger Personen, die kurz vor dem Tode Peter Deunovs einige Zeit mit ihm verbracht hatten. Er hatte darüber gesprochen, wie die große Weiße Bruderschaft, die im Himmel ist, hier unten auf Erden verwirklicht werden müsse und dann hinzugefügt: »Mikhaël wird sie auf der Erde realisieren.« Er hatte auch gesagt: »Mikhaël wird großes Unglück erleben, aber danach wird er weiter vorankommen als ich.«

Auch von der französischen Bruderschaft wurde Bruder Mikhaël nicht verschont. Eine kleine Anzahl derer, die im Sommer 1939 die bulgarische Bruderschaft in Rila besucht hatten, warfen ihm nun vor, er übermittle seinen Zuhörern seine eigenen Erkenntnisse der Einweihungswissenschaft Peter Deunovs. Sie wussten nicht – oder wollten es nicht wissen – dass Peter Deunov selbst in Briefen diese Vorgehensweise für Frankreich gutgeheißen hatte.

Doch die perfidesten Angriffe jener Zeit kamen aus einigen Pariser Geheimgesellschaften, die ihn kaufen wollten, um ihn und seine Bruderschaft ihrem eigenen Einfluss unterzuordnen. Durch sein Erscheinungsbild und seine Ausstrahlung sowie durch die Größe, zu der die Bruderschaft mittlerweile herangewachsen war, erschien es gewissen okkulten Gesellschaften vielversprechend, sich ihrer zu bedienen, um ihre eigene Macht auszubauen. Ihre Vorgehensweise war sehr geschickt. Offiziell beweihräucherten sie ihn und betitelten ihn als das fähigste Wesen überhaupt, um große Verantwortung für die Welt zu übernehmen. Ruhm und Reichtümer boten sie ihm an, jedoch nur unter der Bedingung, dass sich seine Bruderschaft mit ihren Gesellschaften verbinde.

Bruder Mikhaël wies alle Angebote zurück. Im Nachhinein sagte er von einer dieser Gesellschaften, dass sie noch gewisse Aspekte der ägyptischen Einweihungswissenschaft besaß, jedoch vor allem die Macht suche. Er war in der unangenehmen Lage, die ihm angebotene Mitgliedschaft verweigern zu müssen und diese Rechtschaffenheit sollte für ihn schon bald fürchterliche Vergeltungsmaßnahmen zur Folge haben.

Jene mächtigen Gegner stellten nicht die einzige Gefahr dar. In seinem Umfeld gab es Leute, die ihn nur durch ihre eigenen Begrenzungen wahrnehmen konnten und die ihm Geschenke oder Geld offerierten, damit er zu ihren persönlichen Zwecken von seinen magischen Kenntnissen Gebrauch mache. Eine stetig wachsende Schwierigkeit stellten auch die in ihn verliebten Frauen dar. Eine von ihnen, die ihrer Sache sehr sicher war, teilte ihm ungefragt mit, dass sie ihn heiraten werde. Nach ihrer Zurückweisung wurde sie zu seiner erbitterten Feindin und unternahm sogar Schritte bei der Polizei, um zu verhindern, dass er seinen Personalausweis erhielt, der ihm zuvor praktisch schon sicher gewesen war. Eine andere Frau bot ihm ihr Schloss und ihr ganzes Vermögen an, wenn er sie nur heirate. Doch er hielt alle diese Angebote wie Trugbilder von sich fern. Er wusste ganz genau, dass seine Freiheit der Preis für alle Vorteile wäre, die ihm eine Verbindung mit den Reichen dieser Welt einbringen würde. Viele dieser Frauen verwandelten sich daraufhin zu Feindinnen und hegten ihm gegenüber dauerhafte Rachegelüste. Bei den sich anbahnenden Prüfungen spielten einige von ihnen entscheidende Rollen.

Als würde dies alles nicht schon genügen, hatte er auch noch unter den nicht enden wollenden Schwierigkeiten mit der Polizei zu leiden, die ihm zahllose Fragen über den Grund seines Aufenthaltes in Frankreich stellte. Die Beamten der Polizei seines Viertels, die seit neun Jahren gezwungen waren, die regelmäßige Erneuerung seiner Papiere von ihm zu verlangen, wussten eigentlich über die Art seiner Tätigkeit Bescheid und respektierten ihn.

Aber von 1946 an interessierte sich die Spionageabwehr für ihn, weil er Bulgare war und Bulgarien in jenem Jahr zu einem kommunistischen Land wurde. Die meisten Bulgaren waren nach dem Krieg des Landes verwiesen worden, doch Bruder Mikhaël hatte bereits die nötigen Vorkehrungen getroffen und erklärt, dass er nicht nach Bulgarien zurückkehren wolle. Er erhielt den Status eines staatenlosen Flüchtlings. Von diesem Moment an konnte man ihn nicht mehr abschieben. Seit der Allianz des bulgarischen Königs Boris mit Hitler waren bulgarische Staatsangehörige in Frankreich leider sehr schlecht angesehen und wurden schnell der Spionage verdächtigt. Folglich schleusten sich Geheimagenten in die französische Bruderschaft ein, um ihren Gründer zu beobachten. Nach einer gewissen Zeit waren sie jedoch von seiner Unschuld überzeugt und blieben den Versammlungen wieder fern.

Ab dem Jahr 1946 gab es einen Zustrom neuer Mitglieder in die Bruderschaft, welcher von den Geheimgesellschaften herrührte, denen Bruder Mikhaël die Mitarbeit verweigert hatte. Diese Leute hatten den Auftrag erhalten, in seine spirituelle Familie einzudringen, um diese von innen her zu unterwandern und auszuhöhlen. Sie versuchten in seinem Verhalten den Frauen gegenüber etwas zu finden, womit sie ihn hätten vernichten können. Ein sinnloses Unterfangen, denn sein Verhalten blieb klar und deutlich, ohne jemanden zu bevorzugen. Nachdem er ihnen keinerlei Angriffsfläche bot, brachten die Denunzianten unklare und immer subtilere Andeutungen und Gerüchte mit zersetzender Wirkung in Umlauf, um seine moralische Integrität zu untergraben. In der Bruderschaft bildeten all diese verschiedenen Einflüsse ein Klima der Verwirrung; es war sehr schwierig geworden, klar zu sehen.

Bruder Mikhaël wusste, dass er die angekündigten, großen Prüfungen nicht vermeiden konnte. Er erinnerte sich an den genauen Wortlaut des Satzes, den Peter Deunov kurz vor seinem Tod ausgesprochen hatte: »Mikhaël wird großes Unglück erfahren, vor allem durch die Frauen.« Die Eifersüchteleien, die Gerüchte und unehrlichen Machenschaften entgingen ihm nicht, aber er fuhr mit seiner Arbeit fort, ohne sich von seinem Ziel abbringen zu lassen. Er empfing alle, die zu ihm kamen, und versuchte, ihnen Klarheit zu vermitteln, in der Hoffnung, Spuren der Schönheit und Harmonie in ihnen zu hinterlassen. Während all der Zeit dieser Prüfungen fuhr er mit seiner Arbeit als Pädagoge fort, ohne jemanden auszuschließen und ohne sich Gedanken über die möglichen Auswirkungen zu machen. Doch obwohl er am liebsten »die ganze Welt eingeladen hätte, am Tisch der Bruderschaft zu essen«, hatte er seine treuesten Mitglieder seit längerer Zeit gebeten, keine Personen ohne spirituelle Vorkenntnisse, die nur auf ein Wunder hofften, welches ihre Probleme auf die einfachste Art lösen würde, zu den Vorträgen mitzubringen. Eines der Mitglieder erinnerte sich: »Er war sich der Vorhaben gewisser Personen, die an den Versammlungen teilnahmen, sehr bewusst, doch er blieb äußerst offen und zugänglich und wachte mit rührender Feinfühligkeit über die Bedürfnisse der anderen. In dieser schwierigen Zeit schien er von Licht und Inspiration erfüllt wie nie zuvor.«

»Jemand, der keine Prüfungen durchlaufen hat, kann seinen Glauben, seine Kraft und seine Entscheidungsfähigkeit nicht offenbaren.«

In der Hoffnung, alle seine Zuhörer zu begeistern und ohne auf ihre Motive zu achten, sprach er über die Energien der Sonne, über das heilige Feuer, über die Musik, die die Fähigkeit besitzt, die *Cha-*

kras zu entwickeln und über die wahre universale Brüderlichkeit. Als sich im April 1946 die Atmosphäre innerhalb der Bruderschaft nicht besserte, fällte er eine schwere Entscheidung. Voller Traurigkeit richtete er sich an seine Zuhörer. Er erinnerte sie daran, dass er nur deswegen versuchte, ihnen als Lehrer zu dienen, weil sie ihn so sehr darum gebeten hatten und weil er hoffte, ihnen nützlich zu sein.

»Meine Machtlosigkeit gegenüber eurer Unfähigkeit, die Ideen der Einweihungswissenschaft in die Tat umzusetzen, beweist mir, wie anmaßend ich war, mich dieser Arbeit anzunehmen. Deshalb verzichte ich von heute an darauf, für euch die Rolle des spirituellen Führers zu übernehmen.«

Dann schwieg er. Die Mitglieder der Bruderschaft waren sehr betroffen. Sie hatten seit Langem verstanden, dass Bruder Mikhaël ein außergewöhnlicher spiritueller Lehrer war. Sie wollten ihn nicht verlieren. Sofort regte sich alles im Saal. Einer nach dem anderen stand auf und versicherte ihm, dass sie sich wünschten, auch weiterhin ein Leben in Harmonie zu führen. Mehrere unter ihnen baten ihn ausdrücklich und förmlich darum, ihr spiritueller Meister zu sein. Sogar diejenigen, die später zu Denunzianten wurden und falsche Zeugenaussagen machten, wollten sich nicht von dieser harmonischen Einheit unterscheiden. Stella kannte sie nur als Feinde und hörte sie trotzdem mit Nachdruck bestätigen: »Bruder Mikhaël, Sie sind ein Meister! Komme, was wolle, wir bleiben Ihnen treu!«

Das Publikum war sich in diesem Moment des Ernstes und des Anspruchs, die eine spirituelle Verpflichtung mit sich brachte, sehr bewusst. Obwohl er von den ihm entgegengebrachten Gefühlen sehr berührt war, wollte er diesen Moment allgemeiner Emotion nicht ausnutzen. Er war bereit, weiterhin ein Lehrer für die Mitglieder der Bruderschaft zu sein, doch hielt er daran fest, Bruder Mikhaël zu bleiben. Dennoch betrachteten ihn von diesem Zeitpunkt an jene, die er als seine Brüder und Schwestern bezeichnete, als Meister:

»Alles, was wir an ihm beobachteten, seine Reinheit, seine Kraft während der harten Prüfungen, die Klarheit, mit der er die Lehre Peter Deunovs weitergab, konnte uns nur noch mehr bestätigen, was wir bereits vom ersten Moment unserer Begegnung an wussten.«

Stella blieb ihm immer treu und verteidigte ihn, wo sie nur konnte. Später schrieb sie, dass er »eine erstaunliche Erweiterung ihres Bewusstseins in Gang gesetzt hatte und dass er sie auf eine Weise beraten hatte, als würde ein Sehender einen Blinden beraten, um in ihr ein höheres »Sehvermögen« zu erwecken.«

Diese Etappe hinterließ tiefe Spuren innerhalb der Bruderschaft. Etwas unglaublich Mächtiges war um sie herum entstanden, etwas Kraftvolles, ein kollektives Wesen, das sie beschützte, das aber auch genährt und gestärkt werden wollte. Bruder Mikhaël hatte sein Verhalten nicht geändert. Weiterhin sprach er in aller Einfachheit zu den Menschen und bewahrte seine innere Ruhe während der Erschütterungen, die ihn ohne Unterlass trafen. Trotz des Schmerzes, der aus manchen seiner damaligen Äußerungen sprach, zeigte er allen ein heiteres Gesicht.

Er bestand darauf, dass sie alles, was er ihnen gab, überprüften. Am 25. April sagte er ihnen: »Kümmert euch nicht darum, herauszufinden, ob ich ein Eingeweihter bin. Überprüft einfach das, was ich euch gebe. Bevor ihr diese Nahrung esst, solltet ihr prüfen, ob sie rein, frisch und wahrhaftig ist.«

Während der folgenden Wochen schrieben ihm mehrere Personen Briefe, in denen sie ihre Verehrung und ihren Respekt zum Ausdruck brachten. Doch er richtete seinen Blick immer nach oben, um zu sehen, wie klein er im Vergleich zu den höheren Wesen war und um nicht dem Hochmut zu verfallen. Er sagte ihnen, er wolle nicht verehrt werden und sei damit zufrieden, ein kleiner Diener zu sein. Er fügte noch hinzu: »Wendet euch an die Lehre! Sie hat alle Qualitäten.«

* * *

Das Jahr 1947, das zehnte Jahr nach seiner Ankunft in Frankreich, sollte eines der schwierigsten in der Geschichte der Bruderschaft werden. Es brachte einerseits die Erfüllung eines Traumes vom brüderlichen Leben, beinhaltete aber auch den Wirbelsturm, der Bruder Mikhaël in eine der schlimmsten Prüfungen seines Lebens reißen sollte. Seit Beginn des Jahres spürte er das Nahen dieses Unwetters und versuchte nicht, es aufzuhalten. In seiner Neujahrsbotschaft an die Bruderschaft schrieb er: »Das Jahr 1947 richtet sich mysteriös, tiefgründig und undurchdringlich vor uns auf wie die Sphinx im alten Ägypten, die von den Schülern weise und erleuchtete Antworten verlangte, bevor sie ihre Schätze freigab und all ihre Segnungen schenkte...«

Schon in den ersten Monaten zeigten sich ihm gegenüber auf eigenartige Weise zwei gegensätzliche Tendenzen: Die erste rühmte ihn in den höchsten Tönen und die zweite versuchte ihn zu beschmutzen. Zuerst erhielten ein Filmemacher und sein Team die Erlaubnis, eine Dokumentation über die Bruderschaft zu drehen und die täglichen Aktivitäten in der Villa zu filmen. Die Aufnahmen verliefen sehr freundschaftlich. Bruder Mikhaël vernahm, dass der Kurzfilm in den Kinos, gleich nach den Nachrichten gezeigt werden sollte, und begleitet von einigen Personen ging er hin, um ihn zu sehen. Die Bilder waren ausgezeichnet gelungen und der Schnitt mit viel Fingerspitzengefühl gemacht. Der Film endete mit einem kraftvollen Bild: Man sah Bruder Mikhaël als eine riesige Gestalt gemeinsam mit der Sonne über der Erde aufsteigen. Paradoxerweise wurde er, kurz bevor er öffentlich erniedrigt und gedemütigt wurde, in den allerhöchsten Tönen gerühmt. Nach der Ausstrahlung dieses Films wurde er eingeladen, im Radio über Meister Peter Deunov und die Aufenthalte der bulgarischen Bruderschaft in Rila zu sprechen.

Zu einem anderen Zeitpunkt wurde er von einer großen Zeitung heftig angegriffen. Nachdem die Journalisten die Zustimmung erhalten hatten, die Villa zu besuchen, veröffentlichten sie eine Reportage, die zum Ziel hatte, ihn zu diskreditieren und die Bruderschaft lächerlich zu machen. In Anbetracht der Verzweiflung und Wut seiner Mitbewohner riet er ihnen Ende April, sich über alles zu freuen, was ihnen widerfahre und sich vor allem auf sehr schwierige Ereignisse vorzubereiten. »Die Welt wird sich, was uns betrifft, in zwei Lager spalten«, fügte er hinzu. Während der folgenden Monate nahm er mehrere besondere Gelegenheiten wahr, um seinen Zuhörern Kraft und inbrünstiges Feuer einzuhauchen. Am 1. Mai sprach er über das herannahende Wesak-Fest. Er erklärte ihnen, dass sich die Eingeweihten jedes Jahr im Mai bei Vollmond im Himalaja trafen, entweder physisch oder mithilfe von Astralreisen, um mit den weißen Kräften des Lichts zu arbeiten.

»Während der Zeremonie, die an diesem Montag, dem 5. Mai, stattfindet, werden die Weißen Brüder durch sehr wirksame Anrufungen mit den himmlischen Hierarchien Kontakt aufnehmen. Sie werden versuchen, kosmische Kräfte anzuziehen und Wellen und Schwingungen höchster Spiritualität, zum Wohle der ganzen Menschheit, im Raum zu verbreiten.«

Er riet ihnen, ihren Feinden zu verzeihen und während der kommenden Tage spiritueller Vorbereitung keinerlei negative Gedanken zu hegen. Wissend, dass sich viele vor den unbenennbaren Dingen fürchteten, die da in der Schattenwelt im Gange waren, sagte er voller Güte zu ihnen: »Wenn ihr kein Licht besitzt, sieht euch niemand. Wir navigieren alle auf dem Ozean des Lebens. Unser Schiff steht oft fürchterliche Unwetter durch und riskiert schlimmstenfalls den Untergang. Um gerettet zu werden, muss man fähig sein, Lichtsignale zum Himmel zu schicken. Dann werden wir in Sicherheit gebracht.«

Das Wesak-Fest wird zum Gedenken an Buddhas Geburt abgehalten und alle die konnten, bereiteten sich durch Meditation darauf vor. Vier Tage später sprach Bruder Mikhaël vom inneren Frieden und erzählte ihnen, dass sich während seiner Meditation eine Taube auf seine linke Hand gesetzt hatte. »Dieser Taube wegen rate ich euch, nicht weiter am Boden zu kriechen, sondern so zu werden wie die Vögel.«

Trotz der schwierigen Zeit, die die Bruderschaft im Jahre 1947 durchlebte, erfüllte sich nun für die Mitglieder ein großer Traum. Nach langer Suche fanden sie in der Region um Paris ein Haus, das ihren Bedürfnissen zu entsprechen schien. Sie entschieden sich, es zu kaufen. Das Haus lag am Waldrand hoch oben am Ende der Rue du Belvédère de la Ronce, oberhalb der Stadt Sèvres. Das Anwesen umfasste einen Hektar Land und thronte hoch über der umliegenden Region. Auf dem Terrain befanden sich eine Villa und ein Aussichtspavillon. Rundherum lagen hauptsächlich Felder, da und dort ein kleines Wäldchen oder ein anderes Anwesen. In der Ferne sah man im Dunst die Silhouette von Paris.

Im Frühling konnte die Bruderschaft ihren neuen Wohnsitz beziehen, doch es bedurfte des guten Willens aller, um daraus einen bewohnbaren Ort zu machen. Die Villa war seit 18 Jahren unbewohnt und befand sich in einem desolaten Zustand. Mehrere Wochen harter Arbeit waren nötig, um alles auf- und wegzuräumen, doch die große Familie arbeitete mit überschwänglicher Freude, die sich oft im Gesang ausdrückte. Mit einem grauen Hemd und einer Baskenmütze als Kopfbedeckung sah man Bruder Mikhaël überall gleichzeitig Hand anlegen, um die unterschiedlichen Arbeitsmannschaften zu unterstützen. Noch immer besaß er seinen Sinn fürs Praktische und hatte nicht vergessen, was er in Bulgarien als Zimmermann, Maurer oder Maler gelernt hatte. Jemand, der mit ihm gearbeitet hatte, sagte später: »Wenn er jemandem einen Pinsel oder eine Kelle aus der Hand nahm, um ihm den effizienteren Gebrauch zu zeigen, so geschah dies nur, weil er die Handhabung des Werkzeuges und auch die dahinter verborgene Symbolik sehr viel besser kannte.«

Eines Tages, als er in den Vortragssaal trat, um die voranschreitenden Arbeiten zu überprüfen, sah er eine junge Frau, die mit jugendlichem Eifer den Boden putzte. Sie hob ihren Kopf und lächelte ihm zu, doch zu ihrer großen Verwirrung sagte er ihr, dass ihre Methode nicht die richtige sei. »Wenn wir die Decke renovieren, wird alles wieder schmutzig werden!«

Am Abend hielt er einen kurzen Vortrag über die Arbeitsmethoden. Indem er die Symbolik von Decke, Türen und Fenstern erklärte, betonte er, wie wichtig es im spirituellen, psychischen oder physischen Leben ist, mit dem Aufräumen und Putzen oben anzufangen und sich langsam nach unten vorzuarbeiten. Er betonte, dass man zuerst nachdenken und von seiner Intelligenz Gebrauch machen sollte, bevor man sich auf die Ebene der Gefühle und Handlungen begibt.

»Wenn man eine Arbeit anfängt, sollte man immer gewisse Regeln befolgen. Zum Beispiel muss man wissen, dass man eine gewisse Reihenfolge einhalten sollte und dass man das benötigte Werkzeug sauber hält. Wenn ihr wüsstet, welch tiefgründige Wissenschaft sich hinter den wenigen Gesten verbirgt, die für eine Arbeit notwendig sind! Auch wenn diese Arbeit weniger spirituell zu sein scheint, spiegelt sich doch das ganze Universum in unseren Gesten wieder.«

Im Juni waren die Hauptarbeiten abgeschlossen. Das Gelände war aufgeräumt und planiert und wirkte schon recht ansehnlich. Die Villa war bereit zum Einzug für eine Gruppe von Personen, die dort leben wollte. Das gesamte Erdgeschoß war als Vortragssaal eingerichtet worden. Im zweiten Stock hatte sich Bruder Mikhaël ein winziges Zimmer mit Dachschräge auf zwei Seiten und einem kleinen Fenster Richtung Osten ausgesucht. Im Empfangszimmer nebenan hatte er ein großes Bild von Peter Deunov an die Wand gehängt.

Alle, die sich so sehr wünschten, miteinander in Harmonie zu leben, waren endlich zu Hause angekommen. Es herrschte eine euphorische Stimmung. Trotz der aktuellen Schwierigkeiten fühlten sich diejenigen, die an der Renovierung des Gebäudes arbeiteten, wie die Erbauer einer besseren Zukunft. Sie hatten sogar das Gefühl, das Unwetter werde sich wieder verziehen. Bruder Mikhaël weihte das Anwesen und gab ihm den gleichen Namen, wie ihn schon Peter Deunov dem Gut der bulgarischen Bruderschaft gegeben hatte – Izgrev. Alle Mitglieder wurden eingeladen, so oft wie möglich auf dem Landgut am Sonnenaufgang teilzunehmen. Sonntags versammelte man sich hier zum Vortrag, zu den Gymnastikübungen und zur Paneurhythmie, die von den Musikern mit Violine und Flöte begleitet wurde.

* * *

Dieses harmonische Intermezzo dauerte nicht sehr lange. Die Feinde von Bruder Mikhaël versuchten immer noch vergeblich, in seinem Verhalten den Frauen gegenüber etwas zu finden, womit sie ihn hätten bloßstellen können und reihten eine Unterstellung an die andere. Innerhalb der Bruderschaft lebten die meisten in Angst, denn sie waren von den Konflikten und Verleumdungen zerrissen. Im Juni sagte er zu ihnen:

»Ich verlange nicht von euch, mir zu glauben und mir blindlings zu folgen. Nein. Öffnet die Augen und ihr werdet sehen, wo wir stehen und wo die anderen sind. Verlasst euch auf eure Intuition, befreit sie, gebt ihr die Möglichkeit zu funktionieren, säubert sie von allen Unreinheiten und alten Gewohnheiten.«

Das Bemühen, die Menschen zu befreien, findet sich stärker denn je in den Vorträgen dieser Periode seines Lebens. Mit seinen Kenntnissen über die menschliche Natur wusste er, dass man niemanden dazu zwingen konnte, die Vervollkommnung als Ideal zu wählen. Alle Zeitzeugen, die ihn gekannt haben, bestätigten einhellig, dass er nie versuchte, die Massen anzuziehen. Im Gegenteil. Er sortierte seine Zuhörer aus. Manchmal sprach er über verschiedene Themen gleichzeitig und ohne Zusammenhang, wohl wissend, dass diejenigen, die nicht genügend Geduld hatten, seine Ausführungen bis zum Schluss anzuhören, sich entfernen würden. Sobald diese oberflächlichen Zuhörer den Saal verlassen hatten, ordnete er all seine Beobachtungen und machte aus ihnen ein logisches Ganzes, ein vollständiges und ausgeglichenes Bild.

Eines Abends beobachtete er die harten Gesichter und das arrogante Benehmen von vier Unbekannten, die eben den Saal betreten hatten. Er sprach über zusammenhangslose Dinge und ließ ein Thema nach dem anderen wieder fallen. Endlich standen die vier Männer auf und verließen den Saal. Jemand in der Nähe des Ausganges hörte, wie sie Bemerkungen über die Unfähigkeit des Redners machten. Sie hatten entdeckt, dass Bruder Mikhaël »nicht gefährlich« sei. Nach ihrem Verschwinden nahm dieser jedoch seine verstreuten Ideen, die er scheinbar zufällig ausgesucht hatte, wieder auf, und zog aus ihnen eine meisterhafte Schlussfolgerung.

Im Juli zerstreuten sich seine Zuhörer, die Sommerferien hatten begonnen. Bis Ende September fand kein Vortrag mehr statt. Als sie sich im Herbst wieder trafen, hatte in der Zwischenzeit eine große Veränderung stattgefunden. Bruder Mikhaël, der einen Großteil seiner Nächte damit verbringen musste, sich durch Gebet und Meditation gegen die Angriffe zu wehren und sogar schwarzmagische Riten zu neutralisieren, entschied sich, zusammen mit einem Bruder in die Alpen zu reisen, um sich dort zu erholen.

Bruder Mikhaël in den Alpen im Sommer 1947.

Auf den Gipfeln streckte er sich auf dem Boden aus, um zu ruhen. In einem Zustand des Halbschlafes hatte er seine erste Vision von insgesamt vier, die einander innerhalb eines Jahres folgten. Es waren symbolische Visionen über die Prüfungen der vier Elemente. Der Berg senkte sich, die Felsen stürzten unter seinen Füßen ein, schwindelerregend fiel der Boden senkrecht unter ihm weg. In der Gewissheit, dass er nicht fallen würde, sprang er mit Leichtigkeit von einem Felsvorsprung zum anderen. Da verstand er, dass die großen Prüfungen begonnen hatten. Er erklärte zu einem späteren Zeitpunkt, dass diese erste Vision die Prüfung des Elementes Erde ankündigte, diejenige, die seine Willensstärke prüfen sollte.

Inzwischen hatten seine Feinde alle Vorkehrungen getroffen, ihn zu zerstören. Ein mysteriöser Mann, der seit einiger Zeit in Paris lebte, fungierte als Katalysator der verschiedenen destruktiven Angriffe. Er gab sich als großer tibetischer Eingeweihter aus und schmückte sich selbst mit berühmten Namen, wie Cherenzi Lind, Kut Humi und einigen anderen. Seine Anhänger gaben ihm den Titel »König der Welt«. Später wurde bekannt, dass er als Informant von einigen westlichen Ländern angeheuert worden war, und dass er nicht aus Tibet, sondern aus Kuba nach Paris kam. Tatsächlich sollte das Geheimnis um seine Herkunft ebenso verschleiert bleiben wie das um seine wahre Identität. Dieser skrupellose Mann war ein fürchterlicher Hypnotiseur, der viele Menschen beeinflusste und gefügig machte. Er täuschte sein Umfeld sehr lange Zeit. Erst viel später wurde bekannt, dass es sein Ziel war, einen wachsenden Einfluss auf die verschiedenen spirituellen Strömungen auszuüben und dies als Deckmantel für seine Spionagetätigkeit zu nutzen. Er war entschlossen, sich der Bruderschaft zu bemächtigen. Um sie für seine eigenen Zwecke zu benutzen, zog er alle Register, um ihren Gründer zu unterwerfen und in seine Dienste zu stellen. Anfänglich versuchte er, das Vertrauen der Mitglieder der Bruderschaft zu gewinnen, indem er ununterbrochen Lobeshymnen über ihren spirituellen Führer verlauten ließ.

Bevor Bruder Mikhaël ihn getroffen hatte, gab er keinen Kommentar über ihn ab. Als er ihn dann jedoch einmal gesehen hatte, verstand er, dass er in der Person dieses Mannes einen gefährlichen Feind vor sich hatte. Trotzdem blieb er seiner Methode treu, die Menschen aufzufordern, alles zu überprüfen, bevor sie sich eine Meinung bildeten. Er sprach bei mehreren Gelegenheiten mit positiven Begriffen über diesen Mann, wodurch er jedem seine freie Meinung ließ. Diejenigen, die diesem angeblichen Tibeter langsam auf die Schliche kamen, fanden solch eine Großherzigkeit unvorsichtig. Einige glaubten sogar lange Zeit, Bruder Mikhaël sei naiv gewesen.

Einige Zeit später vertraute Bruder Mikhaël drei Mitgliedern der Bruderschaft an, was er wirklich von diesem Mann dachte, der sich selbst den Titel »König der Welt« gab. Hatte er sich bewusst von seiner Intuition leiten lassen, damit sein Schicksal sich erfüllen konnte? Wie auch immer, eine dieser drei Personen missbrauchte sein Vertrauen und verriet ihn.

Als dieser falsche Tibeter – wir werden ihn weiterhin so nennen, da sein wahrer Name nicht bekannt ist – vernahm, dass seine Vorgehensweise durchschaut worden war, setzte er zum Angriff an, nach wie vor darauf bedacht, in der Gunst seines erklärten Feindes zu bleiben. Zuerst gewann er einen Bulgaren für sich, der immer schon eifersüchtig auf Bruder Mikhaël gewesen war, dann lud er Frauen ein, die Mikhaël gegenüber noch Rachegefühle hegten. Beeindruckt von seiner außergewöhnlichen Erscheinung und den harten, herrschsüchtigen Gesichtszügen, ließen die Mehrheit derer, die den »Tibeter« regelmäßig in seiner Wohnung aufsuchten, zu, von ihm hypnotisiert zu werden. Mehrere unter ihnen wurden darauf zu gefügigen Werkzeugen in seinen Händen.

* * *

Im September brach das Unwetter los. Bruder Mikhaël wurde offiziell von angeblichen Zeugen, die von seinen Feinden gekauft worden waren, angeklagt, 40 Frauen vergewaltigt zu haben. Diese Beschuldigungen wurden auf der ersten Seite der großen Zeitungen gedruckt. Man warf ihm vor, mit seinen Schülern in den Wäldern Orgien abzuhalten, man überhäufte ihn mit beleidigenden Worten und schilderte ihn als größten Lüstling aller Zeiten. Von dem Tage an wurde das Anwesen von Izgrev von Journalisten belagert, die auch nicht davor zurückschreckten, mit ihren Kameras auf die Bäume zu klettern, um seine Gesten und Handlungen zu beobachten. Er erhielt Drohungen und Beleidigungen von Menschen, die er nicht einmal kannte.

Am 28. September 1947 richtete er sich an eine stille Zuhörerschaft, mit der Bitte um Hilfe. Alle seine regelmäßigen Zuhörer waren da und bildeten eine bunte Mischung. Da waren die Mitglieder der Bruderschaft, die gelegentlichen Besucher, die Anhänger anderer Bewegungen, die von seiner Ausstrahlung immer noch fasziniert waren und schließlich seine versteckten Feinde, die ihn bereits verleumdet hatten. Nach einer kurzen Meditation sprach er von den Angriffen, denen ein Mann in seiner Position begegnen kann: Giftige Pfeile, schädliche Wellen und Wirbelstürme, bis er zusammenbricht. »Ich muss mich unentwegt bemühen, auszugleichen, um stabil zu bleiben. Wer kann mir bei dieser Arbeit helfen? Es sind sehr wenige, die mir helfen.«

Er fügte hinzu, dass er die Personen kennt, die mit der Absicht in die Bruderschaft gekommen sind, ihn zu Fall zu bringen. Er spielte auf die unglaublichen Anschuldigungen an, die gegen ihn vorgebracht wurden und fügte hinzu, dass er bereit sei, mit seiner Arbeit fortzufahren.

»Wenn ihr möchtet, dass ich weiterhin zu euch spreche, euch Mut gebe, die höheren Freuden im Leben zeige, werde ich bei euch bleiben. Doch seid euch einer Sache bewusst: Wo auch immer ich mich befinde, ob im Gefängnis oder anderswo auf der Welt, überall werde ich Gott loben und preisen.«

Er erinnerte sie daran, dass es Peter Deunov war, der ihn nach Frankreich sandte. Dann richtete er sich an diejenigen, die er als seine Feinde erkannte und lud sie ein, offen vor der ganzen Versammlung zu sprechen. Doch sie schwiegen verlegen.

»Ihr sagt nichts. Ihr akzeptiert, dass ich bei euch bleibe... Um mir heute Nacht beizustehen, bitte ich euch, für mich zu beten. Ihr braucht Unterstützung, um euch zu entwickeln! Ich auch.«

Darauf standen die Verräter auf und versuchten möglichst unbemerkt den Saal zu verlassen. Doch alle kannten sie jetzt; sie würden nicht wiederkommen, bevor sie sicher sein würden, dass sie ihr Ziel erreichen könnten. Nach einer kurzen Pause beendete Bruder Mikhaël seinen Vortrag mit den Worten, dass es jedem selbst überlassen sei, ihn zu verlassen, dass jedoch innerhalb der Lehre alle spirituellen Reichtümer zu finden seien.

In Izgrev und in den anderen Gruppen verbrachte die Mehrheit die Nacht im Gebet. Sie kannten Bruder Mikhaëls Integrität und seine Reinheit und konnten sich deshalb gut vorstellen, dass diese Anschuldigungen für ihn die größte moralische Tortur waren.

Während der folgenden Zeit gab es nur sehr selten Vorträge. Bruder Mikhaël war oft von Traurigkeit erfüllt, nicht so sehr wegen dem, was ihm widerfuhr, sondern wegen »der inneren Haltung der Menschen. Nur sehr wenige sind bereit, sich für ein hohes Ideal zu entscheiden.« Diese Traurigkeit machte sich in den zwei oder drei Vorträgen, die er im Oktober hielt, bemerkbar. Doch in seinem Bemühen, die Brüder und Schwestern auf das Kommende vorzubereiten, betonte er, dass alle Prüfungen, die sie über sich ergehen lassen müssten, dazu dienten, eine Auslese unter ihnen vorzunehmen. Er bat sie, ihr Unterscheidungsvermögen zu schulen und mit aller Kraft an der Läuterung ihres Wesens zu arbeiten.

Der Herbst wurde für die Bruderschaft zum Albtraum. Der angebliche Tibeter arbeitete mit den anderen Feinden von Bruder Mikhaël zusammen. Sie sammelten gefälschte Beweismittel, um ihn verhaften lassen zu können. Da Bruder Mikhaël unbestechlich war, war ihnen der Hauptanklagepunkt nun egal. Was zählte, war ihn verschwinden zu lassen, um seine Bewegung zu benutzen. Man ließ mehrere Frauen, die nach den Hypnosesitzungen zu gefügigen Werkzeugen geworden waren, eine Erklärung unterschreiben, worin sie Bruder Mikhaël beschuldigten, sie verführt zu haben. Einige konnten ihm nicht verzeihen, dass er sie abgewiesen hatte. Andere wiederum glaubten wirklich, dass dieser mysteriöse und machtvolle Hypnotiseur der Herr der Welt sei. Und dann gab es noch diejenigen, die Geld oder Wertgegenstände angenommen hatten und nun verpflichtet waren, sich zu beugen und zu unterschreiben. Wie Zeitzeugen berichten, hatte jedoch die große Mehrheit der Frauen aus der Bruderschaft mit den Manipulationen des angeblichen Tibeters nichts zu tun.

Eines Tages erhielt Bruder Mikhaël eine subtile Warnung, die er als sehr wichtig erkannte. Während einer Meditation in seinem Zimmer hatte er eine zweite symbolische Vision über die Prüfungen der vier Elemente. Er sah sich über einer Kloake schwebend aufgehängt, in der es von Krokodilen wimmelte, die versuchten ihn zu fassen und zu verschlingen. Der Wasserpegel stieg und die Erde wurde von schrecklichen Überschwemmungen überflutet. Am Ende sah er viele seiner Brüder und Schwestern ertrinken.

Als er über diese Vision nachdachte, verstand er, dass das schwarze Wasser den Hass und die Bosheit symbolisierte und er wusste, dass seine Feinde entschlossen waren, ihn zu zermalmen. Später sagte er, dass »man nur während der Prüfung des Wassers erkennen kann, ob man fähig ist, Hassgefühlen zu widerstehen.« Sein Herz kannte den Hass nicht oder wenn es ihn kannte, dann weigerte es sich, ihm nachzugeben. Einigen Mitgliedern der Bruderschaft vertraute er an, es sei sein größter Wunsch, das Herz seiner Feinde zu gewinnen und ihnen zu helfen; auch auf die Gefahr hin, in den Augen der Welt missverstanden zu werden. Er fuhr fort, durch seine Gedankenkraft für seine Feinde zu arbeiten und sie mit Licht zu umgeben. Deshalb protestierte er auch nicht, als ihn der falsche Tibeter offiziell als einen seiner engsten Mitarbeiter präsentierte, um von seinem guten Ruf zu profitieren.

Im Spätherbst nahm er an einem dreitägigen Kongress teil, zu dem man die Mitglieder der wichtigsten spirituellen Bewegungen eingeladen hatte. Er bereitete sich durch Fasten darauf vor. Der falsche Tibeter war mit einer bis zum Boden reichenden gelben Robe bekleidet und hielt eine lange Rede. Als Bruder Mikhaël an der Reihe war, stieg er in seinem hellen Anzug auf das Podium und setzte sich wie ein Yogi an den Rand der Bühne, um den Zuhörern möglichst nahe zu sein.

Ein Augenzeuge berichtete: »Sein Gesichtsausdruck war heiter, sein Blick warmherzig und offen. Von seinen ersten Worten an verwandelte sich die Atmosphäre im Saal. Mit seiner einfachen und ungezwungenen Art, die sich vom offiziellen Ton der anderen unterschied, richtete er sich an seine Zuhörer, als würde er mit Freunden sprechen. Er öffnete sich an diesem Tag, wie er es noch nie zuvor getan hatte.«

Nach diesem Kongress folgte die Ruhe vor dem zweiten Sturm. Bis Neujahr hielt Bruder Mikhaël keine Vorträge mehr, stand aber für alle zur Verfügung. Man fühlte, dass er ihnen helfen wollte, frei zu wählen. Ohne Druck auf sie auszuüben, ging er jedes Risiko ein, um ihnen zu ermöglichen, ihr Unterscheidungsvermögen zu schulen. So kam es dazu, dass er beschloss, den falschen Tibeter selbst nach Izgrev einzuladen, damit dieser einen Vortrag für die Mitglieder der Bruderschaft, ihre Freunde und Verwandten hielte. Für die Mehrheit der Anwesenden war diese Versammlung ausschlaggebend. Bruder Mikhaëls regelmäßige Zuhörer waren an eine klare Sprache und an höchst spirituelle Gedanken gewöhnt. Sie erkannten, dass der Gastredner über die beunruhigende Macht verfügte, andere zu faszinieren und dass er diese mit großem Geschick einsetzte.

Einer der Brüder erzählte: »Auf der Bühne befand sich ein großes Bild von Peter Deunov und darunter ein Sessel, der nur für ihn reserviert war. Bruder Mikhaël saß daneben, mit den drei Gästen zu seiner Linken. Wir sangen... Man fühlte, wie ein Teil des Kreises um Bruder Mikhaël sich auf subtile Weise verschob und sich um den falschen Tibeter sammelte... Aber längst nicht alle fielen auf ihn herein. Am Ende der Veranstaltung hörte man Leute sagen: »Dieser Mensch ist ein Hochstapler, warum nur empfängt ihn Bruder Mikhaël?«

Diejenigen, die Angst vor dieser Versammlung gehabt hatten oder Bruder Mikhaëls Beweggründe nicht verstanden, waren von seiner inneren Unabhängigkeit tief beeindruckt, welche ihm solche ungewöhnlichen Aktionen erlaubte. Obwohl Bruder Mikhaël um den Einfluss und die Macht seines schlimmsten Feindes wusste, hatte er trotzdem jedem die Möglichkeit gegeben, selber zu wählen.

Das Jahr 1947 ging zu Ende. Die Journalisten ließen nicht locker und veröffentlichten einen beleidigenden Artikel nach dem anderen. Trotz all dem erklärte Bruder Mikhaël in seiner Neujahrsbotschaft von 1948, dass das vergangene Jahr eines der besten der Bruderschaft bis dahin gewesen sei. Dies war eine erstaunliche Behauptung. Über die durchlaufenen Prüfungen sagte er, dass jeder »überprüft« und in allen Bereichen versucht worden war: Im Bereich des Herzens, der Intelligenz und der Kraft. Nachdem er, ohne ihre Namen zu nennen, auf seine Feinde angespielt hatte, schrieb er, dass er unablässig darüber nachdachte, wie er ihnen helfen könnte.

Die Großherzigkeit seines Verhaltens gegenüber seinen Feinden wurde nicht immer verstanden, aber er sprach unverändert davon, ihren Geist zu erleuchten und ihre Herzen durch die Liebe zu gewinnen. Er sagte, dass er für jeden von ihnen arbeite, indem er sie durch Gedankenkraft mit Licht umhülle. Viel später erklärte er, es sei ihm mehrmals die Gelegenheit geboten worden, sich mittels der ihm eigenen Fähigkeiten an ihnen zu rächen, doch er habe es nie getan.

Am Ende seiner Neujahrsbotschaft machte er eine Vorhersage, an die man sich in der Bruderschaft noch lange erinnerte: Das Jahr 1948 werde ein Jahr voller Missgeschicke werden und von der Trennung zwischen Spreu und Weizen geprägt sein. »Die Kinder des Lichts werden einander suchen, sich wieder finden und einander stärken«, schrieb er. Nachdem diese Nachricht versendet war, blieb er den ganzen Januar über zurückgezogen, ohne öffentliche Auftritte.

Eines Nachts erhielt er den Telefonanruf eines Bruders, der die Machenschaften seiner Feinde ausfindig gemacht hatte und ihm riet, ins Ausland zu flüchten: »Sie wollen Sie ins Gefängnis bringen.«

Doch Bruder Mikhaël wollte nicht fliehen. Noch nie hatte er in Betracht gezogen, seine Bruderschaft zu verlassen oder seine Arbeit aufzugeben. Seit Langem hatte er das Leid und die Prüfungen, welche seinen Lebensweg säumten, akzeptiert. Man kann sagen, dass er sich in dieser Nacht der Brutalität seiner Feinde noch mehr bewusst wurde und sich bereit erklärte, die Feuerprobe zu durchlaufen. Dieser Moment hätte seiner Mission eine Wende geben können, denn auf der einen Seite der Waagschale befanden sich die schlimmsten Prüfungen, die die ganze Mission gefährden konnten und auf der anderen bot sich die Flucht an, die die Möglichkeit enthielt, anderswo neu anzufangen. Es war ihm freigestellt, den bitteren Kelch zu verweigern, der sich ihm darbot, doch er wusste, dass er es akzeptieren musste, in die schrecklichste Finsternis hinabzusteigen, um im Licht wieder herauszukommen. Kurz zuvor hatte er über diese Prüfung gesprochen, die die Brüder und Schwestern mit ihm zusammen durchstanden, und dabei gesagt, dass alle Menschen eines Tages die Hölle durchqueren müssen:

»Jesus ist in die Hölle hinuntergestiegen, weil der Weg zum Himmel dort hindurchführt. Alle werden durch die Hölle gehen müssen, um ins Paradies zu gelangen. Das heißt, dass sich vor euch die Hölle öffnet, sobald ihr daran arbeitet, eure Schwächen zu besiegen, und dass ihr diese Hölle für eine gewisse Zeit durchlaufen müsst. Sobald ihr als Sieger daraus hervorgeht, wird draußen ein zweiter Kampf stattfinden. Wenn ihr auch bei diesem Kampf siegreich seid, werden alle schweigen, und niemand wird je wieder etwas sagen. Doch bis zu diesem Endpunkt, muss man ein Held sein können.«[66]

* * *

Am Mittwoch, dem 21. Januar 1948, wurde Bruder Mikhaël überraschend verhaftet und unter einem falschen Vorwand ins Polizeipräsidium mitgenommen. Dann wurde er ins Gefängnis »Santé de Paris« überwiesen, wo man ihn wegen der von mehreren Frauen unterschriebenen, falschen Zeugenaussagen inhaftierte. Jean, der sich bei ihm aufhielt, wurde ebenfalls festgenommen, jedoch am nächsten Tag wieder freigelassen.

Die Mitglieder der Bruderschaft waren wie versteinert und wussten nicht, was sie tun sollten. Sie glaubten nicht, dass Bruder Mikhaël schuldig war, doch einige unter ihnen ängstigten sich oder schämten sich, ihren Freunden gegenüber eingestehen zu müssen, dass sie Teil seiner spirituellen Familie gewesen waren. Diejenigen, die ihm treu blieben, waren nicht sehr zahlreich. Schweren Herzens lebten sie in permanenter Sorge und dachten nach, welche Mittel ihnen zur Verfügung stünden, um ihn zu verteidigen. Unaufhörlich erschienen neue Zeitungsartikel und die Bruderschaft umgab eine Atmosphäre der Drohungen, der Feindseligkeiten und der Verachtung.

Etwa zehn Tage nach der Verhaftung hielt sich Bruder Jean mit seiner Frau Raymonde und einem Bruder namens Maurice in Izgrev auf. Seit mehreren Tagen regnete es. Die drei Freunde waren todunglücklich. Ihr spiritueller Lehrer war ins Gefängnis gesteckt worden und die Bruderschaft war gespalten. Raymonde unterbrach die Stille und erzählte von ihrem Traum, den sie vier Jahre zuvor geträumt hatte:

»Es war in der Zeit des Todes von Meister Peter Deunov. Er kam mit zwei großen, weißen Koffern in die Villa und fragte: »Wo ist mein Sohn?« Man antwortete ihm: »Er ist sehr beschäftigt.« Und Meister Deunov rief: »Aha, er ist sehr beschäftigt!« Er lief einfach durch die Wand, hinein zu Bruder Mikhaël und gab ihm die zwei Koffer, mit den Worten: »Hier, mein Sohn, die sind für dich.«

Als Raymondes Stimme verstummte, war allen leichter ums Herz. Jean und Maurice kannten Raymondes Vorahnungen und ihre erstaunlichen medialen Fähigkeiten. Still dachten sie über die Bedeutung des Traumes nach, der das Testament von Peter Deunov symbolisierte, die Lehre, die Bruder Mikhaël nach Frankreich gebracht hatte und für die er alleine verantwortlich war.

»Wir müssen weitermachen«, sagte Jean und stand auf. »Bruder Mikhaël hat uns den Weg gezeigt und uns über die Zukunft aufgeklärt. Ich glaube an diese Zukunft. Ich bin mir sicher, alles, was er vorausgesagt hat, wird auch eintreffen.«

In der Zwischenzeit hatte Stella sich der Aufgabe angenommen, das Überleben der Bruderschaft zu sichern. Sie verausgabte sich ohne Rücksichtsnahme und versuchte, Ruhe zu vermitteln und Mut einzuflößen. Ein anderer Bruder namens Jean, der zu diesem Zeitpunkt der Präsident der Organisation war, stand ihr dabei zur Seite.

Nur die völlig zerrütteten gesellschaftlichen Verhältnisse der Nachkriegszeit können gewisse Umstände, die mit der Verhaftung von Bruder Mikhaël einhergingen und seine lange Haft im Vorfeld eines Gerichtsverfahrens erklären, das unter Missachtung wesentlicher rechtlicher Rahmenbedingungen geführt wurde. Zwanzig Jahre später schrieb Stella, dieses Umfeld habe es erlaubt, dass Bruder Mikhaël fünf Monate nach seiner Verhaftung immer noch im Gefängnis von la Santé festgehalten wurde, ohne vor Gericht gestellt worden zu sein. Ein solches Vorgehen wäre zu einem späteren Zeitpunkt unmöglich gewesen.

Über diese langen Monate des Wartens im Gefängnis, wo unerträgliche Bedingungen herrschten und er die schlimmsten Untaten über sich ergehen lassen musste, sprach er nicht viel. Im Nachhinein gab er nur einen kleinen Hinweis auf seine Geisteshaltung während dieser Zeit. Er sprach von diesen inneren Stimmen, die versuchten, die Menschen in die Hoffnungslosigkeit hinunterzuziehen.

»Diese Stimmen, die euch zweifeln lassen, habe auch ich in der Zeit der Verleumdungen gehört. Sie verschonen niemanden. In den Jahren 1948 und 1949 haben sie versucht, mir Selbstzweifel einzureden und meine Fähigkeit, meine Mission zu realisieren, infrage gestellt. Doch ich klammerte mich an meine lichtvollen Erfahrungen und die Zweifel verschwanden.«[67]

In seiner Lehre sind das Gute und das Böse im Leben notwendig. Beide spielen eine Doppelrolle, wie das Feuer, das zerstören oder erwärmen kann oder wie die giftigen Pflanzen, die je nach Verwendung, töten oder heilen können. Wichtig ist zu wissen, wie man das Böse benützt, um es in Gutes zu verwandeln. Darin besteht der Sinn der Prüfungen, der Krankheiten und des Leidens. Sie geben uns die Möglichkeit, uns zu erheben, genau wie ein Kletterer, der sich der Unebenheiten des Felsens bedient, um bis zum Gipfel zu gelangen oder so, wie die Natur den Abfall umwandelt und ihn zum Gedeihen der Bäume und Pflanzen verwendet. In diesem Sinne ist das Böse oft etwas versteckt Gutes für diejenigen, die leiden. Jahre später sagte er:

»Alles, was mir widerfahren ist, dass ich vor der ganzen Welt als Lüstling und als Monster dargestellt wurde, war dies nicht das Schlimmste, was einem passieren konnte? Ich sage euch ganz offen: So viele falsche Beschuldigungen, ein so großes Gespött, das ist nur schwer zu erdulden. Da gibt es Tage, an denen man lieber tot wäre, als eine solche Schande ertragen zu müssen. Manche haben sich schon wegen eines Bruchteils dieser Probleme das Leben genommen! Die Verleumdung fühlt sich an wie tödliches Gift. Aber die Einweihungswissenschaft hat mir gezeigt, dass es vielleicht die größte Wohltat war, die mir widerfahren konnte, weil dieser Umstand mich dazu gezwungen hat, einen unbekannten Weg einzuschlagen und in mir selbst ungeahnte

Mittel, Kraftreserven und Energien zu finden, die ich ohne diese Situation nie entdeckt hätte.«[68]

Während der letzten fünf Monate hatten mehrere Personen ihre Tage und auch ihre Nächte damit verbracht, die Verteidigung von Bruder Mikhaël vorzubereiten. Stella hatte mehrere Anwälte engagiert, aber zu ihrer Verzweiflung verstarb der fähigste unter ihnen kurz vor der Gerichtsverhandlung, die am 26. Juni 1948 stattfinden sollte. Sie war gezwungen, einen Unbekannten anzurufen und die Resultate waren entsprechend mittelmäßig.

Am Samstag, dem 26. Juni, war nur gut ein Dutzend der Getreuen Bruder Mikhaëls im Gerichtssaal des Justizpalastes anwesend, als er in den Saal geführt wurde. Am Ausgang bekamen sie die Erlaubnis, ihm die Hand zu schütteln. In Wirklichkeit hatte man ihn nur hergebracht, um ihm mitzuteilen, dass seine Verhandlung auf einen späteren Zeitpunkt verschoben worden war. An diesem Tag waren seine Verteidiger jedoch voller Hoffnung, weil eine seiner Anklägerinnen offiziell ihre Aussage widerrufen hatte. Sie sollte die erste von einer ganzen Reihe sein. Außerdem spielte ihnen das Schicksal eine unvorhergesehene Verbündete zu: Eine Frau, die die Repräsentantin des falschen Tibeters in Frankreich gewesen war, hatte einige Zeit zuvor etwas von seinen Täuschungen bemerkt. Als sie einmal unangemeldet in sein Büro gekommen war, hatte sie ihn dabei überrascht, wie er einer der größten Feindinnen von Bruder Mikhaël einen Brief diktierte, worin diese ihn beschuldigte, sie vergewaltigt zu haben. Sofort entschied sie sich, dem Richter zu schreiben und ihm die Szene zu schildern, bei welcher sie gerade Zeugin geworden war. Sie beendete ihren Brief mit den Worten, dass Herr Ivanoff vollkommen unschuldig sei und von allen Anklagepunkten freigesprochen werden müsse.

Am darauffolgenden Samstag, dem 3. Juli, wurde Bruder Mikhaël wieder nur in den Justizpalast gebracht, um zu hören, dass sein Prozess erst zwei Wochen später, am 17. Juli, stattfinden würde. Doch dieses Mal hatte niemand die Erlaubnis erhalten, sich ihm zu nähern. Er wurde hastig ins Gefängnis zurückgebracht. Genau zu diesem Zeitpunkt regte sich eine starke Stimme in der Welt der Presse, um ihn zu verteidigen. Ein kompetenter Journalist, der den Behörden mit seiner Entdeckung weit voraus war, veröffentlichte in der Zeitung »Le Populaire«, dass dieser Fremde, der sich in Paris als tibetischer Eingeweihter präsentierte, in Wirklichkeit ein Geheimagent der UDSSR sei.

Am 17. Juli eröffnete man um 13 Uhr die Gerichtsverhandlung, die noch am selben Tag beendet wurde. Die Personen, die als Zeugen der Verteidigung geladen wurden, berichteten später, dass es ein unfairer Prozess war. Er sollte unter Ausschluss der Öffentlichkeit abgehalten werden, doch wurden mehrere grundlegende Rechtsvorschriften einfach übergangen. Man ließ mehrere Journalisten mit ihren Kameras in den Gerichtssaal kommen. Außerdem blieb der Justizminister, eine sehr einflussreiche Persönlichkeit, während der ganzen Verhandlung anwesend, was illegal war. Er wollte sicherstellen, dass der Angeklagte verurteilt und des Landes verwiesen werde. Die Zeugen der Verteidigung waren von einer feindseligen Atmosphäre umgeben. Sie fühlten ihre Machtlosigkeit. Nur mit Mühe konnten sie sich in dem Lärm und den Zwischenrufen überhaupt Gehör verschaffen.

Bruder Mikhaël wurde zu vier Jahren Haft verurteilt. Am nächsten Tag, es war Sonntag, traf sich um sieben Uhr morgens eine kleine Gruppe von Personen in Izgrev, um zu beten. Das Herz war schwer, der Geist unruhig und der Mut schwankend. Zwei Stunden später drang eine Gruppe derer, die daran gearbeitet hatten, den guten Ruf von Bruder Mikhaël zu zerstören, gewaltsam in das Gebäude ein. Nachdem sie offizielle Mitglieder der Bruderschaft geworden waren, wollten sie jetzt die zweite Phase ihres Planes durchführen, die darin bestand, die Mitglieder der Bruderschaft zu demoralisieren und die Schließung von Izgrev zu erwirken, damit sie später selbst über das Zentrum verfügen konnten, um ihre eigenen Ziele zu verfolgen. Sie setzten alles daran, die Anwesenden zu entzweien, doch trotz der eindrücklichen Argumente, die sie vorbrachten, begegneten sie einem unerschütterlichen Widerstand. Sie mussten sich schließlich zurückziehen.

Bruder Mikhaëls Anwälte legten gegen das Urteil Berufung ein. Von den Frauen, die einen Meineid geschworen hatten, zog eine nach der anderen ihre Beschuldigungen offiziell zurück. Ihre falschen Aussagen waren durch Einschüchterung, Erpressung, Hypnose oder Bestechung entstanden. Zutiefst erschreckt über das, was sie da ausgelöst hatten, hatten sich diese Frauen am Verhandlungstag gezwungen gesehen, das Begonnene fortzusetzen und vor Gericht einen falschen Eid abzulegen. Erst mit etwas Abstand begriffen die meisten unter ihnen, was ihnen widerfahren war. Doch auch dann weigerten sich einige weiterhin, ihre falsche Zeugenaussage öffentlich zuzugeben, entweder weil ihre Familien hohe Geldbeträge erhalten hatten oder weil sie um nichts in der Welt ihren guten Ruf aufs Spiel setzen wollten.

Durch den Prozess hatte die Bruderschaft eine zweite Auslese ihrer Mitglieder erlebt. Bedrückt über die Ungerechtigkeit und besorgt über die Verfahrensfehler dieser unfairen Gerichtsverhandlung, deren Zeuge sie geworden waren, fühlten sie sich wie Sandkörner, die durch immer feinmaschigere Siebe laufen müssen.

Sie führten ihren Kampf jedoch weiter und legten Berufung ein. Sie konnten es sich nicht erlauben, zu verzweifeln, denn sie waren von Bruder Mikhaël auf diese Prüfungen bestens vorbereitet worden. Seine Worte über die Teilung und die Auslese kamen ihnen in Erinnerung. Es ging darum, den Sinn hinter diesem Leidensweg der Bruderschaft zu verstehen. So wie ein heißes Stück Stahl zur Härtung im kalten Wasser abgekühlt wird, durchliefen sie Hitze und Kälte, Mutlosigkeit und hoffnungsvolle Erwartung. Bald veröffentlichte man ungerechte Artikel in den Zeitungen, bald waren es Briefe von Personen, die das Werk von Bruder Mikhaël bewunderten und die bestätigten, dass er ein Heiliger, ein Meister sei.

Am 22. Juli erfuhr man, dass Bruder Mikhaël vom Gefängnis de la Santé in das große Lager Châtaigneraie in den Block St-Cloud überführt wurde. Die Bedingungen in dieser Haftanstalt waren weniger unmenschlich und die Vorschriften weniger streng. Stella und Jean, die die Erlaubnis erhielten, ihn für eine halbe Stunde zu besuchen, trafen ihn heiteren Gemüts an. Sein Gesicht strahlte ein subtiles inneres Licht aus. Nachdem er sich nach jedem erkundigt hatte, gab er ihnen sehr positive Ratschläge und bekräftigte seinen Glauben an den Sieg des Lichtes und der Wahrheit. Er fügte hinzu, dass er sich in seinem Gefängnis frei fühle.

* * *

DAS GEFÄNGNIS

Im Gefängnis »Châtaigneraie« waren die Gefangenen in großen Baracken untergebracht. Alle wussten, wofür der Neuling beschuldigt worden war. Sie beleidigten ihn, machten sich über ihn lustig und nannten ihn höhnisch »den Magier«, weil die Zeitungen ihn so betitelt hatten. Um zu sehen, wie er reagieren würde, spielten sie ihm üble Streiche und kauften im Gefängnisladen Tabakwaren und andere Dinge auf seine Rechnung. Niemand der Inhaftierten verhielt sich ihm gegenüber gleichgültig. Einige, die enttäuscht oder entmutigt waren, vertrauten niemandem mehr und beobachteten schweigend ihren seltsamen Gefährten.

Einer dieser Männer, er hieß Lemery, sagte später, dass der von Klarheit und Güte erfüllte Blick Bruder Mikhaëls schließlich auch die Unerbittlichsten unter ihnen entwaffnet habe. In dem Wunsch, Zeugnis über ihn abzulegen, führte er Tagebuch über die gemeinsamen Monate im Gefängnis. Er sah, wie Mikhaël viele Stunden im Yogasitz auf seinem Bett meditierte, wie er trotz der schwierigen hygienischen Bedingungen immer sauber und gepflegt war, mit seinem silbernen Haar, das gekämmt unter der Baskenmütze hervorschaute. In farbenprächtigen Bildern schilderte dieser Häftling die gewaltsamen Auseinandersetzungen der Spieler, die am Ende der Baracke an einem Tisch saßen, den ohrenbetäubenden Lärm, die ständig wechselnde Gruppenbildung je nach Affinität: Die Betrüger, die Zuhälter, die Landstreicher mit ihrer langen Liste von Verfehlungen, und andere, die dem Laster verfallen waren. Seine Notizen enden wie folgt:

»Weit über diesen Morast erhaben und gänzlich außerhalb davon lebt, denkt, arbeitet, meditiert und besänftigt unser lebendiges Beispiel, das diesen unheilvollen Ort wie ein Sonnenstrahl durch seine Gegenwart erhellt und ganz alleine die unerträgliche Luft in dieser Baracke lebendig macht. Dabei ist unsere Baracke angeblich noch »die beste« auf diesem riesigen Gelände. ...Um ehrlich zu sein, muss ich gestehen, dass ich ihm gegenüber lange Zeit in einer abwartenden Haltung geblieben bin. Ich wollte ihn kennenlernen, ihn genau beobachten, bevor ich ihn nicht nur zu einem Kameraden, sondern zu einem »Freund«, einem Vertrauten machte. Es war seine Lebenseinstellung, sein Verhalten gegenüber uns allen, was mich unmerklich für ihn erwärmte. Nach und nach kam ich ihm näher und fühlte mich von seinen Worten angezogen. Seine Liebe zur Natur ließ mich verstehen, dass ein Mann, der derart lange Momente hinter den Gitterstäben stehend verbringt, um die Morgendämmerung, den Sonnenaufgang, das Erwachen der Natur und den Gesang der Nachtigall zu erleben, nicht der Mann war und auch nicht sein konnte, den gewisse Zeitungen beschrieben. ...Man braucht nur mit ihm gelebt und ihn genau beobachtet zu haben, um von seiner Unschuld überzeugt zu sein.« [69]

Gleich nach seiner Ankunft hatte Bruder Mikhaël damit begonnen, sein Umfeld, in dem er nun auf unbestimmte Zeit würde leben müssen, zu beobachten. Mit der ganzen Kraft seiner Gedanken hatte er sich darauf konzentriert, sich mit Licht zu umgeben, um sich vor den schädlichen Ausströmungen zu schützen, die er um sich herum auf der feinstofflichen Ebene genauso wahrnahm wie auf der physischen. Später sagte er, dass er daran gearbeitet habe, seine Aura zu stärken, um das Eindringen dieser Energien zu verhindern.

»Denn wenn dies geschehen wäre, so hätte mich dieses Etwas bei seiner Verbreitung dazu bringen können, so leben zu wollen wie die anderen, meinen Glauben und meine Liebe zu schmälern und von meinem Weg abzukommen. Ich war auch gezwungen, meine Arbeit in der Nacht fortzusetzen. Zwei Jahre lang musste ich ununterbrochen auf diese Weise kämpfen, nicht nur gegen dieses Übel, sondern auch gegen das Unverständnis der Leute.« [70]

Es waren zwei harte Winter, die er im Gefängnis verbrachte. Aus hygienischen Gründen und um den unerträglichen Gestank zu neutralisieren, der die Baracke erfüllte, hatten die Verantwortlichen angeordnet, dass die Fenster Tag und Nacht geöffnet bleiben mussten. Es befanden sich sehr viele Inhaftierte in diesem Raum und der Rauch ihrer Zigaretten lag schwer in der Luft. Die geöffneten Fenster sicherten ihnen ein Minimum an Sauerstoff. Die Mehrheit dieser völlig durchgefrorenen Männer stampfte ständig mit ihren Füßen auf den Boden, um sich ein wenig aufzuwärmen. Bruder Mikhaël, der sehr sensibel auf Kälte reagierte, verbrachte lange Zeit meditierend auf seinem Bett, das unterhalb eines Fensters stand. Die meisten seiner Gefährten litten unter Albträumen und er wurde nachts öfters von ihren Schreien geweckt. Jeden Morgen fand er sich in diesen vier Wänden wieder, die ihm die Sonne verwehrten. Die Mahlzeiten bestanden aus schimmligem Brot, ranzigem Öl und verdorbenen Kartoffeln, die ungeschält im Wasser schwammen.

Es lag ihm fern, streng über seine Gefährten zu urteilen, deren Benehmen Raubtieren im Käfig oder Wahnsinnigen ähnelte. Er sah sie als »Kinder, deren Energien schlecht organisiert sind und die nicht wissen, wie sie sich äußern sollen.« Später sagte er aber auch, dass er die Einsiedler niemals zuvor so sehr beneidet habe, wie in der Zeit seiner Inhaftierung. Er betete ohne Unterlass und bat täglich um mehr Licht, weil »das Licht von Dankbarkeit begleitet ist und nicht von Rachegefühlen.«

Ein sehr junger Bursche, der während der Besatzungszeit zusammen mit Kameraden wegen einiger Delikte eingesperrt worden war, beobachtete ihn von Weitem. Er war am Rande der Verzweiflung und hatte beschlossen, sich bei nächster Gelegenheit gemeinsam mit seinen Freunden das Leben zu nehmen. Das Elend im Gefängnis und der Gedanke an seine Zukunft nach der Entlassung waren ihm unerträglich. Die innere Haltung jenes Menschen, der so anders war als die anderen, der sich verhielt wie ein freier Mann, der höflich mit allen sprach und seine am Besuchstag erhaltenen Geschenke an die Bedürftigsten verteilte, berührte ihn, und so beschloss er, ihm seine Selbstmordpläne anzuvertrauen. Zu seiner großen Überraschung tadelte ihn sein Gesprächspartner aufs Schärfste, sprach vom Sinn des Lebens, vom Sinn der Prüfungen und erklärte ihm, wie er sein eigenes Leben verwandeln könne, wenn er es wolle. Diese Erklärungen waren von sehr viel Güte und Mitgefühl begleitet. Täglich stellte der Junge neue Fragen, dachte nach und fand wieder ein wenig Gelassenheit. Er verlor den Wunsch, seinem Leben ein Ende zu setzen und war bereit, einen neuen Anfang zu machen.

Unmerklich fassten manche Häftlinge ein solches Vertrauen zu ihrem neuen Gefährten, dass sie selbst darüber erstaunt waren. In der Baracke ging etwas Eigenartiges vor sich. Da war ein spiritueller Meister zugegen, eingesperrt und doch frei, der zuhörte, Ratschläge gab und lehrte. Er ließ den Schmutz, das Fluchen, das unmoralische Verhalten und die Grausamkeiten außer Acht, und gab jenen Inhaftierten, die es hören wollten, Hoffnung und Mut zurück.

Nach einer gewissen Zeit bemerkte Bruder Mikhaël, dass die Gefangenen nach ihrem täglichen, von den Wachen begleiteten Pflichtspaziergang auf dem Gelände, erschöpft zurückkamen. Sie lebten in einer schlechten Umgebung, ihre Ernährung war mangelhaft und abgesehen von diesem einzigen täglichen Spaziergang, der eher einer Beerdigung glich, hatten sie keine Bewegung. Eines Tages löste sich Bruder Mikhaël trotz des Misstrauens der Wachen vom diesem Kreis und ging in Begleitung eines Gefährten dynamisch seine Runde im Hof. Gleichzeitig gab er ihm Erklärungen, wie man gehen konnte, ohne zu ermüden. Von diesem Beispiel ermutigt, hatte ein anderer die Idee, eine Gruppe von Läufern zu organisieren. Doch diese kamen noch erschöpfter als sonst zurück. Nach und nach vergrößerte sich die Gruppe der »Geher« von Bruder Mikhaël. Er bemerkte, dass sie ihm gegenüber aufnahmebereiter wurden und erklärte ihnen den Wert der Bewegungen, den für den Menschen günstigsten Rhythmus und wie man die Atmung diesem Rhythmus anpasst.

Er nutzte diese Gelegenheiten auch dafür, Fragen zu beantworten, die manche hinter vorgehaltener Hand stellten, wie etwa die ewige Frage, warum es das Böse auf dieser Welt gibt. Warum lässt

Gott das Böse zu? Wozu all diese Ungerechtigkeiten? In seinem Bemühen, ihnen behilflich zu sein, sprach er von den Fähigkeiten, die sie alle besaßen, um ihr Leben zu verändern. Ohne Angst davor, dass ihnen das missfallen könnte, sprach er das heikle Thema ihrer misslichen Lage und die Gründe an, die sie ins Gefängnis gebracht hatten. Er sprach als Freund zu ihnen und holte sie genau an dem Punkt ab, an dem sie standen, um ihnen zu helfen, sich über ihre gewohnte Situation zu erheben.

Nachdem er ihren Gesprächen zugehört hatte, kam er zu dem Schluss, dass sie das Geld zu ihrem Gott gemacht hatten, mit dessen Hilfe sie sich an der Gesellschaft rächen wollten. Eines Tages entschied er sich, sie von der Existenz eines anderen Gottes zu überzeugen und begann ein Gespräch mit mehreren Gefährten. Schnell bildete sich eine Traube von Menschen um ihn herum, und einige betonten sogleich, dass sie sich nicht von ihm überzeugen lassen würden.

»Was ist Gott? Was ist das Göttliche?« fragte er sie. »In einigen Augenblicken werdet auch ihr beweisen können, dass es Gott gibt. Hört mir zu. Glaubt ihr, dass es auf der Welt gerechte Menschen gibt?«

Nein, das glaubten sie nicht. Aber als Bruder Mikhaël darauf bestand und fragte: »Nicht einmal ihr selbst?« räumten mehrere ein, dass sie sich als gerechte Menschen betrachteten und dass die Gesellschaft sie nicht verstand oder ihnen nicht geholfen hatte.

»Gibt es auf der Erde intelligente Wesen, Wesen die wunderschön sind?« fragte Bruder Mikhaël weiter. Ja, dieses Mal, bei der Intelligenz, waren sie sich alle einig und erst recht bejahten sie die Schönheit der Frauen oder der Kinder.

Bruder Mikhaël fuhr fort: »Also erkennt ihr bereits, dass es die Intelligenz, die Gerechtigkeit und die Schönheit gibt. Und kennt ihr auch kraftvolle Menschen?« Angesichts der allgemeinen Zustimmung fuhr er fort und sagte:

»Ihr anerkennt also, dass es die Kraft gibt. Und glaubt ihr nicht, dass es noch andere Tugenden gibt, die ihr anerkennen solltet? Es gibt sie, nicht wahr? Stellt euch jetzt vor, wie all diese Eigenschaften, die ihr selbst anerkennt, sich bis ins Unendliche verstärken, vergrößern und intensivieren. Genau dies macht das Göttliche aus: die Summe all dieser Tugenden, potenziert in eine grenzenlose, unendliche Dimension. Wir können diese Wahrheit nicht ignorieren, da auch wir einige Partikel davon besitzen. Würde dieses Göttliche nicht existieren, woher bekämen wir die Partikel dieser in uns vorhandenen Tugenden? Wie könnte es sein, dass wir diese Eigenschaften besitzen? Es ist sehr schwierig, diese Wahrheit zu leugnen. Einen Gott mit einem Bart, einem Buch und einem Stift, um die Sünden der Menschen aufzuschreiben, ja, einen solchen Gott könnt ihr leugnen. Aber die Tugenden kann man nicht ignorieren und auch nicht leugnen.

Seine Gefährten schwiegen und starrten ihn an. Er fuhr fort.

»Ich möchte euch zeigen, dass ihr überhaupt nichts anderes sucht als Gott, auch wenn ihr Ihn nicht kennt.«

»Nein, das ist unmöglich!« rief jemand.

»Doch, ihr tut nichts anderes, als an das Göttliche zu denken und ihm nachzustellen« antwortete Bruder Mikhaël.

Er drehte sich zu einem Inhaftierten um und fragte ihn, aus welchem Grund er im Gefängnis sei.

»Wegen einer Frau.«

»Also lieben Sie die Schönheit und suchen sie. Aber warum?«

»Weil sie mich glücklich macht.«

»Seht ihr! Ihr sucht Gott sehr wohl, doch in einer begrenzten Form.«

Er richtete sich an einen Inhaftierten nach dem anderen und fuhr fort:

»Und Sie haben sich geschlagen, weil Sie die Kraft lieben. Glauben Sie nicht, dass auch die Kraft ein Teil Gottes ist, wenn auch in einer eigenartigen und missverstandenen Form? Und Sie? Sie plündern die Geschäfte, weil Sie den Reichtum lieben, aber Gott ist Reichtum, er gehört Ihm, er kommt von Ihm und man muss damit aufhören, ihn auf verschiedene Weisen anderswo zu suchen. Jemand will sich Wissen oder Macht aneignen, die ebenfalls Eigenschaften Gottes sind. Und derjenige, der die Zärtlichkeit sucht, läuft nicht auch er Gott hinterher? Wir alle tun nichts anderes, als Gott zu suchen. Wir alle jagen, auf die eine oder andere Weise, dem Göttlichen nach. Es sind die Mittel und die Methoden, es zu erreichen und zu fassen, die kleinlich, falsch, schädlich und unangebracht sind und zu weit unten liegen. Aber wir sind alle von großen Dingen, von etwas Großem, Unendlichem und Unermesslichem angezogen.« (Dialog aus dem Vortrag vom 29.10.1950.)

Diese Beziehung, die Bruder Mikhaël mit einem Großteil seiner Leidensgenossen aufbaute, hatte sich nur langsam entwickelt. Genauso war es mit dem Gefängnispersonal. Während der ersten Monate war das Leben für ihn sehr schwierig. Der Direktor und die Oberaufseher hinderten sogar seine Anwälte daran, ihn zu sehen. Die Wachen der Baracke wechselten häufig und hatten Anweisung, nicht mit ihm zu reden. Im Glauben an das, was in den Zeitungen gestanden hatte, redete man ihnen ein, dieser Häftling sei dazu fähig, sie zu hypnotisieren, um dann flüchten zu können. Einmal entdeckte Bruder Mikhaël, dass ein Neuling in der Baracke in Wahrheit ein Inspektor der Kriminalpolizei war, der versuchte ihn dazu zu bringen, sich zu kompromittieren.

Eines Tages näherte sich ihm ein Wachebeamter und schlug ohne ein Wort zu sagen, heftig auf seine Bibel, die er in den Händen hielt. Die Bibel flog bis zum anderen Ende des Raumes. Bruder Mikhaël protestierte und machte ihm wegen dieses gewaltsamen Handelns Vorwürfe. Dies ermöglichte wiederum dem Wachebeamten, ihn eines unverschämten Verhaltens zu beschuldigen. Von mehreren Wachen umzingelt, wurde er vors Gefängnisgericht geführt, um dort verurteilt zu werden. Seine Gefährten sahen ihn gehen und waren davon überzeugt, dass er für einige Zeit in eine schreckliche, finstere Zelle eingesperrt würde, von wo die Inhaftierten häufig krank zurückkamen.

Sein Erscheinen vor Gericht führte jedoch zu einem ganz anderen Ergebnis. Als er den Richtern erklärte, wie sich der Zwischenfall zugetragen hatte, lachten sie und entzogen ihm für drei Monate das Recht, sich seine Tabak- und Weinration im Gefängnisladen zu holen. Bruder Mikhaël, der noch nie in seinem Leben geraucht hatte und auch keinen Wein trank, amüsierte sich darüber. »Aber die Häftlinge waren traurig und unglücklich, weil sie meine Rationen, die ich unter ihnen verteilte, nicht mehr bekamen!« erzählte er später.

Nach und nach verloren die Wachen ihr Misstrauen ihm gegenüber. Ihre Hartherzigkeit verwandelte sich in Interesse und dann in Liebenswürdigkeit, da sie nicht umhinkonnten, zu erkennen, dass die meisten Häftlinge seine Nähe suchten, um ihm ihre Probleme anzuvertrauen. Bruder Mikhaël war in seiner Baracke eindeutig ein Element des Friedens. Schließlich fingen auch sie an, seine Gesellschaft zu suchen und wollten seine Ratschläge hören. Die Aufsichtspersonen holten ihn diskret ab, unter dem Vorwand, ein Justizbeamter wolle ihn sehen, um dann in Ruhe in einem Büro mit ihm sprechen zu können. Selbst der Direktor der Anstalt, der Respekt und freundschaftliche Gefühle für diesen erstaunlichen Gefangenen entwickelt hatte, führte oft lange Gespräche mit ihm. Seine innere Freiheit ermöglichte Bruder Mikhaël, einige Jahre später zu sagen:

»Ich habe festgestellt, dass sich inmitten größter Schwierigkeiten in mir ein Wesen befand, das sang. In jedem von uns lebt dieses Wesen, das alles sieht, alles beobachtet, das dabei aber unablässig singt und dem die Ereignisse nichts ausmachen.« [71]

In seinem Gefängnis hörte er weiter zu, tröstete und unterrichtete seine Gefährten, doch er sagte, dass er sich in der Nacht am freiesten fühlte: Im Geist konnte er die Gitterstäbe überwinden und sich hinauf zu Gott schwingen, um seine Gedanken in der ganzen Welt zu verbreiten und auf der Mentalebene mit dem Licht zu arbeiten. Er lebte ebenso sehr in seiner Seele und seinem Geist wie in seinem physischen Körper.

Für das Neue Jahr 1949 schrieb er an seine »lieben Brüder und Schwestern«, sich nicht zu ängstigen, einig zu bleiben und nicht überall Feinde zu sehen. »Versteht, dass Gott, der in allen Formen lebt, sich auch durch die schrecklichsten Dinge manifestiert«. Er riet ihnen, sich gegenüber allen Menschen liebevoll zu verhalten und vor allem gegenüber denen, die sie kritisierten und verleumdeten: »Ich habe immer so gehandelt«, schrieb er, »auch gegenüber meinen größten Feinden. Sie haben mich vielleicht beiseite geräumt, aber wer sagt mir, dass es mir eines Tages nicht doch gelingen wird, ihr Herz und ihre Seele zutiefst zu berühren?«

Einige Zeit später hatte er zwei Visionen, die die Prüfungen der Luft und des Feuers symbolisierten. Zuerst befand er sich eines Nachts an einem Ort, wo er heftigen Wind rauschen hörte. Ein Tornado fegte durch diesen Ort und Gegenstände wurden durch die Luft gewirbelt und zerbarsten rings um ihn herum. Düstere Gesichter umgaben ihn. Er suchte Schutz hinter einem großen Felsbrocken und konnte nichts weiter tun, als das Ende dieses Unwetters abzuwarten. Die Vision über die Prüfung des Feuers folgte ein wenig später: Brände verwüsteten die Erde. Er selbst befand sich mitten in den lodernden Flammen und dicker Rauch wirbelte um ihn herum. Auch dieses Mal bestand er die Prüfung. Er durchquerte das Feuer, ohne sich zu verbrennen.

In seinem ersten Vortrag gleich nach seiner Freilassung, sprach er von diesen vier Visionen, die ihm vor und während seiner Inhaftierung gezeigt wurden und er erklärte die Symbolik dahinter: Die Prüfung der Erde ist notwendig, um die Willenskraft und die Standhaftigkeit zu prüfen. Die Prüfung des Wassers hat zum Ziel, die Reaktion des Herzens, also die Gefühle, zu beherrschen. Die Prüfung der Luft zeigt die Ausgeglichenheit des Intellekts, und die letzte Prüfung, die des Feuers, die das größte Leiden mit sich bringt, ist notwendig, um den Abfall zu verbrennen, der die Seele daran hindert, sich mit den kosmischen Kräften zu vereinen. Es handelte sich hier um die vier wichtigsten Prüfungen, denen sich die Eingeweihten in den Tempeln des alten Ägyptens und in Indien unterziehen mussten.

Um die Prüfung, die er gerade durchmachte, so gut wie möglich zu verstehen, unternahm er eine Revision seines gesamten Lebens und dabei kamen ihm die Worte von Peter Deunov wieder in den Sinn: »Es wird eine Zeit kommen, in der dir die ganze Schwarze Loge den Weg versperrt, um dich am Weiterkommen zu hindern.«

Bruder Mikhaël im Jahre 1950, kurz nach seiner Freilassung.

Natürlich hatte er mit 17 Jahren noch keine Ahnung, was »die ganze Schwarze Loge« wirklich bedeutete. Peter Deunov sagte ihm große Prüfungen voraus, erwähnte aber nichts von einem Gefängnis. Er durfte das nicht, doch nachdem Bruder Mikhaël seine äußere Freiheit verloren hatte, erinnerte er sich an die sinnbildliche Geschichte des jungen Mannes, der beauftragt wurde, einen kostbaren Edelstein durch einen Wald zu transportieren.

Wenn er auch 15 Jahre früher nicht verstanden hatte, was ihm Peter Deunov damals mitteilen wollte, so verstand er es jetzt. Der Edelstein symbolisierte die Lehre, die er nach Frankreich gebracht hatte und die in den Schmutz gezogen und mit Füßen getreten wurde. Man hatte den Träger des Edelsteines auf die widerwärtigste Art und Weise zu entehren versucht, man hatte ihn verleumdet und beschmutzt, um sich seiner zu entledigen. Genau so wie es in der Prophezeiung von Peter Deunov geheißen hatte, durchquerte er einen Wald voller Räuber und wilder Tiere. Nachdem Peter Deunov ihm dieses Gleichnis erzählt hatte, fügte er hinzu, dass der Träger des Steines nach der Prüfung von allem Schmutz befreit würde. Er werde alles erhalten, was er benötige, und der Stein werde in seinem vollen Glanz erstrahlen. Bruder Mikhaël sagte später, dass er die Anwesenheit von Peter Deunov während seiner Haft spürte. Das veränderte Verhalten des Direktors und der Wachen verstand er als Zeichen des Schutzes seines Meisters, nachdem er vorher auf so unmenschliche Art und Weise behandelt worden war.

* * *

Nach mehr als zwei Jahren Haft wurde Bruder Mikhaël frei gelassen. Einige der Beschuldigungen lösten sich allein durch ihre Absurdität auf, die anderen waren zurückgezogen worden. Der Berufungsprozess vom 24. März 1950 verkürzte die Strafe auf 30 Monate, was seine sofortige Befreiung bedeutete. Einige bekannte Persönlichkeiten, die der falsche Tibeter anfangs für seine Zwecke gewonnen hatte und die durch ihren Einfluss die Verurteilung erreicht hatten, unternahmen jetzt alles in ihrer Macht stehende, um den angerichteten Schaden wiedergutzumachen. Jahre später schrieb ihm der Justizminister einen Brief und entschuldigte sich dafür, den Verlauf der Verhandlung durch seine illegale Anwesenheit negativ beeinflusst zu haben. Er erklärte ihm, dass man ihn damals von seiner Schuld überzeugt hatte, er aber im Nachhinein erfahren habe, dass alles ein abgekartetes Spiel gewesen war.

Auf ausdrücklichen Wunsch Bruder Mikhaëls wurde das Datum seiner Freilassung geheim gehalten. Stella und Jean holten ihn in der »Châtaigneraie« ab, ohne jemandem ein Wort zu sagen. Wegen der Einflüsse, die während der Verschwörung ins Spiel gebracht wurden und wegen der Kräfte, die schließlich eine Verurteilung bewirkt hatten, verbot ihm das Gericht, während der nächsten 5 Jahre in Paris zu leben. Erst im Frühling 1955 war es ihm wieder erlaubt, in Izgrev zu wohnen. Freunde aus Südfrankreich nahmen ihn in der Zwischenzeit bei sich auf.

Die französische Bruderschaft war durch die erlittenen Schmerzen gewachsen. Sie war gestärkt und bereit, ihren spirituellen Lehrer wieder zu sehen. Kurz nach seiner Freilassung machte Bruder Mikhaël einen kurzen Besuch in Izgrev und hielt dort einen Vortrag im kleinen Kreis. Sein Gesicht war eingefallen und gezeichnet, doch eine Flamme loderte in seinem Blick und sein Gesichtsausdruck strahlte Heiterkeit aus. Zu Beginn der Zusammenkunft las er einen Text von Peter Deunov vor, so wie er es immer getan hatte. Dann sprach er in einfachen Worten vom Gefängnis und von der Beziehung zu seinen Mithäftlingen. Er deutete auch ein wenig an, wie er sich gefühlt hatte, nachdem er verleumdet und angeschwärzt worden war. »Die schwierigste Sache ist, entehrt zu werden« sagte er. Weil er wusste, wie sehr seine Brüder und Schwestern während all dieser Zeit gelitten hatten, wollte er ihnen helfen, die vergangenen Prüfungen zu vergessen und sich wieder an die Arbeit zu machen. Er fügte hinzu:

»Vielleicht denkt ihr, dass nur ich alleine diese Prüfungen hätte durchstehen sollen. Ja, vielleicht, doch wäre ich dann auch der einzige Gewinner gewesen. Ihr solltet aber mit mir zusammen gewinnen.

Mögen alle schwarzen Wolken, alle düsteren Gedanken und jedes hasserfüllte Gefühl verschwinden, möge die Quelle der Liebe aufs Neue sprudeln und wir uns als Kinder Gottes fühlen!«

Die meisten Anwesenden weinten vor Freude. Während seines ganzen Lebens hatte Bruder Mikhaël es akzeptiert, jene Prüfungen zu durchlaufen, die alle Menschen kennen. Er hatte, wie er es selbst ausdrückte, an unterschiedlichen Problemen, Leiden und Begrenzungen »gearbeitet«. Diese konstante innere Haltung war ein Maß seiner Liebe und seiner Opferbereitschaft. Einige Jahre später fragte ihn ein Bruder, warum den Eingeweihten seit jeher ein tragisches Leben auferlegt wird. Seine Antwort kann zweifellos auch auf ihn selbst bezogen werden:

»Ihr erinnert euch, dass in der Mythologie von Prometheus die Rede war, der den Menschen das himmlische Feuer brachte. Er wurde dafür bestraft. Alle Retter der Menschheit erleiden das gleiche Schicksal wie Prometheus. Es ist überliefert, dass die ersten Menschen durch die Erbsünde monströse Wesenheiten schufen, die die Erde bevölkerten. Dieses Phänomen hat sich seither als Folge von Gesetzesübertretungen mehrmals wiederholt. Und die Verbreitung dieser Monster ist die Ursache allen menschlichen Unglücks. Alle Heiligen, Propheten und Märtyrer haben mit ihrem Leben einen großen Teil dieser Schuld, die schwer auf der Menschheit lastet, getilgt. Das heißt, diese Wesen haben einen Teil des Weges, den die Menschheit gehen muss, frei gemacht. Das Blut Jesu Christi hat eine erhebliche Strecke dieses Weges gereinigt. Die Opfer, die alle entwickelten Wesen bringen, haben einen großen Anteil daran, sie löschen alles aus, was finster ist und auf der Astralebene noch schwer auf allen Menschen lastet.« [72]

Nach seinem ersten Besuch in Paris begab sich Bruder Mikhaël nach Pau, wo er ein von Bäumen umstandenes Haus bewohnte. Dort konnte er den Lebensrhythmus praktizieren, der ihm seine Kräfte wieder zurückgab. Seine Vormittage widmete er, in Kommunion mit der großzügigen südlichen Sonne, spirituellen Dingen, die

Nachmittage verbrachte er damit, »das weiterzugeben, was er erreicht hatte«. Eines Tages machte er einen langen Spaziergang in einem der städtischen Parks und setzte sich danach auf eine Bank. Nach einer Weile bemerkte er, dass eine Frau, die sich nicht weit von ihm aufhielt, ihm verstohlene Blicke zuwarf. Er verstand, dass sie ihn wiedererkannt hatte, da sein Bild zwei Jahre zuvor in allen französischen Zeitungen veröffentlicht worden war. Er wandte sich ihr zu und sagte sanft:

»Glauben Sie, was man von mir behauptet hat?«

Sie wagte nun, ihm ins Gesicht zu sehen und sagte:

»Nein, ich glaube es nicht. Es ist unmöglich. Sie haben das Gesicht eines Propheten.«

Sie zögerte einen Augenblick und sagte dann:

»Es ist schrecklich, was Ihnen widerfahren ist.«

»Wissen Sie,« sagte er voller Güte, »das beste Mittel sich zu entmutigen und sich zu entkräften ist, das Böse als seinen Feind anzusehen. Aber wenn Sie es als ein Element betrachten, das Sie weiterbringt, so verwandeln Sie es in etwas Gutes. Vergessen Sie nie, dass es die Prüfungen sind, die es Ihnen ermöglichen, innerhalb Ihrer selbst Kraftreserven zu entdecken, die Sie sonst nie gefunden hätten. Dies ist der Grund, warum das Böse oft eine versteckte Wohltat bedeutet.«

Sie nahm seine Worte dankbar auf und schloss sich später einer Gruppe von Personen an, die ihn hin und wieder besuchten.

Ab Juni 1950 pendelte Bruder Mikhaël fast jeden Sonntag von Pau nach Sèvres. Wie gewohnt empfing er alle, die ihn persönlich sprechen wollten und schenkte ihnen viel Zeit. Bei diesen Gelegenheiten dankten ihm zahlreiche Personen dafür, dass er ihnen während seiner Haft erschienen war und ihnen Kraft gegeben hatte. Er kam seinen Mitmenschen weiterhin zu Hilfe, aber er weigerte sich, als Wundertäter angesehen zu werden, der sich der Fähigkeit der Bilokation bedient, um Menschen in Notlagen zu helfen. Wenn man ihm erzählte, dass man ihn im Traum gesehen habe oder er eingegriffen hätte, um Personen zu retten, spielte er auf die zahlreichen Wesenheiten an, die der gesamten Menschheit bei ihrer Arbeit helfen: »Ich weiß nicht, welche davon zu Ihnen gekommen sind, um Sie zu beruhigen oder Schwierigkeiten aus dem Weg zu räumen.«

Die Vorträge jener Jahre waren oft sehr lang. Man blieb viele Stunden beisammen. Man tankte wieder Kraft, man füllte sich nach dieser düsteren Zeit mit Licht. Man sang, man nahm die Mahlzeiten gemeinsam ein, man hörte Bruder Mikhaël zu, wie er vom Verzeihen und vom inneren Licht sprach, vom Gebet und von der Meditation, von der Reinheit und den subtilen Körpern und von der Musik, die den Menschen die Harmonie bringt.

»Er war so inspiriert, dass man nicht aufhören konnte, ihm zuzuhören«, sagte später ein Augenzeuge. »Die Atmosphäre war einzigartig, wir waren alle von intensiver Freude erfüllt. Immer wieder wurde gelacht oder spontan ein Lied gesungen. Die Musiker spielten klassische Werke und am Ende des Tages tat es uns leid, dass wir uns trennen mussten.«

Trotz des Unrechts, das ihm durch den Prozess und seine Konsequenzen widerfahren war, zog Bruder Mikhaëls Ausstrahlung Menschen aller sozialen Schichten an. Er war sehr aktiv und hielt an verschiedenen Orten Vorträge. Nach den Themen zu schließen, die er ansprach, war er sichtlich von mystischen Erfahrungen erfüllt. Es war bekannt, dass er nach seiner ersten Ekstase mit 15 Jahren viele weitere erlebt hatte. Im Vortrag vom 28. Januar 1951 waren sie so lebendig, dass man annehmen musste, dass er sie eben erst erlebt hatte. An jenem Sonntag öffnete er ein kleines Büchlein, worin Gedanken von Peter Deunov geschrieben standen, und bat die Wesen der unsichtbaren Welt, ihm das Thema, welches es heute zu erörtern galt, einzugeben. Sein Blick fiel auf einen Text über die Ekstase und er kommentierte ihn mit besonderer Intensität:

»Die Ekstase ist ein wunderbarer und unbeschreiblich schöner Zustand. Man muss ihn erfahren haben, um ihn zu verstehen... Man wird überflutet von Gefühlen der Selbstlosigkeit, der Nächstenliebe und der Erhabenheit. Man liebt alle Geschöpfe und verzichtet auf jedes kleine, materielle, menschliche Vergnügen. Das Herz ist erfüllt von uneigennützigen, selbstlosen und edlen Gefühlen. Das ist ein Teil von

dem, was eine Ekstase ausmacht. Nur nachdem man Gott sehr lange bewundert, angebetet und kontempliert hat, erreicht man diesen ekstatischen Zustand.

In der Zwischenzeit waren die Dinge immer noch sehr schwierig für die Bruderschaft. Alle waren sehr glücklich darüber, ihren spirituellen Lehrer wieder regelmäßig sehen zu können. Doch das Umfeld war noch immer nicht ganz unbelastet. Es erschienen wieder feindselige Artikel in den Zeitungen und Bruder Mikhaël wusste, dass seine Feinde den Kampf noch nicht aufgegeben hatten. Im März sagte er allen, die sich in Izgrev aufhielten, dass er der glücklichste Mensch der Welt sei und nicht vorhabe, sich zu verteidigen oder jemandem zu drohen oder Anklage zu erheben, wie ihm alle rieten. Entweder gäbe es nichts zu verteidigen oder das Vorhandene war gut und konnte durch nichts zerstört werden. Am Morgen des 9. April 1951 nach dem Sonnenaufgang, sprach er von der notwendigen Dunkelheit, um ein Samenkorn zum Sprießen zu bringen und warf einen kleinen Lichtstrahl auf eine tiefe Wahrheit der Einweihungswissenschaft:

»Zwei Jahre verbrachte ich in tiefster Dunkelheit. Ich durchlebte sie mit großer Freude. Alles war schwarz, sehr schwarz, tiefschwarz. Schwarz ist ein Mysterium. In ihm, in der Dunkelheit, formen sich die Dinge. Weiß ist die Manifestation, Schwarz die Formgebung. Ein Kind nimmt im Dunkeln seine Form an. Das Schwarze hat eine zweifache symbolische Bedeutung: Für den normalen Menschen ist es gleichbedeutend mit dem Bösen, mit Egoismus, mit der Hölle. Für die Eingeweihten ist es das unerhellte, ungeklärte Mysterium.«

Im Herbst des darauf folgenden Jahres hatte er endlich wieder die Möglichkeit, die Gipfel zu erklimmen, so wie er es in seiner Jugendzeit in Bulgarien getan hatte. An einem schönen Sonntag im Oktober machte er sich sehr früh mit einigen Personen auf den Weg zum »Midi d'Ossau«, dessen Gipfel auf 2800 Metern liegt. Oben angelangt, trennte er sich von der Gruppe und meditierte lange Zeit. Danach kehrte er wieder zu seinen Begleitern zurück. Im Augenblick des Abstiegs zog dichter Nebel über der ganzen Region auf. Sie sahen nicht einmal mehr einen Meter weit. Da erlebten sie ein außergewöhnliches Phänomen. Sie sahen in diesem dichten weißen Nebel ihre Silhouetten umgeben von konzentrischen, leuchtenden Kreisen in den Farben des Regenbogens erstrahlen. Bruder Mikhaëls Aura war im Vergleich zu ihrer riesengroß. Einer der Wanderer schrieb später: »Dieses Phänomen war umwerfend, wunderbar, unvergesslich!«

Bruder Mikhaël wandte sich seinen Begleitern zu und sagte ihnen, dass die unsichtbare Welt es erlaubt habe, ihnen ihre Aura in den Wolken widerzuspiegeln, damit sie sich der subtilen Seite des Lebens bewusst werden. Dann ging er voraus. Er rannte beinahe den Hang hinunter. Sprachlos sahen die Brüder ihm zu, wie er mit großen, weichen Gesten den Nebel teilte und auf beiden Seiten begrenzte. Es sah so aus, als ob er einen Weg aus Licht in die Wolken schnitt.

* * *

Erst zehn Jahre nach seiner Entlassung wurde der Ruf von Bruder Mikhaël wieder völlig rein gewaschen. Er befand sich bereits mit seiner Bruderschaft in Südfrankreich mitten in einem Sommerkongress. Ende September 1960 versammelte sich dort eine große Anzahl von Brüdern und Schwestern, um mit ihm das Michaelisfest zu feiern. Am 28. wurde er beim Gericht von Aix-en-Provence vorgeladen. Wie schon oft in seinem Leben erhielt er eine geflügelte Eskorte zu diesem Ereignis: Als er sein Chalet verließ, erschienen am Himmel Hunderte Schwalben und begleiteten seinen Wagen lange Zeit.

Als er am Nachmittag wieder zu Hause eintraf, brachte er den ungeduldig Wartenden eine gute Nachricht mit. Das Berufungsgericht von Aix-en-Provence hatte endlich seine juristische Rehabilitierung ausgesprochen und damit offiziell seine Unschuld bestätigt.

* * *

SCHÖNHEIT, DIE MAN UM SICH HERUM ERSCHAFFT, SPIEGELT SICH IN DER SEELE WIDER

Im Hinterland der Côte d'Azur, nahe der Stadt Fréjus, besaß Jean ein kleines Stück Land, genannt Le Bonfin. Bis auf einige Pinien und eine große, uralte Eiche, ein paar Feigenbäume und alte Rebstöcke fand man darauf nur Gestrüpp, karge Erde und mittendrin die Ruine eines alten Hauses. In der Hoffnung, sein kleines Stück Land eines Tages der Bruderschaft schenken zu können, beschloss Jean während der Abwesenheit Bruder Mikhaëls, zusammen mit einigen Personen dort erste Arbeiten auszuführen. Als Bruder Mikhaël diesen Ort im Jahre 1947 einmal gesehen hatte, war er besonders von der großen, felsigen Anhöhe im Osten des Grundstücks begeistert gewesen, von der aus man den Sonnenaufgang sehen konnte.

Drei Jahre später genehmigte er die Errichtung eines Kongresszentrums auf diesem Gelände, das in den Besitz der Bruderschaft überging. Von diesem Moment an begannen die Bau- und Ausbauarbeiten, doch der Ort blieb noch jahrelang extrem karg. Es war Schwerstarbeit, mit Spitzhacken einige behelfsmäßige Baracken in dem schwierigen Boden zu verankern. In diesem Land, das regelmäßig dem stürmischen Mistral ausgesetzt ist, musste man auch die Zelte und Unterstände gut befestigen. Doch trotz solcher Sicherheitsmaßnahmen wurden manche Zelte samt darin liegenden Sachen von den heftigen Windböen fortgeweht. Bruder Mikhaël bewohnte einen winzigen Wohnwagen, den Jean aus verschiedenen im Laufe der Jahre zusammengetragenen Materialien gebaut hatte. Doch wenn der Mistral aufkam, drohte auch diese unsichere Bleibe davonzufliegen.

»Ich wohne lieber in einem kleinen Wohnwagen mit der ganzen Menschheit in meinem Herzen, als in einem geräumigen und komfortablen Haus.«

Für die Mehrheit der Baracken wurde ein schilfähnliches, hohes Gewächs benutzt, welches die Natur in Hülle und Fülle anbot. Man konnte daraus Dächer, Sanitärbereiche und Wände herstellen. Die Brüder und Schwestern entfernten das Gestrüpp, rissen die abgestorbenen Rebstöcke aus, legten Fußwege an und erledigten auch die schwersten Arbeiten bei sengender Hitze.

Zur Abkühlung wurde einfach ein Tuch befeuchtet und um den Kopf gebunden. Die zwei Brunnen führten kaum Wasser und mussten von Zeit zu Zeit gereinigt und desinfiziert werden. Jean hatte es sich zur Aufgabe gemacht, das Camp mit Trinkwasser zu versorgen. Er fuhr auf dem Motorrad jeden Abend mit ein oder zwei Brüdern zum Fluss Reyran und füllte dort Wasserkanister, die er in seinem Beiwagen verstaute.

Im Jahr 1953 war das Gelände so weit vorbereitet, dass man die Teilnehmer des ersten Sommerkongresses empfangen konnte. Bei dieser Gelegenheit schrieb Bruder Mikhaël für alle seine »Freunde nah und fern« eine begeisterte Botschaft voller Hoffnung, in der er seine tiefe Überzeugung zum Ausdruck brachte, dass für die

Menschheit ein neues Zeitalter anbricht. »Das Goldene Zeitalter der Poeten ist keine Fabel!« schrieb er. Der glühende Wunsch, alle bewussten Wesen an dem »grandiosen Werk unserer großen und edlen älteren Brüder teilnehmen zu lassen«, war darin deutlich spürbar.

»Es gibt nichts Ruhmreicheres, als mit all seinen Kräften, Gedanken und Gefühlen nach der Verwirklichung dieses wunderbaren Planes zu streben, der Errichtung des Reiches Gottes auf Erden.«

Er schloss seine Botschaft mit einem begeisterten Ausruf:

»Die strahlende Sonne geht bereits über der Erde auf. Die Luft ist rein, der Raum ist unendlich, der Geist ist unsterblich, Gott ist ewig. Seine Schönheit ist unbeschreiblich, Seine Güte unerschöpflich, Seine Weisheit unermesslich und Seine Liebe allmächtig!«

Mit den Jahren verlängerte sich die Dauer der Sommerkongresse allmählich von zwei Wochen auf drei Monate. Die Mitglieder der Bruderschaft kamen aus allen Städten Frankreichs und aus der Schweiz für einen mehr oder weniger langen Aufenthalt; es herrschte ein stetiges Kommen und Gehen. Alle trafen sich im Bonfin und waren bereit, unter den schwierigsten Bedingungen und in völlig fremder Umgebung brüderlich miteinander zu leben. In diesem mediterranen, noch unberührten Hinterland fühlten sie sich wie in biblischen Zeiten. Sie konnten stundenlang spazieren gehen, ohne jemandem zu begegnen. Da waren nur der weite, blaue Himmel, die Pinien mit ihren krummen Ästen, das in der Sonne trocken werdende Gestrüpp und die unter den Füßen knirschenden Steine. In der Ferne zeichnete sich der Berg Gisant ab, dessen Silhouette wie ein liegender Ritter aussieht. Wollte man baden, musste man eine halbe Stunde zu Fuß zum Fluss Reyran gehen. Nach dem Bad und nachdem man die Wäsche gewaschen hatte, zog man die nassen Kleider einfach wieder an, damit sie auf dem Rückweg trocknen konnten.

Bruder Mikhaël begnügte sich immer mit dem Nötigsten. Zuerst bewohnte er den kleinen Wohnwagen, den Jean für ihn gebaut hatte und dann eine kleine Hütte, die nicht mehr als zwei mal drei Meter maß. Erst einige Jahre nach Beginn der Kongresse konnte man ihm eines von drei einfachen Chalets anbieten, die aus Materialien eines billig aufgekauften größeren Gebäudes gezimmert wurden. Darin wohnte er viele Jahre. Wenn er die spirituelle Arbeit beschrieb, die man auf begrenztem Raum durchführen konnte, sprach er aus Erfahrung. Wie er einige Jahre zuvor sagte, hatte er sich seit seiner Jugend oft darin üben können.

»Sogar krank, einsam und verlassen, im Gefängnis oder im Exil könnt ihr im Inneren arbeiten. Sehr oft sind es gerade die schwierigen Situationen, in denen wir unsere innere Haltung optimal verbessern können. Gerade dann besitzen wir die größten Kräfte, weil im Äußeren alles fehlt. Aus allen Richtungen kommen euch Schwierigkeiten und Hindernisse entgegen. Nur eine Richtung ist völlig frei: die nach oben. Wenn ihr also die schlimmsten äußeren Bedingungen antrefft, die euer Weiterkommen behindern und denen ihr weder nach vorne noch zurück oder nach unten ausweichen könnt, dann zögert nicht, richtet euch nach oben aus, erhebt euch. Wenn alle Schwierigkeiten uns angreifen, haben wir immer die Möglichkeit, in die spirituelle Dimension einzutreten und uns Gott zuzuwenden. In diese Richtung kann nichts unsere Bemühungen behindern.«[73]

Die Zeit des Einrichtens erstreckte sich über viele Jahre. Es bedurfte enormer Wagenladungen lockerer Erde, um die einfachsten Projekte verwirklichen zu können. Man baute für die Kongressteilnehmer Gemüse an und pflanzte Weinstöcke. Bruder Mikhaël besuchte regelmäßig die verschiedenen Arbeitsstellen und legte selbst Hand an. Nichts entging seinem achtsamen Blick, keine Aufgabe war ihm zu mühsam. Abends begab er sich dann jedoch zu den Zelten, um ein wenig mit den Brüdern und Schwestern zu sprechen. Inmitten dieser schwierigen Arbeiten forderte er sie stets auf, die Ästhetik des Ortes zu beachten. »Die Schönheit, die man um sich herum erschafft, spiegelt sich in der Seele wider.«

Seine Erfahrungen als Maurer oder Maler ließen ihn die kleinsten Details bemerken, doch er beschäftigte sich nicht damit, die Dinge auf der materiellen Ebene zu organisieren. Diese Verantwortung überließ er den Teilnehmern. Er erwähnte oft, dass er sich nur damit beschäftige, das Wasser fließen zu lassen, welches das Leben und die Liebe symbolisiere, »denn dort, wo Wasser fließt, ergeben sich die Dinge wie von selbst.«

Das intensive Leben, das er seiner Bruderschaft übermittelte, war beinahe mit Händen zu greifen und hin und wieder machten Besucher oder von außerhalb kommende Arbeiter diesbezüglich Bemerkungen. Ein Italiener namens Carrodano war in einem Sommer zusammen mit seinen Söhnen als Schreiner angestellt worden. Er sollte aus dem Holz einer Baracke, das man in den Bonfin transportiert hatte, einige Chalets bauen. Eines Morgens, als Bruder Mikhaël, gefolgt von einer großen Menschenmenge, vom Meditationsfelsen herunterkam, saß Carrodano auf dem Dach eines Chalets und legte seinen Hammer nieder, um Bruder Mikhaël besser betrachten zu können.

»Ah, mein Herr«, sagte er, »ich beginne zu verstehen, was Sie hier tun.«

»So, so, und was verstehen Sie, Herr Carrodano?«

»Ich verstehe, ich verstehe...«

»Aber sagen Sie es mir doch!«

Carrodano saß immer noch auf dem Dach und begann die Geschichte eines reichen Herrn zu erzählen, den er in Italien kennengelernt hatte.

»Dieser Mann, der immer traurig war, hatte meine Freunde und mich zu einem Glas Wein eingeladen, in der Hoffnung, dass sich unsere Fröhlichkeit auf ihn übertragen würde. Er schaute uns beim Trinken und Lachen zu, ohne dass seine düstere Miene sich veränderte und dann verließ er uns. Sehen Sie, was ich verstanden habe, Monsieur! Sie geben Ihren Brüdern und Schwestern den Sinn des Lebens.«

»Bravo, Herr Carrodano!« rief Bruder Mikhaël. »Aber wie sind Sie darauf gekommen?«

»Wenn ich Sie jeden Morgen so voller Freude und so strahlend vom Meditationsfelsen herunterkommen sehe, verstehe ich, dass es nur der Sinn des Lebens sein kann, den Sie ihnen vermitteln.«

Bruder Mikhaëls Rolle gegenüber seinen Brüdern und Schwestern spielte sich auf verschiedenen Ebenen ab. Er wandte sich an ihre Intelligenz, an ihr Herz und an ihren Willen, er appellierte an ihren Wunsch sich zu vervollkommnen und er weckte auch ihren Sinn für die Ästhetik. Die Schwierigkeiten, die ein auf Zusammenarbeit gegründetes Leben mit sich bringt, die Probleme, die sich zwischen Menschen unterschiedlichen Charakters ergeben und die hohen Anforderungen an einen wahrhaft brüderlichen Geist, entgingen ihm nicht. Er wiederholte immer wieder, dass dies eine »Schule« sei, dass Sympathien und Antipathien sehr oft ihren Ursprung in vorangegangenen Leben hätten und dass man seine Personalität in den Dienst seiner Individualität stellen müsse.

Um die jeweilige Rolle der zwei Naturen im Menschen zu erklären, bediente er sich des Baumes als Beispiel. Die Personalität besitzt, wie die Wurzeln des Baumes, große »unterirdische« Reichtümer, unbearbeitete Rohstoffe. Das sind unsere Instinkte, unsere Leidenschaften und unsere Wünsche. Die Personalität ist sehr kraftvoll. Sie hat nur einen Fehler. Sie richtet sich ganz nach dem niederen Ich aus. Im Gegensatz dazu besitzt die Individualität die schönsten und strahlendsten Eigenschaften. Sie hat die Möglichkeit, Blüten und Früchte hervorzubringen. »Alles, was wahrhaftig spirituell ist, ist von ihr inspiriert«, sagte er oft.

Ausgehend vom Bild des Baumes erklärte er, dass die Personalität so notwendig ist wie die Wurzeln, der Stamm und die Äste. Die Individualität (also Blätter, Blüten und Früchte) ist im Menschen nicht immer gegenwärtig und er muss lernen, zu unterscheiden, woher seine Impulse kommen. Die Personalität kann die beste Dienerin werden; man darf sie nicht zerstören, wie dies gewisse Asketen in der Vergangenheit versucht haben. Wenn es gelingt, der Individualität den ersten Platz einzuräumen und wenn sie die Personalität vollständig beherrscht und meistert, dann wird der physische Körper eine Basis, auf der Gott sich manifestieren kann.

Der Bonfin als Schule – als seine Schule. Er forderte von allen, sich dort in außergewöhnlicher Weise zu verhalten und ihre Gedanken, Worte und Taten zu reinigen. Er gab ihnen Methoden, sich mit dem Kosmos in Harmonie zu bringen, sich nach dem Vorbild dieser unendlichen Welt zu formen, sich mit der Quelle allen Lebens, mit der Universalseele, mit Gott selbst zu verbinden. »Im Austausch mit diesem universellen Leben werdet ihr den Lebenssinn finden«, sagte er. Der Aufenthalt im Bonfin wurde zur Lebenserfahrung, zur Lehre. Man lernte dort das, was er die »wahre Arbeit« nennt; eine Arbeit, die fähig ist, alle anderen Aktivitäten ins Gleichgewicht zu bringen. »Vernachlässigt niemals die Konzentration und die Meditation«, ermahnte er sie. Da er sehr oft den Ausdruck »eine Arbeit vollbringen« für die Anstrengungen im spirituellen Leben verwendete, fragte man ihn mehrmals, was er denn mit dieser Aussage meine.

»Diese Arbeit ist dort, wo ihr sie nicht erwartet. Es ist möglich, in vollkommener Regungslosigkeit, in Stille versunken, an Gottes Arbeit teilzunehmen. Und wie? Indem ihr euch bis zur Universalseele erhebt. Dort angekommen, verbindet ihr euch mit ihr und arbeitet mit ihr zusammen. Niemand weiß, was ihr da tut. Nicht einmal ihr selbst. Ihr könnt euch zur gleichen Zeit an mehreren Orten im Universum aufhalten.«[74]

Dies setzt Beharrlichkeit in der spirituellen Suche voraus und deshalb benutzte er gerne den Ausruf: »gute Weiterarbeit«. Damit spornte er jeden an, seine inneren Kräfte zu mobilisieren, um das Angefangene erfolgreich zu Ende zu führen. Er wusste, dass die größte Stärke eines Menschen in seiner Ausdauer liegt und zwar gerade dann, wenn sich alle Elemente verschwören, um zu verhindern, dass er die zu seiner Transformation nötigen Anstrengungen weiterführt. Tatsächlich sprach er von der alchimistischen Verwandlung. Er verwendete den Vergleich mit dem Lackmus, ein von den Chemikern als Indikator benutzter Farbstoff, der schließlich die Farbe wechselt, wenn man Tropfen für Tropfen einer Säure oder Lauge hinzufügt. »Noch einen Tropfen und noch einen! Gute Weiterarbeit, bis aus dem Rot das Blau wird.« »Gute Weiterarbeit« bedeutet, so lange in Aktion zu bleiben, bis die Verwandlung geschieht.

* * *

Mit den Jahren veränderte sich der Bonfin. Es wurden Blumen, Oleanderbüsche, Mimosen und Eukalyptusbäume gepflanzt und in der Nähe der großen Eiche ein Platz für die Gymnastikübungen angelegt. Das tägliche Bild während der Morgendämmerung erinnerte ein wenig an die Erlebnisse in den Bergen von Rila. Wenn die ersten Camper aus ihren Zelten kamen, war der Himmel noch von Sternen übersät. Nach einer kurzen Morgenwäsche zog man sich warm an und nahm seine Decke unter den Arm, da die frühen Morgenstunden in dieser Region noch sehr kühl sind. Schweigend ging man über einen kurzen, steinigen Aufstieg zum Gebetsfelsen und machte sich dort für die Meditation bereit.

Der Ort ist wunderschön. Am heller werdenden Himmel zeichnen sich nach und nach die blauen Berge in anmutigen, wellenförmigen Linien ab. Auf der rechten Seite sieht man bei klarem Wetter das Mittelmeer. Eine Stunde nach Sonnenaufgang wandte sich Bruder Mikhaël zu seinen Brüdern und Schwestern und hielt einen kurzen Vortrag. Nach dem Abstieg zum Campingplatz folgten die Gymnastikübungen. Dann wurde an drei Tischen unter einem Schilfrohrdach gemeinsam gefrühstückt. Mittags fanden die Vorträge manchmal in einem der Räume des alten Hauses statt, doch meistens blieb man einfach am Tisch unter freiem Himmel sitzen. Wenn der Mistral wehte, bekam die Suppe eine dünne Staubschicht, aber das kümmerte niemanden, dafür waren einfach alle zu glücklich.

Es wurde Zeit für neue Herausforderungen. Seit dem ersten Sommerkongress im Jahre 1953 ermutigte Bruder Mikhaël alle Brüder und Schwestern, am Morgen etwas länger in der Sonne zu sitzen und sich einfach, wie Kinder, in ihr Licht zu vertiefen. Fünf Jahre später schlug er längere Meditationen vor und versuchte, allen die nötigen Voraussetzungen für eine wirkliche Konzentration verständlich zu machen. Seine Liebe zur Sonne ist ansteckend. Wenn man ihm zuhört, hat man den Wunsch, genau so strahlend zu werden wie er, der die Sonne seit seiner Jugend kontempliert und die schwierigsten Prüfungen auf sich genommen hat, ohne sein inneres Licht zu verlieren. Nachdem er durch die enge Pforte gegangen war, wie Peter Deunov es ihm vorhergesagt hatte, war er strahlend wie die Sonne daraus hervorgekommen. Er erwärmte, erleuchtete und hauchte Leben ein.

Während des Kongresses im Jahre 1958 betonte er, dass auf der feinstofflichen Ebene der Erde und des Kosmos eine gigantische Arbeit im Gange sei und ganz neue Elemente auf die Erde kämen. Er prophezeite, dass ein mehrere Jahrhunderte andauerndes, neues Zeitalter herannahe, in dem es weder Kriege noch Krankheiten oder Verbrechen geben werde. Er sagte oft, diese Morgendämmerung einer neuen Epoche werde zunächst, am Ende des zwanzigsten Jahrhunderts, in den Seelen einer kleinen Anzahl von Männern und Frauen erstrahlen; und er sagte, das Goldene Zeitalter werde sich durch die Liebe in den Herzen manifestieren.

Die Arbeit, die er selbst zur Verwirklichung des Reiches Gottes auf Erden vollbrachte, war geprägt von seiner engen Verbindung zu den Engeln der vier Elemente. Er ermöglichte den Mitgliedern der Bruderschaft, in einer erhabenen Atmosphäre zu leben, die ihnen half, gewisse Aspekte der Natur und ihre eigene Verbindung zu ihr besser zu verstehen. Am 6. August 1958, als im Bonfin endlich fließendes Wasser installiert wurde, dankte er dem Engel des Wassers für seine Wohltaten und erklärte:

»Das Wasser repräsentiert die fluidische Seite der Natur, es ist das

Blut der Erde... es verwandelt sich im Inneren der Menschen in Blut. Das Wasser ist das wahre Blut, welches alle Lebewesen der Natur ernährt. Richtet eure Aufmerksamkeit auf das Wasser, denn es ist ein sehr tiefes Symbol. Wenn ihr es liebevoll, respektvoll und mit Dankbarkeit trinkt, verwandelt es sich in Leben, denn es trägt das Leben in sich. In der Chemie funktioniert nichts ohne Wasser. Selbst die Edelsteine können nicht ohne einige Wasserpartikel existieren. Ohne Wasser formen sich auch keine Kristalle. Dank einer winzigen Menge von Wasser ist der Edelstein widerstandsfähig, durchsichtig und reflektiert die Sonnenstrahlen. Bittet das Wasser, euch seine Transparenz zu schenken.«

Manchmal bat er beim Sonnenaufgang die anwesenden Personen, an seiner Arbeit teilzunehmen und gemeinsam mit ihm zum Engel der Luft oder zum Engel der Sonne zu beten. Abends am Lagerfeuer erinnerte er an die Notwendigkeit, alles Veraltete in sich zu verbrennen, um das innere Leben zu pflegen. Er fuhr damit fort, über die zwei Elemente Feuer und Wasser zu sprechen, die für das Leben unverzichtbar sind. Mit dem ihm eigenen Verständnis der zwei Prinzipien erklärte er die Rollen von Mann und Frau im Vortrag vom 29. August 1958:

»Der Mann besitzt riesige Energien, die jedoch in das große kosmische Energiereservoir zurückkehren würden, wenn die Frau nicht bei ihm wäre. Die Frau hat die unglaublich wichtige Aufgabe, den Geist, die Energie des Geistes, aufzufangen und für den Geist Formen zu erschaffen, damit er wirken kann. Erst durch die Verbindung der zwei Prinzipien existieren die Erde und sämtliche auf ihr wohnenden Formen. Ohne die Frau könnte der allzu feinstoffliche Geist nicht bleiben.«

Mitte September kündigte er seine bevorstehende Reise nach Indien an. Der Kongress jenes Sommers beschloss einen Abschnitt in seinem Leben und auch in dem Leben seiner Bruderschaft. Am 29. September sprach er lange über den Sinn des Michaelisfestes, welches in den Herbst fällt, wenn eine Zeit des scheinbaren Todes beginnt:

»Es ist die Zeit der Auslese, der Befreiung, der Beginn von etwas Neuem. Zu diesem Zeitpunkt löst sich die Frucht aus ihrer Hülle. Der Same fällt aus seiner Begrenzung, um gegessen oder aufbewahrt zu werden. Vor einer Woche hat das Michaelisfest begonnen und die gesamte Natur feiert dieses Datum. Die Engel, die Erzengel, alle Kräfte der Natur und die Göttliche Mutter sind zu diesem Fest geladen. Am 22. September findet ein außergewöhnliches Festmahl statt. Die Menschen wissen nichts von diesem Naturereignis und nur sehr wenige Wesen sind eingeladen, an diesem Festmahl teilzunehmen.«

In den drei Monaten, die der Abreise nach Indien vorausgingen, hinterließen einige Ereignisse bei der ganzen Bruderschaft einen tiefen Eindruck. Beim Entwickeln eines Fotos, das während der Meditation nach einer Mahlzeit gemacht wurde, entdeckte ein Bruder über dem Kopf von Bruder Mikhaël das kabbalistische Zeichen Shin, welches mit einer vertikalen Linie das männliche Prinzip und mit einer horizontalen Linie das weibliche Prinzip darstellt.

Das Zeichen Schin ש hat die Form einer Schwalbe, eines Schiffes im Wind, einer Schale mit einer Kerze darin, die Form von zwei Händen und Kopf, wenn man betet oder auch die eines Ankers.

Dieses Symbol erschien auch noch auf zwei anderen Fotos. Selbst wenn man das Phänomen auf Lichtspiegelungen zurückführen wollte, wäre es noch beeindruckend, da sich das heilige Symbol Shin immer in seiner perfekten Form zeigte. Die Bruderschaft interpretierte es als einen Ausdruck des Gleichgewichtes in einem Menschen, der beide Prinzipien in sich entwickelt hatte.

Am 1. Januar 1959 sagte Bruder Mikhaël allen in Izgrev Versammelten, dass seine Abwesenheit günstige Auswirkungen auf sie haben und ihnen vielleicht erlauben werde, die wahre Kraft in sich selbst zu finden. Er war nun schon seit 21 Jahren bei ihnen. Jetzt war die Zeit gekommen, in der er aufbrechen musste, um heilige Dinge zu suchen, die seit Tausenden von Jahren in einem von der Mystik der großen Meister durchdrungenen Land des Orients aufbewahrt wurden. Er sagte ihnen:

»Ihr steht unter dem Schutz eines Wesens, das alles kann. Dieses große himmlische Wesen sagte mir: »Ich nehme sie unter meinen Schutz.« Es besitzt alle Macht. Schon seit langer Zeit kümmert es sich um mich. Mehrmals habe ich im Laufe der letzten 40 Jahre seine Anwesenheit gespürt ohne jedoch mit ihm sprechen zu können. Nun hat es dank des Himmels zu mir gesprochen. Ich glaube, was es mir gesagt hat. Ich weiß, dass es sich um euch kümmern wird. Ich habe die Aufforderung zu dieser Reise bekommen, und ich gehorche den Anweisungen des Himmels.«

Bruder Mikhaël trat nun in sein sechzigstes Lebensjahr ein. Diese Anspielung auf ein geheimnisvolles Wesen, das ihn seit 40 Jahren begleitete, scheint in Verbindung mit einer anderen kurzen Aussage zu stehen, die er einige Jahre zuvor über »ein außergewöhnliches Ereignis« machte, das er 1920 erlebt hatte. Höchstwahrscheinlich sprach er vom Anfang seiner Beziehung, als er zwanzigjährig war, mit demjenigen, den er seinen wahren Meister nannte.

Als Abreisetermin nach Indien wurde der 11. Februar 1959 festgesetzt. Er reiste allein, doch mehr als 200 Menschen begleiteten ihn zum Flughafen Orly. Während sein Flugzeug sich entfernte, dachten viele daran, wie lang ihnen die Zeit wohl werden würde, ohne dieses in ihm wohnende intensive Leben, das er jedem zu übermitteln wusste. »Haltet euch an die Prinzipien der Liebe, der Weisheit und der Wahrheit« hatte er zu ihnen in einem seiner letzten Vorträge gesagt. Dies war bereits ein ganzes Arbeitsprogramm.

* * *

Bruder Mikhaël am 11. Februar 1959, dem Tag seiner Abreise nach Indien.

VIERTER TEIL

DER MEISTER

»Große Meister sind hoch entwickelte
menschliche Individuen,
die alle möglichen menschlichen Schicksale
schon mindestens einmal
durchlebt haben.«

Rudolf Steiner

Omraam Mikhaël Aïvanhov im Jahre 1961 während eines Aufenthaltes in England.

IM LAND DER DEVAS

Mikhaël erhielt in Indien einen neuen Namen, der schon seit ewigen Zeiten für ihn bestimmt schien.

Nach seinem einjährigen Aufenthalt in Indien erklärte er am 6. März 1960 in einem Vortrag:

»Ich habe einen außergewöhnlichen, magischen und sinnerfüllten Namen bekommen. Ich sage ihn euch, ihr könnt ihn aussprechen, wenn ihr es braucht. Erwartet davon keine sofortigen Resultate und vor allem: Verwendet ihn keinesfalls für schlechte Dinge, sondern immer für das Gute, für das Licht und für das Reich Gottes! Andernfalls empfangt ihr nichts und werdet obendrein noch ein wenig durchgeschüttelt. Dieser Name hat außergewöhnliche Schwingungen. Namen wirken in geheimnisvoller Weise auf die Personen, die sie tragen. Das ist eine ganze Wissenschaft, die dem Wissen um die Zahlen sehr nahe steht. Der Name ist das Gleiche wie eine Zahl.

Mein neuer Name ist Omraam Mikhaël. Die Silbe Om löst alles Negative und Schädliche auf. Sie entspricht dem »Solve« aus der Einweihungswissenschaft. »Solve« schickt die Dinge zu ihrem Ursprung zurück, indem es sie zu Licht werden lässt.

Raam hat durch seine Schwingungen die Macht, die göttlichen Dinge zu verdichten und greifbar zu machen, das ist »Coagula«. In meinem Namen sind also die beiden Prozesse »Solve und Coagula« gemeinsam vorhanden.[75]

Außerdem nannte man mich in Indien (mit Nachnamen) »Aïvanhov«[76]*. All das hat der Himmel so eingerichtet.*

Die beiden Silben meines neuen Namens (Omraam) wirken auf beide obersten Chakras. Indem ihr ihn aussprecht, löst ihr in euch Dinge auf, die euch begrenzen und schwerfällig machen und ihr konkretisiert Dinge, die ihr euch wünscht.«

Er enthüllte nie die genauen Umstände, unter denen er diesen Namen empfing, doch im privaten Rahmen spielte er manchmal auf drei Meister an, die er während eines zweiwöchigen Rückzuges in einem Tempel des Himalaja getroffen hatte. Einer dieser Weisen war plötzlich von einer übernatürlichen Kraft beseelt und gab ihm den Namen Omraam. »Jemand, der noch mächtiger war als Babaji«, sagte er im April 1960.

Man weiß nur wenig über die wirklich wichtigen Begebenheiten seines Indienaufenthaltes, denn er äußerte sich darüber immer nur sehr zurückhaltend. Doch einige Vorträge, die er nach seiner Rückkehr hielt, und beiläufige Bemerkungen über diese Etappe seines Lebens, geben interessante Hinweise auf seine Reiseroute und auf seine Mission als spiritueller Lehrer. Die folgenden Zitate und Aussagen ergeben zwar keine chronologische Darstellung seiner Reise, doch lassen sie vermuten, dass er die ersten Monate seines Aufenthaltes in den Bergen verbrachte.

»Ich hielt mich im Himalaja-Gebirge auf, höher noch als Almora. Die Luft war sehr rein... es gab nicht viele Menschen dort. Ich sprach sehr wenig und meditierte viel. Ich meditierte Tag und Nacht. Mehrere Monate habe ich dort zugebracht.«[77]

Mehrere Wochen verbrachte er in Kaschmir. Er liebte dieses Land, das von den Ausläufern des Himalaja schützend umgeben ist. Die Täler waren mit Enzian, Primeln und Edelweiß geschmückt, die Gebirgsbäche stürzten von den Gletschern und mündeten weiter unten in Seen und Flüsse. Von der antiken Wasserstadt Srinagar aus, die auch »Venedig des Orients« genannt wird, stieg er immer weiter hinauf. In Gulmarg mietete er ein bescheidenes Chalet und trotz der eher prekären materiellen Bedingungen blieb er sehr lange dort. Eines Tages machte er sich auf zu den Gipfeln, doch da er nicht über die unverzichtbare Bergausrüstung verfügte, hielt er bei einem großen See auf 5000 Metern Höhe an.

Und dort machte er eine außergewöhnliche Erfahrung. Er kannte die Technik der schwerelosen Fortbewegung der tibetanischen und indischen Eingeweihten, doch wusste er auch, dass es jahrelanger, regelmäßiger Übungen bedurfte, um sich diese anzueignen. Umso mehr war er erstaunt, diese Erfahrung zu erleben, ohne sie gesucht zu haben. Während er in den Bergen wanderte und dabei den Gipfel des Nanga Parbat betrachtete, hatte er plötzlich ein Gefühl vollkommener Schwerelosigkeit. Er fing mit einer solchen Leichtigkeit an zu laufen, dass seine Füße den Boden kaum berührten. Ohne Mühe stieg er bergauf und bergab, er flog beinahe die Hänge entlang. Später sagte er: »Dieses Erlebnis bleibt mir unvergesslich.«

Auf den Höhen von Almora machte er die Bekanntschaft von zwei außergewöhnlichen Menschen, nämlich von Anagarika Govinda und dessen Frau, die beide seine engen Freunde wurden. Endlich, am 17. Juni, traf er den, den er ganz einfach Babaji nannte. Schon seit Langem wünschte er sich, »dieses große Wesen« zu treffen, doch da er nicht wusste, wie er ihn finden konnte, sandte er mit der Kraft seiner Gedanken eine Nachricht aus. Nimcaroli Babaji reagierte prompt darauf und begab sich in die Region von Almora, um ihn zu treffen. Gleich nach seiner Ankunft bat er die Schüler, die ihn begleiteten, ihn mit dem fremden Meister allein zu lassen. Nachdem er eine sehr lange Zeit mit ihm verbracht hatte, nahm er ihn zu verschiedenen Orten mit und machte ihn mit mehreren interessanten Personen bekannt. Und weil Omraam Mikhaël aus Frankreich kam, stellte er ihn als »The French sadhu...« vor und fügte jedes Mal hinzu: »... a yogi and a great saint«[78], worauf die Leute den Begleiter Babajis respektvoll grüßten und sich vor ihm in traditioneller Weise verneigten.

Wer war dieser Babaji? Man muss wissen, dass der Ausdruck Baba oder Babaji – was Vater bedeutet – für viele spirituelle Lehrer in Indien verwendet wird. Seit der Veröffentlichung der Autobiographie von Paramahansa Yogananda im Jahre 1946 wusste man im Westen um die Existenz einer äußerst geheimnisvollen Persönlichkeit, die man Mahavatar Babaji nannte. Er scheint als Führer von Propheten und Meistern eine wichtige Rolle zu spielen. Es heißt, er habe immerzu das gleiche Alter, lebe seit fast 300 Jahren im Himalaja und könne sich willentlich materialisieren oder dematerialisieren. Seine Schüler sind sehr weit entwickelte Menschen, an die er extrem hohe Ansprüche stellt. In der Vergangenheit hatte er Vorhersagen gemacht, die sich immer bewahrheiteten und er sah und hörte Menschen unabhängig von ihrer Entfernung. Er besaß die Begabung, an mehreren Orten gleichzeitig zu sein und noch weitere Fähigkeiten. Unzählige Personen erzählten, dass sie von ihm gerettet oder erleuchtet worden waren, ohne ihn jemals gesehen zu haben.

Das Gleiche erzählte man auch von einem anderen großen Meister, Nimcaroli Babaji. Einige sagten, dass er mehrere Hundert Jahre alt sei und andere wiederum meinten, seinen Geburtsort zu kennen. Trotzdem blieb auch er eine geheimnisvolle Gestalt. Er benahm sich nie wie ein großer Herr, im Gegenteil, er zeigte sich immer nur in größter Einfachheit. Omraam Mikhaël Aïvanhov erzählte später einen über ihn bekannten Vorfall, der sich in der kleinen Stadt Nib Karauri ereignete:

»Eines Tages reiste Babaji mit der Eisenbahn. Darin befanden sich zahlreiche Sadhus, die keine Fahrkarte hatten. Die Sadhus sind gewöhnlich sehr arm und steigen deshalb häufig in die öffentlichen Verkehrsmittel ein, ohne zu bezahlen; wenn sie kontrolliert werden, müssen sie aussteigen. An jenem Tag bat der Kontrolleur alle Sadhus, in der nächsten kleinen Stadt auszusteigen, was auch für Babaji galt, denn auch er hatte keine Fahrkarte. Babaji und die anderen übrigen Sadhus stiegen also gleichzeitig mit einigen anderen Reisenden aus und blieben auf dem Bahnsteig stehen. Die Eisenbahn pfiff zur Abfahrt, doch zur großen Verwunderung des Schaffners setzte sich der Zug nicht in Bewegung. Als sie vergeblich nach der Ursache dieses unerklärlichen Stillstandes gesucht hatten, holte man den Bahnhofsvorsteher und seine Mitarbeiter und diskutierte über dieses Phänomen, da sich ja das Fahrzeug in bestem Zustand befand. Da zeigte ein alter Mann auf Babaji und sagte zum Bahnhofsvorsteher: »Gehen Sie zu diesem Mann, er hindert den Zug an der Abfahrt. Ich habe Lichtstrahlen aus seinen Augen heraustreten sehen.« Der Bahnhofsvorste-

her wandte sich an Babaji und bat ihn, wieder in die Bahn einzusteigen. So nahmen Babaji und die Sadhus wieder in einem Abteil Platz und der Zug konnte ohne weitere Zwischenfälle abfahren.[79] *Seit damals nannte man ihn Nimcaroli Babaji, was »Babaji von Nib Karauri« bedeutet.«*[80]

Im Juli 1959 erhielt die Bruderschaft eine Nachricht, die ganz einfach mit »Mikhaël« unterzeichnet war, in der er sein Zusammentreffen mit Maharaja Nimcaroli Babaji verkündete. Mit einigen lebhaften Sätzen unterrichtete er sie über dieses außergewöhnliche Wesen und im gleichen Atemzug erwähnte er auch den großen Babaji, von dem Yogananda gesprochen hatte, als ob es sich um ein und dieselbe Persönlichkeit handelte. Später legte er gerne einen Schleier über dieses besondere Ereignis in seinem Leben. Nach der begeisternden Nachricht verhielt er sich, als wollte er die Spuren verwischen. Von den weiteren Treffen mit »Babaji« berichtete er, ohne seinen genauen Namen zu erwähnen. Er sprach über dessen sagenhafte Kräfte, namentlich über seine Fähigkeit, aus einem verschlossenen Raum entweichen zu können oder an mehreren Orten gleichzeitig gesehen zu werden. In einem seiner Vorträge erwähnte er lediglich zwei Begegnungen mit Babaji, doch bei anderen Gelegenheiten klang es so, als habe es noch weitere gegeben. »Nachdem er mich verlassen hatte, suchte er mich mehrmals für ein Gespräch auf«. Schlussendlich erläuterte er, Nimcaroli Babaji habe die gleiche Macht wie der andere...

Zwischen ihnen beiden herrschte eine Kommunikation ohne Worte. Als sie eines Tages zusammen in einem Wagen saßen, legte Omraam Mikhaël in einer Geste des Respekts und der Freundschaft seine Hand auf Babajis Knie, der sich augenblicklich zu ihm hinwandte, ihn anlächelte und anfing zu singen. »Er sang in einer geheimnisvollen Sprache und wir haben Blicke ausgetauscht, wie ich das noch nie mit jemandem erlebt habe.«

Bei ihrem letzten Treffen lud Babaji ihn ein, sich in seinen kleinen Tempel nahe bei Nainital zurückzuziehen. Babaji selbst war nicht zugegen, er besuchte diesen Ort nur hin und wieder und niemand wusste wann. Der Tempel befand sich sehr hoch oben in den Bergen und das Panorama war herrlich. Hanuman Baba war der verantwortliche Yogi, der den Besucher empfing und ihn ohne Worte zu Babajis Zimmer geleitete. In diesem Raum, der über eine wunderbare Aussicht verfügte, verbrachte Omraam Mikhaël zwei Wochen in innerer Versenkung.

Abends vertiefte er seine Kenntnisse über den Hinduismus und befragte den Yogi, der ein Schweigegelübde abgelegt hatte und seine Antworten daher auf eine Schiefertafel schrieb. Dieser Priester ernährte sich von einem halben Liter Milch pro Tag. Nachts schlief er in einem Erdloch, nur zwei oder drei Stunden lang. Durch die tausendjährige Technik, die den fünf Sinnen ihre Nahrung verweigert, war es ihm gelungen, seinen Körper auf außerordentliche Art ruhig zu stellen.

»Wenn die fünf Sinne ihre Arbeit einstellen, verbrauchen sie keine psychische Energie mehr. Dadurch erwachen andere Sinne und der Yogi beginnt, in den höheren Regionen fluidische Elemente zu sehen, zu hören, zu fühlen und zu berühren.«[81]

Trotz der Einschränkung durch die schriftliche Kommunikation entstand eine tiefe Freundschaft zwischen den beiden Männern. Hanuman Baba erklärte dem fremden Meister den Sinn gewisser Übungen des Shabda Yoga, er übersetzte ihm alte Texte über die Veden oder die Upanischaden und verriet ihm die sehr außergewöhnlichen Eigenschaften gewisser Pflanzen seines Gartens.

* * *

Nach dieser Zeit des Rückzugs im Himalaja begann eine ganz andere Etappe für Omraam Mikhaël Aïvanhov. Er besuchte das Land von einem Ende zum anderen: Große Städte, Dörfer, Wallfahrtsorte und Kultstätten, heilige Grotten, Paläste und Tempel. Er verbrachte viele Stunden in den großen Bibliotheken und gönnte sich sogar ein paar Sprachstunden in Sanskrit. Im Verlauf seiner

Reisen auf den Straßen Indiens lebte er ganz und gar orientalisch und nahm nur bescheidene Mahlzeiten zu sich, die er selbst zusammenstellte. Auch in den Hotels respektierte man freundlich seine Wünsche und brachte ihm, was er brauchte, da man schnell erkannte, dass er ein Brahmajari war, ein unverheirateter Mann, der sein Leben Gott geweiht hatte.

Nach und nach traf er sich mit Angehörigen verschiedener religiöser Kasten, mit Geschäftsmännern, Beamten und Industriellen. Allen zeigte er das Photo von Meister Deunov, welches er immer bei sich trug. Jedes Mal war er gerührt zu sehen, wie seine Gesprächspartner das Photo respektvoll an sich nahmen und es kurz an ihre Stirn hielten, bevor sie es ihm zurückgaben. Meistens luden sie ihn zum Essen ein, vertrauten ihm ihre Probleme an oder ersuchten ihn um Rat. Als Dank, sie mit seiner Gegenwart beehrt zu haben, zeigten sie ihm ihre Stadt und die umliegende Region.

In Gulmarg war er eingeladen, vor einer Gruppe von Gelehrten, Medizinern, Physikern und Chemikern zu sprechen. Er redete mit der Offenheit, die schon immer charakteristisch für seine Beziehung zu den Mitmenschen war, und nach seinen Ausführungen gab es lebhafte Diskussionen darüber, wie man die Lebensbedingungen in Indien verbessern könnte.

In den Tempeln, in denen er sich aufhielt, fielen ihm die vielen religiösen Symbole auf, zum Beispiel das »Lingam«. Dieses Symbol der Zeugungskraft wird durch eine waagrechte Schale dargestellt, in der aufrecht eine längliche Form, ähnlich einer Pfeilspitze steht. Eines Tages beobachtete er einige Frauen, während sie in einem Tempel Blumen zu Füßen dieses Symbols niederlegten. Er war neugierig zu erfahren, wie viel sie darüber wussten und weil ihm bereits aufgefallen war, dass viele Frauen in den Städten Englisch sprachen, ging er auf sie zu und stellte ihnen die Frage. Eine der Frauen antwortete ihm, das Lingam stelle das weibliche und das männliche Prinzip dar.

»Aber warum stehen sie zusammen und nicht getrennt?«, fragte er. Angesichts des allgemeinen Stillschweigens bot er ihnen folgende

Erklärung an: Die Rishis haben die zwei Prinzipien in diesem Symbol vereint, obwohl sie im Menschen noch getrennt sind. In den Tempeln sind sie vereint, aber noch nicht in eurem Wesen. Entweder seid ihr weiblich und sucht unablässig nach dem anderen Prinzip, dem Mann; oder aber ihr seid männlich und sucht das andere Prinzip, die Frau. Die beiden sind getrennt. Wären sie es nicht, würdet ihr das jeweils andere, das Fehlende, nicht suchen. Ihr lebt nicht in der Fülle, ihr seid nicht vollständig, also sucht ihr einen Partner, um diese Unvollständigkeit aufzuheben. Die großen Weisen, die Rishis und die Sadhus haben die zwei Prinzipien in sich vereint, sie sind gleichzeitig Mann und Frau. Das ist der Grund, warum sie nicht heiraten wollen. Sie besitzen bereits die Eigenschaften beider Prinzipien: Die Liebe des weiblichen Prinzips und die Macht des männlichen Prinzips. Sie sind das vollständige Lingam.

Er war jetzt umringt von einer großen Gruppe von Menschen, die ihm zuhörten. In diesem Land war dies nicht ungewöhnlich: Man erkannte einen Meister, der sein Wissen und seine Weisheit mitteilte. Man ging zu ihm hin und hörte zu. Dann fuhr er fort:

»Ihr solltet das *Ajna Chakra* entwickeln, dank dem ihr alles sehen könnt. Gleichzeitig mit der Entwicklung dieses weiblichen, horizontalen Zentrums solltet ihr jedoch das männliche, vertikale *Sahasrara Chakra* erwecken. Nur dann werdet ihr zu einem lebendigen »Lingam«.

Auch wenn es hie und da vorkam, dass er in solcher Weise zu den Menschen sprach, begnügte er sich doch meistens damit, zu beobachten und zuzuhören. Er hielt sich lange in abgelegenen Dörfern auf, um die Lebensweise, die Interessen und die Probleme der Einwohner kennenzulernen. Trotz der erbärmlichen Lebensbedingungen verbrachte er lange Zeit bei den Ärmsten und passte sich ihrer Lebensweise an. Auf den Straßen begegnete er Sadhus, die keinen Ruhm suchten und sich die äußere Haltung eines unwissenden Bettlers angeeignet hatten, um ihre spirituelle Arbeit in Ruhe vollbringen zu können. Sein geübter Blick entlarvte ihre Tarnung und manchmal sprach er sie an. Ohne zu zögern, waren sie bereit zu einem geistigen Austausch. Einige gaben ihm sogar einen Titel, der normalerweise nur den spirituellen Führern, Asketen und Weisen vorbehalten bleibt: Sie nannten ihn Mahatma. Trotz seines Abwinkens, beharrten sie darauf. Dann lächelte er und sagte nichts. Nach der traditionellen Verabschiedung sah er sie des staubigen Weges gehen und dachte bei sich, dieses Land sei wie geschaffen für die Entwicklung des spirituellen Lebens: Es war immer warm, die Fülle der Früchte in den Wäldern vieler Regionen ermöglichte es, auch ohne Geld zu leben. Diese Umstände vereinfachten die Existenz der Sadhus und erlaubten ihnen, sich auf die Entwicklung ihrer spirituellen Fähigkeiten zu konzentrieren.

Seit Beginn seines Aufenthaltes war ihm aufgefallen, wie empfänglich die Menschen in Indien noch für die Wirksamkeit der Segnung sind. In den Straßen, im Bus, in den Hotels und sogar in Privathäusern angesehener Persönlichkeiten knieten sie vor ihm nieder, wollten seine Schüler werden und seinen Segen empfangen. Anfangs überrascht und etwas gehemmt, half er ihnen wieder hoch, aber nach einer Weile akzeptierte er es, die zu segnen, die ihn darum baten.

* * *

Omraam Mikhaël besuchte eine große Anzahl von bekannten und unbekannten Ashrams. Er nahm auch an einer religiösen Zeremonie in einem Ashram für Frauen teil, die von einer jungen Frau geleitet wurde, welche Nimcaroli Babaji bekannt war. Wie überrascht war er zu erfahren, dass man durch Babaji bereits von seinem Kommen gehört hatte. In allen bedeutenderen Ashrams wusste man schon, dass er da war und erwartete ihn. In Kalkutta traf er Ananda Moyi Ma. »Das ist eine Frau, die Großes verwirklicht hat«, bemerkte er später. »Der Geist Gottes hat sich wahrhaftig in ihr niedergelassen.«

Er verbrachte einige Tage im Zentrum von Ramakrishna und besuchte auch Shivananda in Rishikesh, diesem riesigen Ashram, zu dem ein Spital, eine Apotheke und eine Druckerei gehörten. Als Shivananda ihn erblickte, stieß er einen Freudenschrei aus, stand auf und legte ihm als Willkommensgruß den traditionellen Blumenschmuck um den Hals. Nach einer langen Unterredung lud er ihn am Ende des Tages zu einem Spaziergang entlang des Ganges ein.

Im Ashram von Ramana Maharshi in Tiruvannamalai konnte er endlich eine lange Zeit der Ruhe und des Friedens genießen. Ramana Maharshi war neun Jahre zuvor von ihnen gegangen. Dies war ein warmherziger Ort, erfüllt von Licht und Frieden und von einer wahrhaft spirituellen Atmosphäre durchdrungen. Die Schüler, die dort lebten, empfingen ihn so, wie man einen großen Meister empfängt und schenkten ihm ihr volles Vertrauen. Er wurde zu Ramana Maharshis Zimmer geführt und eingeladen, dort zu meditieren so lange er wolle. Später erzählte er, wie er mit der Seele von Ramana Maharshi im Licht kommunizierte. Er hatte diesen Mystiker, der sich nie als große Persönlichkeit aufgespielt hatte und über viel Humor und einen gesunden Menschenverstand verfügte, immer schon geliebt.

Diese Besuche in den Ashrams aller vier Himmelsrichtungen des Landes offenbarten ihm vieles. In einer Zivilisation, die über Jahrhunderte große psychische Fähigkeiten entwickelt hatte, fand man unweigerlich eine breit gefächerte Auswahl an charismatischen Lehrern, von einfachen Fakiren bis hin zu wahrhaftigen spirituellen Meistern. »Die Macht, die Macht..., bewahrt euch die Macht, jedoch versteckt sie gut. Zeigt nur eure Güte«, sagte Omraam Mikhaël später einmal. Er begegnete einigen wenigen berühmten Sadhus, die Tausende von Schülern um sich scharten, traf jedoch auch auf viele, die sich die Rolle eines Gurus, eines Mediums oder eines Hellsichtigen angemaßt hatten, ohne über wahrhaftes Wissen zu verfügen und die die Naivität ihrer Schüler ausnutzten. In den Ashrams der letzteren suchte er vergeblich die Zeichen der Spiritualität auf den Gesichtern. Eines Tages traf er auf einen Schüler, der allzu leicht in Ekstase fiel und sah sofort, dass dieser Mann krank war. Er sagte dazu:

»Nach der Erfahrung einer Ekstase sollte man sich gestärkt fühlen, die Gesundheit, das Licht, die Intelligenz, alles muss gestärkt daraus hervorgehen. Wenn man nach einer Ekstase deprimiert ist, dann war es keine, sondern es handelte sich um einen krankhaften Zustand.«[82]

In einem kleinen Ashram begegnete er einem Sadhu, den er sehr liebte. Der Mann war 150 Jahre alt und verharrte praktisch immer unverändert im Samadhi-Bewusstsein. Die Schüler sahen in ihm einen Überbringer, eine Ikone, wissend, dass sich hinter diesem unempfindlichen Körper eine Wesenheit befand, an die sie sich wenden konnten.

»Als ich diesen Sadhu von 150 Jahren erblickte ... ich sage euch, er war wundervoll! Ich liebe diesen Mann wirklich... Er ist bereits frei, er ist rein und bleibt trotzdem auf der Erde, um anderen zu helfen. Es war ein Schauspiel, zu sehen wie sich seine Schüler um ihn kümmerten... Das war einfach wunderbar! Wir schauten uns lange wortlos an und dann fing er an zu sprechen. Er nahm seinen Blumenkranz ab und legte ihn mir um den Hals ... und er sagte Dinge ... außergewöhnlich poetische Dinge! Er hatte die Bibel und die Evangelien gelesen. Er war erleuchtet. Er sagte mir Dinge auf Hindi, die mir jemand übersetzte, da er kein Englisch sprach. Er äußerte mir gegenüber die wundervollsten, erhabensten und außergewöhnlichsten Dinge, die ich je gehört hatte. Ich fragte die anderen, ob sich dieser Sadhu jemals geirrt habe. »Niemals!« Er lebt bereits in Einheit mit Gott.«[83]

In Ganeshpuri besuchte Omraam Mikhaël einen Sadhu namens Nityananda Maharaj, der den Ruf eines großen Weisen und unfehlbaren Hellsichtigen hatte. Als er in seinem Ashram angekommen war, stand ein einfacher Mann, nur mit einem Dhoti bekleidet, vor ihm, grüßte ihn und lud ihn mit einer höflichen Handbewegung ein, sich ihm gegenüber zu setzen. Ohne ein Wort zu sagen, schaute Nityananda ihn lange an und schloss dann seine Augen. Es verging viel Zeit. Sie saßen von Angesicht zu Angesicht, ohne sich zu bewegen. Für die anwesenden Schüler war es offensichtlich, dass er in Trance gefallen war. Als er die Augen wieder öffnete, hatte es den Anschein, als käme er von weither zurück. In perfektem Englisch sagte er:

»Sein Herz ist rein, Frieden herrscht in seiner Seele und alle Macht ist ihm gegeben.«

Dann bestätigte er, dass sein Besucher in ferner Vergangenheit bereits in Indien gelebt hatte und erwähnte den Namen einer wichtigen Persönlichkeit, die bis in unsere Zeit bekannt ist. Auch andere Personen, darunter Peter Deunov, hatten bereits zu Omraam Mikhaël Aïvanhov über eine Rolle gesprochen, die er in der Vergangenheit in Indien gespielt habe. Kurze Zeit davor hatte ein hellsichtiger Sadhu zu ihm gesagt:

»Es ist nicht das erste Mal, dass Sie hierher kommen. Sie waren bereits einmal ein Hindu. Sie lebten schon einmal hier und Sie werden wieder kommen.«

Nach diesem Besuch bei Nityananda kehrte Omraam Mikhaël noch einmal zu Ananda Moyi Ma zurück und begegnete großen Hellsehern der Epoche, die ihm alle dieselben Offenbarungen machten, ohne dass er danach gefragt hatte. Schließlich kam er zurück nach Nainital, wo er Hanuman Baba traf und ihm den Namen anvertraute, den ihm Nityananda offenbart hatte. Der immerzu schweigsame Vorsteher des Tempels holte ein sehr altes Buch über die großen spirituellen Meister Indiens hervor und zeigte ihm das Bild einer Persönlichkeit, die im Lotussitz saß. Über ihm war die siebenköpfige Kobra dargestellt, die bedeutet, dass er alle psychischen und spirituellen Kräfte erlangt hatte.

* * *

»Ihr sollt einander bewusst grüßen. Durch euren Blick, durch eure Hand sendet ihr viel Liebe aus, zum Wohle der ganzen Welt!«

EIN SPIRITUELLER MEISTER

Nach einjähriger Abwesenheit kehrte Omraam Mikhaël Aïvanhov am 9. Februar 1960 nach Paris zurück. Die zahlreichen Menschen, die ihn am Flughafen von Orly erwarteten, konnten es kaum erwarten, ihn wiederzusehen. Seine dynamische Gegenwart und sein Wort hatten ihnen so sehr gefehlt. Als er an der Ausgangskontrolle vorbeikam, erwartete sie eine Überraschung. Eine neue Kraft, die sie noch nicht kannten und die sie an Peter Deunov erinnerte, strömte aus diesem Patriarchen mit dem weißen Bart. Diejenigen, die Peter Deunov gekannt hatten, waren sehr ergriffen, einige weinten sogar und versuchten erst gar nicht, ihre Tränen zu verbergen.

Er war nun 60 Jahre alt. In Wahrheit war er bereits seit Langem ein spiritueller Meister, der lehrte, erhellte und seine spirituelle Familie mit Weisheit führte. An diesem Tag in Orly war er sich ähnlich und doch verwandelt. Sein ganzes Wesen drückte die Beständigkeit aus, die ihm so eigen war, und gleichzeitig war er erfüllt von einer neuen Aura der Autorität.

Trotz der ermüdenden, langen Rückreise, hielt er am nächsten Tag und in den darauf folgenden Tagen in Izgrev mehrere Vorträge vor vollen Sälen und empfing zahlreiche Besucher. Aber er blieb nicht lange und fuhr weiter zum Bonfin. Gegen Ende seines Aufenthaltes in Indien hatte er von der Katastrophe erfahren, die sich zwei Monate vor seiner Rückkehr in der Stadt Fréjus ereignet hatte. Der Staudamm Malpasset des Flusses Reyran war gebrochen, die Wassermassen hatten einen Teil der Stadt zerstört und Hunderte von Todesopfern gefordert. Er wusste, dass der Bonfin, mehrere Kilometer von Fréjus entfernt, verschont geblieben war.

Der Anblick der Verwüstung war erdrückend, die Schäden erstreckten sich über Kilometer. Die ganze Region war immer noch

Bruder Mikhaël im Jahr 1958 vor seiner Abreise nach Indien während eines Vortrags nach dem Sonnenaufgang im Speisesaal von Izgrev.

Meister Omraam Mikhaël Aïvanhov im Jahr 1960 nach seiner Rückkehr aus Indien während eines Vortrags im Speisesaal von Izgrev.

von Leid und Schrecken gezeichnet. Er fühlte die starken negativen Schwingungen und nahm die Anwesenheit der Seelen der Toten wahr, die immer noch um ihre zerstörten Häuser irrten. Er tat alles, was in seiner Macht stand, um sie durch Gedankenkraft zu erreichen und ihnen zu helfen, sich vom Schrecken ihres gewaltsamen Todes zu befreien, der es ihnen unmöglich machte, sich von ihrem ehemaligen Wohnort zu lösen. Durch den Kontakt, den er mit ihrem Geist herstellte, half er ihnen, sich dem Licht zuzuwenden.

Nach zwei Wochen dieser spirituellen Arbeit kehrte er nach Izgrev zurück und verbrachte dann zur Zeit der Frühlings-Tagundnachtgleiche ein paar Tage in den Bergen. Nach dem monatelangen Aufenthalt im Orient hatte er Mühe, sich wieder an den Pariser Rhythmus zu gewöhnen. Er mochte nicht einmal Vorträge halten. Schon seit langer Zeit war es sein Wunsch, mit seiner spirituellen Familie in Stille zu kommunizieren. Sein ganzes Leben lang bedauerte er, dass dies nicht möglich war.

»Alles, was ich euch während der Meditationen sage, kann man mit Worten nicht ausdrücken. Eines Tages werdet ihr fühlen und empfangen können, was ich euch während der Stille sende. Für einige ist das schon der Fall. Ich kann euch in außergewöhnliche Regionen führen, aber ihr habt noch nicht das Bewusstsein und ihr seid noch nicht auf meine Schwingungen eingestellt.«[84]

Die Mitglieder der Bruderschaft waren noch nicht in der Lage, ihm auf diese Weise zu folgen und er selbst war nicht dazu berufen, ein Leben in Kontemplation zu führen.

Es war ihm nicht erlaubt, zu schweigen. Schon seit Langem dienten seine Tage vielen Aktivitäten und einen Teil seiner Nächte widmete er der Gottessuche. Von oben erhielt er die Kräfte, die es ihm erlaubten, in beiden Welten zu leben. Nach seiner Rückkehr aus den Bergen übernahm er also wieder seine Aufgabe als Pädagoge. Die Mitglieder der Bruderschaft waren wunschlos glücklich. Sie hatten ihren Lehrer wieder, dieses Wesen, welches sie immer angehalten hatte, sich zu den höchsten spirituellen Gipfeln emporzuschwingen und gleichzeitig ihre Verantwortung hier auf Erden bewusst wahrzunehmen. Anfangs waren sie etwas beunruhigt, sie könnten die warmherzige und natürliche Beziehung, die sie in der Vergangenheit zu ihm pflegten, verlieren. Sie konnten nicht umhin, ein neues, undefinierbares Element an ihm wahrzunehmen, welches sie früher vielleicht nicht bemerkt hatten. Sein Aufenthalt in Indien bei den Yogis und Sadhus, seine privilegierte Verbindung mit Nimcaroli Babaji, der unter geheimnisvollen Umständen verliehene neue Name, all dies schüchterte sie ein wenig ein.

Aber bald bemerkten sie, dass sich seine Haltung ihnen gegenüber nicht verändert hatte. Er war nach wie vor offen, warmherzig und einfach geblieben. Genauso wenig wie früher akzeptierte er es, auf einen Sockel gestellt zu werden. Er sagte ihnen sogar, sie sollten aufhören, ihn zu verherrlichen und sich an die Arbeit machen, ohne sich weiter um seine Person zu kümmern: »Versucht besser, meine Ideen zu verstehen und sie in die Tat umzusetzen...« Während all der Jahre wiederholte er, dass er alles, was er ihnen sagte, überprüft habe und forderte sie auf, selbst nachzuprüfen und sich Gewissheit zu verschaffen, indem sie bewusst an sich arbeiteten. Sein Thema war stets das Licht, welches die Sonne allen Lebewesen spendet. Er riet ihnen, gedanklich in dieses Licht wie in einen Ozean einzutauchen und alle Farben, die es beinhaltet, auf die ganze Welt auszustrahlen.

Man kann Omraam Mikhaël Aïvanhov wahrhaftig im Herzen der Michaelischen Epoche einordnen, von der Rudolf Steiner gesprochen hat. Er gehört zu der spirituellen Familie dieses Lichtgeistes, den wir Erzengel Michael nennen; er ist der Erzengel des Lichtes, dessen Mission es ist, die Menschen aufzuklären und zu befreien. Weit davon entfernt, seinen Einfluss auf die Mitglieder seiner Bruderschaft geltend zu machen, um sie zu beeinflussen oder zu unterjochen, zeigte er die verschiedenen Perspektiven auf, die sich ihnen eröffneten. Wenn er sah, dass sie bei einer anderen wirklich spirituellen Bewegung nach Antworten suchten, hielt er sie nicht auf. »Wir gehören alle zur gleichen Familie« sagte er. Man konnte sich mit ihm auf den Weg machen, wie man einem Bergführer auf den Gipfel folgt, aber man bewahrte dabei immer seine völlige Freiheit.

Sein Aufenthalt in Indien war eine Reise zu spirituellen Gipfeln gewesen. Ein Eintauchen in eine Zivilisation, die auf Erden einzigartig ist, die Begegnung großer Meister, die Entdeckung der Welt der Armen und der Reichen, der Geschäftsleute und Minister, Yogis und Brahmanen, Menschen aus dem Mittelstand, Sadhus und Bettler. In diesem Land, in dem er den schwierigsten Lebensbedingungen auf dieser Erde gegenüberstand – der Armut und der Unwissenheit – fand er auch die spirituellen Werte eines Volkes, das auf der Suche nach dem Absoluten war und sich die Befreiung von irdischen Wünschen vorgenommen hatte. Eines Volkes, das von den Bemühungen Hunderter von Generationen geprägt war, die sich um diese Loslösung bemüht hatten. Am Beginn und am Ende seines Aufenthaltes widmete er sich Monaten der Kontemplation in der Einsamkeit des Himalajas. Nochmals bestieg er diesen spirituellen Berg und wieder kehrte er zu seiner Menschen-Familie zurück.

Omraam Mikhaël Aïvanhov war einer dieser von Gott erfüllten Menschen und fähig, all seine Energien zu kanalisieren, um die höchsten Gipfel spiritueller Erfahrung zu erreichen. Mit 16 Jahren war er zum ersten Mal in diese geheimnisvollen Höhen gestiegen, wo man der himmlischen Welt begegnen kann. Er hatte sie erreicht und wäre vor Glückseligkeit beinahe gestorben, aber er war wieder zurückgekommen, weil er tief in seinem Herzen wusste, dass er eine Aufgabe zu erfüllen hatte, davon konnte ihn auch das größte Glücksgefühl niemals ablenken. Dies sagte er auch über die Ekstase, die ihn in die Sphärenmusik eintauchen ließ, als er siebzehn war: »Es war die Angst, die mich zur Rückkehr zwang, nicht die Angst zu sterben, sondern die Angst, nicht mehr auf die Erde zurückkehren zu können, um auf der Erde zu arbeiten. Wenn ihr auf der Erde eine Aufgabe habt, müsst ihr sie durchführen. Ich konnte sie nicht aufgeben.«

Von nun an nannte man ihn Meister, und man nannte ihn nicht so, weil er seine Mitmenschen zu beherrschen gelernt hatte. Im Gegenteil, man konnte bei ihm eine Selbstbeherrschung beobachten, die nur durch jahrelange, stete Anstrengung zu erreichen ist. Er hatte sehr früh mit dieser Arbeit der Vervollkommnung begonnen und einen großen Teil jener Schwierigkeiten, die alle Menschen möglicherweise kennenlernen, selbst durchlebt. Er hatte sie als Gelegenheit genutzt, sich zu verwandeln. Alle sind zu dieser Arbeit an sich selbst aufgerufen.

Nach seinem Aufenthalt in Indien kam es vor, dass er über die großen Meister sprach, die es bevorzugten, nach der Erlangung der persönlichen Vervollkommnung alleine in der Einsamkeit zu leben und nicht bei der menschlichen Familie zu bleiben. Er selbst dachte nur an die Menschen, sie waren seine Familie. Er dachte nur an seine Brüder, seine Schwestern, die Männer, die Frauen, die Kinder, er wollte sie brüderlich bei der Hand nehmen und zum Gipfel ihres Seins führen, er wollte ihnen helfen, ihre Rolle in dieser Gesellschaft, dieser Familie, zu der sie gehören, zu verstehen. Deshalb sprach er unentwegt von der wahren Bruderschaft, die der Menschheit ein goldenes Zeitalter bringen kann. Er wünschte sich, ihnen dabei zu helfen, sich zu vervollkommnen, Freude und inneren Frieden zu finden, aber sein Ziel war noch viel weit reichender. Er wollte sie noch viel weiter bringen; weit über die Verbreitung individueller Methoden hinaus, beschäftigte er sich mit der Erschaffung einer brüderlichen, solidarischen Gesellschaft, sowohl auf der spirituellen als auch auf der materiellen Ebene, die auf die allerhöchsten Werte ausgerichtet ist und dem Wohl der ganzen Menschheit dient.

* * *

Im Sommer 1960 traf sich eine große Anzahl Menschen zum Sommerkongress im Bonfin. Jedes Mal, wenn Meister Omraam Mikhaël bei Tagesanbruch aus seinem Chalet kam und die vielen Brüder und Schwestern sah, die sich hinauf zum Gebetsfelsen bewegten, war er zutiefst berührt und dachte: »Herr, welche Schönheit, diese Brüder und Schwestern sind gekommen, um sich vor deiner Herrlichkeit zu verbeugen!« Eines Morgens, nach seinem Vortrag auf dem Felsen, vertraute er ihnen an, dass er seine Tränen habe zurückhalten müssen, als er sie singen hörte. Schöne Musik brachte ihn oft einer Ekstase nahe, ließ all das in ihm vibrieren, was am innigsten mit Vollkommenheit verbunden ist. Zwei Jahre zuvor hatte er gesagt:

»Ich bediene mich der Musik, um das Wunderbarste und Prachtvollste für euch auf die materielle Ebene herabzuholen. ...Nur sehr wenige Menschen sind sich der Wichtigkeit dessen, was sie hören, bewusst. Auch wenn ihr es nicht wahrnehmt, werde ich meine Arbeit fortsetzen und mich der Musik, die wir hören, bedienen. Einige unter euch sind bereits mit mir verbunden, sie spüren es und wir arbeiten zusammen... Für mich ist es klar... Mein ganzes Leben war von Musik begleitet und ihr verdanke ich viel von dem, was ich erreicht habe und was mir heute zugutekommt. Ich verdanke ihr unermesslich viel, auch unvergessliche Momente. Selbstverständlich spielen auch viele andere Faktoren eine Rolle, doch die Musik hat großen Anteil an dem, was ich erreicht und erhalten habe.«[85]

Nach seiner langen Abwesenheit war er glücklich, die Bruderschaftslieder wieder zu hören, seine Stimme mit denen seiner Brüder und Schwestern zu vereinen und zu ermessen, inwieweit diese Musik die sensibelsten Zellen des Menschen in Schwingung versetzen und ihn mit erhabenen Wesenheiten verbinden kann. In Indien hatte er bemerkt, dass zahlreiche Asketen nicht sangen und die Musik sogar als Ablenkung betrachteten. Diese Auffassung eines spirituellen Lebens lag weit entfernt von seiner persönlichen Ansicht. In seinen Augen war Musik lebensnotwendig.

»Wenn ihr wüsstet, was die Musik in unseren verschiedenen Körpern bewirkt, unserem ätherischen, astralen und mentalen Körper, ihr würdet den ganzen Tag singen... Die Musik ist das machtvollste Mittel, das wir kennen, um das gesellschaftliche Leben wiederherzustellen und ins Gleichgewicht zu bringen.«[86]

Er war davon überzeugt, dass harmonische Musik schon bald im Leben der Menschen auf der ganzen Welt eine ausschlaggebende Rolle spielen würde. Er liebte die klassische Musik, insbesondere die geistliche Musik, die in Verbindung mit den himmlischen Regionen steht und die Meditation erleichtert. Wenn es jedoch darum ging, körperliche Arbeiten musikalisch zu unterstützen, wählte er nicht klassische Werke, sondern Stücke voll Schwung und Lebensfreude. Er sagte, man solle die Musik wählen, die jeden am positivsten beeinflusst. Ein Pianist, mit dem er während eines Besuches bei der griechischen Bruderschaft einen ausgedehnten Ausflug machte, erzählte:

»Ich fühlte mich nicht sehr wohl. Der Meister jedoch war in Hochform. Während des Tages ereigneten sich alle möglichen Schwierigkeiten. Am Abend, als wir wieder zu Hause waren, ging es mir besser, dem anderen Bruder ging es gut, aber der Meister sah etwas müde aus. Ich schlug vor, Musik zu machen und er antwortete mir: »Sehr gerne, bitte wählen Sie etwas aus.« Da ich sein Befinden respektieren wollte, glaubte ich ihm einen Gefallen zu tun, wenn ich religiöse byzantinische Musik mit dem bulgarischen Sänger Boris Christov auflegte. Nach einer Weile sah er mich offen an und sagte: »Sie sind kein guter Psychologe. Sie sehen doch, dass meine Stimmung etwas ernst und traurig ist und da legen Sie mir diese feierliche Musik auf! Ich zeige Ihnen, was man da tun sollte.« Er stand auf, ging zu meiner Musiksammlung und wählte Arien aus einer französischen Operette aus. Ein anderes Mal, an einem regnerischen Abend bei Neumond, waren wir alle ernst und meditativ gestimmt, die Atmosphäre war bedrückend, an diesem Abend legte er Jodler auf!« Sogar wer wenig empfänglich für Musik war, lernte sie zu schätzen, im Kreise dieser spirituellen Familie, in der Musik so viel Bedeutung hatte und den Lebensrhythmus bestimmte.

Wenn Meister Omraam Mikhaël erklärte, dass die Musik ein Atmen der Seele und des Bewusstseins ist und dass ein schönes Lied sich vorteilhaft auf den Sänger auswirkt, hörten auch die Gleichgültigsten unter ihnen aufmerksam zu. In den großen Sälen von Izgrev und im Bonfin war die Musik von magischer Schönheit. Jeden Tag nach dem Essen hörte man gemeinsam die großen, sakralen Werke der Komponisten, die er liebte, Beethoven, Haydn, Mozart, Händel und Bach. Er nannte sie die »Giganten der Musik«. Er schätzte neben anderen aber auch die Werke von Vivaldi, Schubert, Dvorak und Berlioz.

Hörte man ihn über den tiefen Sinn dieser Werke sprechen, musste man ihre Schönheit entdecken: Zum Beispiel ist die Missa

Solemnis von Beethoven geeignet »zu helfen, wenn man daran arbeitet, sich loszulösen«, Stabat Mater von Haydn »beflügelt zu einem kontinuierlichen und ruhigen Aufstieg« und das Trio »Die Kindheit Christi von Berlioz zieht unsichtbare Wesen an, die dazu tanzen, ohne dass die Normalsterblichen es bemerken«. All dies war für ihn so natürlich, dass er das Trio für Flöte und Harfe von Berlioz eines Tages drei Mal wiederholen ließ, um es diesen Wesen zu ermöglichen, weiter zum Ruhme Gottes zu tanzen.

Mit ihm zusammen zu singen wurde oft zu einem mystischen Erlebnis. Und wenn seine Brüder und Schwestern es schafften, in ihrem Inneren die lauten Stimmen der täglichen Sorgen verstummen zu lassen und ihre Gedanken mit den seinen zu verbinden, konnte er in Ruhe jene spirituelle Arbeit tun, die die Struktur seines Lebens darstellte. An einem Abend am Lagerfeuer im August 1960 waren die Teilnehmer von seinen Worten so inspiriert, dass sie eines der schönsten vierstimmigen Lieder, das sie kannten, höchst empfindsam wiedergaben und sich dabei selbst übertrafen. Meister Omraam Mikhaël hatte nicht mitgesungen. Am nächsten Tag bekannte er, dass die Kraft dieses Liedes eine außergewöhnliche Wirkung auf ihn ausgeübt habe und er beinahe das Bewusstsein verloren hätte, weil seine Seele davonfliegen wollte. Nachdem er sie verlassen hatte, habe er an die Kraft ihrer Liebe gedacht, die Sterne betrachtet und tief eingeatmet, um das Geschehene in sich aufzunehmen. »Ich weiß, was ich für euch tue«, sagte er schlicht zu ihnen, »doch ich danke euch für alles, was ihr für mich tut.«

Das Jahr seiner Rückkehr aus Indien war geprägt von der Errichtung eines Bruderschaftszentrums in der Schweiz. Während seines ersten Besuches in diesem Land luden ihn seine Brüder und Schwestern ein, ein Grundstück in Les-Monts-de-Corsier zu besichtigen. Sie wanderten lange über Berg und Tal und erreichten eine große Wiese mit einer prachtvollen Aussicht. Unter ihnen erstreckte sich der Genfer See mit seinen blaugrünen Tiefen. In der Ferne ragte der schroffe Gebirgskamm der Dents du Midi in den Himmel und bei schönem Wetter konnte man sogar die Silhouette des Mont Blanc sehen.

Als die Schweizer Bruderschaft das Land gekauft hatte, kam er wieder. Es war Winter und die unberührte Natur schien eben von Gott erschaffen worden zu sein. Er unternahm lange Spaziergänge im Schnee. Als man ihn bat, diesem zukünftigen Zentrum einen Namen zu geben, nannte er es Videlinata, was in der bulgarischen Sprache »Göttliches Licht« bedeutet. Wie immer, wenn er einen Ort für die Bruderschaft weihte, riet er allen, dieses Zentrum mit größtem Respekt zu nutzen, es immer mit dem Bewusstsein seiner Bedeutung und der dort zu leistenden Arbeit zu betreten.

»Die Bruderschaft ist ein Versuch, eine Bemühung, eine spirituelle Familie zu verwirklichen, in der alle einander in Liebe helfen. Jeder trägt in seiner Seele etwas Schönes dazu bei. Ähnlich wie bei einer sich öffnenden Blume strömt aus einer Bruderschaft ein Duft, von dem Seelen und Geister sich nähren.«[87]

* * *

In jenen Jahren verlangte er von denen, die seiner Lehre folgten, viel mehr Anstrengung, Aufmerksamkeit und spirituelle Arbeit. Er erzählte ihnen von den Anforderungen, die in der Vergangenheit manche hinduistische und tibetische Meister gestellt hatten, von den Einweihungsprüfungen, die ihre Schüler durchmachen mussten und die zum Ziel hatten, sie mit der göttlichen Quelle zu verbinden. Er wünschte sich für seine Brüder und Schwestern großartige Dinge und selbst wenn er ihnen tiefe Liebe entgegenbrachte, konnte er trotzdem sehr streng und sogar unnachgiebig sein. Sich selbst gegenüber stellte er hundert Mal größere Anforderungen. Um fähig zu sein, ihnen nicht nur Wissen, sondern auch eine neue Sicht des Lebens zu vermitteln, strebte er unablässig danach, sich zu vervollkommnen und neue Kenntnisse zu erlangen. Er war nie sicher, ihre Bedürfnisse ausreichend zu stillen.

Es war damals wichtig, auf die hohen Anforderungen der orientalischen Meister hinzuweisen. In seinen Augen konnte eine universelle Bruderschaft nur unter der Bedingung realisiert werden, dass die im Orient sowie die vom Westen entwickelten Stärken zusammengeführt würden; die spirituelle Philosophie, die Hellsichtigkeit, das Wissen und die psychischen Fähigkeiten der einen, verbunden mit den wissenschaftlichen Entdeckungen und dem materiellen und sozialen Fortschritt der anderen, wären in der Lage, die ganze Welt zu verändern.

In Anbetracht der Schwärmerei vieler Menschen im Westen für die Mystik des Orients, zögerte er nicht, darauf aufmerksam zu machen, dass die orientalischen Methoden angepasst werden müssen, da sie weder der Mentalität noch der Lebensweise oder dem Klima im Westen entsprechen. Hierbei stimmte er mit Größen wie Ramakrishna und Vivekananda überein, die ihren Schülern niemals geraten hatten, strenge körperliche Übungen auszuführen. Im Gegenteil, beide bestätigten, dass die traditionellen Praktiken zur Entwicklung einer extremen Konzentrationsfähigkeit des Geistes überholt waren. Vielmehr hatten diese beiden Meister den Schwerpunkt auf die spirituelle Arbeit, die Meditation und die Kontemplation gelegt. Diese Disziplinen hielten sie für die effizientesten zur Befreiung des Menschen.

Ohne sich an deren äußere Form zu heften, extrahierte Omraam Mikhaël Aïvanhov die Essenz aus den antiken Texten, wie den Worten von Hermes Trismegistos, den Lehren Buddhas und Jesu Christi; er gab ihnen eine kosmische Perspektive. Jenseits aller Religionen, Kulte und Philosophien sprach er über eine Religion, die das göttliche Licht in den Mittelpunkt stellt und fähig ist, das Leben im Inneren der Überlieferungen zu bewahren, während die äußere Form sich verändert. Seiner Ansicht nach sind nur die Prinzipien ewig und es ist ein großer Irrtum, die Formen und Strukturen verewigen zu wollen.

Wenngleich er den übertriebenen Rahmen vieler Religionen missbilligte, räumte er doch ein, dass bildhafte Gottesdarstellungen und Statuen nützlich sein können, da sie oft eine notwendige Unterstützung für das Gebet darstellen. Auch er selbst hatte Bilder oder Symbole für seine spirituelle Arbeit benutzt: Den Lebensbaum der Kabbalisten, die Rosen, das Prisma, die sieben Regenbogenfarben. Er bestand jedoch auf dem rechten Verständnis über den Sinn dieser Hilfsmittel, die nichts anderes als Instrumente zur Erhebung in die himmlische Welt sein dürfen. In seiner Einweihungsschule in Izgrev und im Bonfin empfahl er eine spirituelle Arbeit, die den Intellekt, das Herz und die Willenskraft aktiviert. Wie oft hatte er nicht schon von der Rolle dieser drei Komponenten des menschlichen Wesens gesprochen. Sie waren Teil seiner Philosophie und seines Lebens geworden:

»Ich habe den mystischen Weg gekostet: Herz, Gefühle, Empfindungen und Liebe. Ich habe auch den spirituellen Weg erprobt: Studium und Wissen. Ich folgte auch dem Weg der Verwirklichung: Arbeit und Willenskraft. Ich habe alle drei Wege der Reihe nach ausprobiert und auf allen Wegen Resultate erzielt. Ich will jedoch nicht nur den einen oder anderen gehen, sondern immer alle drei zusammen.«[88]

Um seinen Zuhörern weiterhin Dinge zu enthüllen, die zu ihrer Entwicklung beitragen könnten, benötigte er Ruhe und Stille. Doch er stellte fest, dass das Verständnis für Stille nicht allen zugänglich war. Stille ist weit entfernt vom üblichen Verhalten, keinen Lärm zu machen. Stille ist ein Bewusstseinszustand. Auch wenn seine Brüder und Schwestern ihm gegenüber sehr aufnahmebereit waren, hatte er manchmal den Eindruck, in der Wüste zu predigen. Er bekannte seine Traurigkeit über ihre Willensschwäche und ihre halbherzigen Anstrengungen. Es tat ihm leid für sie, denn sie waren noch zu unbewusst über die Bedeutung der Stille, die »von solch erhabenen Gedanken erfüllt ist, dass sie alle notwendigen Elemente zur Bildung feinstofflicher Körper besitzt, bis hin zur Bildung des Glorienleibes selbst!« Sechs Monate nach seiner Rückkehr aus Indien sagte er:

»Wenn ihr erlebt, was die Stille bringt, werdet ihr sie verstehen. Stille, das ist nicht nur, sich nicht zu bewegen oder mit keinen Gegenständen zu hantieren. Stille bedeutet, dass man die Unzufriedenheit und alles andere, was auf der Gefühlsebene herumschwirrt, zum Schweigen bringt. Der erste Grad der Stille ist die physische Stille.

Zunächst muss man diese Stille erreicht haben. Danach kann man sich weiter erheben und die astralen Gefühle beruhigen. Der zweite Grad ist die Beruhigung der Gefühle. Der dritte Grad ist die Beruhigung der Gedanken. Erst wenn man diesen Grad der Stille erreicht hat, kann der Geist reisen und Regionen besuchen, die er noch nie gesehen hat. Nur in dieser absoluten Stille fliegt der Geist hinauf und bringt Freude, Gesundheit, Widerstandskraft und Liebe mit zurück. Er kann den Gedanken die Weisheit bringen und dann macht unsere Intelligenz uns fähig, alles zu verstehen.«[89]

Im Bonfin wie auch in Izgrev bestand er weiter darauf, diese wahre Stille während der Mahlzeiten zu erreichen; eine Stille, die es ermöglicht, eine bewusste Arbeit der Assimilation zu vollbringen und den Yoga der Ernährung anzuwenden, dank dessen man die in den Lebensmitteln verborgenen kraftvollsten Elemente aufnehmen und damit seine physische und psychische Gesundheit wesentlich verbessern kann. Am 8. Januar 1962 gab er dazu ein paar Ratschläge:

»Um den Solarplexus zu beruhigen, macht ein paar harmonische und bewusste Handbewegungen. Manchmal seht ihr mich bei Tisch in aller Ruhe und ohne ersichtlichen Grund Dinge an einen anderen Platz stellen. Diese Bewegungen tun mir gut, sie harmonisieren den Solarplexus und ziehen Kräfte an. Und diese Bewegungen tun auch euch gut. Wenn ihr euch innerlich unwohl fühlt, macht ein paar harmonische Bewegungen. Zeichnet zum Beispiel einen Kreis auf Höhe eures Gesichts und eures Oberkörpers.«

Mehrmals nahm er sich vor, ihnen gegenüber anspruchsvoller zu werden. Manchmal wurde er sogar zornig, wenn es während der Mahlzeiten zu laut war. Doch am Ende des Sommerkongresses, wenn alle sich um das heilige Michaelsfeuer versammelten, siegte jedes Jahr die Magie der Liebe. Die Atmosphäre, entstanden aus dem Wunsch nach Vollkommenheit und der Sehnsucht nach spirituellem Leben war so kraftvoll, dass der Meister unwiderstehlich von einem Strom mitgerissen wurde, der alle seine Vorsätze der

Strenge fortspülte. Seine Liebe war immer stärker. Im Laufe der Jahre geschah es jedoch manchmal, dass er seine Vorträge aussetzte und sich für ein paar Tage zurückzog, um neue Energie zu schöpfen und seinen Zuhörern die Möglichkeit zum Nachdenken zu geben. Meist reiste er in die Berge, aber es kam auch vor, dass er im Bonfin blieb und den Tagesablauf mit ihnen teilte. Er entzog ihnen nur das Wort, um ihnen zu helfen, »sich nichts als die Gegenwart Gottes zu wünschen.«

Nun, die Gegenwart Gottes suchte auch er ohne Unterlass. Seine Aufgabe war sehr konkret, und wenn es darum ging, Dinge in die Tat umzusetzen, war er effizient; die größte Bedeutung hatte jedoch für ihn immer das spirituelle Leben. Er blieb ein Mystiker und brauchte lange Stunden der Meditation und der Kontemplation. Seine unmittelbare Umgebung wusste, dass er oft willentlich seinen Körper verließ oder in Ekstase fiel, wenn er alleine war. Man wusste, dass er nicht viel schlief, so wie alle großen Eingeweihten, die mit vollem Bewusstsein eine spirituelle Arbeit in höchster Wachsamkeit vollbringen, während der Körper ruht. Manchmal erwähnte er, dass er während des Tages nur ein Millionstel dessen vollbrachte, was er während der Nacht, wenn er sich auf »der anderen Seite« befand, realisieren konnte. Dann war er in der Lage, auf wirksamste Weise zu den Seelen der Brüder und Schwestern zu sprechen.

* * *

Begleitet von zwei Brüdern begab er sich 1964 in sein Heimatland Mazedonien. Voll Freude fand er in seinem Dorf Serbtzi Erinnerungen an die Zeit vor 60 Jahren wieder. Die noch lebenden Familienmitglieder empfingen ihn freudig. Einen besonderen Besuch stattete er seiner Kusine ab, sie war Weberin und er hatte ihren gewebten Stoff einst als Vierjähriger beschädigt. Nach seiner Ankunft in Frankreich erzählte er mit einem leichten Schmunzeln:

»Diese Menschen waren noch am Leben, wenn auch schon sehr alt. Ich habe ihnen etwas als Wiedergutmachung gegeben, für den Scha-

den, den ich als Kind angerichtet hatte. Man darf solche Dinge nicht einfach beiseite lassen. Früher oder später muss man seine Schulden begleichen!«

Der Hauptgrund der Reise war, seine Mutter wiederzusehen. Doch es war ihm nicht möglich, in das damalige kommunistische Bulgarien einzureisen, ohne sein Recht auf eine erneute Ausreise zu verlieren. Also musste sich Dolia nach Mazedonien begeben. Begleitet von ihrem Sohn Alexander und einem Enkel unternahm sie die lange Reise von Varna zur mazedonischen Grenze. Sie war nun 88 Jahre alt und hatte ihren Erstgeborenen seit 1937 nicht mehr gesehen.

Sie wussten beide, dass sie sich zum letzten Mal sehen würden. Als Dolia wieder in Varna angekommen war, sagte sie zu einer ihrer Enkelinnen: »Ich hatte Angst zu weinen, wenn ich ihn mit seinem völlig weißen Haar sehen würde, doch es ist mir gelungen, die Tränen zurückzuhalten. Ich war zutiefst bewegt und wollte die schöne Atmosphäre bewahren, und vor allem wollte ich ihn nicht aufwühlen.« Neun Jahre nachdem sie ihren geliebten Sohn wiedergesehen hatte, endete ihr langes Leben friedlich am 5. August 1973.

* * *

In den Zentren von Izgrev, Videlinata und Bonfin versammelten sich die Mitglieder der Bruderschaft regelmäßig zu den Kongressen. Zu Ostern, im Sommer und zu Weihnachten hielt Meister Omraam Mikhaël täglich Vorträge. Er bemühte sich, seine umfangreiche Post persönlich zu beantworten. Zusätzlich empfing er beinahe täglich viele Menschen zu einem persönlichen Gespräch und verbrachte Stunden damit, ihnen zuzuhören und sie zu beraten. Diese Aufgabe, die er übernommen hatte, nahm einen großen Teil seiner Zeit in Anspruch. Eine Person, die damals in seinem Umfeld lebte, berichtet: »Täglich trug er die Last eines spirituellen Meisters; es ist die Last eines Vaters und einer Mutter gleichzeitig: Er akzeptierte die Schwierigkeiten und die Freuden, die Dankbarkeit und den Groll.«

Im Bonfin waren seine Besucher eingeladen, mit ihm unter den Bäumen seines Gartens oder sogar in seinem kleinen Haus Platz zu nehmen. Während vieler Jahre empfing er sie auf orientalische Weise, im Schneidersitz auf einem Kissen sitzend. Seine Genügsamkeit hatte ihn zu einer einfachen Einrichtung seines kleinen Hauses bewogen. Jemand, der ihn schon sehr lange kannte, erwähnte einmal, dass er, »der selbst so strahlend und belebend war, die einfachsten und klarsten Symbole liebte«. Doch es waren von Leben erfüllte Symbole, mit denen er oft arbeitete und die er ausgewählt hatte, weil er wusste, dass sie das Herz und die Intelligenz seiner Besucher ansprechen würden. Er liebte zum Beispiel die schönen Steine und Kristalle, die er an verschiedenen Plätzen im ganzen Haus und auch in seinem Zimmer in Izgrev aufgestellt hatte.

Er war jedem seiner Besucher gegenüber sehr aufmerksam. Fast immer fragte er: »Wie kann ich Ihnen behilflich sein?«

Und wenn der Gast, nachdem er den Grund seines Besuches vorgebracht hatte, eine offene und empfängliche Haltung an den Tag legte, tat der Meister alles, um genau das zu geben, was der Besucher am meisten brauchte. Wenn die Person zu emissiv war, hörte er zu und drängte sich nicht auf. Seine Methoden variierten. Mit den einen ging er verständnisvoll, warmherzig und freundlich um, mit anderen konnte er sehr hart und anspruchsvoll sein. Manchmal spiegelte er der gegenübersitzenden Person nur ihre Fehler, um ihr weiterhelfen zu können. Viele seiner Besucher verstanden erst im Nachhinein, warum er ihnen Dinge sagte, die anscheinend nichts mit der gegenwärtigen Zusammenkunft zu tun hatten.

Fragte man ihn um einen persönlichen Rat, gab er nicht immer eine direkte Antwort. Oft sagte er: »Warten Sie, morgen werde ich Ihnen eine Antwort geben.« Und wenn man ihn über ein Vorhaben informierte, das bereits begonnen war, griff er niemals ein. Wenn zwei Personen bereits Verpflichtungen und Verbindungen miteinander eingegangen waren, sagte er ihnen, dass er sich in ihre Entscheidungen und in die bereits entstandene Beziehung nicht mehr einmischen könne. Und immer wieder sagte er allen: »Was ich von euch verlange, ist das Schwierigste. Ich verlange von euch, Boten des Lichtes zu werden.« Er war mit Arbeit überhäuft und von Zeit zu Zeit benötigte er einen Rückzug in die Stille, um seine Inspiration zu erneuern und die Verbindung mit dem Himmel zu stärken. Mitte der sechziger Jahre begann er, sich gelegentlich in den Pyrenäen aufzuhalten, um in aller Ruhe zu meditieren und auszuruhen. Hier fand er die idealen Bedingungen für seine spirituelle Arbeit und begab sich oft zwischen den Kongressen der Bruderschaft, manchmal allein, manchmal in Begleitung einiger Personen, dorthin. Er hatte einen wunderschönen Platz gefunden, den er Castelrama nannte. Das Bergpanorama war prachtvoll, die Luft rein und belebend. Nur der Gesang der Vögel und die kraftvolle Melodie des Windes unterbrachen die Stille.

In dem kleinen Häuschen, das er bewohnte, weihte er ein Zimmer der Meditation. Schon immer hatte er allen geraten, auch bei sich zu Hause ein solches Zimmer einzurichten; je kleiner das Zimmer sei, desto besser könne man sich konzentrieren. Manchmal verbrachte er einen Teil des Tages an diesem Ort des Gebets und manchmal ging er auf den Gipfel des Hügels hinter dem Haus. In den stillen Morgenstunden verbrachte er viel Zeit an der Sonne. Genährt durch seine Verbindung mit Gott, durch die Elemente der Natur um sich herum und die Energieströme der Sonne, empfand er kein Hungergefühl mehr. Seit seiner Kindheit in Bulgarien war er daran gewöhnt, wenig zu essen und nahm normalerweise nur zwei Mahlzeiten pro Tag ein, hier in Castelrama war es meistens nur eine.

Für eine bestimmte Zeit hatte er Lust, wie in seiner Jugend, die Erfahrung eines vollständigen, zehntägigen Fastens zu machen. Während der ganzen Zeit las, meditierte, schrieb und arbeitete er und weil gerade Installationsarbeiten getan werden mussten, grub, schaufelte und hackte er mit seinen Brüdern. Weil er nicht aus gesundheitlichen Gründen fastete, benötigte er auch keine Ruhepausen. Im Gegenteil! Er war voll überströmender Energie und lebte von der reinen Luft und den Sonnenstrahlen. Die Schönheit der Sonnenaufgänge in den Bergen versetzte ihn in einen ekstatischen Zustand. Weil der Ruf der Berge immer in seiner Seele klang, machte er sich manchmal auf den Weg zu einigen der höchsten Gipfel der Pyrenäen und verweilte stundenlang in dieser Stille.

Alles, was sich auf der Welt abspielte, war für ihn von großer Wichtigkeit. Immerzu versuchte er, sich in die Situation seiner Zeitgenossen einzufühlen, um ihre Probleme besser zu verstehen. Castelrama wurde zu einer Sendestation, von wo aus er eine spirituelle Arbeit für die ganze Menschheit vollbrachte. Diese Auszeiten taten ihm gut, aber in Wirklichkeit hatte er nie den Wunsch, sehr lange alleine zu sein. Dieser Widerspruch begleitete ihn sein ganzes Leben, sein Bedürfnis mit den erhabensten Regionen zu kommunizieren, wurde dadurch ausgeglichen, dass er auf der sozialen und brüderlichen Ebene außergewöhnlich ansprechbar war. Nie fühlte er sich glücklicher, als umringt von seiner spirituellen Familie. Bald gab es ein stetiges Kommen und Gehen von Menschen, die er zu sich einlud. Der Platz wurde schnell zu einem kleinen Bruderschaftszentrum.

Seine Besucher waren überrascht. Sie erlebten einen sehr aufmerksamen Gastgeber, der einen Blumenstrauß, den er selbst auf den Wiesen gepflückt hatte, in ihr Chalet stellte. Warmherzig und einfach wie ein Familienvater, lud er sie häufig an seinen eigenen Tisch ein und bereitete manchmal sogar bulgarische Speisen zu. Er gab allen die Möglichkeit sich mitzuteilen und machte Pläne mit ihnen; seine Einfachheit war gewinnend. Um sich besser in die Lage der Menschen versetzen zu können, ihre Probleme besser zu verstehen und die Entwicklung ihrer Denkweise nachvollziehen zu können, beobachtete er das Verhalten der Männer und Frauen seiner Zeit in Filmen, Romanen und im Fernsehen. Er zog daraus Schlussfolgerungen und Beispiele, die mithalfen, wichtige Themen seiner Lehre zu erläutern. Er schaute regelmäßig die Nachrichten im Fernsehen an. Manchmal lud er seine Begleiter zu einer Sendung ein und sprach danach über seine Überlegungen. Er liebte die Filme, in denen die Helden von Gerechtigkeit entflammt über sich selbst hinauswuchsen und sich opferten.

Mehr als einmal lud er in Castelrama Dorfbewohner, die er kennenlernen wollte, Polizisten oder Personen, die im Bergrettungsdienst tätig waren, zu sich ein. Er verstand die Kunst, eine Atmosphäre zu schaffen, in der sie sich sehr wohl fühlten. In der ganzen Umgebung liebte man ihn und war glücklich über seine Gegenwart.

* * *

Seit seiner Rückkehr aus Indien waren sechs Jahre vergangen und seit damals nannten ihn die Mitglieder seiner Bruderschaft »Meister«. Doch er bezeichnete sich weiterhin als ein »lebendiges Buch«, in welches Peter Deunov 20 Jahre lang hineingeschrieben hatte, bevor er ihn nach Frankreich sandte. Er liebte es, von den großen Meistern zu sprechen, aber sich selbst bezeichnete er nie als solchen. Er sagte, Peter Deunov habe ihn, den geringsten unter seinen Schülern, ausgewählt, weil er ein hohes Ideal besaß und im Verborgenen an seiner Vervollkommnung arbeitete. Seine Demut war echt. Genau wie früher hatte er keine Scheu, sich vor seiner Bruderschaft oder vor Besuchern selbst herabzusetzen, was manche verwirrte. Er sagte:

»Demut ist ein Tal in den Bergen, wo die Wasser herabfließen und es Früchte und Blumen in Hülle und Fülle gibt. Doch der Hochmut ist ein kahler, isolierter, einsamer Berggipfel, auf dem man nichts vorfindet.«[90]

Trotz dieser unveränderten Einstellung sah er sich zu dieser Zeit abermals mit Schwierigkeiten konfrontiert, hervorgerufen durch Verleumdungen, Missverständnisse und Unverständnis aus seinem Heimatland. In Bulgarien war man immer noch sehr nachtragend und warf ihm sogar seine physische Ähnlichkeit mit Meister Deunov vor. Freilich sprachen zahlreiche Bulgaren mit Begeisterung von seinem Werk, nachdem sie ihn im Bonfin oder in Izgrev besucht hatten, aber sie wurden genauso wenig ernst genommen wie die anderen Besucher vor 20 Jahren.

Nachdem er ein Jahr in Indien verbracht hatte, wo man ihm bedingungslosen Respekt entgegenbrachte, traf er in Europa auf die westliche Zurückhaltung und auf die Tendenz, alles zu analysieren und zu kritisieren. Innerhalb der französischen Bruderschaft gab es einige, die Peter Deunov gekannt hatten und es nicht lassen konnten, ihm vorzuwerfen, dass er neue Sichtweisen in die Lehre einbezog. Während des Sommerkongresses im Juli des Jahres 1966 entschied er sich, die Situation zu klären und sagte:

»*Ich spreche mit meiner Stimme, Peter Deunov sprach mit seiner. Wenn er Fragen nicht behandelt hat, dann nicht, weil er sie nicht kannte, sondern weil vielleicht die Zeit darüber zu reden noch nicht gekommen war. Man muss viele Dinge aufzeigen, damit die Leute etwas verstehen. Man muss keine Angst haben, ich habe euch schon gesagt, dass jedes Wesen nur mithilfe seiner eigenen Stimme singen kann. Auch der Meister hat nicht mit der Stimme Jesu gesprochen. Meine Vorträge sind keine Kopien der Vorträge von Peter Deunov. Die Lehre ist etwas Großes und Wahres. Ich habe meinen eigenen Weg gefunden.*«

Einige Tage später griff er dieses Thema wieder auf und bat sie inständig, sich nicht an Personen zu heften, sondern sich an das Licht der Sonne zu klammern, an etwas Beständiges und Göttliches. Im August sprach er noch feierlicher darüber und spielte auf seine Erleuchtung an, die er mit 15 Jahren erreicht hatte.

»*Es ist jetzt 50 Jahre her, seit mich das Licht wie ein Blitz getroffen hat. Meine Arbeit beginnt und die ganze Welt wird es sehen. Ich habe den Befehl von oben abgewartet und gerade in diesem Jahr habe ich das Signal bekommen, die Arbeit zu vollbringen, die man von mir erwartet. Zum ersten Mal habe ich die Aufforderung bekommen, euch über viele Dinge aufzuklären. Eine neue Epoche kommt mit einer neuen Sprache und anderen Mitteln und Wegen. Meine Arbeit ist anders, als die von Peter Deunov, vollkommen anders. Und doch besteht keinerlei Widerspruch zwischen uns. Wir schreiten auf dem gleichen Weg in die gleiche Richtung, immer dem Licht und Gott entgegen.«*

Diese Bekräftigung bewirkte eine Stärkung der meisten seiner Brüder und Schwestern und schuf ein Klima der Klarheit, das es ihnen erlaubte, seiner Lehre ohne Hintergedanken weiter zu folgen. Kritik hinderte ihn sowieso nie daran, seine Arbeit zu tun. Im Gegenteil! Er nutzte sie, um seine Motivation zu läutern und an der Demut zu arbeiten.

* * *

In diesem Sommer hielt er mehrere Vorträge über die Reinheit. In Wirklichkeit sprach er seit Langem über die Reinheit und kam mit Beispielen aus dem täglichen Leben immer wieder darauf zurück. Zuallererst erinnerte er an die absolut notwendige Trennung zwischen Reinem und Unreinem in allen Lebensbereichen, um sich nicht zu vergiften. Dann bestand er darauf, wie wichtig die Wahl der Freuden auf allen Ebenen ist. Seine Art, die »göttliche Algebra« zu beschreiben, war atemberaubend: Den Intellekt von allen Unreinheiten zu befreien, zieht das Licht und die Intelligenz an, das Herz zu reinigen, bringt das Glück, den Willen aus der Apathie zu lösen, entwickelt die Kraft, den Körper von allem, was ihn verstopft zu befreien, führt zur Gesundheit. Das ist logisch wie Mathematik.

Wie ein Maler beschrieb er die Schönheit des Lebensflusses, den mit göttlichen Energien durchtränkten Weg der Weisheit, der aus den erhabensten Regionen der unsichtbaren Welt zu uns herabfließt. Er gab Übungen, wie man Kraft der Gedanken seinen Durst an dieser Quelle löschen und die Reinheit finden kann, in der alles gipfelt. Den Paaren erklärte er, wie sie in Liebe leben können, ohne sich auf eine Ebene zu begeben, auf der das spirituelle Leben zum Stillstand kommt. Für ihn war es wichtig, die Kraft der Sexualenergie zu erkennen und so einzusetzen, dass die beste spirituelle Entwicklung möglich ist.

»Die Sexualorgane sind eine Zusammenfassung der gesamten Schöpfung. Diese im Menschen verborgene Kraft ist eine göttliche, heilige Kraft, dank derer wir alles erreichen können. Stellt euch vor, ihr wohnt im fünften Stock eines Hauses und das Wasser muss bis zu euch hinaufkommen, um euch zur Verfügung zu stehen. Es braucht also einen gewissen Druck, um es aufsteigen zu lassen. Wenn ihr euch dieses Drucks entledigt, kann das Wasser nicht alle Stockwerke erreichen. Leider setzen die Menschen alles daran, diesen Druck in sich zu vermindern, ihn auf Null zu senken. Sie ertragen ihn nicht. Diese Energie sollte sich jedoch durch alle Stockwerke bis hinauf zum Gehirn erheben. Der Druck ermöglicht das Aufsteigen und ihr könnt euch seiner bedienen. Aber die Mehrheit lässt ihn bei jeder Gelegenheit entweichen und deshalb steht er ihnen auf den höheren Ebenen nie zur Verfügung.«[91]

Er liebte es, in diesem Sinne von der Schönheit der Arbeit der großen Eingeweihten zu sprechen, die gelernt hatten, sich dieser Kräfte zu bedienen, ohne sie zu verschwenden, um in ihrem Gehirn ein strahlendes Licht zu erschaffen, einen göttlichen Zustand der Seele. Er selbst hatte sich für das Zölibat und die Enthaltsamkeit entschieden, um sein Leben der Hilfe für die Menschheit zu weihen, aber er hatte diese Kraft, die er gemäß Hermes Trismegistos die stärkste Kraft aller Kräfte nannte, nie unterdrückt. Seine Spiritualität und sein Verhalten waren niemals von der Ablehnung der Sexualkraft geprägt. Im Gegenteil, in seinen Augen beinhalten die von der kosmischen Intelligenz im Menschen angelegten sexuellen Energien große Verheißungen für die Entwicklung und für das Übertreffen seiner selbst.

Den Frauen gegenüber nahm er stets eine Haltung des Respekts und der spirituellen Liebe ein. Was er suchte, war die Schönheit, diesen Freudenschrei der Natur. So bewegten ihn singende Frauen zutiefst, weil sie ihn an die Göttliche Mutter erinnerten. In den Gesichtern beobachtete er vor allem die Ausstrahlung, die von innerer Schönheit herrührte. Er sprach von seiner eigenen Einstellung den Frauen gegenüber, um den Männern zu helfen. Ohne Mehrdeutigkeit betont er, dass es nichts Schöneres als die Sexualorgane des Mannes und der Frau gibt, vorausgesetzt man betrachtete sie als Organe, die dazu bestimmt sind, Gottes Pläne zu erfüllen.

Seine Lehre über die Liebe und die Sexualität ist ausgewogen und belebend, aber sie ist eine Lehre für die Zukunft. Er stellte fest, dass nur sehr wenige Menschen dazu bereit sind, auch und vor allem in der Ehe, an ihrer Selbstbeherrschung zu arbeiten, um eine spirituelle Arbeit zu vollbringen. Diese spirituelle Arbeit könne dank der in den *Chakras,* den ätherischen Zentren, enthaltenen Kräften ein riesiges Ausmaß erreichen. Nach seiner Auffassung hat die Heiligkeit eine direkte Verbindung zum Sexualbereich. Der Mensch kann nur dann vollkommen werden, wenn er es schafft, die Kontrolle über diese besonderen Energien zu erlangen und sie nach oben zu lenken. Man kann dies nur erreichen, wenn man das hohe Ideal annimmt, zu werden wie der Himmlische Vater und die Göttliche Mutter, die Liebe auf geistiger Ebene auf alle Wesen in der ganzen Welt auszuweiten.

»Die Liebe ist ein Austausch, und Austausch gibt es nicht nur auf der physischen Ebene. Zwei Wesen können auch auf Distanz durch Blicke, Gedanken, Worte Austausch haben, ohne sich zu umarmen, ohne sich zu berühren ... Wenn ich von der Liebe spreche, denke ich an diese Liebe, die das Leben selbst ist, die das Licht ist, die Schönheit, die ein Austausch mit den göttlichen Geschöpfen ist. An diese Liebe denke ich Tag und Nacht und ich empfange ihre Segnungen.«[92]

Doch Verzicht ohne Ersatz machte für ihn keinen Sinn. Er erwähnte im Laufe seines Lebens oft, dass er auf nichts verzichtete, sondern lediglich die Vergnügungen von der physischen auf die spirituelle Ebene verlegt habe, was ihm, genährt von mystischen Erfahrungen, tiefe Freude bringe. Die Schönheit der Kinder, die Sanftheit der Natur beim Sonnenaufgang, die Herrlichkeit der Sterne, der Ozeane und der Berge, all das erzählte ihm von der Vollkommenheit Gottes.

* * *

DER WEG DES LICHTES

Es war immer die große Leidenschaft von Omraam Mikhaël Aïvanhov, die Herzen und den Geist der Menschen zu entflammen. Manchmal wünschte er, er wäre ein Prometheus und könnte dem Himmel das Feuer rauben, um es den Menschen zu bringen. Sein persönlicher Weg war der Weg des Lichtes und seine Lehre war darauf aufgebaut. Er bezeichnete das Licht als den besten Repräsentanten Gottes für die Menschen. Er erklärte, wie man sich dieses Lichtes bedienen kann, um sich umzuwandeln und strahlend wie die Sonne zu werden.

Im Laufe des Sommers 1967 hielt er eine Reihe von Vorträgen, die eine Zusammenfassung seiner Sonnenlehre darstellten. Seit Langem verwendete er den Ausdruck »Surya Yoga« – im Sanskrit bedeutet »Surya« Sonne –, um dem »Sonnenyoga« einen Namen zu geben. Wie er sagte, war dieser Yoga schon den Griechen, Ägyptern, Persern, Azteken, Mayas und Tibetern bekannt. Er bevorzugte diese Art von Yoga, da sie in einem einzigen Yoga alle anderen vereint und zusammenfasst. Er sagte, dass er verschiedene Arten von Yoga lehre, darunter auch den Yoga der Ernährung, aber er habe den wichtigsten, reichhaltigsten und ältesten Yoga wiederentdeckt, den Surya Yoga.

Omraam Mikhaël Aïvanhov liebte es, vom Geist der Sonne zu sprechen. Er stimmt darin mit den Jahrtausende alten Philosophien der Veden und Puranas überein, die lehrten, dass die wahre Sonne nicht das am Himmel sichtbare Gestirn sei, sondern die höchste Intelligenz, die jenseits der niederen Schöpfung am Gipfel des Firmamentes herrscht. Er enthüllte die Existenz einer noch feinstofflicheren Sonne hinter der physischen Sonne, die nur von einem

Meister Omraam Mikhaël Aïvanhov meditiert vor Beginn eines Vortrages anlässlich eines Besuches bei seiner Bruderschaft in Griechenland.

hoch entwickelten Bewusstsein erreicht werden kann. Auf der Ebene des Überbewusstseins können die Seelen durch die Liebe und das Licht der Sonne mit allen Wesen des Universums kommunizieren. »Die Sonne repräsentiert in unserem System die große Sonne des Universums, Gott Selbst«, fügte er hinzu.

Er wusste, dass seine Ideen für manche Personen schwer zu verstehen waren und gab deshalb im Sommer 1967 sehr präzise Erklärungen dazu. In einem langen Vortrag erläuterte er, dass der Sonnenyoga die Menschen in das Licht führen kann, zu Gott, der Quelle allen Seins. Wenn man sich während des Sonnenaufgangs mit Hingabe in den Anblick der Sonne versenkt – zu diesem Zeitpunkt ist die Sonne am segensreichsten –, kann man mithilfe der Gedanken bis zu den feinstofflichsten Regionen aufsteigen und dort die Elemente empfangen, die fähig sind, die Schwächen des Organismus zu beheben. »Es ist sehr einfach und es ist nicht einmal nötig zu wissen, welche Elemente eure Gesundheit verbessern. Dies spielt überhaupt keine Rolle. Es sind die Seele und der Geist, die alles empfangen können, was der Mensch braucht«, sagte er.

Er bemerkte wohl, dass man seine Worte nicht immer auf die richtige Art und Weise verstand und die Mehrheit der Leute dazu neigte, Strukturen zu schaffen und Gewohnheiten anzunehmen, während er es ablehnte, neue erstarrende Formen einzuführen. Sicherlich kannten alle spirituellen Meister ähnliche Schwierigkeiten. Sie sprechen von ewigen Wahrheiten, doch sie sehen, wie ihre Schüler diese Wahrheiten in Formen pressen, die sie verdunkeln und das Leben darin ersticken.

In Omraam Mikhaël Aïvanhovs Gedankengut geht es nicht darum, aus der Sonne ein Idol zu machen, wie es in manchen antiken Sonnenkulten der Menschheitsgeschichte vorgekommen ist. Die »Sonnenreligion« ist nur ein Weg, ein Hilfsmittel, um den Herrn zu finden, der das wahre Licht in jedem von uns ist. Die Sonne ist einfach ein Tor, das zur Gottheit führt, sie ist das beste Beispiel der selbstlosen Liebe, da sie ohne Unterlass gibt, ohne etwas dafür zu verlangen, sie ist die Heimat, ein wahrhafter Tempel des Geistes der Wahrheit, der nur Reinheit und Selbstlosigkeit ist. Dennoch seien die Kirchen auf Erden nicht unnötig.

»Es ist nicht schlecht, dass es Kirchen und Tempel gibt, sie sind wunderbar, man braucht sie, und ich habe nie gesagt, dass sie zerstört werden sollten. Selbst ein Wohnhaus ist ein Tempel. Aber wenn man die Wahrheit besser versteht, wird man diese Tempel verlassen und den alleinigen und einzigen Tempel betreten, den Gott Selbst erschaffen hat, das Universum. Dann wird man verstehen, dass auch der Mensch ein Tempel des Herrn ist, dass er sich reinigen, läutern, heiligen soll, um wirklich zu diesem Tempel zu werden.«[93]

Sein persönlicher Weg hatte ihn zu der Überzeugung gebracht, dass man die Formen unaufhörlich erneuern muss. In seiner Jugend hatte er begonnen, sie zu ignorieren, dann hatte er die Wichtigkeit entdeckt, »einen schönen Inhalt auch in eine schöne Form zu gießen, weil die Form göttlichen Ursprungs ist.« Doch er hat immer betont, dass die Form dem Geist niemals übergeordnet werden darf, da sie sonst erstarrt.

Schon immer hatte er in sich den Wunsch und das Bedürfnis, alte Formen zu zerschlagen, um das Leben fließen zu lassen und es dem Geist zu ermöglichen, sich zu manifestieren. Er sagte, er benutze dazu »kleine Hammer.« »Ich bringe das Neue, das Neue! Ich zerschmettere die alten Formen.« Er erinnerte sich: »Meister Peter Deunov hat mir gesagt: Du bist der größte Abbrucharbeiter! Und was zerbreche ich? Alte Anschauungen. Abbrucharbeiter hat er gesagt und nicht Zerstörer. Da besteht ein kleiner Unterschied. Man bricht Ruinen ab, um Neues zu bauen. Alles in unserer Lehre ist neu, da gibt es keine alten Sachen. Die ganze Erde wird erneuert!« Das Neue war, unter anderem, sich wirklich brüderlich zu verhalten, sich gegenseitig zu helfen, zu versuchen einander zu verstehen und den Geist niemals in ein Joch aus alten Traditionen zu legen. »Diese neue Epoche basiert auf Begeisterung, Einfachheit und Klarheit«, sagte er. »Gegenwärtig sind wir zu alt. Unser Sinn für das Kindliche ist verschwunden.«

In der reinen Morgenstimmung der Côte d'Azur sprach er von dem, was er über alles liebte, vom Licht. In seinen Augen ist Licht »ein Wasser, das der Sonne entströmt, die wahre Quelle des Lebens und sie enthält die sieben Farben.« Seit er mit vierzehn Jahren die Schönheit und die Symbolik des Prismas entdeckte, hatte er nie aufgehört, es zu benutzen, um mit den sieben Strahlen zu arbeiten, die für ihn sieben Geisteskräfte darstellten, erfüllt von Liebe, Intelligenz und Weisheit, und mit denen er eine lebendige Verbindung zu haben schien. In seiner Hand trug er stets einen Stock, der oben mit einem Kristall versehen war. Es handelte sich dabei nicht um einen Spazierstock, sondern um einen symbolträchtigen Stock, ein Arbeitsinstrument. Er kannte den Einfluss der sieben Farben des Prismas und wiederholte oft, dass man große Resultate erreichen könne, wenn man sich in diese Farben hülle, sie am Körper trage und in die eigene Aura einfließen lasse.

* * *

Omraam Mikhaël Aïvanhov hatte eine enge Beziehung zu einem Wesen, das in seinen Augen eine spirituelle Sonne für unsere Welt, eine Quelle des Lichts und des Lebens für die Menschheit auf höherer Ebene darstellt. Er nannte dieses Wesen den Meister aller Meister, Melchisedek. In seinen allerersten Vorträgen 1938 hatte er von ihm gesprochen und er erwähnte seinen Namen oft mit großer Liebe. Nach und nach verstanden die Mitglieder der Bruderschaft, dass er in ständiger geistiger Verbindung mit ihm lebte.

Die Existenz Melchisedeks ist in der jüdisch-christlichen Tradition und auch in manchen östlichen Traditionen überliefert. Im Buch der Genesis ist er der Hohepriester des Allerhöchsten, der Abraham mit Brot und Wein, den heiligen Symbolen der beiden Prinzipien, entgegengeht. Der heilige Paulus sagt von ihm, dass er keinen Anfang und kein Ende habe. Der Evangelist Johannes beschreibt ihn in seiner Apokalypse als »Menschensohn«, bekleidet mit einer langen Robe und einem goldenen Gürtel, das Haupthaar weiß wie Schnee und das Gesicht strahlend hell wie die Sonne.

»Als Repräsentant Gottes ist er die göttliche Flamme auf Erden, und alle Eingeweihten gehen zu ihm, um ihre Kerze anzuzünden. Beeilt euch also, euch mit Gott zu vereinen, mit dem Feuer, dort wird euer Heil sein. Melchisedek befehligt die Engelsorden und nichts kann sich ihm widersetzen. Er manifestiert sich überall wie er es möchte und alle Meister sind seine Schüler. Der heilige Johannes hat ihn gesehen, er war bei ihm. Es war Melchisedek, der ihm das Schicksal der Welt offenbart und die Bilder der Apokalypse gegeben hat.«

1969 beschloss Meister Omraam Mikhaël die Insel Patmos zu besuchen, um die Spuren des Heiligen Johannes zu finden, der dort im Exil gelebt hatte. Er liebte den Apostel Johannes sehr, doch war es vielleicht eher seine Liebe zu Melchisedek, die ihn zum Besuch der Stätte der Offenbarungen der Apokalypse bewegte, in deren Zentrum dieses große Wesen erstrahlt, das als alter Mann mit lichtstrahlenden Augen beschrieben wird.

Nachdem er einige Zeit mit den Mitgliedern der griechischen

»In der Stille gelangt das uralte Wissen, das zutiefst in uns vergraben ist, nach und nach in unser Bewusstsein.«

Bruderschaft in Athen zusammen war, reiste er mit dem Schiff auf die Insel Patmos, die der Türkei näher als dem griechischen Festland liegt. Die Reise von dreizehn Stunden auf unruhiger See war für alle eine große Prüfung. Gegen vier Uhr morgens klopfte der Meister an die Kabinentür seiner Begleiter. Frisch und gut gelaunt brachte er ihnen Kaffee und Gebäck. Kurz darauf legten sie in der Nähe eines noch verschlafenen Dorfes an, wo ein stämmiger Träger sich um ihr Gepäck kümmerte. Der Gesichtsausdruck dieses Trägers verriet seine grenzenlose Verehrung für den Mann, den er »den Mann Gottes« nannte. Um den Klang seiner Stimme zu hören, wich er nicht von des Meisters Seite, und weil er kein Wort Französisch verstand, fragte er dauernd: »Was sagt der Mann Gottes?«

Nachdem die Reisenden sich erholt und ausgeruht hatten, begannen sie den Aufstieg zum Kloster Khora auf dem Hügel. Der Pope, der sie während des Museumsbesuches führte, gab ausgedehnte Erklärungen über die Herkunft der heiligen Requisiten und ignorierte demonstrativ die Bemerkungen, die sein weißhaariger Besucher über die versteckte Symbolik eines Kreuzes oder einer Ikone machte. Doch nach und nach veränderte sich sein Benehmen. Schließlich verstummte er. Als Omraam Mikhaël ihn bat, vom Leben des heiligen Johannes zu erzählen, tat er es sehr zurückhaltend und als er geendet hatte, strahlte er über das ganze Gesicht und rief: »Ich weiß nicht, was mit mir geschieht! Es ist eine einzigartige Atmosphäre zwischen uns. Dies ist das erste Mal, dass ich mich mit jemandem so fühle!« Und er fing vor Freude an zu weinen.

Am Nachmittag besuchte Meister Omraam Mikhaël die Grotte, in der Johannes gelebt und seine Apokalypse geschrieben hatte. Auf den 30 Stufen hinunter zur Grotte, die durch einen blühenden Garten führten, schien der Meister zu schweben und seine Begleiter folgten ihm in einer derart andächtigen Geisteshaltung, wie man sie nur ganz selten erlebt. Die Grotte mit dem Steinbett, auf dem der Heilige Johannes geschlafen hatte, das in Stein gehauene Pult, von wo aus er seinem Schüler das Evangelium diktiert hatte und schließlich der Felsvorsprung, der bei der Offenbarung der Apokalypse vom Blitz in drei Teile gespalten wurde und diese Spuren noch heute trägt, beeindruckten ihn besonders. Gegen Ende des Besuchs bat er seine Begleiter, ihn in der Grotte alleine zu lassen und verweilte sehr lange dort.

Er blieb mehrere Tage auf der Insel. Zu der Zeit waren noch nicht sehr viele Touristen dort und der Ort erschien ihm sehr rein, privilegiert und immer noch von der Anwesenheit des heiligen Johannes durchdrungen. Der Meister war glücklich und erfüllt von der Schönheit des Landes, der Liebenswürdigkeit der Menschen, ihrem aufrichtigen und warmherzigen Gesichtsausdruck, von der Güte der Popen, die ihn immer wieder besuchten. Nach seiner Rückkehr erzählte er, die Bewohner dieser Insel seien feinfühlig wie ein Medium und könnten Dinge prophezeien, als wären sie noch immer durchdrungen vom Einfluss der Atmosphäre, in der die Apokalypse geschrieben worden war. Er selbst hinterließ einen tiefen Eindruck bei den Dorfbewohnern, sie beobachteten ihn und brachten ihm den größten Respekt entgegen.

Einmal, als er mit seinen Begleitern einen Spaziergang auf dem Land machte, näherte sich ihm eine anscheinend sehr arme Frau, stellte sich vor ihn und fragte scheu: »Sind Sie ein Mönch?«

Ohne seine Antwort abzuwarten, bekreuzigte sie sich, küsste seine Hand und murmelte: »Ich wünsche Ihnen gute Gesundheit und seien Sie glücklich mit Ihrer Mönchskrone.«

Sie verhielt sich ihm gegenüber wie vor einer Ikone. Und er schaute sie mit einem Ausdruck von Erstaunen und Jubel an. Als sie gegangen war, blieb er noch einen Moment nachdenklich stehen; vor dem Spaziergang hatte er in seinem Zimmer meditiert und etwas von den Wesen der unsichtbaren Welt erbeten. Nach seiner Rückkehr in Frankreich erklärte er:

»Was sie mir sagte, war die Antwort auf die Frage, die ich gestellt hatte. Der Himmel hat sich dieser Frau bedient, um mir zu antworten und ich war so glücklich!«[95]

Nach seinem Aufenthalt in Patmos kam er zum griechischen Festland zurück und zwei seiner Reisebegleiter besuchten mit ihm den Berg Athos. Es gibt dort zahlreiche Klöster, die damals etwa 3000 Mönche beherbergten und in denen man sehr kostbare, alte Manuskripte aufbewahrte. Diese Klöster liegen oft an schwer zugänglichen Stellen, die man nur vom Meer aus erreichen kann und so waren die drei Reisenden oft gezwungen, ein kleines Motorboot zu nehmen. Jedes Mal, wenn sie ankamen, wiederholte sich erstaunlicherweise dasselbe Phänomen: Ohne zu wissen, wer er war, erwiesen die Mönche ihm alle Anzeichen größten Respekts, indem sie Meister Omraam Mikhaël die Räumlichkeiten des orthodoxen Bischofs anboten. Was ihn anbelangte, stellte er ihnen immer die gleiche Frage: »Was wissen Sie über die Existenz Melchisedeks?«

Ein paar Jahre zuvor in Indien hatte er einige große Sadhus gefragt, ob sie ein Wesen kennen, das im Himalaja wohne und keinen Anfang und kein Ende habe, keinen Vater und keine Mutter. Auch dort wusste man um seine Existenz, jedoch nannte man ihn Markande.

* * *

Ab 1960 hatte das geistige Wirken Omraam Mikhaël Aïvanhovs sichtlich eine universelle Dimension erreicht. Zehn Jahre später waren seine Vorträge bereits in mehreren Ländern bekannt. Außerdem hatte er in den ersten Jahren nach seiner Rückkehr aus Indien Einladungen aus verschiedenen Teilen Europas angenommen. So sprach er mit Geschäftsleuten, Gelehrten und hohen Politikern. Viele Einladungen musste er ablehnen, er wusste schon im Voraus, dass es Zeitverschwendung gewesen wäre.

Viele seiner Ideen, besonders die Transformation der Menschheit durch die geistige Galvanoplastik, waren noch zu fortschrittlich für die Welt, in der er lebte. Er war sich dessen bewusst, doch wenn er sich an andere Zuhörer wandte, verhielt er sich genau so wie gegenüber seinen Brüdern und Schwestern und bezog sich mit dem gleichen Feuer auf die großen Ideen der Einweihungslehre.

Eines Tages wohnte er einer Versammlung von Wissenschaftlern im französischen Nuklearzentrum von Saclay bei und hörte ihren wissenschaftlichen Erklärungen und Gesprächen aufmerksam zu. Als er an der Reihe war, führte er sie unmerklich auf die Ebene der Spiritualität, um höhere Überlegungen als die der bloßen Wissenschaft in ihnen hervorzurufen. Seine Erläuterungen zum Licht unterschieden sich sehr von den wissenschaftlichen Definitionen der anderen Teilnehmer, doch sie hatten den Vorteil, zu persönlichen Entdeckungen auf subtilerer Ebene anzuregen. Ein anderes Mal sprach er zu Inspektoren der Pariser Polizei und erzählte ihnen vom Licht, wie es wohl vorher noch nie jemand getan hatte:

»Sie glauben die Kriminalität bekämpfen zu können, indem Sie die Anzahl der Polizisten und Gendarmen erhöhen und Ihre Überwachungs- und Fahndungsmethoden verbessern? Nun, Sie irren sich, denn äußere Mittel sind in diesem Bereich nicht wirkungsvoll. Das einzig wirksame Mittel ist das Licht. Für die fünf zuhörenden Inspektoren war dies eine sehr seltsame Lösung.«

»Das Licht? ... Und wie soll das gehen? ...«, fragte einer von ihnen.

Er sprach zu ihnen in seiner bildhaften Weise über die Kriminellen, wie sie die Gesetze übertreten und wie sie sich auf Diebstähle, Entführungen oder Morde mit der Überzeugung vorbereiteten, dass niemand ihr Vorhaben ahne. Und er fügte hinzu: »Aber stellen Sie sich vor, dass die Menschen ein inneres Licht besitzen, welches sie im Voraus und aus weiter Entfernung befähigt herauszufinden, was jemand gegen sie vorbereitet. Sie würden Vorkehrungen treffen und die Vorhaben der Missetäter würden nicht gelingen. Das einzige Mittel, die Kriminalität zum Verschwinden zu bringen, ist also das Licht. Aus diesem Grund müssen die Menschen lernen, ihr inneres Licht zu entwickeln. Dies wird viel Zeit in Anspruch nehmen, aber es ist das einzige sichere Mittel.«

Dieses innere Licht, von dem er sprach, ist das Licht einer echten Spiritualität, die fähig ist, alle Menschen zu verwandeln. Das Licht, lebendiger Geist, der die Liebe, die Weisheit und die Wahrheit in sich trägt. Er war sich voll bewusst, dass die Mehrheit der Menschen auf spiritueller Ebene noch nicht genug entwickelt ist, um die subtile Realität des Lichtes zu erfassen und er betonte die Unerlässlichkeit, sich so oft wie möglich auf das Licht zu konzentrieren, es an sich zu ziehen, um die Wahrnehmung zu verfeinern und die Körperzellen dazu anzuregen, anders zu vibrieren.

Die Wünsche und Orientierung der Leute, mit denen er in Kontakt kam, blieben ihm nicht verborgen. Er war sich ihrer Werteskala bewusst und stellte sie infrage. Er hatte keine Scheu sie zu irritieren. Seine erste Sorge war, die Menschen in Bewegung zu bringen und deswegen entschied er sich manchmal absichtlich, sie zu enttäuschen oder zu schockieren. Wenn es jedoch geschah, dass er mit ihnen streng sein musste, waren sein Humor und auch seine Güte immer mit dabei. Erwarteten die Menschen, bei denen er eingeladen war, dass er über erhabene Dinge spräche, teilte er ihnen seine scheinbar unzusammenhängenden Überlegungen über ihre eigenen Beschäftigungen mit, sprach vom Geld, an das sie unentwegt dachten und von ihrem Sexualleben, das sie beherrschte. Dies war manchmal die einzige Möglichkeit sie aufzurütteln. Seine Gastgeber verstanden oft erst im Nachhinein, warum er dieses oder jenes Thema angesprochen hatte, das ihnen vorher unbedeutend erschien. Nach der ersten instinktiven Reaktion von Enttäuschung oder sogar Groll bemerkten sie, dass er etwas in ihnen angeregt hatte, dass er das Wasser zum Fließen gebracht hatte und das Leben zirkulierte. Ein englischer Bruder, der ihn auf einer Reise begleitet hatte, sagte über ihn: »Niemand war in seinen Augen unbedeutend. Jedem Wesen, dem er begegnete, brachte er tiefes Interesse entgegen. Die Angestellten der Hotels behandelte er mit erlesener Höflichkeit. Ihr Gesicht veränderte sich, ihre Augen leuchteten auf, sie drehten sich nach ihm um. Wenn er mit Flugbegleitern sprach, mit Ausstellungsführern oder Taxifahrern, hatte er die Gabe, die Atmosphäre zu schaffen, die er wollte. Waren sie angespannt oder eingeschüchtert, brachte er sie mit überaus komischen Anekdoten zum Lachen, die – das muss man sagen – die besonders ernsten unter seinen Reisebegleitern manchmal ziemlich verwirrten. Doch jedes Mal versuchte er, ihnen etwas Anregendes mitzugeben.«

Bei einem Besuch des Alcazar Palastes in Spanien hörte er den Erklärungen des Reiseführers über die Gelehrten der Vergangenheit zu, die von weither gekommen waren, um diesen Palast zu bauen. Als der Reiseführer geendet hatte, näherte er sich ihm und sagte freundlich:

»Wie viele Säulen gibt es in diesem Palast?«

»Zweiunddreißig«, antwortete der Reiseführer.

»Und warum sind es zweiunddreißig?«

»Das weiß ich nicht, mein Herr.«

Der Meister fuhr fort: »In der Vergangenheit haben Gelehrte überall Symbole hinterlassen, die den tiefen Sinn der uns umgebenden Natur und unserer eigenen menschlichen Natur erklären. Zum Beispiel die Springbrunnen.«

Neugierig geworden hörte der Reiseführer aufmerksam zu.

»Hier sehen wir Palmen, Mosaike und Tannenzapfen, die Symbole darstellen. Es war die religiöse, mystische und kabbalistische Seite, die unsere Vorfahren interessierte. Und damit diese Weisheit auch in ferner Zukunft noch bewundert werden könne, haben sie die Symbole auf verständliche Weise dargestellt. Sehen Sie, deshalb haben diese Eingeweihten, die alle Wege der Erkenntnis und der Weisheit studiert haben, herausgefunden, dass es zweiunddreißig Wege der Weisheit gibt.«

Er sah das Interesse des Reiseführers und gab ihm Erläuterungen zu den beiden Prinzipien, die alle Dinge erschaffen.

»Die Springbrunnen sind da, damit man das großartige männliche Prinzip bewundert, welches das sprudelnde Leben darstellt. Unsere Vorfahren haben es so sehr bewundert, dass sie viele Kinder hatten! Und die Muscheln, das ist, um an das zweite bewundernswerte Prinzip zu erinnern, das weibliche Prinzip, welches das Leben erschafft...«

Einige Reisebegleiter sagten später: »Er war wie ein Vater, ein wunderbarer Pädagoge, man verwandelte sich in seiner Nähe. Mit ihm zu reisen, war eine wahre Lehrzeit, denn man kann sich nicht in der Nähe eines Wesens von solchem Format befinden, ohne sich selbst infrage zu stellen; doch seine spontane Wertschätzung für jede Bemühung war sehr tröstend.«

Er brauchte stets nur sehr wenige Dinge zum Leben. In Bonfin bewohnte er nach wie vor sein altes Chalet. Auf Reisen stieg er konsequent in den einfachsten Hotels ab und er stellte bei der Wahl seines Zimmers eine einzige Anforderung: die Möglichkeit, den Sonnenaufgang zu sehen. Wenn sich seine Reisebegleiter über die allzu einfachen Unterkünfte beschwerten, mit denen sie sich zufriedengeben mussten, betonte er jedes Mal die Wichtigkeit der Bescheidenheit im Leben. Wo immer er sich aufhielt, dachte er nur daran, wie er der Menschheit nützlicher sein konnte. Im Auto oder im Zug arbeitete er an der Verbesserung seiner englischen Sprachkenntnisse und hörte Texte von Tonbändern, um seinen Akzent zu verbessern. »Eine neue Tätigkeit ruft im ganzen Organismus eine Erneuerung des Lebens hervor«, sagte er.

Im Laufe der letzten zwanzig Jahre seines Lebens durchreiste er die Erde wie man ein spannendes Gebiet erforscht. Manche Länder wurden von ihm mehrmals besucht, wie Griechenland, Italien, Deutschland, England, die Schweiz, Spanien, Schweden, Ägypten und Indien. In andere Länder, wie die Niederlande, Belgien, Finnland, Dänemark, Schottland, Jugoslawien, Israel, die Türkei, Japan, Sri Lanka, Thailand, Hong Kong, Marokko, Äthiopien und den Libanon, begab er sich nur ein Mal. Die Vereinigten Staaten und Kanada besuchte er mehrere Male. Er war auch in Hawaii, Mexiko und auf den Antillen.

Das Ziel all dieser Reisen war, überall auf der Welt eine spirituelle Arbeit zu vollbringen und die Spuren wiederzufinden, die der Geist der großen Wesen der Vergangenheit an verschiedenen Plätzen auf der Erde hinterlassen hat.

* * *

Oft sonderte er sich mehrere Tage von seinen Reisebegleitern ab. Wann immer es ihm möglich war, ging er in die freie Natur, diesem wahrhaften Tempel des Herrn, um zu meditieren. Er liebte es jedoch auch, in verschiedenen religiösen Gebäuden auf der ganzen Welt, in Tempeln, in Moscheen, in Basiliken zu beten, denn »all das ist heilig«, sagte er.

Omraam Mikhaël Aïvanhov nimmt in Japan an einer morgendlichen religiösen Zeremonie in einem Zen-Tempel teil. Hinter ihm der Mönch mit dem Stock in der Hand.

Im Frühling 1970 hielt er sich in Japan auf und verbrachte inmitten der Berge nahe Tokio acht Tage in einem Zen-Tempel. Die zwölf Mönche, die den Tempel bewohnten, empfingen ihn wie einen der ihren und stellten ihm einen kleinen Tempel, geschmückt mit Buddha-Statuen, zur Verfügung, wo er fernab von den Geräuschen des Klosteralltags beten, lesen und schlafen konnte. Gleich nach seiner Ankunft wurde er eingeladen, an religiösen Riten Teil zu nehmen, an denen sich auch viele Leute aus der benachbarten Stadt beteiligten.

Sehr früh am Morgen versammelten sich alle zu einer Zeremonie, der eine zweistündige Meditation folgte. Sie setzten sich in einem großen Raum im Kreis, mit dem Gesicht zur Wand, in Za-Zen Position, die sehr genauen Anweisungen folgt, wie man den Kopf und die Hände zu halten hat. In der Mitte des Raumes ging ein Mönch mit einem Stock in der Hand langsam umher und überwachte die Rückenhaltung der einzelnen Teilnehmer. Sobald einer von ihnen eine schlaffe Haltung annahm, schlug er ihm mit dem Stock fest auf die Schulter.

Meister Omraam Mikhaël kannte die Bedeutung dieses Brauches. Der Schlag auf einen ganz bestimmten Nerv hatte zum Ziel, die Schläfrigkeit zu unterbinden, die Körperhaltung zu korrigieren, die Gehirnfunktionen zu stimulieren und die Energien zu sammeln. Er wünschte sich, diese Erfahrung zu machen und bat den Mönch, ihm diesen traditionellen Schlag in der nächsten Meditation zu versetzen. Verlegen entgegnete dieser höflich: »Sie haben das nicht nötig.« Doch schließlich gab er dem beharrlichen Wunsch nach. Als er am nächsten Morgen hinter ihm stand, begrüßte er ihn respektvoll und gab ihm dann den Schlag auf die Schulter. Omraam Mikhaël beugte sein Haupt, um dem Mönch für seinen Dienst zu danken. Diese Erfahrung interessierte ihn sehr. Er konnte feststellen, dass dieser Schlag tatsächlich eine vorteilhafte Wirkung auf die Klarheit im Gehirn hervorrief. Um diese Erfahrung noch zu vertiefen, bat er den Mönch, diese Geste jeden Morgen zu wiederholen – was dieser nur widerwillig befolgte.

Als er diese Anekdote nach seiner Rückkehr in Frankreich erzählte, erklärte er das Ziel der Za-Zen Meditation. Sie soll die Gedanken zum Stillstand bringen und eine innere Leere schaffen. Diese Leere darf nicht das Ziel an sich sein und kann sogar gefährlich werden, wenn sie nicht dazu dient, die Fülle anzuziehen. Um gefahrlos in die Leere einzutauchen, ist eine Arbeit der Reinigung Vorbedingung, man muss die Meditation in Ruhe beginnen und seine Gefühle beruhigt haben.

»Danach werdet ihr aktiv, dynamisch, ihr konzentriert euch, projiziert eure Gedanken und Gefühle in die gewünschte Richtung und intensiviert sie, um einen Zustand der Entfaltung und der Entzückung zu erreichen... In diesem Zustand haltet ihr inne und erschafft die Leere, ihr denkt nicht mehr, ihr fühlt nur noch. Unter diesen Bedingungen lauft ihr keinerlei Gefahr.«[96]

Wenn er nach Izgrev oder in den Bonfin zurückkam, war er glücklich, wieder bei seiner spirituellen Familie zu sein. Er dankte den ganzen Tag lang. Er betonte, man solle sich jeden Tag tausendfach bedanken, weil die Magie der Dankbarkeit außergewöhnlich ist, besser als alle Medikamente. Er bediente sich der Dankbarkeit wie einer machtvollen Formel, wie eines »Gegenmittels, das alle Gifte neutralisiert«.

* * *

Für Omraam Mikhaël Aïvanhov war alles in der Natur transparent, lichtvoll und lebendig. Seine Verbindung zu den unsichtbaren Mächten war tief und beständig und so war das »Wundersame«, das mit der Existenz der großen spirituellen Wesen einhergeht, in seinem Leben stets gegenwärtig. Schon immer war er sich des Zustandes, in dem sich seine Brüder und Schwestern befanden, bewusst. Er bemerkte jede Veränderung in ihrem Blick. Wenn er sah, dass ihr Licht schwächer wurde, sagte er gütig zu ihnen: »Ihr irrt euch, wenn ihr glaubt, dass ich von euren Schwierigkeiten keine Ahnung habe.« Er kannte diese Schwierigkeiten, er hatte selbst ähnliche durchgemacht, aber sagte ihnen auch: »Ihr müsst euch befreien, sonst entwickelt ihr euch nicht.«

Oft kamen nach den Vorträgen einige Zuhörer zu ihm, um sich zu bedanken, dass er über ihre persönlichen Probleme gesprochen und ihnen sehr präzise Ratschläge gegeben habe. Tatsächlich kam dieses Phänomen so häufig vor, dass man ihm nachsagte, die Fragen und Probleme einer ganzen Versammlung von Menschen einfangen zu können. Und viele Leute teilten ihm unerklärliche Ereignisse mit, eine Genesung oder sein Erscheinen, wenn sie ihn zu Hilfe gerufen hatten. Sie waren vor einem Verkehrsunfall gerettet worden, nachdem sie seinen Namen ausgesprochen hatten oder sie hatten ihn in seiner physischen Gestalt vor sich gesehen, obwohl er sich in Wirklichkeit woanders befand.

Wie schon früher in Paris hörte er ihnen zu, aber er wies immer noch von sich, ein Wundertäter zu sein: »Meine Mission ist keineswegs zu heilen, sondern zu erleuchten.« Um die Integrität dieser Mission zu wahren, verleugnete er gewisse Kräfte fast immer, die ihm seit seiner Jugend von Natur aus gegeben waren. Seine Beziehung zu den Mitgliedern der Bruderschaft sollte nicht beeinflusst sein von der Faszination, die die Hellsichtigkeit, die Heilkraft oder die Medialität unweigerlich ausübt. Unabänderlich lenkte er ihre Aufmerksamkeit auf das Licht, zu den Engeln und zum Herrn. Sehr bald nach seiner Rückkehr aus Indien begann er von der »Firma O.M.A«. zu sprechen, womit er sagte, dass er eine kollektive Person geworden war. Aller Verdienst steht denen zu, die mit ihm zusammen arbeiten, auch wenn er sie nicht einmal kennt. Diesem kollektiven Wesen sollte man danken. Er sagte: »Ihr sollt das nicht mir zuschreiben, sondern dem Wesen, das Omraam heißt.«

Er fühlte in sich unermesslichen Respekt für alle unsichtbaren Wesen, die ihn unterstützten. Manchmal nannte er sie Engel, manchmal Devas oder ganz einfach Wesenheiten. Er rief sie voll Vertrauen, wohl wissend, dass er sich an freie Wesen wandte, die nicht durch egozentrische Gebete gezwungen werden konnten. Hin und wieder bat er den Engel der Luft, die Wolken zu vertreiben, damit alle die Sonne betrachten konnten. Doch der Engel habe das Recht abzulehnen, sagte er. Er war sich der Verantwortung all denen gegenüber bewusst, die ihn in seiner Mission unterstützten und fühlte sich als ein einfaches Glied in der Kette jener Wesen, die für das Wohlergehen der Menschheit arbeiten.

Mit dem gleichen Respekt behandelte er die gesamte Natur. Er versuchte nicht, ihre Gesetzte zu überschreiten oder den natürlichen Werdegang der Dinge zu verändern. Auf diese Weise war es ihm gelungen, ein geheimnisvolles Einvernehmen mit den Tieren, den Bäumen und sogar mit den unbelebten Gegenständen zu schaffen. In der Vergangenheit war es mehrmals vorgekommen, dass er bei einer Autopanne einige Worte an das Auto richtete, und auf unerklärliche Weise und zum größten Erstaunen der Augenzeugen fuhr das Auto plötzlich doch weiter – manchmal gerade noch bis zum Bestimmungsort. Er sagte: »Es ist nicht so, dass Metall intelligent wäre oder Pflanzen eine Seele hätten, nein, aber es gibt eine kosmische Intelligenz, die die gesamte Schöpfung durchdringt und durch sie hindurch agiert.«

In Wirklichkeit maß er all dem keine große Wichtigkeit bei und riet niemandem, diese Art von Macht zu suchen. Er selbst versuchte seine innere Kraft so wenig wie möglich zu zeigen, um sich seinem Umfeld nicht aufzudrängen oder es unter Druck zu setzen, aber einige bemerkten, dass er manchmal darunter litt, sich nicht völlig und natürlich manifestieren zu können.

Hin und wieder fand seine phänomenale Energie spontan Ausdruck in einem Detail im täglichen Leben. Eines Tages, als er mit einigen Leuten in seinem Garten saß, stand er ganz plötzlich auf und verlangte nach einem Werkzeug, um einen Ast, der gefährlich tief hing, abzuschneiden. Ohne zu wissen, dass sich jemand eine Stunde vorher daran gestoßen hatte, fasste er den Entschluss, diesen Missstand zu beheben. Die Gartenschere, die man ihm brachte, war viel zu klein und völlig ungeeignet, doch er ergriff sie ohne zu zögern und schnitt den dicken Ast mit einem Streich ab. Dann schaute er seine Begleiter still an, als bedaure er, sich so gezeigt zu haben. Die Anwesenden ihrerseits waren einfach sprachlos über dieses »nicht mögliche« und unerklärliche Ergebnis.

Er bestand immer darauf, dass persönliche Arbeit verschiedenen Kräften oder konventionellen Methoden deutlich überlegen war. Wenn man sich transformieren will, darf man sich nur auf seine eigenen Bemühungen stützen. So hatte er während einer Pilgerreise nach Israel reagiert, wohin er mit dem Ziel gereist war, die Spuren des Geistes Jesu zu finden und sich auch mit Kabbalisten zu treffen. Am Ufer des Sees Tiberias hatten ihm mehrere Personen die Legende von den Wunderkräften, die dieser See besitzen solle, erzählt. Es genüge, darin zu baden und man sei geläutert. Für ihn hatte all das keinen Sinn. Ungeachtet aller Fabeln, denen die Menschen so viel Gewicht beimaßen, rückte er die Dinge ins wahre Licht. Nach seiner Rückkehr sprach er mit einer Portion Humor davon und versicherte, es sei nicht das Eintauchen in das Wasser, welches läutere, sondern die bewusste Arbeit innerlich wie äußerlich.

Jemand, der ihn begleitete, erzählte: »Nach dem Sechstagekrieg bekamen wir die Erlaubnis, das von Israel besetzte Jerusalem zu besuchen. Der Meister wollte auch die Synagoge sehen, die an dem Ort erbaut worden war, an dem einst Jethro lebte und verharrte dort lange in Meditation. Einen Tag nach dem Feiertag besuchte er die Grotte, in der Shimon Ben Yokai, einer der Verfasser des Sepher Ha Zohar gelebt hatte. Tausende von Menschen pilgerten an diesem Feiertag zur Grotte, die auf einer bewaldeten Anhöhe liegt. Eine Menge Abfall bedeckte den Boden um die Heiligtümer herum. Von heiligem Zorn erfasst, rief der Meister den Engel der Luft und bat ihn, alles zu reinigen. Sofort fiel wolkenbruchartiger Regen, hielt mehrere Stunden an und fegte alles weg. Solches Wetter war in diesem Land dermaßen ungewöhnlich, dass die Zeitungen am nächsten Tag darüber berichteten. Doch auch wenn ihn einmal etwas erzürnte, dauerte das nie lange an. Er fand seine Heiterkeit in erstaunlich kurzer Zeit wieder.«

Nach seiner Meinung erlangt, bewahrt und entwickelt man die wahren Kräfte durch die Liebe. Seit jeher wies er den Gebrauch von Kräften zurück, die nur blenden sollen, um besser herrschen zu können. Doch wer ihn oft sah, besonders jene, die in der Nähe seines Hauses wohnten, bemerkte deutlich, wie sehr er sich selbst, und konsequenterweise auch die Elemente, beherrschte. Tatsächlich verstand er es, die unbegrenzten Möglichkeiten, die von der kosmischen Intelligenz in die Schöpfung hineingelegt wurden, zu nutzen und dadurch auf die Natur einzuwirken.

Genau dies geschah gegen Ende eines Sommers in den 70er Jahren. Die in der Mittelmeerregion üblichen Waldbrände wüteten in der Gegend und der Wind blies in Richtung des Bonfin, welcher so in die Gefahrenzone zu geraten drohte. Es wurde Nacht. Meister

Omraam Mikhaël stieg mit einigen Personen auf den Gebetsfelsen, um die Engel des Wassers und der Luft anzurufen. »Lasst mich allein, um zu beten«, sagte er. Zehn Minuten später fiel vom vorher wolkenlosen Himmel sintflutartiger Regen, der den Brand zum Erlöschen brachte. Dieses Phänomen wiederholte sich mehr als einmal im Laufe der Jahre. Er sprach darüber, um klarzustellen, dass er jedes Mal die Engel des Wassers und der Luft gebeten habe, das Feuer zu löschen. Aber er fügte hinzu, dass man zuerst innerhalb seiner selbst vieles überwunden haben muss, bevor man Macht über die Elemente erhält.

Die Bedeutung dieser Worte ist klar: Alles, was in der Natur existiert, befindet sich auch innerhalb des Menschen. Jedes der vier Elemente hat einen reinigenden Effekt und man kann nicht auf sie einwirken, bevor man nicht »seine inneren Elemente« ebenfalls gereinigt hat und beherrscht. Die entstehende Wirkung ist nicht das, was man ein Wunder nennt, sie ist nichts, als das Resultat der Selbstbeherrschung. Man kann es vielleicht mit einem Dompteur vergleichen, der über die wilden Tiere des Dschungels herrscht oder mit einem Schlangenbeschwörer, der das Gift einer Schlange, nachdem er gebissen wurde, mit seiner Willenskraft neutralisieren kann.

Die Quellen, die Wasserfälle, die Flüsse, die Seen und die Ozeane stellten für Omraam Mikhaël Aïvanhov verschiedene Kräfte dar, die man zum höchsten Ruhme Gottes benutzen kann. Jedes Mal, wenn er mit dem Schiff oder mit dem Flugzeug unterwegs war, nahm er Kontakt mit den intelligenten Geschöpfen auf, die die betreffenden Elemente bewohnen. Er sagte: »Man muss mit den Tieren, den Blumen, den Geistern, den Undinen und den Sylphen sprechen. Wir müssen sie bitten, für die Verwirklichung des Reiches Gottes auf Erden zu arbeiten.«

Während eines Aufenthaltes in den Vereinigten Staaten, nahe dem Ozean, ging er jeden Morgen zum Sonnenaufgang an den Strand und verbrachte Stunden damit, eine spirituelle Arbeit zu verrichten, über die er keinerlei Erklärungen abgab. Er sagte einfach: »Ich säe Samen.« Später erklärte er, dass er jeden Morgen eine spirituelle Arbeit mit der Macht des Wassers getan habe.

Ich nehme sie in meine Hand und spreche mit ihnen.

»Diese Kraft des Wassers ist ein Fluidum des Universums, das Blut der Erde: Man muss wissen, wie man es betrachten soll, wie man zu ihm sprechen und sich mit ihm verbinden kann, denn es kann bestimmte Elemente in unserem Inneren beeinflussen, indem es sie verdünnt oder auflöst. Es hat die Fähigkeit, auf gewisse Substanzen einzuwirken, die selbst das Feuer nicht umwandeln kann.«[97]

Die Fähigkeit, derart zu arbeiten, wurde ihm gegeben, weil er die Verbindungen zwischen allen Elementen innerhalb eines Universums, das einem Organismus gleicht, kannte. Und weil er in Harmonie mit diesem Universum lebte, reagierten diese Elemente, wenn er sich an sie wendete. Jemand, der ihn im Jahre 1979 nach Arizona begleitete, beschrieb genau diese Tatsache in seinem Reisetagebuch:

Die Vögel und die Tiere näherten sich ihm. Auf dem Land versammelten sich die Rehe, um ihn während des Meditierens zu betrachten. Die Eichhörnchen liefen in sein Zimmer, um bei ihm zu sein. Eines Morgens holte er uns und sagte: »Kommt schnell!« Wir folgten ihm bis zu einer kleinen, völlig kahlen Anhöhe. Dort angekommen, schaute er sich verwundert um: »Sie sind nicht mehr hier!« Er rief und sogleich erschien eine Schwalbe wie aus dem Nichts. Er sagte: »Du bist alleine! Geh die anderen holen!« Einige Minuten später umringte uns eine Vielzahl von Schwalben. An einem anderen Tag, als unzählige um ihn herum schwirrten, kam ein Königsadler und schwebte hoch über ihnen. Dies war ein beeindruckendes Schauspiel, das sich mehrere Male wiederholte. Die Königsadler brachten ihm mehr und mehr Aufmerksamkeit entgegen. Eines Tages, als er zu uns sprach, landete einer dieser riesigen Adler neben ihm. Lange Zeit blieb er da, regungslos an seiner Seite. Wir waren sprachlos... Doch hätte man die Natürlichkeit des Meisters und sein Entzücken über solche Ereignisse sehen sollen! Alles geschah auf eine Weise, als hätten die Tiere durch ihren Instinkt die Harmonie und Liebe in ihm gespürt, die in der Lage ist, die Menschheit wieder in den Zustand der Gnade zu versetzen, wieder ein Paradies auf Erden zu erschaffen.

DAS GOLDENE ZEITALTER DER LIEBE

Der Bonfin wurde immer schöner. Omraam Mikhaël Aïvanhov war seit 27 Jahren bei jedem Kongress anwesend und sprach täglich zu Hunderten von Menschen. Mit ungebrochener Treue hielt er Tausende von unvorbereiteten Vorträgen. Er suchte seine Inspiration stets in den spirituellen Welten und seine Vorgehensweise war ihm eine ständige Herausforderung. Auch im Alter von 80 Jahren liebte er noch immer das Unvorhergesehene und seine »Übungen auf dem Drahtseil« sorgten dafür, dass er sich »immer weiterentwickelte«, wie er es in der Vergangenheit einmal erklärte:

»Damit ich sprechen kann, muss sich das Thema plötzlich präsentieren, wie eine Eingebung aus der göttlichen Welt, und dann, in diesem Augenblick, trotz Wissenslücken, Fehlern im Französisch und allem, was nicht akademisch ist, fließt es einfach.«[98]

In den Achtziger Jahren trafen Mitglieder aus fünf Kontinenten zu den dreimonatigen Sommerkongressen ein. Wie immer versammelte man sich in der Morgendämmerung auf dem Gebetsfelsen zur Meditation. Wenn der Meister sich am Ende erhob, um alle zu grüßen, stand die Sonne bereits hoch am Himmel.

Langsam schritt er zwischen der auf beiden Seiten des Pfades stehenden Menge hindurch und schenkte hier einen Blick, gab dort einen Ratschlag oder ein gutes Wort. Er brachte allen eine große Liebe entgegen und widmete sich auch ganz besonders den Kindern, die zusammen mit ihren Eltern anwesend waren. Diese Momente auf dem Felsen mit ihm waren von besonderer Sanftheit. Die von ihm verbreitete Stimmung war locker und fröhlich. Und

»Auch die Kinder müssen wissen, dass man nichts Göttliches zustande bringen wird, wenn man das Göttliche nicht dort sucht, wo es sich befindet.«

wenn der Augenblick kam, vom Felsen in den Bonfin hinunterzusteigen, schien alles wie verzaubert, mit all den Kindern, die ihn begeistert umringten. Er war wie ein Familienvater, wie ein ehrwürdiger Patriarch mit einer großen geistigen Nachkommenschaft.

Wie immer führte er die Gymnastikübungen zusammen mit seiner Bruderschaft aus und wenn er am späten Vormittag den großen Saal betrat, erlebten die Anwesenden immer seine beherrschte Ruhe, die gleichzeitig von überströmender Energie begleitet war. An bestimmten Tagen war er von einer geheimnisvollen Präsenz erfüllt: Bewegungslos, mit geschlossenen Augen saß er da, bevor er in klaren und einfachen Worten sprach. In anderen Momenten drückt er sich mit großer Kraft aus, wie ein Prophet, der beauftragt ist, seine Zeitgenossen durchzurütteln, um sie aus ihren festgefahrenen Gleisen herauszubringen. Meistens redete er jedoch in einfachen Worten, wie ein Vater zu seinen Kindern spricht.

Er hatte die Gabe, offen zu lachen, mit einer Spontaneität, welche von tiefer Lebensfreude zeugte. »Das Leben ist schön!«, sagte er »und man kann es noch schöner gestalten, wenn man diese Philosophie annimmt, welche die lichtvollsten, reinsten und erhabensten Dinge empfiehlt.« Durch sein schwieriges Leben hatte er zur wahren Freude gefunden. Wenn er von seiner Zeit im Gefängnis sprach, konnte er allen Ernstes sagen: »Es gab in mir ein Wesen, das sang...« Darum war er auch in der Lage, von ganzem Herzen zu lachen und seine Freude an alle Zuhörer weiterzugeben: »Trotz aller Schändlichkeiten, die ich erlebt habe, gibt es keinen glücklicheren Menschen als mich.« Wer ihn kannte, wusste dies. Ein Zeitzeuge schrieb darüber:

»Sein Lachen war das eines reinen, freien, glücklichen, brüderlichen und fleißigen Menschen. Er war glücklich, zufrieden auf der Erde zu sein und konnte deshalb lachen, wann immer sich eine Gelegenheit dazu bot. Ein Mensch, der nur an seinen eigenen spirituellen Fortschritt, an seine nächste Meditation denkt, der lacht nicht und langweilt sich auf Erden. Wenn aber einer so gemacht ist wie der Meister und hier auf der Erde lacht, so sagt das alles. Es war außergewöhnlich zu sehen, wie jemand, der so intensiv an der Askese, an der spirituellen Entwicklung gearbeitet und so viele Prüfungen durchgemacht hat, so glücklich sein konnte. Sein Interesse galt den anderen. Er fühlte sich wohl auf der Erde, egal wie hart es manchmal war, denn er trachtete unablässig danach, ihre Schönheit zu offenbaren.«

Nach einem Vortrag sah man ihn manchmal ein paar Worte auf ein Blatt Papier schreiben. Seit seiner Jugend war er der Gewohnheit treu geblieben, die folgenden Worte in seiner Muttersprache immer wieder entweder laut auszusprechen oder zu schreiben: Da böde blagoslovéno i svéto Imeto vi wöf véka Gospodi! Herr! Dein Name sei gelobt und gepriesen von Ewigkeit zu Ewigkeit!

In seinen letzten Jahren nahm er die Themen seiner Lehre, eines nach dem anderen, wieder auf. Man könnte meinen, er wäre nach 43 Jahren regelmäßiger Vorträge der meisten Themen müde geworden, aber ganz im Gegenteil! Er stellte sie in immer neuem Lichte dar und fügte noch seinen ganz besonderen Humor und seine Dynamik hinzu. Er versuchte nicht, lückenlose oder akademische Referate zu halten, sondern führte nach und nach durch die verschiedenen Aspekte eines Themas. Es war immer sein Ziel, die Herzen zu entfachen und eine Verbindung zwischen seinen Zuhörern und dem Licht der höheren Welten herzustellen.

Tatsächlich existieren die Themen der Einweihungswissenschaft, die ihren Ursprung in den hohen Sphären der unsichtbaren Welten hat, bereits seit jeher und wurden von den größten spirituellen Führern der Menschheitsgeschichte überliefert. Omraam Mikhaël Aïvanhov lehrte die gleichen Wahrheiten in seiner unvergleichlichen Art und Weise und jedes Element seiner Lehre findet seine lebensnahe Anwendung. Mit klaren, präzisen und auch Kindern verständlichen Worten, beschrieb er die Macht, die alle Menschen besitzen, nämlich, vollkommen zu werden, wie der Vater im Himmel vollkommen ist, und die Welt, in der sie leben, zu verändern. Er sprach von Heiligkeit oder Vollkommenheit wie von einer spannenden, leidenschaftlichen Arbeit.

Er benützte immer das Wort »Arbeit«, da in seinen Augen alles dazu dienen kann, etwas zu bewirken: Die spirituelle Arbeit ist wesentlich, aber die physische Handlung ist genauso wichtig. Er stellte klar, dass man sich dank der täglichen Ereignisse vervollkommnen kann, dass die Einweihungen nicht mehr in Tempeln stattfinden, sondern im täglichen Leben. Die Fähigkeiten eines Menschen, seine Sinne, seine Gefühle und seine Taten, können ihm als Sprungbrett dienen, um das Ideal der Vervollkommnung zu erreichen.

Seine Methoden sind zweckmäßig, lebensnah und wirkungsvoll. Er erklärte, wie man sich läutern kann, um höhere Energien zu empfangen, wie man das Böse in Gutes umwandelt, wie man sich auf die machtvollen, unsichtbaren Welten einstimmt, die alle Kräfte des Kosmos enthalten und wie man sich mit den vier Elementen der Natur harmonisiert, um mittels ihrer Kraft eine schöpferische Arbeit zu vollbringen. Seine Ansichten über die Bedeutung der Liebe und der Sexualität, seine Überlegungen über die großen

Gesetze der kosmischen Moral, über die wahre Reinheit, die darin besteht, sein Herz so rein wie ein Kristall werden zu lassen, über den Yoga der Sonne und den Yoga der Ernährung oder auch über die Art und Weise, wie eine schwangere Frau außergewöhnliche Kinder hervorbringen kann. All das war überraschend und belebend. Diese Lehre wurde mit dem Ziel übermittelt, ein wahres Goldenes Zeitalter für die Menschheit vorzubereiten.

* * *

Einer der wichtigsten Aspekte in der Mission Omraam Mikhaël Aïvanhovs auf Erden war, das Fundament für eine wirklich universelle Bruderschaft vorzubereiten. Sein ganzes Leben lang sprach er von einem brüderlichen Einvernehmen, vom Teilen und vom Frieden. Sein ganzes Leben lang versuchte er, etwas essenziell Wichtiges verständlich zu machen: Friede kann sich nur innerhalb einer wahrhaften Brüderlichkeit unter allen Menschen einstellen. Er muss in den Herzen seinen Anfang nehmen und sich auf die Familien übertragen, dann auf die Länder und dann auf die ganze Welt.

Kurz vor dem Zweiten Weltkrieg kam er in Frankreich an und war von Anfang an in die Wirren eines unsinnigen Konfliktes getaucht. Er musste seine von Peter Deunov anvertraute Mission zu einem Zeitpunkt beginnen, in dem sich einer der schlimmsten Völkermorde der Menschheit anbahnte, in einem Moment, in dem Millionen von Menschen auf dem Schlachtfeld ihr Leben verloren oder in Konzentrationslagern ausgelöscht wurden.

Nachdem er selbst das reinigende Feuer der Verleumdung und Ungerechtigkeit erfahren, seinen Ruf und seine Freiheit verloren hatte, setzte er seine Arbeit fort, ohne sich daran hindern zu lassen. Peter Deunov hatte ihm vorausgesagt: »Wenn du durch die enge Pforte gehst, wirst du dich dermaßen verändern, dass du dich selbst nicht wiedererkennst. Du wirst wie die Sonne strahlen und die ganze Welt anziehen.« Und jetzt war er zu einem spirituellen Führer geworden, der sich nicht nur an ein Volk wandte, sondern an Menschen aus allen Kontinenten. Er wollte eine universelle Zivilisation gründen:

»Meine einzige Sorge ist die Bruderschaft. Die Familie... überall auf der Welt. Was die Universelle Weiße Bruderschaft jetzt vorbereitet, ist extrem wichtig. Sie ist für etwas auf die Erde gekommen, das es in der Vergangenheit in den Köpfen der Menschen nicht gab. Sie dachten an andere Dinge: Wie kann man hellsichtig werden, wie erreicht man Macht, wie verbindet man sich mit dem Herrn. Und man verließ die Erde, man gab die ganze Welt auf. Es hat so viele Eingeweihte gegeben, Gurus, Heilige und Propheten, die nur daran dachten, ihre eigene Seele zu retten und der Rest der Welt blieb in Unordnung und Elend.«[99]

Im Zeitalter des Wassermanns ist der Zeitpunkt gekommen, eine Welt der Schönheit, der Liebe und der Brüderlichkeit für alle Kinder Gottes zu erschaffen. »Hier arbeiten wir für die ganze Welt, damit sie begreift, dass es die wahre Brüderlichkeit ist, die den Frieden bringen wird.« Omraam Mikhaël Aïvanhov liebte es, das Bild der beiden Dreiecke, wie es im Salomonsiegel dargestellt ist, zu verwenden. Er sagte, die früheren Lehren aus Indien und Tibet basierten auf dem Dreieck mit der Spitze nach oben. Jetzt müsse man sich vom Dreieck mit der Spitze nach unten inspirieren lassen, was bedeutet, das Reich Gottes auf die Erde zu bringen:

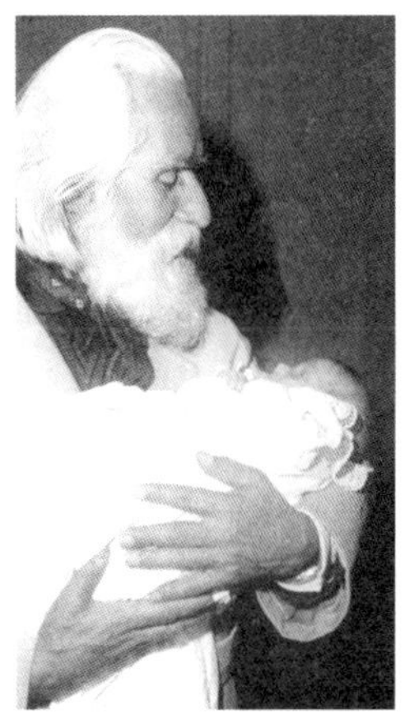

»Unsere Lehre will Menschen formen, die es verstehen, auf der Erde zu arbeiten, die Dinge zu organisieren und zugleich ein Ideal anzustreben, das sich immer mehr realisieren wird. Die Menschen der Zukunft werden niemals eine der beiden Seiten ihres Lebens aus den Augen verlieren. Auf diese Weise werden sie eins mit ihrem Ideal. Man muss mit dem Ideal – Gott – verschmolzen bleiben und gleichzeitig den Sinn für die Erde bewahren.«[100]

Er wollte, dass die Erde schön werde, so wunderbar wie ein Paradiesgarten. Er wünschte sich für seine Brüder und Schwestern auf der ganzen Welt eine versöhnte Gesellschaft, die friedvoll, tolerant, spirituell genährt, wohlhabend, sogar reich und erfolgreich ist. Eine Gesellschaft, die es den Menschen ermöglicht, in unbeschreiblichem Glück zu leben, die ihnen Gelegenheit gibt, alle Aspekte ihres menschlichen Wesens zu entwickeln, von allen Qualitäten ihres physischen Leibes bis hin zu den außergewöhnlichsten Fähigkeiten ihrer feinstofflichen Körper. Und um dies zu erreichen, müssen sie sich an die Arbeit machen, indem sie in sich selbst und um sich herum Harmonie erschaffen, einander die Hand reichen und brüderlich helfen. Als Erben der göttlichen Welt sind sie fähig, alle existierenden spirituellen Schätze zu materialisieren. Die Schätze, die für alle da und für alle erreichbar sind.

In einer Epoche, in der so viele Nationen immer noch Krieg gegeneinander führen und der Terrorismus in mehreren Ländern wütet, versicherte er stets, dass man den Frieden auf Erden errichten kann, wenn man ihn zuerst in seinem eigenen Herzen herstellt und dann auf seine Familie und das soziale Umfeld, in dem man lebt, ausdehnt. Denn der Friede ist »der Einklang zwischen Mikrokosmos und Makrokosmos«, weil ein Mensch, der im Frieden mit sich selbst lebt, in Frieden mit dem ganzen Universum lebt.

Immer wieder sprach er von der Mission der Frauen, die Menschheit zu transformieren. Seit sehr langer Zeit versicherte er, dass die Frauen außergewöhnliche Substanzen besitzen, die imstande sind, die Pläne des Himmels zu realisieren, aber sie sind sich dessen meist nicht bewusst.

»Wenn sie sich aber entschließen, sich dem Himmel zu weihen, damit all diese wunderbare Materie für einen göttlichen Zweck genutzt werden kann, dann werden überall auf der Erde Lichtquellen erstrahlen und die ganze Welt wird die Sprache der neuen Kultur, des neuen Lebens, die Sprache der göttlichen Liebe sprechen. Worauf warten sie noch, um sich zu entschließen?«[101]

Das Bild der spirituellen Galvanoplastik basiert auf der weiblichen Fähigkeit, Form zu geben und zu transformieren und ist eines der Themen, das er gerne ausführte. In der großen Familie seiner Bruderschaft bemühen sich die Paare, in Harmonie zu leben und seine Ratschläge für einen idealen Lebensstil während der Schwangerschaft zu befolgen, damit ihre Kinder von Schönheit und Frieden durchdrungen werden. Doch dies geschieht in großer Einfachheit. Seine Bruderschaft war niemals nur einer Elite vorbehalten. Es ist einfach eine Familie, in der alle lernen, wachsen, der Vollkommenheit entgegengehen und an der Verwirklichung des Reiches Gottes auf Erden mitarbeiten können. Es ist ein Samenkorn, das zu einem großen Baum heranwachsen kann, ein Versuch, der zu einer weltweiten Zivilisation werden kann, wunderbar, im Gleichgewicht, nach dem Vorbild der höheren Welt, der spirituellen Zivilisation, der Engel.

Dieses Reich Gottes, nach dessen Verwirklichung er sich so sehr sehnte, entspricht einem wahrhaft Goldenen Zeitalter, das er als den »Großen Frühling der Liebe« beschrieb. Es ist kein Ort, sondern ein innerer Zustand, in dem sich alle Schönheit der Schöpfung widerspiegelt. Es ist ein Reich der Liebe, der Freude und des Friedens, damit ein wahrhaft brüderlicher Geist auf die Erde herabsteigen kann. Er selbst dachte nur daran, den Weg zu bereiten. Ohne Unterlass bat er seine Brüder und Schwestern um ihre Mitarbeit. Um endlich ein Reich der Weisheit, der Gerechtigkeit und der Liebe auf der Erde errichten zu können, muss jeder zuerst in seinem Inneren die Synarchie herstellen, das heißt, ein Verhalten, das auf der Harmonie zwischen dem Herzen, dem Intellekt und dem Willen aufbaut.«

An einem Morgen im Januar 1981 sprach er im Bonfin lange über den Sinn und die Schönheit einer solch idealen Form der Regierung in sich selbst und in der Welt. Er betonte, dass diese Epoche bereits begonnen habe und eines Tages die ganze Welt in Liebe und Brüderlichkeit zusammenleben wird. Nach diesem Vortrag, der ausnahmsweise um 7.00 Uhr morgens gehalten wurde, erschien ein strahlender Regenbogen über dem Bonfin, als wollte der Himmel diese Voraussage einer besseren Menschheit bekräftigen.

Im Laufe der Jahre hat Omraam Mikhaël Aïvanhov häufig von der Synarchie gesprochen. In seinen ersten Vorträgen in Paris hat er sich auf ein geheimnisvolles Reich bezogen, dessen Existenz bereits den Indern, Tibetern und Chinesen bekannt war. Schon 1938 hatte er begonnen, den Namen Agartha zu erwähnen, die riesigen Bibliotheken, die Schlüssel der Einweihung, die dort verborgen worden sind. Er sagte, es handle sich hierbei um eine Welt, in der die Weisheit der großen Eingeweihten lebendig erhalten wurde.

»Saint-Yves d'Alveydre spricht in seinem Buch »La Mission de l'Inde« von Agartha, der Stadt der Eingeweihten, die 25.000 Jahre alt ist, in der alle heiligen Bücher aufbewahrt werden und wo man ein Leben in Vollkommenheit führt.«[102]

Omraam Mikhaël Aïvanhov erklärte, dass in der Synarchie die wahre Macht auf Güte, Reinheit, Licht und Liebe basiert und nicht auf der Unterwerfung der anderen. »Jene, die an erster Stelle stehen, müssen ein Vorbild an Integrität und Gerechtigkeit sein. Ihr selbst solltet dem Göttlichen Prinzip den höchsten Platz einräumen. Fühlt und handelt entsprechend der Einweihungswissenschaft, dann werdet ihr in der Synarchie leben.«

Er betonte, dass die großen Meister der Menschheit versucht hätten, den Menschen den Sinn der Synarchie verständlich zu machen und dass Jesus selbst deren Prinzipien gebracht habe. Es heißt, für die Wesen von Agartha komme jede Lehre von Gott und die Buddhisten, Moslems und Christen seien alle Kinder Gottes und würden in das Reich Gottes eingehen, sofern sie ihr Leben in Liebe und Güte lebten. »Solange sich die Menschen im Namen des Glaubens bekämpfen, zeigt dies nur, dass sie nicht den wahren Glauben haben.«

In diesem Zeitabschnitt seines Lebens war er mehr denn je an den Entsprechungen zwischen den Dingen, den Welten, den Gedanken, den Gefühlen und den Taten interessiert. Deshalb begeisterten ihn die neuen Technologien und boten ihm Anwendungsmöglichkeiten auf der spirituellen Ebene: Er benutzte sie als packende Bilder, um seinen Zuhörern verständlich zu machen, wie sie ihre eigenen Kräfte benützen können, um sich umzuwandeln und eine segensreiche Wirkung auf die Welt auszuüben.

Im vorhergehenden Jahr sprach er lange und nicht zum ersten Mal vom Laser, seiner Symbolik und seiner Anwendung auf spiritueller Ebene. Er erklärte, wenn eine große Anzahl von Menschen sich gleichzeitig auf das Licht konzentriere, werde sie fähig, einen machtvollen Lichtstrahl zu produzieren und eine Arbeit des Friedens und Liebe zu realisieren. Für ihn handelte es sich dabei um eine der schönsten Übungen, die er gerne mit seiner Bruderschaft ausführte. Es ist eine in Verbindung mit der Musik des Lichtes und der Musik des ganzen Universums ausgeführte Übung.

Das Studium seiner Vorträge zeigt klar, dass seine Verzückung inmitten der kosmischen Musik die Quelle seines ständigen Bemühens war, Harmonie in sich selbst zu schaffen und sie um sich herum und auf die ganze Erde auszustrahlen. Die Offenbarung, die er im Alter von 17 Jahren über den Aufbau des Kosmos empfing, hatte ihn dazu gebracht, Gott als den größten Dirigenten zu betrachten, als einen Komponisten, der alles aufeinander abstimmt, der allem, was Er kreiert eine Stimme und einen bestimmten Ton verleiht. Er konnte die vollkommene Harmonie in der das ganze Universum klingt, nicht vergessen und studierte ihre Beschaffenheit auf der Ebene der Archetypen. Seine ganze Lehre war auf dieser großartigen Struktur aufgebaut.

»Nun wisst ihr es, meine lieben Brüder und Schwestern, alle meine Vorträge schöpfe ich aus dieser Region, in der ich die himmlische Harmonie, die Sphärenmusik, gehört habe. Sie ist es, die mir alles erklärt. Es ist da übrigens nicht viel zu erklären. Verwirklicht diese Harmonie, dann versteht ihr plötzlich alles: Ihr versteht die Weisheit Gottes, ihr versteht den Frieden, ihr versteht die Liebe.«[103]

In seiner Pädagogik hat schöne Musik immer einen wichtigen Platz eingenommen. Seit jeher riet er den Eltern, ihre Kinder mit schöner Musik zu umgeben. Im Bonfin ist er am glücklichsten bei den kleinen Konzerten, die die Kinder im Freien für ihn geben. Jedes Mal bewegt es sein Herz, die reinen und vertrauensvollen Kindergesichter anzuschauen.

Berührt von ihrem Eifer und ihrer Lebensfreude bewunderte er ihr Geigenspiel oder wie sie stolz eine Triangel zum Erklingen bringen. Wenn die Kinder ihm ihre Zeichnungen zeigten, lobte er die Schönheit der lächelnden Sonnen oder die fantastischen Farben der Bäume. Um sie auf den Geschmack der Vollkommenheit zu bringen, ermutigte er sie, es noch besser zu machen. Die Kleinen sprangen ihm spontan entgegen und sogar die Babys schienen mit ihm sprechen zu wollen.

Schon immer war sein Verhalten Kindern und ihrer natürlichen Entwicklung gegenüber respektvoll. Seiner Ansicht nach ist nicht die Bruderschaft dafür zuständig, sie zu erziehen, denn zu einem bestimmten Zeitpunkt in ihrem Leben, müssen sie selbst über ihre Orientierung entscheiden. Allerdings regte er die Eltern dazu an, ihre Kinder während der Schulferien in den Bonfin mitzunehmen, um sie in einer Atmosphäre der Schönheit und Brüderlichkeit leben zu lassen. Er sagte: »Das ist die wahre Erziehungswissenschaft der Zukunft, dieses Verhalten, diese Stille, dieses Licht und das Vorbild ihrer Eltern.« Er motivierte die Kinder, ihre Ziele so hoch wie möglich zu stecken, damit ihr spirituelles Leben in der weltlichen Realität gut verankert sei und sie ihre Rolle in der Gesellschaft leben können. »Du kannst der Intelligenteste und Beste von allen werden, du kannst Gutes tun und deine Freunde dazu ermutigen, ein brüderliches Leben zu führen. ...Und du musst deine Ausbildung abschließen... um eines Tages nützlich zu sein.«

Aufmerksam beobachtete er die Ereignisse der damaligen Zeit und erklärte den Jugendlichen, wie sie sich selbst verwandeln können, bevor sie darüber nachdenken, wie sie die Gesellschaft, die sie enttäuscht, ändern könnten. Er hat seine eigene Jugendzeit nicht vergessen, mit ihren sprudelnden Energien und begeisterten Forschungen. Peter Deunov hatte ihm eines Tages gesagt, er sei der größte Zerstörer wurmstichiger Ideen. Aber gleichzeitig kannte er die Wichtigkeit der Orientierung der jugendlichen Energien hin zum Leben und nicht zu Gewalt und Tod. Einmal erwähnte er gewisse Protestbewegungen der Jugendlichen, wie die der Hippies in den Vereinigten Staaten, die eine Geste des Friedens und der Liebe als Symbol für ihre Bewegung gewählt hatten. Er erklärte, dass sie instinktiv nach universeller Brüderlichkeit gesucht hätten und dies bereits eine Manifestation des Wassermannzeitalters sei.

Doch auch wenn er die Jugendlichen verstand, versuchte er nicht, ihnen die Sache leichter zu machen. Vielmehr gab er ihnen Mittel, ihre Energien und Sehnsüchte zu kanalisieren und zu verwirklichen. Er war sich ihrer tiefen Unzufriedenheit bewusst und rief sie auf zu erkennen, dass die wahre Kraft sich in ihnen selbst befindet, in ihrer Fähigkeit, sich selbst zu beherrschen und sich edel und großzügig zu zeigen. Er ermutigte sie, sich den Anforderungen der Gesellschaft anzupassen, um fähig zu werden, diese von innen heraus zu verwandeln. Er sprach zu ihnen über die unveränderlichen Gesetze, die zwi-

Die Kinder führen nach dem Sonnenaufgang ein kleines Theaterstück auf.

schen den Ursachen und Wirkungen bestehen.

Mit bildhaften Worten erklärte er ihnen die Gesetze der kosmischen Moral. Er beginnt mit dem Gesetz der Aufzeichnung, dank dessen die Natur alles im Gedächtnis behält, was auf der Welt passiert. Dann folgt das Gesetz der »Landwirtschaft«, das die Resultate der menschlichen Bemühungen bemisst, da sie ja nur das ernten können, was sie gesät haben. Und schließlich spricht er vom Gesetz der Resonanz, welches ihnen immer die Worte zurückschickt, die sie ausgesendet haben: »Ich hasse dich« oder »Ich liebe dich.«

Die gleichen Zusammenhänge wiederholen sich auch auf höherer Ebene: Die boshaften Gedanken, die Menschen aussenden, ziehen schädliche Dinge an und schließlich vergiften sie sich selbst. So wie alles in der Natur aufgezeichnet wird, prägt sich auch alles, was sie tun, ihrem eigenen Gedächtnis ein und beeinflusst sie, erzeugt Schmerz oder Freude. Daher ist es für die Menschen so wichtig, ein Verhalten anzunehmen, das sie befähigt, in sich selbst neue Aufzeichnungen und Prägungen zu schaffen.

* * *

Im Juni des Jahres 1981 sah Omraam Mikhaël Bulgarien wieder. 44 Jahre nachdem er seine Heimat verlassen hatte, wurde er als herausragender Gelehrter zum 1200-jährigen Jubiläum der Gründung des Staates Bulgarien eingeladen. Er wurde mit großer Höflichkeit empfangen und nahm an verschiedenen Veranstaltungen teil.

Das Bruderschaftsdorf Izgrev, in welchem er sich in seiner Jugend oft aufgehalten hatte, existiert nicht mehr. Es ist nur noch ein kleiner Park inmitten der Stadt übrig, in dessen Zentrum, umgeben von Rosensträuchern und Blumen, sich die Grabstätte von Peter Deunov befindet, die von bulgarischen Brüdern und Schwestern liebevoll gepflegt wird. Er stattete ihr einen Besuch ab und besuchte in der Region von Rila ein paar Orte, die ihm früher viel bedeutet haben. Danach begab er sich nach Varna und verbrachte eine Woche mit seiner Familie.

Dieser Aufenthalt in seiner Heimat war unvermeidlich von

gegensätzlichen Gefühlen geprägt. Es freute ihn, seine Familie und die Orte seiner Kindheit wiederzusehen, aber andererseits fand er hier nirgends mehr die Atmosphäre der Vergangenheit.

Im darauf folgenden Jahr begab er sich erneut in jenes Land, das in seinem Leben sehr bedeutsam war – Indien. Ein alter Sadhu hatte ihm gesagt: »Sie haben schon einmal in Indien gelebt und Sie werden wiederkommen.« Im Februar 1982, 22 Jahre nach dieser Voraussage, wurde er von Freunden in Neu Delhi empfangen und traf einen betagten Guru namens Madrassi Baba, der für ihn der Vermittler wichtiger Offenbarungen wurde. Dieser Mann war ein Gelehrter, der sein Medizinstudium in England absolviert hatte. Er war als großer Hellseher anerkannt und hatte viele Schüler. Als er Omraam Mikhaël Aïvanhov zum ersten Mal traf, sagte er zu ihm:

»Meister, Sie sind mir vor 15 Jahren in einer Vision erschienen, ich habe gesehen, wie Sie aus der Sonne herabgestiegen sind. Sie haben mir bestimmte Wahrheiten offenbart. Ich habe Sie genau in der gleichen Gestalt gesehen wie heute. Fünf Jahre später haben Sie wieder zu mir gesprochen und ich bin erstaunt, dass Sie jetzt immer noch der gleiche sind! Ich sehe auf Ihrer Stirn das Brahma-Rishi-Symbol, das höchste Symbol, das es gibt.«

Meister Omraam Mikhaël Aïvanhov in Begleitung von Madrassi Baba.

Nach diesem ersten Gespräch besuchte ihn der Guru häufig und bei einer dieser Begegnungen vertraute ihm Meister Omraam die geheimnisvollen Worte an, die Nityananda ihm im Jahre 1959 offenbart hat, und auch den Namen dessen, der er, Nityananda zufolge, in ferner Vergangenheit gewesen sein soll. Sehr interessiert stellte Madrassi Baba Nachforschungen in verschiedenen Bibliotheken an und fand uralte prophetische Texte über das Kommen eines Sonnen-Rishi, der sich im Kali Yuga, der jetzigen Ära, inkarnieren soll. Darin steht geschrieben, dieser Mensch würde im achten Monat der Schwangerschaft auf die Welt kommen, der Anfangsbuchstabe seines Vornamens sei M und der seines Familiennamens A. Schließlich würde er bei einem Aufenthalt im Land der Devas den Namen Omraam erhalten. Der erste Teil seines Namens würde OM sein und der zweite Teil RAAM, wie der Name der sechsten Inkarnation des hinduistischen Avatars Rama. Dieser Name würde ihm unerwartet von drei Weisen gegeben werden.

Diese außergewöhnlichen Offenbarungen erfolgten bei verschiedenen Zusammenkünften, denn der Guru gab sich nicht mit seinen ersten Entdeckungen zufrieden, sondern fuhr mit den Nachforschungen in anderen Bibliotheken fort. In der Zwischenzeit luden die Gastgeber Omraam Mikhaël in ihr zweites Haus in den Bergen ein.

Er verbrachte die Vormittage allein. Seine Begleiter hofften, bei den Mahlzeiten etwas über erhabene Dinge zu hören, doch er sprach kaum. Er nahm sich Zeit, die schönen Dinge, die sich auf dem Tisch befanden, sachte und mit großer Liebe zu berühren: »Wenn man sehr machtvolle Dinge erlebt, muss man von kleinen Dingen sprechen«, sagte er. Seine Ausstrahlung war intensiv. Viele Leute beugten sich zu seinen Füßen und baten ihn, sie und ihr Haus zu segnen.

Der Ort im Himalaja auf 2500 Meter Höhe war von großer Schönheit. Es war Frühling, die Obstbäume blühten und die mächtigen Pinien- und Rhododendren-Wälder kündeten von der Kraft des Lebens. Eine seiner Begleitpersonen schrieb in ihr Tagebuch:

»Jeden Tag sagt uns der Meister, dass wir uns tausendfach

bedanken sollen. Er selbst dankt dem Himmel ohne Unterlass. Er sagt: »Hört die Stille, versucht die Stille zu hören.« Er erklärt, das Kommen des Reiches Gottes ist keine Frage der Zeit, sondern des Raumes. Man muss dazu sagen, dass wir bei den wunderschönen Sonnenaufgängen im Himalaja das Gefühl haben, das Reich Gottes sei tatsächlich nahe.«

Zurück in Frankreich sprach er im Laufe des folgenden Sommers offen über alles, was er in Indien empfangen hatte und stellte klar, dass er jetzt über seine Mission spreche, weil man ihm das Recht dazu gegeben habe. Zur gleichen Zeit wiederholte er, dass er seine wahre Arbeit noch gar nicht begonnen habe. »Dies sind nur kleine Vorbereitungen!«, sagte er und fügte hinzu, dass er nie gedacht habe, für eine solche Aufgabe genügend vorbereitet zu sein und sich weiter Tag und Nacht darauf vorbereite. Nichts war für ihn ernster, als zuallererst an sich selbst zu arbeiten: »Ich sage, dass ich meine wirkliche Arbeit noch nicht begonnen habe, weil ich entdeckt habe, dass mich dies anspornt, Fortschritte zu machen.« Dies ist auch eine Methode, an der Demut zu arbeiten. Wie er sagte, ist der Hochmut wie eine Flechte, die dem Menschen bis auf den Gipfel des Berges folgt und man muss regelmäßig Übungen machen, um sich davor zu schützen.

Paradoxerweise war es vielleicht gerade seine beständige Arbeit an der Demut, die es ihm erlaubte, auf eine Weise von seiner Mission zu sprechen, die keinen Zweifel an ihrer Universalität zuließ. In diesen Jahren begann die Universalität dieser Mission ihre wahre Bedeutung zu entfalten. Wie er eines Tages erklärte, war es die unsichtbare Welt, die ihm geraten hatte, seine Vorträge in größeren Abständen zu halten, um sich auf die besonderen Punkte auf der Erde zu konzentrieren, denn »man muss wissen, wo man ansetzt, damit die Türe sich öffnet«. Und es schien ihm wichtig, sich physisch an diesen bestimmten Plätzen aufzuhalten, um seine Arbeit zu vollbringen.

In den Ländern, in denen es bereits Zentren seiner Bruderschaft gab, verweilte er lange Zeit bei seinen Brüdern und Schwestern. Im Herbst des Jahres 1982 begab er sich nach England. Nach mehreren

Monaten im Haus des für die englische Bruderschaft verantwortlichen Paares, reiste er nach Neujahr mit ihnen nach Ägypten. Einige Zeit verbrachte er in einer kleinen Hafenstadt, die zwischen dem Roten Meer und der Wüste liegt. Jeden Morgen ging er weit in die Dünen hinein, um den Sonnenaufgang zu kontemplieren und wenn er zurückkam, war er von einer Stille und übernatürlichen Schwingung umgeben, die niemand stören mochte. Er liebte die absolute Einfachheit der Wüste, in der die Sonne Herrscher ist. In seinen Augen war die Wüste ein privilegierter Ort, an dem sich segensreiche Geister versammeln und an dem spirituelle Aktivitäten begünstigt werden. An manchen Tagen ging er ans Meer. Zur Zeit der Ebbe, wenn die Felsen herausragten, watete er durch das Wasser zu einem von ihnen und setzte sich darauf, um wie auf einer Insel zu meditieren. »Um mich herum nichts als Wasser...ah, das war einzigartig.«

Wie immer nach seinen Reisen, kehrte er zum Bonfin oder nach Izgrev zurück, zu den verschiedenen Kongressen, wo ihn seine Brüder und Schwestern aus aller Welt erwarteten. Aber er war immer wieder aufgerufen, Pilgerfahrten in die ganze Welt zu unternehmen. Während all seiner Reisen blieb seine Bruderschaft ständig in seinen Gedanken, er arbeitete unaufhörlich für sie. »Das ist meine Frau«, sagte er. Er wusste, dass er noch bei all jenen bleiben musste, die seiner Lehre folgten, um zu ihnen zu sprechen und das Leben in ihnen zu erwecken, aber in dieser Zeit sagte er bei mehreren Gelegenheiten: »Wenn die Bruderschaft nicht wäre, würde ich alles hinter mir lassen und mich im Himalaja oder in den Anden niederlassen.«

Im April 1984 gab er Vorträge in den Vereinigten Staaten. In Los Angeles waren Leute, die seine Bücher kannten, zusammen mit ihren Freunden von weither gekommen, um ihn zu hören. Er betrat den Saal, begrüßte sie und setzte sich. Er schloss die Augen und die Stille hielt an. Nach und nach verstanden die anwesenden Menschen, dass Meister Omraam Mikhaël Aïvanhov, den sie so gerne gehört hätten, nicht vorhatte, zu ihnen zu sprechen, sondern mit ihnen zu meditieren. Schließlich stand er wieder auf, schaute sie lange der Reihe nach an, grüßte sie ein letztes Mal und verließ den

Saal. Eine große Zahl der Anwesenden war sehr enttäuscht. Für einige unter ihnen war diese Erfahrung jedoch eine wahre Entdeckung: Sie erzählten später, sie hätten noch nie so intensive Augenblicke in Anwesenheit eines spirituellen Meisters erlebt.

Mysteriöserweise hatte er ein unvorbereitetes und ziemlich heterogenes Publikum für dieses Experiment, das er schon lange machen wollte, gewählt. Vielleicht hatte er sich dazu entschieden, weil es an diesem Tag unter der Anwesenden einige gab, die dazu fähig waren, sich durch ihre Gedanken mit ihm zu verbinden und mit ihm im Licht zu arbeiten.

Als man ihn bei einer anderen Gelegenheit bat, für einen lokalen Fernsehsender von Los Angeles über den Frieden zu sprechen, sagte er, der Friede sei weder eine Sache noch eine Tugend, sondern ein Bewusstseinszustand:

»Alle fordern Frieden, aber niemand weiß, was das eigentlich ist. In ihrem Inneren herrscht Krieg: Das Herz und der Intellekt gehen in verschiedene Richtungen. Solange man es nicht schafft, den Frieden in seinem Inneren herzustellen, wird man ihn im Äußeren auch nicht verwirklichen können. Man wird das nicht erreichen, solange man nicht fähig ist, alles in seinem Inneren für ein Ideal zu vereinen.«[104]

Nach seinem Aufenthalt in den Vereinigten Staaten begab er sich nach Kanada. Mit 84 Jahren besaß er immer noch eine erstaunliche Energie und Vitalität. Im Juni sprach er vor einem Auditorium von tausend Menschen und hielt in nur zwei Tagen sieben Vorträge an verschiedenen Orten.

Im darauffolgenden Jahr, im Mai 1985, kehrte er nach Québec zurück, um ein neues Grundstück auf dem Lande einzuweihen, das die dortige Bruderschaft ausgesucht hatte. Er nannte es »Blagoslovénié«, das »Alle Segnungen« bedeutet.

So wie überall, wo er sich länger aufhielt, verbrachte er auch dort viel Zeit damit, jene zu empfangen, die ihn sprechen wollten. Er nutzte auch die Gelegenheit, mit der Natur zu kommunizieren, lange zwischen den Bäumen zu beten und den Himmel um seinen

Segen für diesen Ort zu bitten.

ICH BIN BEI EUCH, MEHR ALS JE ZUVOR

Seit einiger Zeit bereitete sich Omraam Mikhaël Aïvanhov darauf vor, diese Welt zu verlassen. Einige der Menschen aus seiner nächsten Nähe haben uns anvertraut, dass seine Seele bereits wusste, dass seine Inkarnation auf Erden sich dem Ende zuneigte. Die Botschaften, die er in diesem letzten Jahr an seine Bruderschaft richtete, deuteten an, dass er sich so gut wie möglich auf seinen Übergang in die jenseitige Welt vorbereiten wollte. Es war auch unabdingbar für ihn, seine spirituelle Arbeit in innerer Einkehr zu vollenden.

Gleich nach seiner Rückkehr Ende Juni 1985 in den Bonfin, nach seinem letzten Aufenthalt in Nordamerika, schränkte er seine Aktivitäten ein, empfing niemanden mehr zu persönlichen Gesprächen und beantwortete keine Post mehr. Im Bonfin hielt er während des ganzen Sommerkongresses nur noch einen Vortrag pro Woche, an den Sonntagen. Am 29. September, dem Fest des Erzengels Michael, herrschte eine außergewöhnlich intensive Stimmung. Niemand ahnte, dass diesem Vortrag unter dem Sternenhimmel, nahe dem großen Feuer, niemals mehr ein Vortrag folgen würde.

Wie jedes Jahr zu diesem Fest sprach Meister Omraam Mikhaël Aïvanhov vom Feuer und vom Licht: »Das Feuer ist das größte Geheimnis...« In diesem letzten Vortrag, genau wie in seinem allerersten, den er 1938 gehalten hatte, ging er auf die großen Ideen ein, die ihn seit jeher faszinierten. Die Frage von Feuer und Wasser, Gut und Böse, Yoga der Ernährung und Sonnen-Yoga:

»Das sichtbare Feuer steht symbolisch für etwas Unsichtbares. Durch unsere Liebe, unsere Seele und unser Bewusstsein versuchen

wir, uns mit dem himmlischen Feuer zu verbinden. Darum ist es wichtig, das Feuer zu kontemplieren... Wir müssen Agni, den Engel des Feuers, bitten, uns mit seinem himmlischen Feuer, das die göttliche Liebe ist, zu entflammen, damit wir brennen und strahlen, damit wir diese Wärme, diese Liebe überallhin aussenden, wohin wir auch gehen, damit wir das neue Leben erschaffen.«

Nach einer kurzen Meditation fuhr er mit einigen Worten über den Geist der Brüderlichkeit, die Notwendigkeit der Einheit und der Harmonie für den Organismus des Menschen und des Universums fort und endete mit den Worten:

»Ich bin immer bei euch, selbst wenn ich körperlich nicht da bin. Ich bin bei euch, mehr denn je.«

Im Oktober zog er sich völlig von allen Aktivitäten zurück. Seine Teilnahme am spirituellen Fest seiner Bruderschaft war das letzte Treffen auf der sichtbaren Ebene. Während des ganzen Jahres 1986 bereitete er sich in Einsamkeit auf seinen Übergang in die Welten des Lichtes vor. Mit seinen Gedanken blieb er jedoch mit allen seinen Brüdern und Schwestern verbunden und seine spirituelle Gegenwart in der Bruderschaft war nahezu spürbar.

Die ermutigenden Nachrichten, die er ihnen in diesem letzten Jahr seines Lebens zukommen ließ, hatten zum Ziel, sie nach und nach auf seine physische Abwesenheit vorzubereiten. Gleichzeitig bat er sie inständig, all ihre Liebe zu kanalisieren, Vorbild zu sein und sich »auf ein Ziel auszurichten, das für die ganze Familie der Menschen segensreich ist«.

Er bat sie, sich wegen seiner Abwesenheit nicht zu beunruhigen, sondern daran zu arbeiten, sich selbst zu transformieren. Er sollte die irdische Sphäre verlassen, um auf anderen Ebenen zu wirken, dort wo jetzt »seine wirkliche Arbeit« lag. Immer und immer wieder versicherte er seinen Brüdern und Schwestern, dass er sie liebe und bekräftigte nachdrücklich:

»Ich habe euch immer wieder gesagt und ich wiederhole es noch einmal, um das Goldene Zeitalter zu realisieren, dürfen wir nicht länger in Getrenntheit und Isolation leben. Das am weitesten entwickelte Wesen kann nichts beitragen, wenn es alleine ist. Jetzt muss sich das Kollektiv im vollen Umfang verwirklichen.... Ein neuer Tag bricht an für die Welt. Die Sonne der Liebe, der Weisheit und der Wahrheit wird strahlen wie niemals zuvor.«

Ab September 1984 hatte er begonnen, verdeckte Anspielungen auf seinen Abschied zu machen und sagte gelegentlich: »Ich werde nicht immer da sein.« Später deutete er gegenüber einer Person, die seit langer Zeit für ihn gearbeitet hatte, an: »Und wenn ich zu Weihnachten ginge?« Als diese Person mit einem Lächeln antwortete, Weihnachten sei keine sehr gute Zeit für Reisen und das wäre nicht ideal für ihn, hat er sofort das Thema gewechselt.

Der Weggang Omraam Mikhaël Aïvanhovs vollzog sich am Weihnachtstag, diesem großen kosmischen Fest, das der Menschheit alljährlich einen spirituellen Neubeginn bringt. Seit dem Tage seiner Erleuchtung im Alter von 15 Jahren, hatte er mit aller Kraft daran gearbeitet, das Reich Gottes auf die Erde zu bringen. Dennoch konnte er nicht wirklich wirkungsvoll sein, bevor er nicht seine körperliche Hülle verließ und in der machtvollen unsichtbaren Welt seine vollkommene Handlungsfreiheit wiedererlangte. Er sprach vom Tod immer als einer Geburt auf höheren Ebenen:

»Der Tod ist ein Übergang, eine Reise, eine Verwandlung des Lebens, eine Energie, die sich in eine andere umwandelt... Den Tod an sich gibt es nicht, überall ist das Leben.«[105]

Am 25. Dezember 1986 verließ Omraam Mikhaël Aïvanhov diese Erde in vollem Bewusstsein seines Überganges in das Jenseits. Auf seinen ausdrücklichen Wunsch wurde die Nachricht erst drei Tage später bekannt gegeben. Er hatte angeordnet, dass sein physischer Körper in dieser Zeit allein gelassen werden sollte, da er während dieser drei Tage eine wichtige Arbeit in den unsichtbaren Ebenen zu vollbringen habe.

Am 31. Dezember versammelte sich im Bonfin eine große Anzahl von Brüdern und Schwestern zum letzten Abschied. Es herrschte eine außergewöhnliche Stille, eine Stille, in der man versuchte, den Sinn seines Fortganges zu verstehen und seine körperliche Abwesenheit zu akzeptieren.

Sein Zimmer war von einer außergewöhnlichen Lebensenergie erfüllt. Wer den Raum betrat, stellte zutiefst berührt fest, dass sein Gesicht sehr jung aussah; er schien friedlich zu schlafen und ein subtiler Duft lag in der Luft. Sie mussten einfach an seine eigenen Worte über den Tod großer Meister denken: »Wenn sie ihre sterbliche Hülle verlassen, bleibt ihr Glorienkörper zurück und strahlt und belebt alle, die mit ihm in Berührung kommen.«

Am gleichen Tag verbanden sich in Frankreich und auf der ganzen Welt Tausende von Brüdern und Schwestern seiner Bruderschaft in Meditation und Gebet mit seinem Geiste. In den Bruderschaftszentren trafen sie sich, um seine letzten Botschaften nochmals zu lesen und dem Himmel zu danken, tausendfach zu danken, wie er es so oft geraten hatte.

Omraam Mikhaël Aïvanhov war am Weihnachtstag in die höheren Welten aufgestiegen. Das ist der für alle wichtige Tag, an dem Christus, das kosmische Prinzip, sein Werk fortsetzt und allen Kindern Gottes das Licht wiederbringt, das ihr Leben erleuchten kann, sie erwärmt und belebt.

»Am 25. Dezember findet in der Natur die Geburt des Christusprinzips statt, das bedeutet, die Geburt dieses Lebens, dieses Lichts, dieser Wärme, die alles verwandeln wird. Zu diesem Zeitpunkt feiert man dieses Fest auch im Himmel: Die Engel singen und alle Heiligen, die großen Meister und die Eingeweihten sind zum Gebet versammelt, um den Ewigen zu lobpreisen und die Geburt Christi zu feiern, der wirklich im Universum geboren wird.«[106]

* * *

Omraam Mikhaël Aïvanhov spricht mit einem Kind –
Bruderschaftszentrum Blagoslovénié, Québec, 1984

ANHANG

NACHWORT DER AUTORIN

Omraam Mikhaël Aïvanhov hat nie versucht, sein Leben vollständig zu erzählen. Der Wunsch, seine Zuhörer dazu anzuregen, sich für die spirituelle Suche zu entscheiden, brachte ihn dazu, ihnen einige seiner eigenen Erfahrungen anzuvertrauen.

In den mehr als fünftausend Vorträgen, die er zwischen 1938 und 1985 hielt, sprach er oft von wesentlichen Ereignissen, die sein Leben geprägt hatten, von seinen Arbeiten und Nachforschungen und von dem, was er in bestimmten Abschnitten seines Lebens gedacht und gefühlt hatte.

Es lag ihm fern, sich in den Vordergrund zu stellen, wenn er eine Anekdote erzählte. Sehr oft machte er sich über sich selbst lustig, weil er genau wusste, dass jene, die hinter die Dinge blicken können, das Wesentliche verstehen würden. Er legte auch keinen Wert darauf, den Eindruck zu erwecken, er wäre als Kind oder Jugendlicher vorbildlich gewesen. Im Gegenteil, er betonte seine Schwächen und seine Irrtümer, um zu unterstreichen, dass man sich vervollkommnen kann, ganz egal auf welchem Niveau man steht.

Wenn er andererseits von bestimmten, absolut außergewöhnlichen mystischen Erfahrungen berichtete, sagte er ernst: »Was ich euch erzähle, ist wahr, ich weiß, dass die unsichtbare Welt mich hört und ich kann euch nicht anlügen.«

Wir haben peinlich genau übernommen, was er selbst gesagt hat. Seine persönlichen Überlegungen und selbst die Dialoge, die in diesem Buch abgedruckt sind, stammen alle von seinen eigenen Berichten über die markanten Ereignisse seines Lebens. Die einzige Ausnahme ist ein Gespräch mit einer Frau im Park der Stadt Pau, die uns von einem Augenzeugen berichtet wurde.

Manchmal war es schwierig, die verschiedenen mystischen Erfahrungen seiner Kindheit und Jugend chronologisch präzise zu ordnen. Wenn er aus pädagogischen Gründen eine Anekdote erzählte, kümmerte er sich nicht immer darum, dass alle Details exakt waren und die Altersangaben, die er zu manchen Ereignissen seiner Jugend machte, waren nicht immer genau dieselben. In seinen Augen spielte die Zeit keine so große Rolle. Aus Sicht der Seele spielen sich die Umstände des Lebens in einem unbegrenzten Raum ab, sie sind Teil der ewigen Gegenwart. Was zählt, ist das reale Ereignis und seine Auswirkungen auf Seele und Herz, und welche Verbindungen dadurch in den subtilen Welten entstehen. Nach zahllosen Vergleichen und Schlussfolgerungen haben wir jene chronologische Ordnung gewählt, die er am häufigsten angegeben hat und die uns am logischsten erschien.

DANKSAGUNG

Ich möchte allen jenen Menschen meinen Dank aussprechen, die auf unterschiedliche Weise zur Verwirklichung dieses Werkes beigetragen haben. Sie sind zu zahlreich, dass ich sie hier alle erwähnen könnte. Sie haben sich im Laufe meiner Recherchen für lange Interviews zur Verfügung gestellt, bestimmte administrative Tätigkeiten übernommen, Nachforschungen angestellt, in verschiedenen Phasen mein Manuskript überprüft, mir finanziell geholfen oder mich in Bulgarien, Frankreich oder der Schweiz auf den Spuren des Meisters Omraam Mikhaël Aïvanhov begleitet. Mein ganz besonderer Dank gilt Violet, die so effizient mit mir zusammengearbeitet hat, Vassil und Ani, Dolia, Blagost, Maurice und Giselle, Cherry und Norman, Véronique, Chantal, Yollande und Jocelyne.

CHRONOLOGIE

1900 / 31. Januar	Geburt in Serbtzi, Mazedonien
1907 / Frühling	Zerstörung seines Dorfes. Abreise nach Varna, Bulgarien
1908 / 3. Oktober	Tod seines Vaters
1909	Lektüre der Bibel
1915	Erleuchtung
1917 / Winter	Zusammentreffen mit Peter Deunov in Varna
1923	Universitätsstudium in Sofia
1930	Lehrer an einer höheren Schule
1934 oder 1935	Direktor eines Kollegs
1937 / 22. Juli	Ankunft in Frankreich
1938 / 29. Januar	Erster öffentlicher Vortrag, Place de la Sorbonne
1944 / Weihnachten	Veröffentlichung einer ersten Sammlung von Vorträgen
1944 / 27. Dezember	Peter Deunov verlässt im Alter von 80 Jahren diese Erde
1948 / 21. Januar	Verhaftung nach einer Verschwörung
1948 / 17. Juli	Verurteilung zu 4 Jahren Haft
1950 / März	Freilassung
1950 / 19. März	Neuerliche Kontaktaufnahme mit der Bruderschaft in Izgrev
1953 / 8. Juli	Erster Bruderschaftskongress im Bonfin
1959 / 11. Februar	Abreise nach Indien
1959 / 17. Juni	Erstes Zusammentreffen mit Babaji in Indien

1960 / 9. Februar	Rückkehr aus Indien
1960 / 28. September	Offizielle Feststellung seiner Unschuld durch das Berufungsgericht von Aix-en-Provence
1961 / Frühling	Reise nach Großbritannien
1962 / Mai	Reise nach Spanien
1964 / Mai	Reise nach Italien, Griechenland und Serbtzi, wo er seine Mutter wiedersieht
1965 / Frühling	Reise nach Schweden, Holland und Deutschland
1965 / Juni	Reise nach Spanien
1967 / Mai, Juni	Reise in die USA und nach Kanada
1968 / Mai, Juni	Reise nach Israel
1969 / Mai	Reise nach Griechenland und in die Türkei
1970 / 25. April	Reise nach Japan, mit Halt in Sri Lanka und Hong Kong
1971 / 6. Mai	Reise nach Marokko, Ägypten, Äthiopien, Libanon, Griechenland, Rückreise über Jugoslawien
1971 / 18. September	Teilnahme am 4. Esoterischen Kongress in Berlin
1973 / 5. August	Tod seiner Mutter Dolia
1974 / April	Herausgabe des ersten Bandes der Gesamtwerke von Omraam Mikhaël Aïvanhov
1975	Die Gesamtwerke werden in die Buchhandlungen geliefert
1976	Erste Veröffentlichungen seiner Gesamtwerke in Fremdsprachen
1977 / Mai, Juni	Teilnahme an einem interreligiösen Kongress in Paris
1978 / 17. Dezember	Reise in die USA und auf die Antillen
1981 / Frühling	Reise nach Kanada und in die USA
1981 / 18. Juni	Reise nach Bulgarien
1981 / 12. Oktober	Reise in die USA, öffentliche Vorträge

1981 / 10. Dezember	Reise nach Thailand
1982 / 5. Februar	Reise nach Indien
1982 / November	Reise nach Großbritannien und Schottland
1983 / Januar	Reise nach Ägypten
1983 / 28. April	Reise nach Skandinavien
1984 / 18. Januar	Reise in die USA
1984 / 6. Mai	Reise nach Kanada, öffentliche Vorträge
1985 / 25. Januar	Reise in die USA, nach Mexiko und Kanada
1986 / 25. Dezember	Omraam Mikhaël Aïvanhov verlässt im Alter von 86 Jahren diese Erde

Quellen

1. Vorträge und Botschaften von Omraam Mikhaël Aïvanhov.
2. Berichte seiner Familienmitglieder, seiner Nachbarn, seiner Freunde und der Mitglieder seiner Bruderschaft.

ANMERKUNGEN UND QUELLEN

1 So wie in Russland tragen in Bulgarien die Kinder zwischen dem Vor- und dem Familiennamen den Vaternamen, der sich vom Vornamen des Vaters herleitet. So hieß er Mikhaël Ivanov Dimitrov, also Mikhaël, Sohn des Ivan Dimitrov. Bei seiner Ankunft in Frankreich nannte er sich einfach Mikhaël Ivanov. Da man auf Bulgarisch die Endsilbe »ov« wie »off« ausspricht, unterschrieb er Ivanoff, um eine richtige Aussprache zu gewährleisten. Erst später wurde sein Name in Aïvanhov geändert.

2 Unveröffentlichter Vortrag vom 3. Februar 1963.

3 Über die Reinkarnation schreibt Maeterlinck in seiner Abhandlung über den hinduistischen Glauben: »Nie gab es einen schöneren, gerechteren, moralisch fundierteren, fruchtbareren, tröstlicheren und bis zu einem gewissen Grade wahrscheinlicheren Glauben. (...) Er ist der Einzige, der mit seinem Konzept der aufeinanderfolgenden Wiedergutmachungen und Reinigungen allen sozialen Ungleichheiten und allen fürchterlichen Ungerechtigkeiten des Schicksals Rechnung trägt.« Zitiert von E. Bertholet in »La réincarnation«, Pierre Genillard, Lausanne, 1978, S. 8.

4 Vortrag vom 14. Januar 1968 »Lasst die Verbindungen nicht abbrechen«, Reihe Gesamtwerke Band 12 »Die Gesetze der kosmischen Moral«.

5 Unveröffentlichter Vortrag vom 27. März 1945.

6 Vortrag vom 10. April 1968 »Die 3 Arten von Feuer«, Band 10 der Reihe Gesamtwerke »Sonnen-Yoga – Surya-Yoga, die Herrlichkeit von Tiphereth«.

7 Wann immer wir darüber berichten, was er sich dachte, wenn wir seinen inneren Zustand oder seine Gefühle beschreiben, geben wir ausschließlich seine eigenen Gedanken wieder, die wir seinen Vorträgen entnommen haben. Dasselbe gilt auch für die angeführten Dialoge.

8 Unveröffentlichter Vortrag vom 5. Mai 1943.

9 Unveröffentlichter Vortrag vom 29. Juli 1980.

10 Vortrag vom 28. August 1961 »Abendstunden am Feuer«, Band 32 der Reihe Gesamtwerke.
11 Unveröffentlichter Vortrag aus dem Jahr 1960, genaues Datum unbekannt.
12 Ibid.
13 Unveröffentlichter Vortrag vom 17. Juli 1966.
14 Unveröffentlichter Vortrag vom 19. Januar 1946.
15 Vortrag vom 14. Januar 1968 »Lasst die Verbindung nicht abbrechen«, Reihe Gesamtwerke, Band 12 »Die Gesetze der kosmischen Moral«.
16 Vortrag vom 4. August 1974 »Eine ehrfürchtige Haltung«, Reihe Gesamtwerke, Band 14/15 »Liebe und Sexualität«.
17 Siehe Abbildung und Erklärungen zur mystischen Rose im Vortrag vom 28. Mai 1941, Reihe Gesamtwerke Band 9 »Im Anfang war das Wort«, Kapitel 1.
18 Vortrag vom 6. August 1968 »Die Gerechtigkeit«, Gesamtwerke Band 12 »Die Gesetze der kosmischen Moral«.
19 Vortrag vom 30. August 1971 »Zwei Arbeitsmethoden zur Bewältigung der Personalität« in Band 11, Reihe Gesamtwerke »Der Schlüssel zur Lösung der Lebensprobleme«.
20 Unveröffentlichter Vortrag vom 9. Dezember 1968.
21 Unveröffentlichter Vortrag vom 28. Januar 1951.
22 Unveröffentlichter Vortrag vom 19. April 1945.
23 Im Universum ist alles in Bewegung, in Schwingung, nichts ist im Ruhezustand. »Wenn ein Gegenstand einen bestimmten Schwingungsgrad erreicht, lösen sich seine Moleküle auf und zerfallen in ihre ursprünglichen Elemente und Atome. Die Atome, die dem Prinzip der Vibration gehorchen, trennen sich dann und werden wieder zu den unzähligen Teilchen, aus denen sie bestehen. Letztendlich verschwinden selbst die Teilchen und man kann sagen, dass der Gegenstand aus ätherischer Substanz besteht.« (aus »Le Kybalion«, Bibliothèque eudiaque, Paris, 1917, Seite 97).
24 Unveröffentlichter Vortrag vom 21. August 1954.
25 Unveröffentlichter Vortrag vom 1. August 1963.
26 L'enseignement du Maître Peter Deunov, herausgegeben von einer Gruppe bulgarischer Schüler, Publication E.T. Courrier du Livre, 1990, S. 62.
27 Vortrag vom 14. Juni 1944. Er sprach über diese Erfahrung, nachdem er Erklärungen über die Akasha-Chronik gegeben hatte, jene feinstoffliche Materie im großen Kosmos, die alles aufzeichnet, was im

Universum geschieht: Gedanken, Bewegungen, Worte.
28 Vortrag vom 17. Januar 1971, »Das höhere Selbst, Teil II«, Gesamtwerke Band 17/18 »Erkenne Dich selbst«.
29 Siehe Kapitel 1 aus »Eine Zukunft für die Jugend«, Taschenbuchreihe Izvor Band 233.
30 Vortrag vom 2. April 1944.
31 Vortrag »Das Gesetz der Affininität und der Frieden«, Bd. 12 der Reihe Gesamtwerke: »Die Gesetze der kosmischen Moral«.
32 Vortrag »Steigt über die Wolken – die Sephira Tiphereth«, Band 10 der Reihe Gesamtwerke: »Sonnen-Yoga – Surya-Yoga«.
33 Siehe Band 212 der Reihe Izvor: »Das Licht, lebendiger Geist«.
34 Unveröffentlichter Vortrag vom 1. November 1966.
35 Vortrag vom 25. April 1943, Collection Vidélinata, No 41.
36 Unveröffentlichter Vortrag vom 15. Mai 1947.
37 Vortrag »Bei Meister Peter Deunov in Bulgarien Erlebtes«, Band 1 der Reihe Gesamtwerke: »Das Geistige Erwachen«.
38 Ibid.
39 Unveröffentlichter Vortrag vom 29. März 1951.
40 Unveröffentlichter Vortrag vom 2. Juli 1950.
41 Vortrag vom 18. August 1962, »Abendstunden am Feuer, Teil II« aus Band 32 der Reihe Gesamtwerke, »Die Früchte des Lebensbaums«.
42 Unveröffentlichter Vortrag vom 26. Oktober 1946.
43 Unveröffentlichter Vortrag vom 9. Mai 1944.
44 Unveröffentlichter Vortrag vom 3. Juni 1946.
45 Vortrag vom 20. Juli 1965, »Die Kunst – Die Musik« aus Band 17/18 der Reihe Gesamtwerke, »Erkenne Dich selbst«.
46 Vortrag vom 27. Nov. 1966, »Die Jugend auf die Zukunft vorbereiten, Teil II« aus Band 27 der Reihe Gesamtwerke »Die Pädagogik in der Einweihungslehre«.
47 Unveröffentlichter Vortrag vom 12. März 1980.
48 Vortrag vom 2. Januar 1967, »Wechselbeziehungen zwischen Mann und Frau«, Band 14/15 der Reihe Gesamtwerke »Liebe und Sexualität«.
49 Unveröffentlichter Vortrag vom 17. Mai 1941.
50 Vortrag vom 2. Januar 1967, »Wechselbeziehungen zwischen Mann und Frau«, Band 14/15 der Reihe Gesamtwerke »Liebe und Sexualität«.
51 Unveröffentlichter Vortrag vom 1. Januar 1961.
52 Svezda, « Vie et enseignement du Maître Omraam Mikhaël Aïvanhov en France », Editions Prosveta, 1992, Seite 35-36.

53 Vortrag vom 29. Januar 1938, »Die zweite Geburt«, Band 1 der Reihe Gesamtwerke »Das geistige Erwachen«.
54 Vortrag vom 3. April 1943.
55 Unveröffentlichter Vortrag vom 24. April 1945.
56 Unveröffentlichter Vortrag vom 15. Mai 1941.
57 Vortrag vom 9. Juni 1938, »Die geistige Galvanoplastik«, Band 214 der Reihe Izvor »Liebe, Zeugung und Schwangerschaft«.
58 Unveröffentlichter Vortrag vom 17. Mai 1941.
59 Unveröffentlichter Vortrag vom 14. April 1945.
60 Svezda, ibid., Seite 55.
61 A. Laumonier, Vorwort des Buches »Michael Ivanoff, Les sept lacs de Rila«, Editions Izgrev, 1946.
62 Vortrag vom 25. Dezember 1963, »Participer au travail de la Fraternité Blanche Universelle«, Band 29 der Reihe Gesamtwerke.
63 Vortrag vom 6. März 1966, »Die Idee der Pan-Erde«, Band 25/26 der Reihe Gesamtwerke »Der Wassermann und das Goldene Zeitalter«.
64 Unveröffentlichter Vortrag vom 7. Juni 1942.
65 Ibid.
66 Unveröffentlichter Vortrag vom 12. Oktober 1947.
67 Unveröffentlichter Vortrag vom 14. Juli 1956.
68 Vortrag vom 29. Juli 1963, »Une nouvelle attitude devant le mal«, Band 28 der Reihe Gesamtwerke.
69 Zeugenaussage im Buch »Vie et enseignement en France du Maître Omraam Mikhaël Aïvanhov« von Svezda auf Seite 93 (vergriffen).
70 Unveröffentlichter Vortrag vom 11. Februar 1951.
71 Unveröffentlichter Vortrag vom 4. Juni 1958.
72 Unveröffentlichter Vortrag vom 13. August 1956.
73 Vortrag vom 3. Dezember 1950.
74 Unveröffentlichter Vortrag vom 4. Januar 1959.
75 Unveröffentlichter Vortrag vom 6. März 1960.
76 Seit seinem Indienaufenthalt wurde dies die offizielle Schreibweise seines Namens.
77 Unveröffentlichter Vortrag vom 30. Dezember 1975.
78 Der französische Sadhu, ein Yogi und ein großer Heiliger.
79 Unveröffentlichter Vortrag vom 12. Februar 1960.
80 Die unterschiedliche Schreibweise ergibt sich aus der verschiedenen Übertragung in andere Sprachen.
81 Vortrag vom 2. Aug. 1969 »Der Schüler muss die Sinne für die geistige Welt entwickeln«, Gesamtwerke Band 6 »Die Harmonie«.
82 Ibid.

83 Unveröffentlichter Vortrag vom 29. Juli 1960.
84 Unveröffentlichter Vortrag vom 1. September 1971.
85 Vortrag vom 13. August 1958.
86 Unveröffentlichter Vortrag vom 17. April 1957.
87 Unveröffentlichter Vortrag vom 19. November 1961.
88 Unveröffentlichter Vortrag vom 3. August 1955.
89 Unveröffentlichter Vortrag vom 6. August 1960.
90 Unveröffentlichter Vortrag vom 4. März 1939.
91 Unveröffentlichter Vortrag vom 26. August 1958.
92 Vortrag vom 8. Februar 1971 »Liebe und Sexualität«, Reihe Gesamtwerke Band 7 »Die Reinheit«.
93 Vortrag vom 4. September 1967 »Die Sonne ist Gottes Ebenbild – Im Geist und in der Wahrheit«, Gesamtwerke, Band 10 »Sonnen-Yoga«.
94 Unveröffentlichter Vortrag vom 2. September 1960.
95 Vortrag vom 1. Juni 1969, siehe auch Kapitel 1 des Buches »Die Himmlische Stadt«, Reihe Izvor, Band 230.
96 Vortrag vom 14. August 1971 »Die Erkenntnis: Herz und Intellekt«, Reihe Gesamtwerke, Band 17/18 »Erkenne Dich selbst«.
97 Vortrag vom 10. April 1968 »Die drei Arten von Feuer«, Reihe Gesamtwerke, Band 10 »Sonnen-Yoga«.
98 Vortrag vom 20. April 1968, »Lesen und Schreiben«, Gesamtwerke, Band 28 (noch nicht übersetzt).
99 Vortrag vom 9. Dezember 1968.
100 Vortrag vom 25. März 1958.
101 »Die Rolle der Frau in der neuen Kultur«, Reihe Gesamtwerke, Band 14/15 »Liebe und Sexualität«.
102 Vortrag vom 7. Juni 1942.
103 Vortrag vom 27. August 1970 »Die Harmonie«, Reihe Gesamtwerke, Band 6, Kapitel 1.
104 Auszug aus seinen eigenen Erzählungen im Vortrag vom 11. August 1985.
105 Vortrag vom 23. Juli 1973 »Vom richtigen Einsatz der Kräfte der Personalität«, Reihe Gesamtwerke, Band 11 »Der Schlüssel zur Lösung der Lebensprobleme«.
106 Vortrag vom 25. Dezember 1958 »Weihnachten«, Reihe Gesamtwerke, Band 9 »Im Anfang war das Wort«.

BIBLIOGRAFIE

Bücher von Omraam Mikhaël Aïvanhov aus dem Prosveta Verlag

Band 1 / Das geistige Erwachen
Geboren aus Wasser und Geist – »Bittet, so wird euch gegeben. Suchet, so werdet ihr finden. Klopfet an, so wird euch aufgetan.« / In den Augen offenbart sich die Wahrheit / Die Ohren bergen die Weisheit / Von der Liebe kündet der Mund / Liebe, Weisheit, Wahrheit (Mund, Ohren, Augen) / Bei Meister Deunov in Bulgarien Erlebtes / Die lebendige Kette der Universellen Weißen Bruderschaft.

Band 2 / Die spirituelle Alchimie
Sanftmut und Demut / Wenn ihr nicht sterbt, werdet ihr nicht leben / Lebendiger und bewusster Austausch / Der treulose Verwalter / »Sammelt euch Schätze...« / Das Wunder von den zwei Fischen und den fünf Broten / Die Füße und der Solarplexus / Das Gleichnis vom Weizen und vom Unkraut / Die spirituelle Alchimie / Die geistige Galvanoplastik / Die Rolle der Mutter während der Schwangerschaft.

Band 3 / Die beiden Bäume im Paradies
Das theozentrische, das biozentrische und das egozentrische System / Die beiden ersten Gebote / Was das menschliche Gesicht offenbart / Die magische Kraft der Gesten und des Blickes / »Schreitet voran, während ihr das Licht habt!« / Der Rat des Weisen / Das Gleichnis von den fünf klugen und den fünf törichten Jungfrauen / Das Öl der Lampe / Die beiden Bäume im Paradies – 1. Die Achsen Widder-Waage und Stier-Skorpion – 2. Die Schlange in der Genesis – 3. Die Heimkehr des verlorenen Sohnes.

Band 4 / Das Senfkorn, Symbole im Neuen Testament
»Das ist aber das ewige Leben, dass sie Dich, den einzig wahren Gott, erkennen...« / Der weiße Stein / »Und wer auf dem Dach ist...« / »Wer mir nachfolgen will, nehme sein Kreuz auf sich« / Der Geist der Wahrheit / Die drei großen Versuchungen / Das Kind und der Greis / »Ach, dass du kalt oder warm wärest!« / »Das ist ein köstlich Ding, dem Herrn danken...« / Das Senfkorn / Der Baum über dem Fluss / »Wachset und mehret euch...«.

Band 5 / Die Kräfte des Lebens
Das Leben / Charakter und Temperament / Gut und Böse / Der Kampf mit dem Drachen / Anwesenheit und Abwesenheit / Gedanken sind lebendige Wesenheiten / Die unerwünschten Wesen / Die Kraft des Geistes / Das Opfer / Das hohe Ideal / Frieden.

Band 6 / Die Harmonie
Die Harmonie / Die Medizin muss auf einer esoterischen Philosophie gegründet sein / Die Zukunft der Medizin / Der Schüler muss die Sinne für die geistige Welt entwickeln / Was uns das Haus lehrt / Wie die Gedanken sich in der Materie verwirklichen / Die Meditation / Menschlicher Intellekt und kosmische Intelligenz / Sonnengeflecht und Gehirn / Das Harazentrum / Das geistige Herz / Die Aura.

Band 7 / Die Reinheit, Grundlage geistiger Kraft– Die Mysterien von Jesod
Jesod spiegelt die Tugenden aller anderen Sephiroth wider / Wie die Reinheit zu verstehen ist / Die Ernährung, Ausgangspunkt einer Studie über die Reinheit / Die Auswahl / Die Reinheit und das geistige Leben / Die Reinheit in den drei Welten / Der Lebensstrom / Friede und Reinheit / Von der magischen Kraft des Vertrauens / Die Reinheit der Worte / Man muss sich erheben, um die Reinheit zu finden / »Selig, die reinen Herzens sind« / Die Tore des himmlischen Jerusalem / Liebe und Sexualität / Die Sünde wider den Heiligen Geist ist die Sünde wider die Liebe / Ergänzende Erläuterungen / Die Quelle / Das Fasten / Wie man sich waschen soll / Von der wahren Taufe / Wie man während der Atemübungen mit den Engeln der vier Elemente arbeitet.

Band 8 / Sprache der Symbole, Sprache der Natur
Die Seele / Der Mensch und seine verschiedenen Seelen / Der Kreis (das Zentrum und die Peripherie) / Zeit und Ewigkeit / Die zwölf Aufgaben des Herkules / Der Große Frühling / Der erste Tag des Frühlings / Die wahre Ehe / Warum der Mensch beim Sündenfall die Tiere mit sich gezogen hat / Wie die beiden Prinzipien im Mund enthalten sind / Der Heilige Geist / Die Sprache der Symbole.

Band 9 / »Im Anfang war das Wort« – Kommentare zu den Evangelien
»Im Anfang war das WORT« / »Man füllt keinen neuen Wein in alte Schläuche« / »Vaterunser« / »Suchet zunächst nach dem Reich Gottes und Seiner Gerechtigkeit« / »Die Ersten werden die Letzten sein« / Weihnachten / Der Sturm, der sich gelegt hat / »Die höchste Zuflucht« / »Vater, ver-

gib ihnen, denn sie wissen nicht, was sie tun« / Die Sünde wider den Heiligen Geist ist die Sünde wider die Liebe / Die Auferstehung und das Jüngste Gericht / »Im Haus meines Vaters gibt es viele Wohnungen« / Der Körper der Auferstehung.

Band 10 / Sonnen-Yoga (Surya-Yoga) – Die Herrlichkeit von Tiphereth
Die Sonne, des Universums Mittelpunkt / Was auf Erden besteht, ist im Ätherzustand in der Sonne enthalten / Wie man die belebenden Lichtteilchen aus der Sonne gewinnt / Unsere Seele nimmt beim Betrachten der Sonne deren Gestalt an / Unser höheres Ich wohnt in der Sonne / Die Sonne lässt die vom Schöpfer in die Seele gelegten Samen gedeihen / Wie die Heilige Dreifaltigkeit durch die Sonne veranschaulicht wird / Jedes Geschöpf hat ein Zuhause / Der Rosenkranz der 7 Perlen / Der Meister im Rosenkranz der 7 Perlen / Jedes Geschöpf soll eine Wohnstätte haben und sie schützen / Die Aura / Liebt wie die Sonne! / Wie die Sonne soll ein Meister im Mittelpunkt bleiben / Worte, die bei Sonnenaufgang zu sprechen sind / Steigt über die Wolken! / Die Sephira Tiphereth / Die Geister der 7 Lichtstrahlen / Das Prisma als Sinnbild des Menschen / Der neue Himmel und die neue Erde / Die geistige Veredelung / Die Sonne bringt die Lösung des Liebesproblems / Die Telesma-Kraft / »Im Geist und in der Wahrheit« / Christus und die Sonnenreligion / Tag und Nacht (Bewusstsein und Unterbewusstsein) / Die Sonne ist der hervorragendste Pädagoge: Sie geht mit dem Beispiel voran / Die Sonne, das Herz des Universums / Die drei Feuer / Richtet sämtliche Kräfte auf ein einziges Ziel!

Band 11 / Der Schlüssel zur Lösung der Lebensprobleme
Die Personalität ist der niedere Ausdruck der Individualität / Der Mensch soll zu seiner Individualität zurückfinden / Sinn und Ziel von Jnani-Yoga / Vom Nehmen und Geben (Sonne, Mond und Erde) / Personalität und Individualität: Die Begrenzung der unteren Welt / Die unendliche Weite der höheren Welt / Die Individualität bringt das wahre Glück / In der Personalität absterben, um in der Individualität aufzuleben / Der eigentliche Sinn der Gärung aus esoterischer Sicht / Die Individualität wünscht Gottes Willen zu tun / Das Gleichnis vom Baum / Zwei Arbeitsmethoden zur Bewältigung der Personalität / Wie sich der Mensch von seiner Personalität ausbeuten lässt / Aus der Sicht der Individualität / Über den Sinn des Opfers in den Religionen / Die Individualität allein vermag das durch die Personalität gestörte Gleichgewicht wieder herzustellen / »Gebt dem Kaiser, was des Kaisers ist!« / Die Personalität ist der Sockel der Individualität / Sucht nach himmlischen Verbündeten zum Kampf gegen die Persona-

lität! / Vom richtigen Einsatz der Kräfte der Personalität / Wie man die inneren Tiere bezähmt / Die Sexualkraft kann zur Entwicklung der höheren Natur genutzt werden / Das Wirken für die weltweite Verbrüderung.

Band 12 / Die Gesetze der kosmischen Moral
Ihr werdet ernten, was ihr gesät habt / Die Wahl ist wichtig: Sucht die Arbeit und nicht das Vergnügen / Schöpferische Tätigkeit als Mittel zur inneren Entwicklung / Die Gerechtigkeit / Das Gesetz der Affinität und der Frieden / Das Gesetz der Affinität und die wahre Religion / Naturgesetze und moralische Gesetze / Die Reinkarnation / Macht nicht auf halbem Wege halt / Über den rechten Gebrauch der eigenen Energien / Wie man die Quintessenz erlangt / Die Moral der Quelle / Warum wir unsere Vorbilder in den höheren Regionen suchen / Durch seine Gedanken und Gefühle wirkt der Mensch schöpferisch auf die unsichtbare Welt ein / Lasst die Verbindung nicht abbrechen / »Bist du Licht, dann gehst du zum Licht« / Das ätherische Doppel / Neue Muster vorgeben / Die Moral bekommt ihre volle Bedeutung in der jenseitigen Welt / Die beste pädagogische Methode ist das Beispiel / »Wenn dich jemand auf die rechte Backe schlägt«.

Band 13 / Die neue Erde
Gebete / Am Morgen / Für den Tag / Am Abend / Die Ernährung / Das Verhalten / Laster und Schwächen / Negative Gemütsverfassung / Schwierige Lebenslagen / Anleitungen zur Reinigung und Läuterung / Mitmenschliche Beziehungen / Beziehungen zur Natur / Die Sonne / Die Sterne / Das Wirken mit der Denkkraft / Die geistige Galvanoplastik / Der Solarplexus / Das Hara-Zentrum / Das Wirken mit dem Licht / Die Aura / Der Lichtleib / Einige Sprüche und Gebete / Spirituelle Gymnastikübungen.

Band 14-15 / Liebe und Sexualität
Band 14: Die beiden Prinzipien männlich und weiblich / Den Stier bei den Hörnern packen / Die Kraft des Drachens / Geist und Materie, die Sexualorgane / Die Eifersucht / Die zwölf Tore von Mann und Frau / Die Vergeistigung der Sexualkraft / Lernt richtig zu essen, um lieben zu lernen / Die Rolle der Frau in der neuen Kultur / Die Bedeutung der Nacktheit in der Einweihung / Liebe ist im ganzen Weltall enthalten / Wie kann man den Begriff der Ehe erweitern? / Die Schwesterseele
Band 15: Die wahre Ehe: Geist und Materie / Die Sonne, Quelle der Liebe / Die Vestalinnen oder die neue Eva / Gebt der Liebe ihre Reinheit zurück

/ Die Liebe verwandelt die Materie / Die Aufgabe eines Schülers / Tantra-Yoga / Nutzt die Kräfte der Liebe in rechter Weise / Das Glück liegt in der Erweiterung des Bewusstseins / "Was ihr auf Erden binden werdet..." / Die wahren Waffen: Liebe und Licht / Auf dem Weg zur großen Familie.

Band 16 / Alchimie und Magie der Ernährung, Hrani-Yoga
(Auszug) Die Bedeutung des Kauens und der Atmung / In Stille essen / Nicht bis zur Sättigung essen / Das Segnen der Nahrung / Bedeutung und spirituelle Dimension der Ernährung / Meditation vor der Mahlzeit / Fleischliche Nahrung und vegetarische Nahrung / Das Töten der Tiere und das Gesetz der Gerechtigkeit / Die Nahrung, ein Liebesbrief des Schöpfers / In Stille essen, um die Stimme der Nahrung zu vernehmen / Die Mahlzeit als Gelegenheit, Intelligenz, Liebe und Willenskraft zu entwickeln / Maßhalten beim Essen / Das Fasten / Die Mahlzeit, magische und heilige Zeremonie / Die Nahrung verbindet uns mit dem Universum / Ernährung ist weiße Magie / Wie man zugleich mit Geist und Materie arbeiten kann / Die Nahrung und die Engel der 4 Elemente / Die Nahrung, die der Mensch zu sich nimmt, formt seinen Körper / Sich durch die Haut ernähren / Sich von Licht ernähren, von Teilchen der Sonne / Physische Nahrung und spirituelle Nahrung / Vom Sinn der Ernährung: Die Nahrung dient der Evolution der Materie / Die Schöpfung, die Geschöpfe und der Schöpfer ernähren sich / Je nach unserer inneren Haltung öffnet sich die Nahrung für uns oder sie bleibt uns verschlossen / Wer weiß wie man isst, weiß auch, wie man liebt / Das Mysterium des heiligen Abendmahls / Die wahre Kommunion / Indem man bewusst isst, erlangt man Macht über die Materie.

Band 17-18 / Erkenne Dich selbst – Jnani-Yoga
Band 17: Erkenne Dich selbst / Die synoptische Tafel / Der Geist und die Materie / Die Seele / Das Opfer / Die Nahrung der Seele und des Geistes / Das Bewusstsein / Das Höhere Selbst / Die Wahrheit / Die Freiheit.
Band 18: Die Schönheit / Die spirituelle Arbeit / Die Macht des Denkens / Die Erkenntnis: das Herz und der Intellekt / Die Kausalebene / Konzentration, Meditation, Kontemplation, Identifikation / Das Gebet / Die Liebe / Der Wille / Die Kunst, die Musik / Die Geste / Die Atmung.

Band 23-24 / Die neue Religion – Eine universelle Sonnenreligion
Band 23: Der Strom des Lebens / Der Mensch und seine zwei Naturen /

Ihr seid Götter / Die heliozentrische Revolution: Die Bruderschaft / Der Meister / Die Sonne, Abbild der heiligen Dreifaltigkeit / Ein neuer Typ Mensch: Die symbolische Bedeutung d. Prismas / Die Nahrung: Das Wort / Wie man an seiner eigenen Materie arbeiten kann – Der Körper der Auferstehung / Die Gesetze des Schicksals.
Band 24: Die Lehre der Kraft / Der Sinn des Reichtums und des Besitzes in der Einweihungswissenschaft / Die Liebe ist Eins / Die wahre Ehe – Wie man die Auffassung der Ehe erweitert / Die Rolle der Frau in der neuen Kultur / Die wahren Grundlagen der Religion / Die geistige Schöpfung – Die Suche nach dem Stein der Weisen / An die Jugend und die Familien / Das Reich Gottes auf Erden.

Band 25-26 / Der Wassermann und das Goldene Zeitalter
Band 25: Das Wassermann-Zeitalter / Der Geist der Brüderlichkeit ist im Kommen / Jugend und Revolution / Die wahre Ökonomie / Gold und Licht / Aristokratie und Demokratie / Die Politik im Licht der Einweihungswissenschaft
Band 26: Die Prinzipien und die Formen / Die wahre Religion Christi / Die Idee der Pan-Erde / Der kosmische Körper / Das Reich Gottes und seine Gerechtigkeit / Das neue Jerusalem.

Band 27 / Die Pädagogik in der Einweihungslehre
Zuerst sollten die Eltern unterwiesen werden! / Die Rolle des Unterbewusstseins bei der Kindererziehung / Erziehung und Bildung – Die Macht des Vorbildes / Die Jugend auf die Zukunft vorbereiten / Das Erlernen der Gesetze / Das Kind und der Erwachsene / Die Rolle eines Meisters / Die Nachahmung als Faktor der Erziehung / Die Einstellung gegenüber einem Meister / Die Methoden eines Meisters / Die Arbeit in der Einweihungsschule.

Band 28/29 / Die Pädagogik in der Einweihungslehre
Band 28: Weshalb man ein spirituelles Leben wählen sollte / Der Sinn des Lebens, die Entwicklung / Die gestaltende Vorstellungskraft / Lesen und Schreiben / Der Selbstmord / Eine neue Einstellung dem Bösen gegenüber / Die Raupe und der Schmetterling / Die Liebe, ein Bewusstseinszustand / Die Geburt auf den verschiedenen Ebenen / Die Sonne als Vorbild / Mann und Frau in der neuen Kultur
Band 29: Die Gesetze der spirituellen Arbeit / Unsere Verantwortung / Das neue Leben erbauen / Das lebendige Wissen – Lasst die Quelle spru-

deln – Die spirituelle Atmosphäre – Die Medizin der Zukunft – Lebt in der Poesie! / Seid vollkommen wie euer Vater im Himmel vollkommen ist / Die Wirklichkeit der unsichtbaren Welt / Nehmt teil an der Arbeit der Universellen Weißen Bruderschaft.

Band 30/31 / Leben und Arbeit in einer Einweihungsschule
Band 30: Zum »Tag der Sonne« / Le Bonfin / Die Arbeit in der göttlichen Schule / Hrani Yoga und Surya-Yoga / Der Geist dieser Lehre / Materie und Licht / Die Reinheit, Voraussetzung für das Licht / Der Sinn der Einweihung
Band 31: Das neue Leben / Materialisten und spirituelle Menschen / Der wahre Sinn des Wortes Arbeit / Wie man mit Schwierigkeiten umgeht / Die Beschäftigung des Schülers mit seiner niederen Natur / Eitelkeit und Hochmut / Meister und Schüler / Wie man über die Vorstellung von Gerechtigkeit hinauswächst / Hierarchie und Freiheit / Die Allmacht des Lichtes

Band 32 / Die Früchte des Lebensbaums
Wie man das Studium der Kabbala in Angriff nehmen sollte / Die Zahl 10 und die 10 Sephiroth / Der Lebensbaum / Die Erschaffung der Welt / Der Sündenfall und der Wiederaufstieg des Menschen / Die vier Elemente / Die Macht des Feuers / Wasser und Feuer / Das lebendige WORT / Die esoterische Kirche des Johannes / Binah, das Reich der Beständigkeit / Der menschliche Geist ist der Vorbestimmung überlegen / Der Tod und das Leben im Jenseits / Menschliche und kosmische Atmung / Die Kardinalfeste / Der Mond und sein Einfluss auf die Seelen / Der Zauberstab / Die Naturgeister / Der Gralskelch / Die Errichtung des inneren Tempels.

VOM SELBEN AUTOR
TASCHENBÜCHER REIHE IZVOR

200 Hommage an Meister Peter Deunov
201 Auf dem Weg zur Sonnenkultur
202 Der Mensch erobert sein Schicksal
203 Die Erziehung beginnt vor der Geburt
204 Yoga der Ernährung
205 Die Sexualkraft oder der geflügelte Drache
206 Eine universelle Philosophie
207 Was ist ein geistiger Meister?
208 Das Egregore der Taube, Innerer Friede und Weltfriede
209 Weihnachten und Ostern in der Einweihungslehre
210 Die Antwort auf das Böse
211 Die Freiheit, Sieg des Geistes
212 Das Licht, lebendiger Geist
213 Die menschliche und göttliche Natur in uns
214 Liebe, Zeugung und Schwangerschaft
215 Die wahre Lehre Christi
216 Geheimnisse aus dem Buch der Natur
217 Ein neues Licht auf das Evangelium
218 Die geometrischen Figuren und ihre Sprache
219 Geheimnis Mensch. Seine feinstofflichen Körper und Zentren
220 Der Tierkreis, Schlüssel zu Mensch und Kosmos
221 Alchimistische Arbeit und Vollkommenheit

222 Die Psyche des Menschen
223 Geistiges und künstlerisches Schaffen
224 Die Kraft der Gedanken
225 Harmonie und Gesundheit
226 Das Buch der göttlichen Magie
227 Goldene Regeln für den Alltag
228 Einblick in die unsichtbare Welt
229 Der Weg der Stille
230 Die Himmlische Stadt
231 Saaten des Glücks
232 Feuer und Wasser – Wunderkräfte der Schöpfung
233 Eine Zukunft für die Jugend
234 Die Wahrheit, Frucht der Weisheit und der Liebe
235 Im Geist und in der Wahrheit
236 Weisheit aus der Kabbala
237 Das kosmische Gleichgewicht – Die Zahl 2
238 Der Glaube versetzt Berge
239 Die Liebe ist größer als der Glaube
240 Söhne und Töchter Gottes
241 Der Stein der Weisen
242 Unerschöpfliche Quellen der Freude
243 Das Lächeln des Weisen
244 Dem Licht entgegen

VOM SELBEN AUTOR
REIHE BROSCHÜREN

301 Das neue Jahr
302 Die Meditation
303 Die Atmung
304 Der Tod und das Leben im Jenseits
305 Das Gebet
306 Musik und Gesang im spirituellen Leben
307 Das hohe Ideal
308 Das Osterfest. Die Auferstehung und das Leben
309 Die Aura
310 In die Stille gehen
311 Wie Gedanken sich in der Materie verwirklichen
312 Die Reinkarnation
313 Das Vaterunser
314 Das Gesetz der Gerechtigkeit und das Gesetz der Liebe
315 Die Quelle des Lebens
316 Die Nahrung, ein Liebesbrief des Schöpfers
317 Die Kunst und das Leben
318 Die wesentliche Aufgabe der Mutter während der Schwangerschaft
319 Die Seele, Instrument des Geistes
320 Menschliches und göttliches Wort
321 Weihnachten und das Mysterium der Geburt Christi
322 Die spirituellen Grundlagen der Medizin
323 Meditationen beim Sonnenaufgang
324 Der Friede, ein höherer Bewusstseinszustand
325 Das Ideal des brüderlichen Lebens
326 Die ganze Schöpfung wohnt in uns
327 Der Preis der Freiheit

UNTERSCHIED ZWISCHEN DEN BUCHREIHEN

Gebundene Bücher (Band 1-32)

Diese Buchreihe nennt sich auch "Reihe Gesamtwerke" (beinhaltet aber nicht die gesamte Lehre von O. M. Aivanhov). Die Bücher enthalten in jedem Kapitel einen Vortrag von Omraam Mikhaël Aïvanhov (außer Band 13 und 23/24). Die Bände werden einzeln angeboten (ausgenommen die Doppelbände 14/15, 17/18, 23/24 und 25/26 bei denen wegen der Themen-Ähnlichkeit jeweils 2 Bücher als Doppelband in einem Buch herausgebracht wurden). Format 14,8 x 21 cm. Gebunden.

Taschenbuch-Reihe Izvor

Jedes Kapitel enthält Auszüge aus den Vorträgen Omraam Mikhaël Aïvanhovs. Die Texte der Reihe Izvor sind stellenweise in den Büchern der Reihe Gesamtwerke enthalten. Format 11 x 18 cm.

Reihe Broschüren

Themenbezogene Auszüge aus den Büchern der Reihen Gesamtwerke und Izvor. Format 11 x 18 cm. Umfang: 36-68 Seiten.

Eine Kurzbiographie von Omraam Mikhael Aivanhov finden Sie auch als Film im Internet auf www.youtube.de unter dem Stichwort "Omraam Mikhael Aivanhov Biografie"
www.youtube.com/watch?v=vmO24GkyT20 (Stand 2009)

VERLAGS-AUSLIEFERUNG

FRANKREICH
ÉDITIONS PROSVETA S.A.
B.P. 12 – 83601 Fréjus Cedex
Tel. 0033 (0)494193333 – Fax 0494193334

DEUTSCHLAND
PROSVETA VERLAG GMBH
Grabenstr. 14, 78661 Dietingen
Tel. 07427-3430, Fax 0741-46552
E-Mail: info@prosveta.de
Internet: www.prosveta.de

ÖSTERREICH
HARMONIEQUELL VERSAND
Hof 37/4, 5302 Henndorf
Tel. und Fax 06214 7413
E-Mail: info@prosveta.at
Internet: www.prosveta.at

SCHWEIZ
ÉDITIONS PROSVETA
1808 Les Monts-de-Corsier 13
Tel. 021 921 92 18, Fax 021 922 92 04
E-Mail: editions@prosveta.ch
Internet: www.prosveta.ch

Auslieferungsadressen für weitere Länder
finden Sie unter *www.prosveta.de/bestelladressen/*